Bill Hybels
Einfach.

Über den Autor

Bill Hybels ist Gründer und Pastor der *Willow Creek Community Church*, einer der größten Gemeinden Amerikas in einem Vorort von Chicago. Seine Gemeindearbeit richtet sich besonders an Menschen, die der Kirchentradition ablehnend gegenüberstehen. Seine Predigten und zahlreichen Bücher zeichnen sich durch beeindruckende Ehrlichkeit, moderne Sprache und praktische Anwendbarkeit aus, die anstecken und Mut machen, den ersten Schritt zu wagen.

Von ihm u. a. erhältlich: „Gottes leise Stimme hören" und „Die Kunst des Führens".

Bill Hybels

Einfach.

Zehn Schritte zu einem aufgeräumten Leben

Aus dem Englischen von Elke Wiemer

Für Henry und Mac,
meine beiden kleinen Enkel,
die aus einem knallharten Holländer einen
schamlosen Softie gemacht haben.

Inhalt

energiegeladen statt erschöpft

Laden Sie Ihren Akku auf

Heutzutage besteht ein Großteil meiner Arbeit darin, Leiter zu beraten und zu begleiten, und zwar sowohl in den USA als auch im Ausland. Und ganz gleich, ob ich mit Führungspersonen hier oder in anderen Ländern dieser Erde, innerhalb der *Willow Creek*-Bewegung oder in anderen Bereichen meines Lebens spreche, mir begegnen immer wieder die gleichen Beschreibungen: *erschöpft, überfordert, verplant, besorgt, einsam, unzufrieden.* Dieses Problem ist in allen Gruppen festzustellen – bei Jung und Alt, bei Arm und Reich, bei Berufstätigen und Eltern, Männern und Frauen, Linken und Rechten. Und dieses Problem gibt es in allen Ländern – ich habe diese Worte auf Englisch, aber auch in unzähligen anderen Sprachen zu hören bekommen.

Und es war alarmierend, diese Worte so oft zu hören. Mir wurde klar, dass wir uns als Führungspersonen und Nachfolger Jesu mit dieser Situation auseinandersetzen müssen. Also fing ich an, über Themen wie Burn-out, Stress und

Unzufriedenheit offen zu reden, wann immer ich die Gelegenheit dazu hatte. Mein Gefühl sagte mir, dass diese Dinge die Menschen vielleicht ansprechen würden, denn sie sprachen mich an.

Aber ich hatte das, was daraufhin geschah, völlig unterschätzt.

Als ich dem auf den Grund ging, weshalb Menschen sich so einsam, überfordert und erschöpft fühlen, und einmal grob zu formulieren versuchte, wie man die vielschichtigen Probleme angehen könnte, begann ich, den Begriff „simplify" zu verwenden. Er enthält eine Reihe von Bedeutungsnuancen: Wie können wir *einfach* leben, *befreit* von dem, was unser immer komplexer werdendes Leben belastet? Und wie können wir ein *aufgeräumtes* Leben führen? Der Begriff setzte sich durch. Allein dieses Wort schien den Menschen schon neue Kraft zu geben.

Vielleicht hofften sie, ich würde ein wohlgehütetes Geheimnis lüften und ihnen den Schlüssel liefern, mit dessen Hilfe sie ihr chaotisches Leben wieder entwirren konnten. Vielleicht nahmen sie an, dass ich selbst an diesem Punkt schon viel weiter sei und einige Krumen der Weisheit vom Mahagonitisch meines Lebens in ihre erwartungsvoll ausgestreckten Hände werfen würde.

Nichts dergleichen! Diejenigen, die mich näher kennen, wissen, dass ich die meiste Zeit meines Lebens mit genau diesem Schwall finsterer Worte gekämpft habe, die ich in letzter Zeit von leitenden Mitarbeitern überall auf der Welt zu hören bekomme. Ich bin ganz und gar nicht immun dagegen. Ich weiß selbst, was es heißt, überfordert, verplant und erschöpft zu sein. Ich weiß nur zu gut, wie es sich anfühlt, besorgt, unzufrieden, verletzt und ausgelaugt zu sein. Wenn ich über diese Themen gesprochen habe, habe ich im Grunde immer auch mir selbst gepredigt. Auf den folgenden Seiten werden Sie merken, dass ich mit Ihnen gemeinsam lerne, einfacher (und befreiter) zu leben.

Ich neige von Natur aus nicht dazu, ein einfaches, aufgeräumtes Leben zu führen. Gott hat mich berufen, und dem fühle ich mich sehr verpflichtet – nicht nur bei der Arbeit, sondern auch in der Familie, in Beziehungen, in der Freizeit, die ich zum Ausgleich brauche, und auf den Reisen, die meine Arbeit mit sich bringt. Ich glaube nicht, dass mein Leben in absehbarer Zukunft in einem gemütlicheren Tempo verlaufen wird – falls es das überhaupt jemals tun wird. Verstehen Sie, was ich meine?

> Einfacher zu leben meint mehr, als nur weniger zu tun. Es bedeutet, das zu sein, wozu Gott uns berufen hat.

Einfacher zu leben meint mehr, als nur weniger zu tun. Es bedeutet, das zu sein, wozu Gott uns berufen hat, und zwar von ganzem Herzen und zielstrebig. Es bedeutet, dass wir die unzähligen weniger wichtigen Gelegenheiten verstreichen lassen, um uns auf die zu konzentrieren, zu denen wir wirklich berufen und erschaffen wurden. Wenn wir es tun, erlaubt uns das, am Ende des Tages mit Dankbarkeit zurückzuschauen und zu erkennen, dass wir unser Leben gut gelebt haben und dass die unterschiedlichen Verantwortungsbereiche in unserem Leben „aufgeräumt" sind.

Wenn wir unsere Lebensweise nicht ändern, wird uns unsere hochkomplexe Welt irgendwann erschreckend normal vorkommen. Wir werden uns an die Hektik gewöhnen und nicht mehr unterscheiden können zwischen „wichtig" und „unwichtig". Und das bringt eine Gefahr mit sich: Wenn wir das einzige Leben, das wir haben, mit Dingen verplempern, die nicht wirklich wichtig sind, geben wir dafür die Dinge auf, die tatsächlich relevant sind. Ich habe viel häufiger durch Fehlschläge als durch

Erfolgserlebnisse gemerkt, welchen Preis ich zahle, wenn mein Leben mir entgleitet. Ich möchte es Ihnen gerne ersparen, diese Lektion auf dieselbe Weise zu lernen, wie ich sie gelernt habe: auf die harte Tour.

Was wäre, wenn Ihr Leben anders verlaufen könnte? Was wäre, wenn Sie sicher sein könnten, dass Sie das Leben führen, zu dem Gott Sie berufen hat und mit dem Sie denen, die Sie lieben, ein Vermächtnis hinterlassen? Wenn Sie sich nach einem einfacheren Leben sehnen, das an den Dingen fest verankert ist, die wirklich zählen, dann krempeln Sie jetzt die Ärmel hoch: Zu einem einfachen, befreiten Lebensstil gehört mehr, als den Schrank auszumisten oder die Schreibtischschublade aufzuräumen. Wir müssen unsere *Seele entrümpeln*. Nehmen Sie die Kernprobleme unter die Lupe, die dafür verantwortlich sind, dass Ihr Leben immer wieder so hektisch wird, und räumen Sie die Hindernisse aus dem Weg, durch die Sie sich immer wieder erschöpft und überlastet fühlen. Dann können Sie auch aufhören, die unwichtigen Dinge zu tun, und stattdessen Ihr Leben auf den wirklich wichtigen Dingen aufbauen.

> Zu einem einfachen Lebensstil gehört mehr, als den Schrank auszumisten oder die Schreibtischschublade aufzuräumen. Wir müssen unsere *Seele entrümpeln*.

Nach meiner Erfahrung genügt eine Handvoll von Übungen, damit unsere Seele frei bleibt von Gerümpel. Diese Gewohnheiten helfen mir, das zu überwinden, was mich davon abhält, ein „Leben in Fülle" zu leben, wie Jesus es uns versprochen hat (nachzulesen in Johannes 10,10). Ich werde Ihnen in jedem Kapitel die Möglichkeit geben, eine dieser Gewohnheiten näher zu betrachten, zu prüfen, was die Bibel dazu sagt, Ihr eigenes Leben unter die Lupe zu nehmen und dann praktische Schritte zu unternehmen.

Es gibt keine Abkürzungen auf dem Weg zu einem einfachen Leben. Sich selbst aus dem überwältigenden Netz eines überlasteten Lebens zu befreien ist nichts für schwache Nerven. Es ist harte Arbeit. Wenn ich vor leitenden Mitarbeitern über dieses Thema spreche, sage ich ihnen immer, dass dazu *zwingend* aktives Handeln nötig ist. Deshalb schließt auch jedes Kapitel mit konkreten Schritten – Fragen darüber, was Sie an dieses hektische, unordentliche Leben bindet, und ganz praktische Übungen, um die Unordnung aus Ihrer Seele zu verbannen und ein befreites Leben zu beginnen. Ich möchte Sie deshalb herausfordern, die Kapitel nicht einfach nur durchzulesen. Begnügen Sie sich nicht mit einem theoretischen Ja zu der Vorstellung von einem einfachen, aufgeräumten Leben, das Sie dann aber immun macht gegen tatsächliche Veränderungen im realen Leben. Seien Sie *mutig* und *entschlossen,* und *setzen* Sie das *um*, was Sie lesen.

Ich kann Ihnen aus eigener Erfahrung sagen, dass ein einfacher Lebensstil umgehend Wirkung zeigt. Jeder Tag hat ein klares Ziel, und jede Beziehung wird die Aufmerksamkeit bekommen, die ihr gebührt. Und ohne das überflüssige Gerümpel in der Seele werden Sie auch in der Lage sein, Gottes leises Reden zu hören – und darauf zu antworten.

Eines weiß ich: *Veränderung ist möglich.* Ganz gleich, ob Sie schon am Rande des Zusammenbruchs stehen, weil alles so chaotisch ist, oder ob Sie gerade erst anfangen zu spüren, dass ein paar kleine Veränderungen angebracht wären – Sie *können* einfacher, befreiter leben. Sie *müssen* es vielleicht sogar, um das Leben zu führen, das Gott Ihnen anbietet. Wenn Sie anfangen, diese Übungen umzusetzen, werden sie mit der Zeit zu Gewohnheiten, die zunächst Ihre Tage, dann Ihre Monate und Jahre und schließlich Ihr gesamtes Leben einfacher machen und Ihnen so Zufriedenheit und Erfüllung bringen. Diese

Kurskorrekturen führen zu einem Leben, für das Sie rückblickend einmal dankbar sein werden.

Doch ich warne Sie: Das ist nichts für schwache Nerven. Sie *müssen* handeln. Machen Sie mit? Na, dann los!

„Sag ihr, dass sie mir helfen soll!"

Jesus ist im Verlauf seines dreijährigen Dienstes in der Öffentlichkeit unzähligen Menschen begegnet. Doch die Bibel berichtet nur in einem Fall davon, dass Jesus eine Person zu einem einfacheren Lebensstil aufgefordert hat: eine gute Bekannte von ihm, eine Frau namens Marta.

Während seines öffentlichen Wirkens hatte Jesus Hunderte von Nachfolgern – nicht nur die zwölf Jünger –, aber nur wenige davon zählte er zu seinem engsten Freundeskreis. Drei von ihnen gehörten auch zum Kreis seiner Jünger: Petrus, Jakobus und Johannes. Und dann gab es noch drei andere: Maria, Marta und Lazarus, drei Geschwister, die ihn in seinem Dienst treu unterstützten. Sie lebten in einem kleinen Vorort von Jerusalem namens Betanien, den es noch heute gibt. Jesus besuchte sie immer wieder einmal und schätzte ihre Gastfreundschaft sehr.

Die Begebenheit, von der ich Ihnen gleich berichten werde, trug sich zu, als die Anforderungen an Jesus wuchsen. Je mehr er lehrte, desto mehr wollten die Menschen von ihm – mehr Heilungen, mehr Wunder, mehr von allem, was er zu bieten hatte. Seine Tage waren immer vollgepackter. Und so nahm Jesus sich gelegentlich eine Auszeit und zog sich in die Abgeschiedenheit seines Gästequartiers in Betanien zurück, wo er in der Gesellschaft seiner engsten Freunde mal ein oder zwei Tage ausspannen und auftanken konnte. Und so beschreibt Lukas einen dieser Besuche:

Jesus kam mit seinen Jüngern in ein Dorf, wo sie bei einer Frau aufgenommen wurden, die Marta hieß. Maria, ihre Schwester, setzte sich zu Jesu Füßen hin und hörte ihm aufmerksam zu.

Marta aber war unentwegt mit der Bewirtung ihrer Gäste beschäftigt. Schließlich kam sie zu Jesus und fragte: „Herr, siehst du nicht, dass meine Schwester mir die ganze Arbeit überlässt? Kannst du ihr nicht sagen, dass sie mir helfen soll?"

Doch Jesus antwortete ihr: „Marta, Marta, du bist um so vieles besorgt und machst dir so viel Mühe. Nur eines aber ist wirklich wichtig und gut! Maria hat sich für dieses eine entschieden, und das kann ihr niemand mehr nehmen."[1]

Man kann schon von Anfang an erkennen, wie sich die Situation entwickeln wird. Maria und Marta haben keine Zeit gehabt, um sich auf den Überraschungsbesuch von Jesus und seinen zwölf staubigen Jüngern vorzubereiten. Aber Jesus fühlt sich in dieser Beziehung sicher genug, um einfach vorbeizuschauen und ein bisschen aufzutanken.

Maria beschließt, alles zu nehmen, wie es kommt, und setzt sich zu ihnen. Vielleicht hat sie Jesus mit den Worten begrüßt: „Schön, dass du vorbeischaust. Wie war es in letzter Zeit so? Haben dich die Pharisäer sehr geärgert? Du kannst es uns erzählen, wir sind schließlich deine Freunde. Was du hier in Betanien erzählst, bleibt auch in Betanien."

Unterdessen ist Marta in der Küche damit beschäftigt, eine Mahlzeit vorzubereiten. Sie ist emsig bemüht, die freundliche Gastgeberin zu spielen und für das leibliche Wohl von Jesus und seinen Jüngern zu sorgen – Appetithäppchen, Vorspeisen und Getränke. Es fängt an, sie zu nerven, dass Maria es sich im anderen Zimmer bei Jesus bequem gemacht hat und sich die neuesten Nachrichten anhört. Schließlich ist auch Maria für die Bewirtung des Gastes zuständig.

Nach einer Weile reißt Marta der Geduldsfaden. Sie verliert die Beherrschung. Sie ist offensichtlich angefressen. Vielleicht hat sie ihrer Schwester schon ein paar Winke mit dem Zaunpfahl gegeben, dass sie ihr in der Küche helfen soll. Zunächst hat sie vielleicht den Kopf hereingesteckt und Maria böse Blicke zugeworfen, nach dem Motto: *Beweg deinen Hintern in die Küche und hilf mir!* Dann hat sie vielleicht angefangen, mit den Töpfen zu klappern, um Marias Aufmerksamkeit auf sich zu ziehen. Das hat meine Frau Lynne jedenfalls bei mir immer gemacht. Wenn sie der Meinung war, ich helfe ihr nicht genug, hat sie „aus Versehen" ein paar Töpfe fallen lassen. Etwa nach dem fünften Topf – ich war etwas begriffsstutzig – hatte ich die Botschaft verstanden und kam in die Küche, um ihr zu helfen.

Wir wissen nicht, ob Maria die Hilferufe ihrer Schwester nicht bemerkt oder absichtlich ignoriert hat. Auf jeden Fall kommt Marta dann ins Zimmer gestürzt und unterbricht die Unterhaltung zwischen Maria und Jesus einfach. Sie wendet sich nicht an Maria, sondern richtet die erste Salve direkt auf Jesus: „Herr, siehst du nicht ...?"

Welche Ironie! „Siehst du nicht ...?", fragt sie den Herrscher des Universums, der die Herrlichkeit des Himmels verlassen hat, um Mensch zu werden und im Palästina des 1. Jahrhunderts zu leben; der bis zur totalen Erschöpfung unterwegs ist, um zu lehren, zu heilen und anderen zu dienen; und der bald schon bluten und sterben wird, um die ganze Welt zu erlösen, einschließlich Marta.

„Siehst du nicht ...?"

Wenn ich mir diese Szene vorstelle, sehe ich immer Marta mit einem hölzernen Kochlöffel in der Hand vor mir. Sie fuchtelt Jesus damit vor der Nase herum. „Sag ihr endlich, dass sie mir helfen soll! Schick meine faule Schwester sofort in die Küche, bevor ich von diesem Löffel Gebrauch mache!"

Wenn ich an Jesu Stelle gewesen wäre, wären mir jetzt mehrere Dinge eingefallen, die Marta mit ihrem Löffel tun könnte. Aber Jesus lässt den Konflikt nicht eskalieren. Er baut sich nicht vor Marta auf und sagt: „Wie kannst du es wagen, so mit dem Sohn Gottes zu sprechen!?" Dem Text zufolge nennt er sie nur zweimal beim Namen: „Marta, Marta." Mit anderen Worten: „Bleib cool, Marta. Komm wieder runter."

Jesus lässt den Konflikt nicht eskalieren. Er sagt nicht: „Wie kannst du es wagen, so mit dem Sohn Gottes zu sprechen!?"

Und dann stellt er mit aufrichtiger Freundlichkeit fest: „Du bist um so vieles besorgt und machst dir so viel Mühe."

Er sieht, dass sie überfordert, überlastet und erschöpft ist – genau das, was auch unsere heutige Kultur ausmacht. Und er lädt sie ein, ihren Kochlöffel wegzulegen und ein paarmal tief durchzuatmen.

„So vieles geht dir gerade durch den Kopf", sagt er. „Du siehst, was alles noch erledigt werden muss, und das zerreißt dich innerlich. Du machst meinen Besuch hier viel komplizierter, als ich das überhaupt möchte."

Ich stelle mir vor, wie Jesus einiges klarstellt und die Gelegenheit beim Schopf packt, um den Anwesenden etwas beizubringen: „Marta, darf ich einmal etwas klären? Wenn ich zu euch komme, geht es mir nicht ums Essen. Wenn ich ein Fünfsternemenü wollte, könnte ich das einrichten. Vor Kurzem habe ich fünftausend Menschen satt gemacht. Und bei einer Hochzeitsfeier habe ich köstlichen Chardonnay gemacht. Ich kann jederzeit und überall für Essen und Getränke sorgen. Wenn ich zu euch komme, komme ich wegen unserer Freundschaft, unserer Beziehung, um bei euch zu sein. Ich komme wegen unserer lebenspendenden Beziehung, um Gemeinschaft mit euch zu haben. Sonst nichts."

Laut Lukas erklärt Jesus Marta etwas, an das man auch mich oft erinnern muss: „Nur eines ist wirklich wichtig und gut!"

Marta ist das Wichtigste entgangen – Maria nicht. Sie hat es verstanden.

„Maria hat sich für dieses eine entschieden", sagt Jesus, „und ich werde es ihr nicht nehmen. Ich werde sie nicht in die Küche schicken, um ein Dutzend Dinge zu tun, die in Wirklichkeit nicht wichtig sind."

Indem er Marias Entscheidung bestätigt, lädt er Marta ein, den Kochlöffel wegzulegen und es ihrer Schwester gleichzutun.

Unser Herz sehnt sich nach einem Heilmittel gegen all die Rastlosigkeit und Geschäftigkeit unseres Lebens. Doch bei diesem Heilmittel geht es nicht darum, dass wir dann in der Küche, im Büro oder im Supermarkt plötzlich alles schaffen. Das Heilmittel besteht darin, diese Dinge – manchmal unerledigt – sein zu lassen, sich hinzusetzen und sich Zeit zu nehmen für eine kleine Unterhaltung mit Jesus.

Was für eine geniale Geschichte. Mit wenigen Worten vermittelt Jesus uns seine Werte und Prioritäten.

Ich finde es auch faszinierend, dass Lukas in seinem Evangelium die Geschichte von Marta und Maria dem Gleichnis vom barmherzigen Samariter gegenüberstellt.[2] Unmittelbar nachdem Jesus seine Nachfolger gelehrt hat, Menschen in Not aktiv zu helfen, schlägt er in seiner Antwort auf Martas Aktivismus einen ganz anderen Ton an. „Verlier bei all deiner Aktivität die Beziehung nicht aus den Augen", sagt er.

Ohne Hetze. Ohne Eile. Setzen wir uns einfach mal in Ruhe hin und nehmen uns Zeit füreinander.

Beziehung.

Der Weckruf

Vor einigen Jahren war ich mal noch deutlich schlechter drauf als Marta. Damals fühlte ich mich nicht tage- oder wochenlang ausgelaugt, sondern *monatelang*! Es war schließlich so schlimm, dass meine Frau und meine Kinder mir der Reihe nach unterschwellig zu verstehen gaben, dass ich vielleicht mal für ein paar Tage in unser Wochenendhäuschen nach Michigan fahren sollte. *Allein*. Ihre einhellige, wortlose Botschaft war klar und deutlich: *Du drehst am Rad. Du bist ungenießbar. Geh dir einmal ein paar Tage* selbst *auf die Nerven. Am besten in einem ganz anderen Bundesstaat!*

Man musste kein Genie sein, um die Botschaft zu entschlüsseln. Also packte ich meine Tasche.

Als ich den langen Gang zur Garage entlangging, sah unser kleiner Hund mich kommen – und flüchtete in die Waschküche. Sogar unser Hund wusste, dass ich gereizt war. Offenbar war ich der Letzte, der es bemerkt hatte.

Auf der Fahrt zu unserem Wochenendhäuschen fuchtelte ich innerlich mit dem Kochlöffel, wie Marta, und kaute Gott das Ohr ab. Ich beschwerte mich über die Gemeindeältesten: „Sie haben so unrealistische Erwartungen an mich!" Ich beschwerte mich über die Mitarbeiter: „Sie wollen ständig irgendwas von mir, und kaum jemand kommt mal auf die Idee, sich bei mir zu bedanken." Dann nahm der Kochlöffel allmählich die Größe eines Kanupaddels an und ich beschwerte mich über die Gemeinde: „Für die bin ich nur eine Predigtmaschine. Für mich als Mensch interessiert sich doch keiner."

Während der gesamten dreistündigen Fahrt fuchtelte ich innerlich mit dem Kochlöffel. Als ich unser Häuschen schließlich erreichte, stellte ich meine Tasche ins Schlafzimmer und ging in die Küche, um mir etwas zu essen zu machen. Als ich den Kühlschrank öffnete und sah, dass nichts zu essen drin war, klagte ich weiter: „Wer auch immer zuletzt hier war, hat überhaupt nicht an denjenigen gedacht, der als Nächster kommt – *nämlich derjenige, der die Rechnungen für das hier bezahlt!* Sie scheren sich einen Dreck um mich!‘“

Also fuhr ich zu dem kleinen Geschäft im Ort, um ein paar Lebensmittel zu kaufen. Und ich war davon alles andere als begeistert, das können Sie mir glauben.

Als ich an der Kasse bezahlt hatte, ging ich zum Ausgang. Im Augenwinkel sah ich einen Mann, den ich schon öfter hier im Ort gesehen hatte – einen Kriegsveteran im Rollstuhl. Ich sah, dass er ebenfalls auf die Tür zukam. Ich schätzte seine Geschwindigkeit ab und verglich sie mit meiner. Ich schätzte den Winkel ab, in dem er näher kam, und verglich ihn mit meinem. Und ich weiß noch, dass ich dachte: *Das ist doch jetzt nicht dein Ernst! Er wird die Tür genau zur gleichen Zeit erreichen wie ich. Er ist etwas langsamer, weil er im Rollstuhl sitzt, und wahrscheinlich sollte ich so höflich sein und ihm die Tür aufhalten.*

Und als Nächstes dachte ich: *Was kann denn heute noch alles schiefgehen, Gott? Was kann noch kommen?*

In diesem Bruchteil einer Sekunde öffnete Gott mir die Augen und ich sah in den Abgrund aus Verbitterung, Erschöpfung und Finsternis in meinem Herzen. Und als ich diese ganze Hässlichkeit sah, glauben Sie mir, da bekam ich weiche Knie. Ich dachte, ich müsste mich auf der Stelle übergeben, mitten im Laden.

Ich riss mich so weit zusammen, dass ich dem Mann im Rollstuhl durch die Tür half, aber als ich diesen winzigen Laden verließ, musste ich Gott und mir selbst gegenüber zugeben, dass ich mir mehr Gedanken um die fünfzehn *Sekunden*

gemacht hatte, die ich später den Laden hatte verlassen können, als um die fünfzehn *Jahre*, die dieser Soldat im Rollstuhl
verbracht hatte, weil er im Dienst für unser Land verwundet
worden war.

Diese Erkenntnis warf mich völlig aus der Bahn. Ich stieg in
meinen Wagen, legte den Kopf aufs Lenkrad und verlor die Beherrschung: *Was war nur mit mir los? Was war aus mir geworden?*

Ich hasste das, was aus mir geworden war, musste ich mir
selbst eingestehen. Und dann flehte ich: „Gott, hilf mir. Gott,
hilf mir. Gott, hilf mir."

Ich hatte das Ende der Fahnenstange erreicht, als ich mir
endlich eingestehen musste, welchen Preis die Erschöpfung von
mir forderte. Als ich dort auf dem Parkplatz vor dem kleinen
Laden zur Vernunft kam, war es, als würde ein Alkoholiker um
drei Uhr morgens im Schubkarren seines Nachbarn aufwachen
und sich endlich eingestehen: „Ich trinke zu viel. Wie konnte es
bloß dazu kommen?" Ich saß einfach nur da und fragte Gott:
„Wie konnte das passieren? Wie konnte es nur geschehen, dass
ich so überfordert, überlastet und erschöpft bin, dass ich keinerlei Mitgefühl mit anderen mehr habe und auf alle wütend
bin? Wie konnte das bloß passieren?"

Noch bevor ich an jenem Tag von diesem Parkplatz fuhr,
schwor ich mir: *Ich werde nie wieder zulassen, dass ich so ausgelaugt bin. Der Preis dafür ist zu hoch. Nie wieder.* Bis heute habe
ich eine schon fast krankhafte Abneigung gegen Erschöpfung.
Ich weiß, wie ich drauf bin, wenn ich mit meinen Kräften am
Ende bin. Ich weiß, wozu ich dann fähig bin. Und deshalb will
ich diesen Punkt nie wieder erreichen.

Ich weiß, dass ich viele Menschen enttäusche, wenn sie mich
um etwas bitten und ich den Eindruck habe, dass ich Nein
sagen muss:

21

„Bitte, führe unsere Trauung durch."

„Wären Sie bereit, der Mentor unseres Sohnes zu sein?"

„Könntest du mich in dieser Sache unterstützen?"

„Könnten Sie …"

Als Pastor und als Freund fällt es mir schwer, die Bitten all dieser wunderbaren Menschen abzuschlagen, denen ich so gerne helfen würde, und all die tollen Dinge nicht zu tun, die ich in unserer Gemeinde und überall auf der Welt gerne tun würde. Aber ich musste auf die harte Tour lernen, wie wichtig es ist, sich nicht völlig zu verausgaben. Ich war schon einmal ganz unten, und das reicht. Wenn ich erschöpft bin, schadet das den Menschen in meinem Umfeld und es schadet meiner Seele.

> Wenn Sie einmal beschlossen haben, nie mehr auf dem Zahnfleisch zu gehen, werden Sie sorgfältiger darauf achten, Ihren Akku regelmäßig wieder aufzuladen.

Wenn Sie einmal beschlossen haben, nie mehr auf dem Zahnfleisch zu gehen, werden Sie sorgfältiger darauf achten, Ihren Akku regelmäßig wieder aufzuladen. Wenn Sie beschlossen haben, immer genügend Energiereserven zu haben, werden Sie zweifellos einige Menschen enttäuschen. Glauben Sie mir, Sie werden darum *kämpfen* müssen, immer wieder aufzutanken. Niemand sonst kann Ihren Akku aufladen. Es liegt an Ihnen, Ihre Energiereserven und Prioritäten zu verteidigen.

Ich weiß nicht, ob Sie schon einmal so tief unten waren wie ich, aber ich weiß, dass ich nicht der Einzige bin, der diesen Kampf gegen die Erschöpfung auszufechten hat. Ein ausgelaugter Vater erzählte mir kürzlich bei *Willow Creek*, dass er seinem fünfzehnjährigen Sohn fast eine geknallt hätte. Dieser Vater pfiff schon seit einem halben Jahr aus dem letzten Loch, und als er sich vor einigen Wochen mit seinem Sohn stritt, hätte er beinahe das Undenkbare getan. Zum Glück konnte er sich gerade noch rechtzeitig zusammenreißen und war so entsetzt über seine Wut, dass er mich anrief, um mit mir zu reden; darüber hinaus rief er auch einen Seelsorger an. Dieser Vater war schockiert: „Ich war so kurz davor, *meinen Sohn* zu schlagen. Was ist bloß aus mir geworden?" Erschöpfung kann uns teuer zu stehen kommen.

Ein anderer Mann gestand mir: „Ich führe einen Prozess gegen einen Geschäftspartner, und das nur, weil ich unglaublich wütend bin. Es ist mir egal, ob ich den Prozess gewinne; ich will ihm nur das Leben schwermachen." Ich erklärte ihm: „Äh, ich glaube, du drehst am Rad. Ich glaube, du gehst auf dem Zahnfleisch, mein Freund. Wenn du jetzt bereits aus purem Vergnügen Prozesse führst, dann ist dein Akku schon viel zu lange leer."

Und ein Ehepaar, das in unsere Gemeinde geht, hat jetzt Privatinsolvenz angemeldet. Sowohl der Mann als auch die Frau verfallen in einen Kaufrausch, wenn sie ausgelaugt sind – und sie sind schon sehr lange ausgelaugt. Also haben sie ständig Einkaufsbummel gemacht und immer mehr Schulden angehäuft. Jetzt sind ihre Kreditkarten am Limit, und sie können die Hypothek nicht mehr abbezahlen, die auf ihrem Haus liegt. Wenn nicht bald etwas geschieht, werden sie alles verlieren.

Zum Vergnügen Prozesse führen oder so lange einkaufen gehen, bis man insolvent ist? Kennzeichen dafür, dass jemand völlig am Ende ist.

Wie voll ist Ihr Tank?

Ich habe Sie gewarnt: Der Weg zu einem einfachen Leben ist nichts für schwache Nerven. Man muss schonungslos ehrlich mit sich selbst sein. Deshalb will ich Ihnen folgende Fragen stellen: Wie ausgelaugt sind Sie? Wie lange ist es her, dass Sie das letzte Mal das Gefühl hatten, so richtig aufgetankt zu haben?

Jesus sagte zu Marta, dass es für sie nur eine Lösung gäbe: Sie müsse sich zu ihm setzen, sich von aller Geschäftigkeit lösen und eine Unterhaltung mit dem Einzigen anfangen, der ihr unruhiges Herz heilen, ihren Geist zur Ruhe bringen und sie wieder einnorden kann. Trifft das auch auf Sie zu?

Erlauben Sie mir, noch eine weiterführende Frage zu stellen: Würde Ihnen ein ehrliches Gespräch mit Jesus auch helfen? Ohne Hektik?

Ich habe in meinem Leben schon viele Wirtschaftsbosse, Leiter gemeinnütziger Organisationen, Politiker und Gemeindeleiter getroffen, und raten Sie mal, wer von denen am ehesten überfordert, überlastet und erschöpft ist?

Die Pastoren – und zwar Männer und Frauen. Erschöpfung ist gerade unter Pastoren weit verbreitet. Dieses Thema wird in jeder Stadt, jedem Land, jeder Kultur und jeder Sprache, in der ich Menschen begleiten und lehren durfte, angesprochen. Es ist ein weltweites Problem.

Daher mache ich mit meinen erschöpften Pastoren-Freunden oft Folgendes: Zuerst male ich einen Tank an die Tafel oder auf eine Serviette, je nachdem, wo wir gerade sind. Dann frage ich: „Wie fühlt sich Ihr Leben an, wenn Ihr Tank bis obenhin mit Energie gefüllt ist? Wie fühlt es sich an, wenn Sie von Gott erfüllt sind, eine enge Beziehung zu Jesus haben, wenn in der Familie alles rund läuft, wenn Ihr Terminplan im grünen Bereich ist, wenn Sie sich gesund ernähren, Sport treiben und genug schlafen? Wie fühlt es sich an, erfüllt und aufgetankt zu sein?"

Und so beschreiben diese Menschen ein Leben mit einem vollen Tank:

- „Wenn ich aufgetankt bin, bin ich gut drauf."
- „Ich bete die besten Gebete."
- „Ich spüre Gottes Gegenwart regelmäßiger."

- „Ich nehme das Flüstern des Heiligen Geistes aufmerksamer wahr."
- „Ich vernehme Gottes Reden öfter, als wenn ich ausgelaugt bin."
- „Ich begegne meinem Ehepartner und meiner Familie mit mehr Liebe und Zuneigung."
- „Ich liebe völlig fremde Menschen. Ich liebe sogar die Fans der ‚Packers'!"(Wenn ich diesen Ausspruch in Chicago höre, dann ist das besonders beeindruckend!)[3]
- „Ich treffe bessere Entscheidungen bezüglich meiner Terminplanung und sage nicht zu viele Termine zu."
- „Ich ernähre mich gesünder und schlafe genug."
- „Ich fühle mich kreativer und gefühlvoller."
- „Ich sehne mich danach, Gottes Willen zu tun."

Manchmal schweigt einer der Pastoren auch eine Weile lang und sagt schließlich: „Wenn ich ‚aufgetankt' bin, lebe ich das Leben, das Jesus für mich bereithat: ein Leben in Fülle, ein Leben, das erfüllt ist von seinem Frieden, der alles menschliche Denken übersteigt." Wehmütig erinnern sich diese Pastoren an Zeiten zurück, in denen sie innerlich „aufgetankt" hatten und tatsächlich das Leben im Überfluss lebten.

Und was ist mit Ihnen? Können Sie sich an eine Zeit erinnern, in der Sie so gelebt haben? Als Sie innerlich aufgetankt und erfüllt waren? Als Ihre Seele im Gleichgewicht, Sie ausgeruht, kreativ, liebevoll und schelmisch waren und regelmäßig mit Gott im Gespräch waren? Ich schätze, dass Sie sich durchaus an einige dieser Momente erinnern können. (Falls nicht, lesen Sie weiter – es gibt noch Hoffnung!) Auch ich kann mich an diese Zeiten erinnern – und je mehr ich mich darum bemühe, die Kunst des einfachen Lebens zu beherrschen, desto mehr sind sie nicht die Ausnahme, sondern Normalzustand. Es ist also möglich.

Behalten Sie diese Bilder einen Moment im Hinterkopf, während wir uns einmal das Gegenteil anschauen. Sprechen wir über die Zeiten, in denen Sie erschöpft sind – so erschöpft, dass es Ihr gesamtes Leben vergiftet. Ihr Tank ist leer. Sie haben nichts mehr zu geben. Wie fühlt sich das an?

Ganz gleich, wo auf der Welt ich bin, wenn ich Menschen diese Frage stelle, ist das erste Wort, das sie sagen, „verbittert". Sie sind über jemanden oder über etwas verbittert – so wie Marta, die aus der Küche stürmt und vor Maria und Jesus mit dem Kochlöffel herumfuchtelt. Sie war auch verbittert. „Jesus, ist dir das egal? Meine Schwester ist ein Faulpelz. Es gibt keinen Lieferservice, wo wir etwas bestellen könnten. Deine Jünger sind Schmarotzer. Und außerdem helfen sie nie beim Aufwasch."

Verbitterung. Kennen Sie das? Ich schon.

„Gereizt" ist ein weiteres Wort, das ich oft zu hören bekomme. Manche Menschen sind schnell gereizt, wenn sie ausgelaugt sind. Irgendeine Kleinigkeit geht schief und schon sind wir sauer und reagieren völlig überzogen. Wir schnauzen unseren Partner an, verlieren auf der Arbeit die Beherrschung, treten nach dem Hund.

Manche ziehen sich zurück und werden passiv.

Manche kapseln sich ab und werden zu Einzelgängern.

Manche stopfen Essen in sich hinein, trinken oder nehmen Medikamente.

Manche arbeiten zu viel.

Ich gestehe es nur sehr ungern, aber ich gehöre zu denen, die zu viel arbeiten. Meine Kollegen wissen das. Wenn ich ausgelaugt bin, lege ich mich erst so richtig ins Zeug, arbeite wie ein Besessener und treibe mich selbst und alle um mich herum gnadenlos an.

Ich will Ihnen noch etwas gestehen, das mich ganz besonders… liebenswert macht: Wenn ich gerade so einen Anfall von Arbeitswut habe, dann bin ich sauer auf alle, die nicht arbeitswütig sind. Ich rege mich darüber auf, wenn jemand pfeifend durch die Flure der Gemeinde läuft. Dann denke ich: *Was gibt es hier zu pfeifen? Du solltest lieber richtig arbeiten! Du bist ganz eindeutig unterfordert. Komm du nur in mein Büro, dann helfe ich dir auf die Sprünge!*

Wenn wir ausgelaugt sind, verzetteln wir uns. Wir können uns nicht mehr auf eine Sache konzentrieren und stürzen uns von einer Ablenkung auf die nächste, und unterm Strich kommt nichts dabei heraus. Wir verwechseln *Bewegung* mit *Fortschritt*.

> Wenn wir ausgelaugt sind, verzetteln wir uns. Wir können uns nicht mehr auf eine Sache konzentrieren und stürzen uns von einer Ablenkung auf die nächste, und unterm Strich kommt nichts dabei heraus.

Manche laufen dann auf Hochtouren. Sie versuchen in einem Affenzahn, alles am Laufen zu halten. Wenn andere sie sehen, denken sie nur kopfschüttelnd: *Wow, das kann nicht gut gehen.*

Manche flüchten sich in Filme, schnulzige Romane oder Fernsehsendungen, wenn sie ausgelaugt sind. Sie verschwenden Stunden mit *Facebook* oder *Youtube* und bewundern dort das Leben anderer, anstatt ihr eigenes zu leben.

Manche werden kaufsüchtig. Wenn sie völlig ausgelaugt sind, gehen sie mit der Kreditkarte in der Tasche ins Einkaufszentrum, auf der Suche nach dem schnellen Hochgefühl, das sich in eine Einkaufstasche stecken lässt.

Manche greifen auf Pornografie zurück. Diejenigen, die nicht die Kraft oder emotionale Stabilität haben, Intimität auf gesunde Art und Weise zu pflegen, suchen in der Anonymität danach. Wenn man einmal genau analysiert, was hinter dem drastischen Anstieg bei der Nachfrage nach pornografischen Inhalten steckt, stößt man oft auf Ausgelaugtsein, Einsamkeit und Erschöpfung. Aus dem gleichen Grund gehen auch manche Menschen fremd (manchmal mit mehreren Partnern).

Ich glaube, man kann mit Sicherheit sagen, wenn wir ausgelaugt sind, ist keiner von uns in Höchstform.

Wenn Sie innerlich mit dem Kochlöffel – oder dem Kanupaddel – herumwedeln, Gott anschreien, er solle doch etwas unternehmen, und auf die ganze Welt wütend sind, dann ist es vielleicht Zeit, dass Sie Gott sagen hören: „Komm, wir setzen uns mal zusammen hin. Du und ich, wir müssen da ein paar Dinge klären. Irgendwie hast du die Verbindung zu mir verloren. Du bist nicht mehr eingenordet und jetzt drehst du dich wie wild im Kreis. Aber ich habe einen besseren Plan für dich."

Die Energiereserven auffüllen

Und jetzt fängt es an, Spaß zu machen. Es ist nicht einfach – es ist sogar eher etwas kompliziert –, aber es macht Spaß.

Womit können Sie Ihren inneren Tank füllen? Wobei können Sie auftanken? Welche Aktivitäten oder Tätigkeiten schenken Ihnen neue Kraft? Was müssen Sie tun, um Ihr äußerst ausgelaugtes Leben wieder aufzufüllen? Welche Beziehungen inspirieren Sie? Was lesen Sie, um eine neue Perspektive zu bekommen? Was füllt Ihren inneren Tank wieder auf?

Es ist sinnlos, den Tank zu füllen, wenn man nicht vorher auch die Löcher geflickt hat.

Oft antworten mir Menschen: „Ich habe keine Ahnung. Ich habe schon so lange nicht mehr aufgetankt, dass ich nicht einmal mehr weiß, womit ich auftanken könnte." Geht es Ihnen genauso? Vielleicht fühlen Sie sich schon so lange leer, dass Sie vergessen haben, womit Sie Ihren Tank füllen können. Sie haben vergessen, wie Ihre Seele auftanken kann. Wenn das auf Sie zutrifft – keine Angst: Wir werden herausfinden, was es sein könnte. Ich bin mir sicher, wenn Sie sich mit den praktischen Tipps am Ende des Kapitels beschäftigt haben, werden Sie einen Plan haben, wie Sie Ihren Tank füllen können.

Die Löcher flicken

Bevor Sie einen Plan aufstellen können, wie Sie Ihren inneren Tank auffüllen, müssen Sie zuerst einmal erkennen, *warum* Sie überhaupt so ausgelaugt sind. Es ist sinnlos, den Tank zu füllen, wenn man nicht vorher auch die Löcher geflickt hat.

Manchmal haben Menschen Angst, ihren Chef oder ihren Ehepartner oder ihre Kinder abzuweisen, also sagen sie wieder einmal Ja zu einem Last-Minute-Projekt oder zu einer Aufgabe, von der sie wissen, dass sie sie über ein gesundes Maß hinaus auslaugen wird. Manchmal beziehen Menschen auch übermäßig viel Selbstwertgefühl aus ihrer überdurchschnittlichen Leistung. Sie strampeln sich ab und trösten sich gewissermaßen mit dem Gedanken, dass es nur auf das Endergebnis ankomme, nicht darauf, wie man es erreicht. Andere haben manchmal unterschwellig ein schlechtes Gewissen, wenn sie sich Zeit für Dinge nehmen, die ihren inneren Tank füllen, als ob jemand sie dafür verurteilen würde, dass sie etwas aus Spaß tun oder nur *für sich selbst* statt für andere. Das trifft ganz besonders auf Menschen zu, die im sozialen Sektor tätig sind.

Aber der Schuss geht nach hinten los. Wenn Ihr Akku leer ist, können Sie auch anderen nichts mehr geben. Sie können nichts geben, wenn Sie selbst nichts haben. Wenn Sie Aktivitäten nachgehen, die Ihnen beim Auftanken helfen, dann sind das keine selbstsüchtigen Vergnügungen. Diese Dinge sind lebensnotwendig, wenn Sie das eigentliche Ziel erreichen wollen: das eine Leben, das Ihnen zur Verfügung steht, so gut wie möglich zu leben. Seien Sie also kompromisslos. Planen Sie solche Auftankmöglichkeiten in Ihr Leben ein und räumen Sie ihnen die nötige Priorität ein.

Wenn man ausgelaugt ist, gerät man leicht in Versuchung, nach jemandem Ausschau zu halten, der einen da herauszieht. Aber eines muss ich hier ganz klar sagen: *Sie allein* sind dafür zuständig, Ihren inneren Tank wieder zu füllen – nicht Ihr Chef, nicht Ihre Ältesten, nicht Ihre Gemeinde, nicht Ihre Mitarbeiter, nicht Ihr Ehepartner. Es liegt in Ihrer eigenen Verantwortung, Energiequellen ausfindig zu machen, die Ihren Tank wieder füllen – damit dieser nicht länger leer ist, sondern bis zum Überlaufen gefüllt.

Betrachten wir einmal fünf solcher Energiequellen.

Fünf Quellen zum Auftanken

1. Gottesbeziehung

Sie haben sicher schon einmal diesen berühmten Ausschnitt aus dem Deckengemälde von Michelangelo in der Sixtinischen Kapelle gesehen, das den Titel „Die Erschaffung Adams" trägt. Darin sind Gott und Adam zu sehen, die die Hände nach einander ausstrecken. Gott beugt sich zu Adam herab und streckt sich nach ihm aus, sodass seine Fingerspitze fast Adams Hand berührt. Adam hingegen wirkt entspannter und bei Weitem nicht so bestrebt.

Die Hand des Himmels selbst streckt sich nach der Hand des Menschen aus.

Stellen Sie sich vor, Adam hätte sich nur zehn Zentimeter weiter gereckt, hätte nach Gottes Hand gegriffen und sie festgehalten. Für mich und mein Leben ist dieses Bild die wichtigste Quelle zum Auftanken: *Ich muss fest Hand in Hand mit Gott gehen.*

Wenn ich Gottes Liebe spüre, wenn sein Heiliger Geist mich erfüllt, wenn ich während des Tages immer wieder mit ihm rede, seine leise Stimme höre und versuche, darauf zu reagieren und ganz bei ihm zu sein – kurz gesagt, wenn ich eine lebendige Beziehung zu Gott habe –, ist das die größte Kraftquelle meines Lebens überhaupt.

Manchmal genügen ein oder zwei Sätze, die er tief in mein Herz hineinspricht, um meinen ganzen Tag zu verändern. *Du machst das gut, Bill. Ich bin stolz auf dich.* Das bedeutet mir so viel! Manchmal kann ein ermutigender Satz von Gott an einem anstrengenden Tag meinen inneren Tank von 25 Prozent wieder auf 75 Prozent füllen.

Wenn ich wirklich nah bei Gott bin, mache ich mir viel weniger Gedanken um das, was andere über mich denken oder welche Pläne und Erwartungen sie in Bezug auf mich haben. Ich halte mich eher an Gottes Plan. Ich kann mich dann selbst ermahnen: *Ich muss die Erwartungen anderer Leute nicht erfüllen, denn meine Hand liegt in der Hand des Einen, um dessen Pläne und Ziele es in meinem Leben wirklich geht.*

> Wenn ich Gottes Liebe spüre …, ist das die größte Kraftquelle meines Lebens überhaupt.

Wenn ich mit Gott im Reinen bin, wenn ich mit ihm im Einklang und nah bei ihm bin, macht das mein Leben einfacher. Dadurch wird das Stimmengewirr all derer, die sonst noch meine Aufmerksamkeit wollen, ausgeblendet.

Vielleicht hatten Sie noch nie eine Beziehung zu Gott. Wenn Sie tief in Ihrem Inneren schon immer das Gefühl hatten, dass es mehr im Leben geben muss, dann möchte ich Sie einladen, Ihre Hand nach ihm auszustrecken. Er liebt Sie, und er ergreift jede Hand, die ihm demütig entgegengestreckt wird. Vielleicht halten Sie Ihre Hand schon seit Langem vor ihm zurück, und jetzt ist der Punkt gekommen, an dem Sie sich bei ihm für Ihre Dickköpfigkeit entschuldigen, ihm die Hand hinstrecken und sagen müssen: „Gott, ich brauche dich in meinem Leben." Er wird Ihre Kraftquelle werden. Wenn Gott das Leben eines Menschen mit seiner Kraft berührt, ändert sich alles. So war es bei mir. Und so kann es auch bei Ihnen sein.

Wenn Sie sich noch nicht angewöhnt haben, sich täglich nach Gottes Hand auszustrecken und darauf zu hören, was er an diesem Tag, in dieser Woche für Sie geplant hat, habe ich folgende Anregung für Sie: Suchen Sie sich zu Hause einen Platz – bei mir ist es ein Schaukelstuhl am Kamin – und setzen Sie sich jeden Tag eine Viertelstunde dorthin und suchen Sie die Verbindung mit Gott. Lesen Sie in seinem Wort, öffnen Sie ihm Ihr Leben und hören Sie auf sein leises Reden. Wenn Sie dort sitzen und Ihre Beziehung mit Gott in Ordnung ist, festigt das Ihre Persönlichkeit. Es vereinfacht Ihren Tagesablauf. Sie geraten nicht so leicht in Versuchung, loszulaufen und all den Krempel zu tun, der bei Gott nicht einmal einen ganzen Berg Bohnen zählt.

Also still sitzen. Fangen Sie damit an.

Es gibt noch viele andere Wege, um mit Gott in Verbindung zu treten. Gary Thomas beschreibt in seinem Buch *Neun Wege, Gott zu lieben* geistliche Zugänge, die Christusnachfolgern helfen, Gott zu lieben, ihn anzubeten, ihm zu dienen.[4] Die meisten Menschen nutzen mehr als nur einen Weg, um ihre Verbindung mit Gott zu verbessern. Fällt es Ihnen in der Stille am leichtesten, die Verbindung zu Gott zu pflegen? In der Natur? Durch Rituale, Nächstenliebe, Musik? Indem Sie herausfinden, welcher Weg am besten zu Ihrem eigenen Naturell passt, wird es Ihnen auch leichter fallen, dafür zu sorgen, dass Ihre Hand-in-Hand-Beziehung zu Gott eng ist. Wenn Sie nicht recht wissen, wie Sie eine Beziehung mit Gott angehen sollen, dann nutzen

Sie doch einen Teil der Viertelstunde, die ich gerade erwähnt habe, um Ihre Beziehung zu Gott auf die Art und Weise zu erkunden, die Ihrem Wesen entspricht.

Wenn wir jeden Tag Zeit mit Gott verbringen, ist das das Heilmittel für einen ganz bestimmten Energie-Räuber: *die Imagepflege.* Viele von uns verschwenden einen unverhältnismäßig hohen Anteil ihrer Energie, um ihr persönliches Image aufrechtzuerhalten. *Für XY muss ich gut aussehen. Vor dieser Person muss ich mich gewählt ausdrücken. Für jene Person muss ich dies und das leisten.* Wenn wir eng mit Gott verbunden sind und uns unserer Identität als seine Töchter und Söhne gewiss sind, können wir diese Energie in Dinge investieren, die auf Gottes Agenda für unser Leben stehen. Wir müssen sie nicht länger an Imagepflege verschwenden. Das Leben wird einfacher, wenn wir nur noch einem Plan folgen: Gottes Plan. Egal, was ich täglich, wöchentlich, monatlich oder jährlich mache: Für mich ist es das Allerwichtigste, so eng wie möglich mit Gott verbunden zu bleiben. Das ist mit Abstand die größte Energiequelle meines Lebens.

2. Familie

Eine zweite Energiequelle – für mich auch eine sehr wichtige – ist die Familie. „Familie" sieht bei jedem von uns anders aus. Meine Familie besteht aus meiner Frau, meinem Sohn, meiner Tochter, meinem Schwiegersohn und meinen Enkeln. Und ganz gleich, ob Sie verheiratet sind oder Single, Sie haben eine „Familie" aus Freunden um sich, Menschen, die Gott in Ihr Leben gestellt hat und die für Sie Familie bedeuten. Diese Beziehungen sind wichtige Energiequellen.

> Wenn ich eng mit meiner Familie verbunden bleibe, füllen diese Beziehungen meinen inneren Tank immer wieder auf.

Meine Familie ist für mich keine Last. Ganz im Gegenteil! Meine Frau und meine Kinder füllen meinen Tank auf, und jetzt habe ich auch noch zwei Enkel, die den Tank zum Überlaufen bringen. Wenn ich eng mit meiner Familie verbunden bleibe, füllen diese Beziehungen meinen inneren Tank immer wieder auf. Ich bin fast täglich in E-Mail-Kontakt mit Todd, unserem Sohn, der in einem anderen Bundesstaat lebt, und schicke Handynachrichten an unsere Tochter Shauna und ihren Mann Aaron, und ich schreibe Nachrichten an Lynne oder telefoniere mit ihr. Selbst wenn Lynne oder ich ins Ausland reisen, bleiben wir eng verbunden. Ich liebe meine Familie und sie bringen immer wieder frischen Wind in meine Seele. Auch wenn es gelegentlich mal Konflikte gibt – wie in jeder Familie –, rauben diese Menschen mir keine Kraft. Wir kämpfen uns da durch und bringen es wieder in Ordnung.

Die Familie ist eines der segensreichsten Dinge in meinem Leben. Ich investiere in meine Familienmitglieder und sie investieren in mich. Inzwischen haben wir weiteren Familienzuwachs bekommen: unseren jüngeren Enkel, Mac, der zwei Jahre alt ist. Dieses Kind hat unglaublich viel Freude in mein Leben gebracht! Bevor ich Großvater wurde, konnte ich gar nicht ahnen, wie sehr mich das verändern würde. Aber meine Enkel haben sich als ganz große Energiequellen für mein Leben erwiesen.

Ich bin froh, dass wir Shauna und Aaron damit helfen können, wenn Lynne und ich auf die Kinder aufpassen, aber ehrlich gesagt mache ich es hauptsächlich für mich selbst. Meine Enkel füllen nämlich meinen inneren Tank auf! Deshalb verbringe ich so viel Zeit wie möglich mit ihnen. In Psalm 127 heißt es: „Auch Kinder sind ein Geschenk des Herrn."[5] Wenn ich zu viel um die Ohren und keine Zeit für meine eigenen Kinder und Enkel habe, dann arbeite ich zu viel. Ich möchte, dass sie einen großen Teil meines Lebens ausmachen, und ich selbst will einen großen Teil ihres Lebens ausmachen.

Nicht jede Familienbeziehung erfrischt die eigene Seele. Eine Familie ist eine komplexe Angelegenheit und man muss diese Beziehungen pflegen *wollen*. Vielleicht ist es an der Zeit, bei manchen Familienmitgliedern etwas wiedergutzumachen, um die Beziehung wieder in Ordnung zu bringen, damit sie Kraft schenkt und nicht raubt. Beziehungen sind knifflig, und wenn Ihre Beziehungen nicht zu den energiespendenden gehören, haben Sie womöglich noch etwas Arbeit vor sich, wenn wir in Kapitel 5 und 7 tiefer in diese Sache einsteigen. Aber denken Sie jetzt erst einmal darüber nach, wie Sie dafür sorgen können, dass Ihre Familie zu einer Energiequelle wird.

3. Befriedigende Arbeit

Eine weitere wichtige Energiequelle ist für mich befriedigende Arbeit. Ich liebe meinen Job. Jedes Mal, wenn ich das Gelände unserer Gemeinde betrete, tanke ich auf. Ich bin umgeben von begabten, engagierten Mitarbeitern, die ihre Arbeit fabelhaft machen. Ich habe ein wunderbares Team um mich, das mir direkt unterstellt ist. Dann gibt es noch ein erweitertes Leitungsteam von etwa zwanzig Personen, die für die übrigen Mitarbeiter und unsere verschiedenen Dienstbereiche zuständig sind. Und wir haben ein erstklassiges Ältestenteam. Außerdem arbeite ich auch mit dem Vorstand und dem Leitungsteam der *Willow Creek Association* zusammen. Und ich habe eine Vorstandsassistentin, Jean, deren gute Laune wirklich ansteckend ist und die sich mit jeder Vorstandsassistentin auf der Welt messen kann.

Meiner Meinung nach bringt es König Salomo auf den Punkt, wenn er sagt: „Ich habe aber auch etwas Schönes und Gutes entdeckt: dass jemand isst, trinkt und Freude an seiner Arbeit hat."[6]

Das Leben ist kurz! Wenn Ihre Arbeit – die Aufgaben, die Sie Woche für Woche, Jahr für Jahr ausüben – Ihnen die Kraft raubt, wird Ihr Energietank niemals ganz gefüllt sein. Wenn das der Fall ist, sollten Sie Gott jeden Tag bitten: „Hilf mir, dass sich entweder meine Einstellung zu meiner Arbeit ändert oder meine Arbeit selbst. Hilf mir, die Abteilung, den Arbeitgeber oder aber den Beruf zu wechseln."

Wenn Ihre Aufgaben Sie immer wieder auslaugen, dann haben Sie vielleicht nicht den richtigen Beruf.

Glauben Sie mir, ich weiß, dass das ein sehr schwieriges Thema ist. In unserer heutigen Wirtschaftslage zieht man nicht einfach los und kündigt seine Arbeitsstelle. Das kann ich verstehen. Und vielleicht bringt Ihnen der Job, der Ihre Seele erfrischen und Ihren Tank füllen würde, nicht genug Geld ein, dass Sie sich in dieser Zeit über Wasser halten können. Aber überdenken Sie im Gespräch mit Gott einmal, worauf es wirklich ankommt. Was sind Ihre Bedürfnisse und was Ihre Wünsche? Bitten Sie Gott darum, Ihnen eine Arbeitsstelle zu zeigen, bei der Sie sowohl ausreichend versorgt sind als auch Ihren Tank auffüllen können.

Ich könnte Ihnen unzählige Geschichten von Freunden erzählen, die lukrative Jobs in der freien Wirtschaft gekündigt und Arbeitsstellen mit geringerer Bezahlung und weniger Sozialleistungen angenommen haben, weil diese sie zutiefst befriedigen. Unter den Angestellten unserer Gemeinde gibt es viele solcher Menschen. Im Moment begleite ich einen Freund, der gerade seine Villa verkauft hat und mit seiner Familie in eine Mietwohnung gezogen ist. Er hat einem Wirtschaftsjob mit Spitzenverdienst den Rücken gekehrt, um eine theologische Ausbildung zu machen. Seine Familie unterstützt ihn dabei,

> Das Leben ist kurz! Wenn Ihre Arbeit Ihnen die Kraft raubt, wird Ihr Energietank niemals ganz gefüllt sein.

Gottes leiser Stimme zu folgen und einen Beruf anzustreben, der seinen inneren Tank füllen wird, was der Job, der ihm den Wohlstand brachte, nie getan hat.

Wenn ich Menschen treffe, die ständig „aufgetankt" sind, entdecke ich oft, dass sie mit ihrem Beruf zufrieden sind. Gott liebt Sie, und deshalb möchte er, dass Ihr Job Ihren Tank füllt und nicht leert. Ich bin davon überzeugt, dass Sie darauf vertrauen können, dass er in seiner Weisheit und zu seiner Zeit dafür sorgen wird.

4. Erholung

Die vierte Energiequelle war während der ersten fünfzehn Jahre meines Dienstes bei *Willow Creek* einer meiner Problembereiche. Meine Tage waren so mit Gemeindebau und der Erziehung unserer Kinder gefüllt, dass ich überhaupt keine Zeit für Erholung fand. Wie konnte ich mir die Zeit nehmen und mich vergnügen, solange es noch Menschen gab, die Gott nicht kannten? Solange es noch Menschen in Not gab, denen wir helfen mussten, und Dienstbereiche, die ich in die richtige Richtung steuern musste! Wo meine Familie mich so sehr brauchte!

Diese Einstellung hätte mir beinahe den Rest gegeben. Ich ließ zu, dass ich irgendwann so ausgelaugt war, dass ich allein keinen Ausweg mehr fand. Schließlich landete ich bei einem christlichen Berater, und er drängte mich dazu, die Dinge zu tun, bei denen ich auftanken konnte – und zwar regelmäßig. Er forderte mich auf, eine Freizeitaktivität zu finden, bei der meine Seele aufblüht. Und so landete ich beim Segeln. Dort auf dem Wasser wird mein innerer Tank wieder aufgefüllt.

Am Anfang war es schwer. Ich erzählte meinem Seelsorger, dass ich mich mies fühlte, wenn ich als Pastor segeln ging, wo es um mich herum noch so viele arme Menschen gab und

Menschen, die ohne Gott verloren waren. Mit welchem Recht konnte ich da segeln gehen?

Dieser Seelsorger half mir, ganz neu zu verstehen, was Gott wirklich am Herzen liegt. Er half mir zu verstehen, dass Erholung bedeutet, sich neue Kraft und Energie für sein Inneres zu holen. Er sagte immer wieder: „Bill, Gott möchte, dass du neue Kraft und Energie schöpfst, damit du wiederum anderen viel geben kannst."

Also nehme ich an Regatten teil, treibe mich mit Seglern herum, genieße die Gischt und das Brausen der Wellen und spüre den Wind im Gesicht. Vor Kurzem habe ich mit meinem Enkel Henry in unserem Ruderboot in South Haven, Michigan, einen kleinen Ausflug gemacht. Wir haben das Ufer des Black River erkundet und dabei mindestens ein Dutzend Schildkröten gesehen. Das sind Erinnerungen, die ich nicht so schnell vergessen werde. Wenn ich von solchen kleinen Ausflügen zurückkomme, ist mein Tank übervoll.

> Gott möchte, dass Sie neue Kraft und Energie schöpfen, damit Sie wiederum anderen viel geben können.

Was ist es bei Ihnen? Wobei tanken Sie auf? Beim Lesen, Kochen, Golfspielen, der Gartenarbeit, Camping, Briefmarkensammeln? Ganz gleich, was es ist, Sie müssen etwas finden, womit Sie neue Kraft und Energie schöpfen können, und dann müssen Sie es fest in Ihr Leben integrieren, damit Sie immer wieder auftanken. Sie brauchen das einfach. Sie brauchen diese Erholung, um Ihren inneren Tank wieder zu füllen.

Bei mir ist es das Segeln. Und ganz nebenbei bemerkt halte ich das für biblisch:

Als Jesus dies hörte, fuhr er mit einem Boot in eine entlegene Gegend. Er wollte allein sein.[7]

Sehen Sie, Jesus war auch ein Segler! Ich befinde mich also in guter Gesellschaft. Sie können ruhig Golf spielen oder klettern oder im Garten arbeiten oder tun, was auch immer Ihnen beim Auftanken hilft, aber ich bleibe bei dem, was Jesus schon getan hat!

5. Sport

Die letzte Aktivität, die meinen Energietank wieder auffüllt, ist Sport. Seit Jahren ist Sport ein wichtiger und regelmäßiger Bestandteil meines Lebens. Die Männer in meiner Familie sind nämlich genetisch etwas benachteiligt. Mein Vater starb mit 54 an einem Herzinfarkt, als ich gerade 27 war. Ihn schon mit Mitte zwanzig zu verlieren war ein heftiger Schlag, und ich werde alles daransetzen, um meinen Kindern das zu ersparen, was meine Geschwister und ich durchgemacht haben.

Vor Jahren nahm ich mir vor, für meine Gesundheit zu sorgen. Laufen, Gewichte heben, ausreichend Schlaf und gesunde Ernährung sind für mich Standard. Vorgenommen habe ich mir das zwar meiner Gesundheit zuliebe, aber ich habe entdeckt, dass diese Dinge auch meiner geistigen Gesundheit und meinen Energiereserven weitaus mehr nützen, als sie mich an Zeit und Aufwand kosten.

Egal, welche Studie Sie auch heranziehen: Die Experten sind sich in einer Sache einig: Sport und ausreichende Ruhephasen sorgen an einem normalen Tag, in einer normalen Woche, einem normalen Monat dafür, dass Sie etwa zwanzig Prozent mehr Energie haben.[8] *Zwanzig Prozent mehr Energie.* Wenn Ihre Gesundheit nicht Motivation genug ist, um Sport zu treiben, dann tun Sie es, um mehr Energie zu bekommen – und damit auch insgesamt mehr Lebensqualität.

Auch die richtige Ernährung schenkt mir mehr Energie. Wegen der Herzgeschichte bei meinem Vater war ich schon immer vorsichtig mit Cholesterin und bemühe mich, nicht zu viel Rind- und Kalbfleisch, Käse usw. zu mir zu nehmen. Aber in den vergangenen Jahren habe ich, vor allem dank Shauna, Aaron und Lynne, den Anteil an gesunden Nahrungsmitteln etwas erhöht. Ich mache eine Art Hybels-Version der Paleo-Diät und esse hauptsächlich Obst, Nüsse, Gemüse, kleine Fleischportionen und Ähnliches. Das hat viele positive Veränderungen mit sich gebracht, was meine körperliche Energie angeht. Wenn Sie sich schlapp fühlen, vor allem nachmittags, dann rate ich Ihnen dringend, sich gesünder zu ernähren.

Um mehr Energie zu haben, muss man nicht nur das Richtige essen, sondern auch zur richtigen Zeit. Jack Groppel ist Experte und Pionier in der Erforschung menschlicher Leistungsfähigkeit und eine Koryphäe auf dem Gebiet der Fitness und Ernährung. Er hat ein Buch mit dem Titel *The Corporate Athlete* geschrieben, in dem es darum geht, dass körperliche Energie das wichtigste Kapital eines Unternehmens ist.[9] Wir haben Jack vor einigen Jahren mal zu uns geholt, damit er unsere Mitarbeiter zum Thema „Persönlicher Energiehaushalt" schult. Das hat bei uns allen die Einstellung zum Umgang mit unserer körperlichen Energie geändert. Schon so einfache Tipps, wie auf der Arbeit nährstoffreiche Dinge zu essen, wenn der Energiepegel sinkt, haben unserem ganzen Team geholfen, unsere inneren Tanks mit Kraft und Energie zu füllen.

Darüber zu sprechen, dass man ausreichend schlafen sollte, ist nicht besonders aufregend, aber es ist ein wesentlicher Bestandteil, will man die eigenen Energiereserven aufstocken. Wenn ich im Ausland unterwegs bin, bringt mich der Jetlag schier um. Das ist die Sache wert – ich liebe meine Arbeit mit Pastoren und leitenden Mitarbeitern überall auf der Welt –, aber sie fordert während und nach den Reisen ihren Tribut von meinen Energiereserven. Wenn ich nach Hause komme, kann ich am eigenen

Leib spüren, warum Experten darauf bestehen, dass regelmäßige Schlafenszeiten wichtig sind. Deshalb achte ich zu Hause so weit wie möglich darauf, regelmäßige Schlafenszeiten einzuhalten.

Ich habe morgens die meiste Energie. Deshalb ist es unumgänglich, dass ich rechtzeitig ins Bett gehe, wenn ich meine produktivste Tageszeit bestmöglich nutzen will. Wenn Sie ein Nachtmensch sind und spätabends am besten denken können und am produktivsten sind, dann passen Sie Ihren Zeitplan so an, dass Sie morgens länger schlafen können. Finden Sie heraus, zu welcher Tageszeit Sie am besten arbeiten können, und stellen Sie Ihren Tagesablauf darauf ein.

Fangen Sie mit einem vollen Tank an

In den nächsten Kapiteln werden Sie einige Schlüsselübungen kennenlernen, die Ihnen dabei helfen sollen, Ihr Leben zu entrümpeln und zu vereinfachen. Daher ist es unbedingt notwendig, dass Sie zunächst einmal die nötigen Veränderungen vornehmen, um „erschöpft" hinter sich zu lassen und „energiegeladen" zu erreichen. Das ist unser Ausgangspunkt. Die Erschöpfung muss ein Ende haben. Wenn nur noch wenige Tropfen in Ihrem inneren Tank sind, wird es gefährlich. So zu leben ist gefährlich für Ihre Ehe, Ihre Kinder, Ihr Team und Ihre Arbeitskollegen. Die anderen wissen es und Sie wissen es. Und Sie können es spüren. Sie stecken in einem Hamsterrad und es ist schwer auszubrechen. Wenn Sie schon zu lange mit leerem Tank unterwegs sind, dann leben Sie nicht so, wie Gott es für Sie vorgesehen hat. Er hat etwas Besseres für Sie bereit.

> Lernen Sie, Ihren inneren Tank immer wieder aufzufüllen und dafür zu sorgen, dass er voll bleibt. Gott möchte, dass Sie Ihr Leben mit randvollen Energiereserven leben.

Lernen Sie, Ihren inneren Tank immer wieder aufzufüllen und dafür zu sorgen, dass er voll bleibt. Gott möchte, dass Sie Ihr Leben mit randvollen Energiereserven führen. So sollen wir alle leben. Ich bete, dass Sie Nägel mit Köpfen machen und sich sagen: *Jetzt ist Schluss mit dem Leben mit leeren Akkus. Ich habe genug davon, ständig ausgelaugt zu sein.* Ich wünsche Ihnen die Demut und Entschlossenheit, die man braucht, um ab heute Schluss zu machen mit dem Leben mit leeren Energiereserven.

Werden Sie kreativ. Motivieren Sie sich dazu herauszufinden, welche Aktivitäten helfen, wieder Leben in Ihren leeren Tank zu füllen. Das kann Ihnen niemand abnehmen. Es ist schließlich Ihr Leben. Es ist Ihre Zukunft.

Die nachfolgenden praktischen Schritte können Sie auch gern mit einem oder mehreren Freunden oder Ihrer Kleingruppe durcharbeiten, um herauszufinden, wie Sie von „erschöpft" zu „energiegeladen" gelangen. Unsere Freunde können oft wertvolle Erkenntnisse beisteuern und uns auf Dinge aufmerksam machen, die wir selbst nicht bemerken. Die Menschen, die Sie am besten kennen, sind auch diejenigen, die Ihnen am besten helfen können, Verhaltensmuster zu entdecken, die Ihren Tank immer wieder leeren. Und gerade in der Gesellschaft guter Freunde macht es besonders viel Spaß, über energiespendende Aktivitäten nachzudenken, bei denen Sie auftanken können.

Erfahrungsgemäß werden Sie sich von Ihrer besten Seite zeigen, wenn Sie mit ganz vollem Tank leben. Dann leben Sie bereitwilliger nach Gottes Willen. Sie lieben von ganzem Herzen. Und Sie hinterlassen Ihrer Familie ein bleibendes Vermächtnis, wenn Sie Ihr Leben aus einem vollen Tank leben.

Jetzt wird's praktisch

Eine ehrliche Selbsteinschätzung

Wenn Sie lernen wollen, wie Sie Ihren inneren Tank wieder füllen können, sollten Sie zunächst einmal eine nüchterne Selbsteinschätzung des Istzustandes vornehmen.

Zeichnen Sie in Ihr Notizbuch oder auf ein Blatt Papier einen Tank und ziehen Sie dort eine Linie, wo Sie glauben, dass Ihr Energieniveau derzeit liegt. Seien Sie realistisch. Ist Ihr Tank voll? Halb voll? Zu einem Viertel gefüllt? Sind Sie ausgelaugt? Machen Sie sich nichts vor. Seien Sie ehrlich. (Wenn Ihre erste Reaktion auf diese Aufgabe in „Lass mich bloß in Ruhe, Hybels. Den Quatsch mach ich nicht" besteht, dann weiß ich, wo Ihre Linie derzeit ist: Sie sind ausgelaugt!)

Wenn Sie Ihr Energieniveau eingezeichnet haben, sollten Sie sich die Frage stellen: „Warum lasse ich zu, dass ich so ausgelaugt bin? Was treibt mich *wirklich* an?" Bitten Sie Gott, Ihnen zu zeigen, was der eigentliche Grund dafür ist, dass Sie zulassen, dass Ihr innerer Tank (vielleicht immer wieder) leer ist. Wenn das bei Ihnen der Fall ist: Welchen inneren Hunger versuchen Sie dadurch zu stillen, den Sie auf gesündere Art und Weise stillen sollten? Versuchen Sie, es jemandem recht zu machen? Wenn Sie bei dieser Frage nicht weiterkommen, sollten Sie einen guten Freund/eine gute Freundin oder einen Seelsorger darum bitten, Ihnen dabei zu helfen, sich selbst besser zu verstehen.

Entwerfen Sie Ihren persönlichen
Plan zum Auftanken

Nach Ihrer ehrlichen Selbsteinschätzung sollten Sie einen individuellen Plan entwerfen, wie Sie Ihren inneren Tank wieder auffüllen können – das macht Spaß, aber es ist nicht einfach.

Dieser Plan sieht für jeden Menschen anders aus. Wir tanken alle bei anderen Energiequellen neue Kraft. Lassen Sie links liegen, was bei anderen funktioniert. Entwerfen Sie einen Plan, der Ihnen und Ihren Gegebenheiten entspricht.

Bei welchen Menschen, Aktivitäten, Aufgaben können Sie sich ganz sicher aufladen, wenn Ihr Akku etwas schwach geworden ist? Was funktioniert genau bei Ihnen?

Zerbrechen Sie sich jetzt noch nicht den Kopf darüber, wie Sie diese Dinge in Ihrem eh schon überfüllten Zeitplan unterbringen könnten. Damit beschäftigen wir uns im nächsten Kapitel. Stellen Sie sich für den Moment einfach einmal einen sonnigen Tag vor, an dem Sie nur die Aufgabe haben, das zu tun, was am besten zu Ihnen passt – was Ihnen am meisten Spaß macht und das Gefühl vermittelt, dass Gott sich für Sie freut. Vielleicht sind das Dinge, die Sie noch nie getan haben, die Sie aber gern versuchen würden. Vielleicht sind das Dinge, die Sie früher gern getan, aber jetzt vernachlässigen. Was ist es?

Vielleicht hilft Ihnen ein Blick auf meine fünf größten Energiequellen ein wenig auf die Sprünge: Zeit mit Gott, Zeit mit der Familie, befriedigende Arbeit, Erholung und Sport. Trifft irgendetwas davon oder alles auch auf Sie zu?

Nehmen Sie sich die Freiheit, Ihre eigenen Energiequellen hinzuzufügen, die vielleicht ganz anders sind als meine.

Schauen Sie sich jetzt Ihre Liste an, und suchen Sie sich ein oder zwei dieser Dinge aus, mit denen Sie gleich morgen anfangen können; dann eines, das Sie bis Ende der Woche umsetzen werden, und eines, das Sie bis Ende des Monats verwirklichen werden. Es geht hier nicht darum, dass Sie möglichst schnell wieder aufgetankt haben, sondern vielmehr darum, dass Sie lernen, es sich zur Gewohnheit zu machen, diesen Energiequellen, die Ihrer Seele wieder neues Leben einhauchen und Ihren Tank füllen, einen festen Platz in Ihrem Leben zu geben. Es gibt keine Abkürzungen auf dem Weg zum Ziel. Veränderung fängt mit kleinen, täglichen Schritten an. Fangen Sie jetzt damit an.

organisiert statt *überlastet*

Halten Sie Ihren Kalender im Zaum

Am Ende von Kapitel 1 haben Sie im Rahmen der praktischen Schritte Aktivitäten herausgearbeitet, die Ihnen emotional, geistlich und körperlich neue Kraft verleihen.

Aber wenn Sie sich dann Ihren aktuellen Terminkalender anschauen, denken Sie vielleicht: *Danke, Bill. In der Theorie klingt das ja ganz gut, aber wo soll ich denn diese „Energiequellen" in meinem ohnehin schon vollgepackten Zeitplan noch unterbringen?*

Gute Frage! Und Sie stehen damit nicht allein. Überall auf der Welt höre ich die gleichen Klagen:

„Ich bin überlastet."

„Ich habe keine Zeit."

„Ich hab zu viel zu tun."

Das höre ich von dem Mann, der im Flugzeug neben mir sitzt, und von den Leuten in der Gemeinde. Ich höre es von Freunden, Nachbarn und Kollegen. Manchmal höre ich es auch von meinen eigenen Lippen. Wir sagen diese Worte so oft, dass uns gar nicht mehr auffällt, wie oft wir uns wiederholen. Unsere Zeitpläne sind so eng gestrickt, dass nicht einmal mehr eine Rasierklinge zwischen zwei Termine passt. Wir haben keinen Spielraum, keinen Puffer, keinen einzigen freien Moment – ganz zu schweigen von einer Stunde, einem Tag oder gar einer Woche.

Und wir geben schon fast an damit, nicht wahr? Es gibt uns das Gefühl, wichtig zu sein: *Ich bin viel zu beschäftigt, um dieses oder jenes zu tun. Keine Zeit. Hab dringendere Verpflichtungen.* Das stärkt etwas sehr Ungesundes in uns – und der Preis dafür ist sehr hoch.

Wenn Sie Ihren Terminkalender nicht im Zaum halten, wird er Sie von einem einfacheren, befreiten Leben abhalten. Er fesselt Sie an greifbare Dinge – Besprechungen, Termine und Projekte – und räumt den nicht greifbaren Dingen nicht genügend Platz ein: wie Sie sich entwickeln, Ihre Beziehungen innerhalb der Familie und zu Freunden, Ihre Beziehung zu Gott. Wenn Sie nicht bewusst eingreifen, wird diese ständige chronische Überlastung dafür sorgen, dass die Dinge, die Ihnen eigentlich am wichtigsten sind, immer hinter den dringlichen Dingen anderer zurückstehen.

Nehmen Sie die Zügel in die Hand

Wenn Menschen ihr viel zu geschäftiges Leben beschreiben, klingt das oft so, als würde diese Überlastung ganz unfreiwillig einfach mit ihnen passieren, so als hätten sie keine andere Wahl. „Es ist nicht *meine* Schuld. Mein Chef ist schuld. Meine Familie ist schuld. Mein Kollege ist schuld." Sie glauben allen Ernstes, sie seien nur das Opfer der Aufgaben und Verpflichtungen, zu denen sie aber selbst Ja gesagt haben.

Schlechte Nachricht: *Sie* sind der Herr (oder die Herrin) Ihres Kalenders. Es liegt in Ihrer eigenen Verantwortung, die

Kontrolle über Ihren Kalender zu behalten – und Sie müssen sie behalten, wenn Sie einfacher leben wollen.

Ich kenne viele, die ihr Bestes geben, um das Chaos im Griff zu behalten. Aber trotz ihres tapferen Einsatzes verändert sich in ihrem Leben wenig. Sie haben bestimmt auch schon versucht, Ihr überlastetes Leben zu vereinfachen: Sie haben sich einen neuen Terminplaner gekauft. Sie haben eine neue Kalender-App auf Ihrem Smartphone installiert. Sie haben ein Seminar über Zeitmanagement besucht oder sich ein Hörbuch darüber angehört, wie man seine Aufgaben besser organisieren kann. Sie haben es sogar geschafft, Ihren beruflichen und privaten Terminkalender zu synchronisieren, um alles in ein System zu pferchen, in der Hoffnung, dass das das Problem lösen würde. Aber wenn Sie die gleichen Karten nur neu mischen, bekommen Sie immer wieder die gleichen Karten in Ihre ohnehin schon volle Hand.

> Wenn Sie ein einfacheres, befreites Leben führen wollen, müssen Sie damit beginnen, jeden Tag die Zeit gut zu nutzen. Sie können sich das Potenzial Ihres Kalenders zunutze machen.

Wie wäre es, wenn Sie die Zügel Ihres außer Rand und Band geratenen Kalenders in die Hand nehmen? Was wäre, wenn Sie Ihren Terminplan zu einem wirksamen Werkzeug machen könnten, das Ihnen hilft, Ihre wahren Prioritäten umzusetzen?

Wenn Sie ein einfacheres, befreites Leben führen wollen, müssen Sie damit beginnen, jeden Tag die Zeit gut zu nutzen. Sie können sich das Potenzial Ihres Kalenders zunutze machen, indem Sie jedes Feld *ganzheitlich* ausfüllen und so sowohl für äußere Aktivitäten als auch für innere Prioritäten Raum schaffen. Ihr Kalender ist mehr als nur der Planer für Dinge, die erledigt werden müssen; er ist das wichtigste Werkzeug, wenn es darum geht, der Mensch zu werden, der Sie werden möchten.

Wenn Gott das Sagen hätte

Ich bin mit siebzehn zum Glauben gekommen. Zwei Jahre später fing ein älterer Mann aus unserer Gemeinde an, gezielt Zeit mit mir zu verbringen und mich als Mentor zu begleiten. Ich bewunderte ihn als Ehemann, Vater und Geschäftsmann und war sehr dankbar für seine Zeit und seine Aufmerksamkeit. Eines Tages lud er mich zum Mittagessen ein und schnitt dabei das Thema „Umgang mit Zeit" an.

„Menschen, die versuchen, Jesus nachzufolgen, sollten eine ganz andere Einstellung zur Zeit haben", begann er. Er erklärte mir, was Paulus im Brief an die Epheser zu diesem Thema schreibt, wo es heißt: „Darum achtet genau auf eure Lebensweise! Lebt nicht wie Unwissende, sondern wie Menschen, die wissen, worauf es ankommt. Nutzt die Zeit."[1]

Ich muss gestehen, dass das Leben von meiner damaligen jugendlichen Warte aus betrachtet ziemlich lang aussah und die Zukunft noch weit weg war. Warum sollte es da so wichtig sein, *die Zeit zu nutzen*?

Mein Freund merkte vielleicht, dass ich nicht begriffen hatte, worum es ging. Gegen Ende unseres Mittagessens sah er mir geradewegs in die Augen und sagte: „Ich würde dir gern eine Frage mit auf den Weg geben: Womit würdest du deine Zeit verbringen, wenn Gott darüber bestimmen dürfte?" Bei diesen Worten legte er einen Zwanzig-Dollar-Schein auf den Tisch, verabschiedete sich und ging.

Ich saß allein am Tisch in unserer Nische und die Frage hallte in meinem Kopf wider. An diesem Punkt meines Lebens war ich der unangefochtene Herr meiner Zeit. Ich ging zur

Schule, zur Arbeit, traf mich mit Freunden, verabredete mich mit Mädchen – ich tat, was ich wollte und wann ich es wollte. Aber je länger ich über die Frage meines Mentors nachdachte, desto näher ging sie mir.

Ich bat die Bedienung um einen Stift und ein Blatt Papier und schrieb seine Frage auf: *Wie würde mein Terminplan aussehen, wenn Gott darüber bestimmen dürfte?*

Dieser Gedanke war ganz neu für mich. Darüber hatte ich noch nie nachgedacht. Aber diese Verabredung zum Mittagessen hat bei mir ein lebenslanges Verhaltensmuster in Gang gesetzt. Seit diesem Augenblick frage ich mich jeden Tag: *Wie möchte Gott, dass ich meine Zeit heute verbringe?*

Zeitpläne – sowohl mein eigener als auch der anderer – faszinieren mich. Vor einigen Jahren hat mich diese Faszination dazu veranlasst, einmal zu schauen, wie Jesus seine Zeit genutzt hat. Ich durchforschte die Evangelien, um mal zu sehen, was ich über seinen täglichen, wöchentlichen, monatlichen Zeitplan – sogar seinen jährlichen Zeitplan – herausfinden konnte und inwiefern der im Einklang mit den Traditionen seines jüdischen Glaubens stand. Was dabei herauskam, war sehr interessant.

Viele Menschen, die ein außergewöhnliches Leben geführt haben, hatten sehr seltsame Tagesabläufe.

Ich habe auch die Tagesabläufe bedeutender Führungspersönlichkeiten der Weltgeschichte unter die Lupe genommen und festgestellt: Viele Menschen, die ein außergewöhnliches Leben geführt haben, hatten sehr seltsame Tagesabläufe. Wussten Sie, dass Winston Churchill einen beträchtlichen Teil seiner Zeit im Bett arbeitete? Er blieb oft bis zwei oder drei Uhr morgens auf, ging dann ins Bett, wachte gegen sieben Uhr wieder auf und arbeitete dann bis elf Uhr oder sogar bis Mittag im Bett. Bedenkt man, welche Rolle Churchill in der Geschichte gespielt hat, kann man die Effektivität dieses exzentrischen Tagesablaufes wohl kaum infrage stellen.

Leonardo da Vinci war dafür bekannt, dass er zu jeder beliebigen Tageszeit, wann immer er müde wurde, zwei Stunden schlief, um nicht jede Nacht acht Stunden Schlaf zu „verschwenden". Sein Tagesablauf war mit diesen kurzen Schlafpausen gespickt. Leonardos polyphasisches Schlafmuster wurde als „der Schlaf des Genies" bekannt.

Auch Thomas Edison war ein solcher Kurzschläfer. Er stellte überall im Haus und im Labor Schlafliegen auf, um während des Tages Zwanzig-Minuten-Nickerchen machen zu können.

Diese und andere herausragende Persönlichkeiten – zum Beispiel Benjamin Franklin, Nikola Tesla, Thomas Jefferson und Napoleon Bonaparte – machten sich ein solches polyphasisches Schlafmuster zunutze, um häufiger wach sein zu können.

Was mir an diesen Beispielen gefällt – und was Sie hoffentlich auf Ihr Leben übertragen werden –, ist, dass diese Menschen mit ihren Zeitplänen experimentierten, bis sie ein Schema fanden, das zu ihnen passte. Sie versuchten nicht, sich in einen „normalen" Zeitplan hineinzuzwängen, der so war wie der der anderen Menschen. Sie hatten eines begriffen: *Mein Rhythmus muss bei niemand anderem funktionieren als bei mir selbst.*

Ich persönlich bin morgens am produktivsten, wenn ich ausgeschlafen bin und meine Gedanken frisch sind. Vor einigen Jahren habe ich deshalb meinen Zeitplan dementsprechend angepasst, um diesen ersten Stunden des Tages mehr Gewicht zu verleihen – und ich wünschte, ich hätte das schon vor Jahrzehnten getan!

Wenn ich das Gelände unserer Gemeinde erst einmal betreten habe und in mein Büro komme, geht der Rummel los. Besprechungen, Telefonanrufe, E-Mails und Termine verschlingen manchmal jede Sekunde des Tages. Eines habe ich über mich selbst gelernt: Wenn ich geistlich gesehen im Gleichgewicht bleiben, im Einklang mit Gottes leiser Stimme sein und auf seine Führung achten will statt auf meine eigene oder die anderer, muss ich diese stillen, friedlichen, ungestörten Morgenstunden schützen und sie Gott unterstellen.

Ich stehe jeden Morgen um halb sechs auf und gehe direkt auf die Knie, um zu beten. Wenn ich das nicht mache, neige ich erfahrungsgemäß zu sehr dazu, mich vom „Tun" ablenken zu lassen und nicht mehr zum Gebet zu kommen. Nach dem Gebet verbringe ich Zeit in meinem Lieblingsstuhl oder in der ruhigen Atmosphäre meines Büros zu Hause, wo ich Gottes Wort aufschlage und seine Weisheit einlade, in meine Seele zu kommen. Ich schreibe Tagebuch und stelle mir kritische Fragen zu meinem Handeln, meinen Worten, meinen Beziehungen und meinem Charakter. Welches sündige Verhalten zeigt Gott mir auf, das ich bekennen und ändern sollte? Welche Beziehungen müssen gekittet werden? Wo will Gott, dass ich mich weiterentwickle? Zu welchen Gelegenheiten soll ich Ja sagen? Wo soll ich passen? Wo lobt er mich für etwas, das ich gut gemacht habe?

> Wenn ich geistlich gesehen im Gleichgewicht bleiben will … muss ich diese stillen, friedlichen, ungestörten Morgenstunden schützen und sie Gott unterstellen.

Diese frühen Morgenstunden sind für mich die fruchtbarsten des Tages. Die ungestörte Einsamkeit schafft in meinen Gedanken Raum für Predigtvorbereitungen, aktives Lernen und große Träume. Wenn meine Seele in dieser Zeit mit Gott aufgetankt hat, lege ich die Hände an den Pflug und fange mit der täglichen Arbeit an.

Ich komme nicht vor 11 Uhr ins Büro. Bis dahin habe ich schon einige Stunden in meine inneren Prioritäten investiert, die sonst im geschäftigen Alltag untergehen könnten. Und ich habe das tägliche Arbeitspensum schon beträchtlich reduziert, bevor ich überhaupt im Büro bin. In meinem Fall funktioniert diese Einteilung. Es ist kein normaler Arbeitstag, aber es funktioniert.

Funktioniert Ihr jetziger Tagesablauf für Sie?

Wirklich?

Wenn nicht, sollten Sie vielleicht einmal versuchen, einen Zeitplan zu finden, der in Ihrem Fall funktioniert. Vielleicht genießen Sie nicht den Luxus flexibler Arbeitszeiten, was bedeutet, dass Sie etwas kreativer sein müssen, wie Sie die Zeit außerhalb der Arbeit verbringen, damit Ihre persönlichen Prioritäten nicht leiden. Ich bin überzeugt, dass die durchdachte Strukturierung Ihres täglichen und wöchentlichen Zeitplans eine der heiligsten Tätigkeiten überhaupt ist. Einen neuen, initiativen, ganzheitlichen Zeitplan zu entwerfen, ist genauso gut und wichtig, wie ein völlig neues Konzept für Ihren nächsten Lebensabschnitt zu entwerfen. Ihr Kalender spielt eine wesentliche Rolle, wenn es darum geht, wie Sie sich als Person, als Christus-Nachfolger, als Familienmitglied und als Freund bzw. Freundin entwickeln. Er hat das Potenzial, die Richtung zu verändern, die Ihr Leben heute und in der Zukunft nehmen wird. Wenn Sie sich einmal in Ruhe hinsetzen und Ihren Zeitplan überarbeiten – und davon bin ich zutiefst überzeugt –, werden Sie Entscheidungen treffen, die weitaus größere Auswirkungen haben, als Sie sich vorstellen können.

Auch an diesem Punkt meines Lebens, wo schon fast vier Jahrzehnte Gemeindearbeit hinter mir liegen, lerne ich immer noch neu, dass es bei meinem Zeitplan nicht so sehr darum geht, was ich erledigen will, als vielmehr darum, wer ich *werden* will. Lassen Sie mich das noch einmal sagen: Bei meinem Zeitplan geht es viel weniger darum, was ich erledigen will, als vielmehr darum, wer ich *werden* will.

Wie erstellen die meisten Menschen ihre Terminpläne? Sie nehmen ihren Kalender und tragen alle Termine ein – wann sie wo sein müssen, um nicht ihren Job zu verlieren oder nicht zu vergessen, die Kinder vom Fußballtraining abzuholen. Nachdem sie all das berücksichtigt haben, was sie nicht vergessen dürfen, wenn sie keinen Ärger kriegen wollen, quetschen sie die zweitwichtigsten Dinge hinein. Mit etwas Glück bleibt dann noch ein bisschen Zeit zum Schlafen und Duschen und vielleicht sogar noch für ein oder zwei gemeinsame Mahlzeiten mit der Familie.

Ist der Tag gut gelaufen und sie haben alle Termine wahrgenommen und alle Punkte auf ihrer To-do-Liste abgehakt, fallen sie ins Bett und beten: „Gott, hilf mir, dass ich das morgen wieder schaffe."

....

Die durchdachte Strukturierung Ihres täglichen und wöchentlichen Zeitplans ist eine der heiligsten Tätigkeiten überhaupt.

....

Ich gestehe: So habe ich während meiner Schulzeit, auf dem College, als ich im Familienunternehmen tätig war und sogar am Anfang von *Willow Creek* meinen Terminplan auch zusammengestellt.

Es geht aber auch anders. Besser.

Wie Sie Ihren Terminplan auch füllen können

Gäbe es da nicht dieses kleine Mädchen namens Shauna, das mein Herz vom Tag ihrer Geburt an erobert hat, würde ich meinen Terminplan vielleicht heute noch auf der Grundlage von Dringlichkeiten und den Erwartungen anderer Leute füllen. Aber eines Abends, als unsere Gemeinde noch jung und Shauna gerade mal drei Jahre alt war, watschelte sie mir zur Haustür hinterher, als ich mal wieder zu einem Treffen ging. Ich beugte mich zu ihr hinunter, um ihr einen Abschiedskuss zu geben. Sie sah mit ihren strahlend blauen Augen zu mir auf und stellte mir eine Frage – nicht, weil sie wütend war, sondern aus reiner Neugier: „Papa, bist du heute Abend wieder weg?"

„… *heute Abend wieder weg?"*

Mit diesen wenigen Worten brachte sie mein System zum Einsturz. Während ich in die Gemeinde fuhr, spürte ich, wie in mir die Anspannung stieg, und ich fragte mich: *Warum bin ich eigentlich heute Abend wieder weg?*

Die Antwort war ganz einfach: Das Treffen stand in meinem Kalender, genau wie das vom Vorabend und das vom nächsten Tag. Und es mussten wichtige Treffen sein, sonst hätte ich sie ja wohl nicht eingetragen, oder?

Und ob Sie es glauben oder nicht, aber zum ersten Mal in meinem Leben kam mir der Gedanke: *Was wäre, wenn in meinem Kalender auch Verpflichtungen stünden, die nichts mit der Arbeit zu tun haben?* Für mich war das ein bahnbrechender Gedanke. Wie ganzheitlich kann (oder sollte) mein Kalender sein? Sollten nur die Termine drinstehen, die mit der Arbeit zu tun haben, und logistische Dinge, oder sollte er umfassender sein?

> Wie würde Ihr Terminplan aussehen, wenn Gott darüber bestimmen dürfte?

Als ich auf den Parkplatz der Gemeinde fuhr, fragte ich mich: *Sehe ich die Sache aus der richtigen Perspektive?*

Und dann kam es: *Wie sehr beziehe ich Gott, das Gebet und die Weisheit des Heiligen Geistes mit ein, wenn ich meine Termine mache? Oder versuche ich nur, jeden Tag noch ein bisschen mehr Arbeit und ein paar Aktivitäten mehr in die gleiche Anzahl von Stunden hineinzuquetschen?* Ich erinnerte mich an jenes Mittagessen vor einigen Jahren mit meinem damaligen Mentor und an die Frage, die ich damals auf ein Blatt Papier geschrieben hatte: *Wie würde mein Terminplan aussehen, wenn Gott darüber bestimmen dürfte?*

Am nächsten Morgen ging ich mit einem gespitzten Bleistift und einem leeren Blatt Papier – und mit Shaunas unschuldiger Frage, die mir auf dem Herzen brannte – in ein Café. Ich schrieb eine neue Frage auf: *Wie viel Zeit müsste ich investieren, um diesem Mädchen ein großartiger Vater zu sein?*

Für mich war gerade diese Frage sehr schmerzhaft. Ich war mit einem größtenteils abwesenden Vater aufgewachsen. Ich wusste aus eigener Erfahrung, wie es war, wenn der Vater jeden Abend weg war. Ich wusste, dass er uns Kinder geliebt hatte. Aber ehrlich gesagt bestimmte sein Geschäft, wie er seine Zeit verbrachte. Shauna hatte etwas Besseres verdient. Mein Sohn Todd, der zu diesem Zeitpunkt noch ein Baby war, hatte etwas Besseres verdient.

Also fragte ich mich: Wie viel Zeit müsste ich investieren, damit ich während der schnell vergehenden Kindheit und Jugend nicht bloß ein durchschnittlicher Vater war, sondern ein fabelhafter Vater?

Ich bat Gott um Weisheit, während ich so dasaß und über diese Frage nachdachte, und der Heilige Geist schien mir zuzuflüstern: *Vier Abende. Vier Abende pro Woche zu Hause. Fang damit an. Du kannst es ja anpassen, wenn die Kinder älter werden. Aber für jetzt sind es vier Abende.*

Ich musste blinzeln. Vier Abende klang nach viel, wenn man bedachte, mit welchem Tempo ich lebte und wie viele Aufgaben ich hatte. Manche Männer sind stolz darauf, dass sie jeden Freitag- oder Sonntagabend einen „Familienabend" machen. Ein Abend pro Woche war in Ordnung. Aber *vier* Abende?

Und dann erlebte ich etwas, das ich fast als außerkörperliche Erfahrung bezeichnen würde. Ich spürte, wie Mut in mir aufstieg, und ich beschloss auf der Stelle: *Es ist mir egal, was andere*

Väter machen. Es interessiert mich nicht die Bohne, wenn irgendwer sagt, dass er ein wunderbarer Vater sein kann, wenn er nur einen oder zwei Abende zu Hause ist. Ich darf Shauna und Todd großziehen, und sie sind ein kostbares Geschenk Gottes, über das ich mich freue! Und ich weiß, dass ich vier Abende pro Woche zu Hause sein muss, wenn ich der beste Vater sein will, der ich sein kann – der Vater, den sie verdient haben.

Zum ersten Mal in meinem Leben schrieb ich zwei kleine Worte in meinen Kalender, die alles verändern sollten:

ZU HAUSE.

Auf der Stelle trug ich in meinem Kalender viermal „zu Hause" ein und gab diesem Termin damit die gleiche Gewichtung wie jeder anderen wichtigen Besprechung – jedem anderen geschäftlichen oder dienstlichen Termin, jedem Ältestentreffen, jeder Vorstandssitzung, jeder Dienstbesprechung, jeder Bauausschusssitzung.

Als ich so meinen neuen Wochenplan betrachtete, erkannte ich zum ersten Mal, welche Kraft und welche Auswirkungen ein Terminplan hat, bei dem Gott das Sagen hat. Indem ich zwei kleine Worte viermal auf ein Blatt Papier schrieb und mich dann an meinen Vorsatz hielt, konnte ich das Schicksal eines dreijährigen blonden Mädchens und ihres lockenköpfigen Bruders für immer verändern.

Heute, mehr als dreißig Jahre später, kann ich erkennen, dass diese eine wichtige Entscheidung über *Generationen* hinweg unsere Familie beeinflusst hat. Unsere gemeinsame Zeit als Familie ist für mich bis heute eines der größten Geschenke Gottes. Unsere beiden Kinder führen ein erfülltes Leben, in dessen Mittelpunkt Gott steht, und unsere Enkel folgen ihrem Beispiel, obwohl sie noch klein sind. Ich bin zutiefst dankbar, dass Gott mich vor so vielen Jahren an den Punkt gebracht hat, wo dieses Verhaltensmuster seinen Anfang nahm.

Als mir in jenem Café klar wurde, welche verändernde Kraft ein Vorsatz haben kann, den man auf einem Kalenderblatt notiert, war das eine überwältigende Erfahrung. Dadurch, dass ich die Dinge, die nichts mit der Arbeit zu tun hatten, ebenfalls in meinen Kalender schrieb, sorgte ich dafür, dass das, was mir am wichtigsten war, nicht länger immer hintenanstehen musste – hinter dem unerschöpflichen Strom zeitraubender Dinge, die fast jeden Tag auf mich zukamen.

> Wenn Sie Ihren Terminplan überarbeiten, hat das Auswirkungen auf Ihre Zukunft, die Sie sich wahrscheinlich noch gar nicht vorstellen können.

Ich ergriff die Initiative, damit mein Leben nicht überfüllt war. Es war ein ganz einfaches Prinzip, aber die Auswirkungen waren immens.

Ich weiß nicht, ob Sie schon einmal eine solche Offenbarung erlebt haben, in der es um etwas so Alltägliches wie den Kalender ging. Aber ich verspreche Ihnen, dass es Auswirkungen auf Ihre Zukunft hat, die Sie sich jetzt wahrscheinlich noch gar nicht vorstellen können, wenn Sie Ihren Terminplan überarbeiten.

Wohin wollen Sie sich entwickeln?

Um das Ziel zu erreichen – ein einfacheres, aufgeräumtes Lebens zu führen –, braucht man ein klares Bild vom *Gesamtziel* seines Lebens. Wenn Sie Ihren Terminplan so aufstellen wollen, dass er Ihren wichtigsten Lebenszielen Rechnung trägt, müssen Sie mit der richtigen Frage anfangen. Die Frage lautet nicht: „Was will ich in den nächsten dreißig Tagen erledigen?", sondern: „In welche Richtung will ich mich im nächsten Abschnitt meines Lebens entwickeln?" Wenn diese Schlüsselfrage einmal geklärt ist, sind Kalender und Terminplaner wunderbare Werkzeuge, um uns beim Erreichen dieses Lebensziels zu helfen, sowohl auf zwischenmenschlicher als auch auf praktischer Ebene.

Vor vielen Jahren beschloss ich einmal, Pilot zu werden. Mein Vater hatte Privatflugzeuge geflogen, und als ich noch jung war, besaß unser Familienunternehmen ebenfalls Flugzeuge. Ich hatte den starken Eindruck, dass das Fliegen eine der Energiequellen sein könnte, die mir beim Auftanken helfen könnten, also beschloss ich, Fliegen zu lernen und meinen Flugschein zu machen.

Und hier das Geheimnis, wie mir das gelungen ist: *Ich habe es in meinen Terminkalender geschrieben.*

Natürlich gehörte noch mehr dazu – wie zum Beispiel Flugstunden buchen, sie zu bezahlen, da zu sein und hart dafür zu arbeiten. Aber vereinfacht ausgedrückt, war der Eintrag „Flugstunden" in meinem Kalender der erste Schritt dazu, meinen Entschluss umzusetzen, sechs Monate lang jede Woche ein bisschen Zeit für Flugstunden zu reservieren.

Es war eigentlich gar nicht so schwer. Man muss es nur in seinen Kalender schreiben, auftauchen, die Gebühren bezahlen, üben und die Prüfung ablegen. So bekommt man eine Fluglizenz.

Und so können Sie auch jede beliebige Veränderung in Ihrem Leben erreichen. Jeder kann seinem Leben eine neue Richtung geben, Prioritäten oder Aktivitäten hinzufügen oder streichen oder die Karten neu mischen, um die Prioritäten besser zu ordnen. Das ist die verändernde Kraft eines Terminplans.

> Jeder kann seinem Leben eine neue Richtung geben. … Das ist die verändernde Kraft eines Terminplans.

Ein Freund von mir steckte beruflich in einer Sackgasse. Er konnte den Gedanken nicht länger ertragen, noch jahrzehntelang einer stumpfsinnigen Tätigkeit nachzugehen und für eine Firma zu arbeiten, die keine guten Gehälter zahlte. Eines Abends blätterte er in einem Katalog mit Weiterbildungsmöglichkeiten, den er aus dem Briefkasten gefischt hatte, und entdeckte, dass ein Abendkurs in genau dem Bereich angeboten wurde, in den er schon immer einmal wechseln wollte. Er schrieb sich für den Kurs ein und notierte ihn auch in seinem Kalender. Er ging zur ersten Unterrichtsstunde und war begeistert. Schon bald beschloss er, zwei Jahre lang jeden Dienstagabend einen Kurs in diesem Fach zu belegen. Er vermerkte diesen Termin in seinem Kalender.

Einhundertvier Dienstagabende später machte er einen Abschluss in dem Bereich, von dem er schon immer geträumt hatte. Bald darauf suchte er sich eine andere Stelle und stieg in einen erfüllenden, finanziell lohnenswerten Beruf ein. Heute bekommt er eine anständige Rente. Sein ganzes Leben veränderte sich, als er in seinem Kalender an jedem Dienstagabend „Abendkurs" notierte und das Ganze dann zwei Jahre lang durchzog.

Der amerikanische Autor John Grisham war Rechtsanwalt und hasste seinen Job. Er wollte schreiben, aber er wusste nicht, wie er das anfangen sollte. Schließlich beschloss er, in den frühen Morgenstunden seines Kalenders eine Botschaft zu notieren, die aus nur einem Wort bestand: „Schreib." Grisham sagte sich: „Ich werde jeden Tag eine Stunde früher zur Arbeit gehen und jeden Tag nur eine Seite schreiben."

Und genau das tat er.

Er fing an, unter der Woche jeden Tag eine Stunde früher aufzustehen und bereits eine Stunde vor dem offiziellen Arbeitsbeginn an seinem Schreibtisch zu sitzen. Er fing an zu schreiben... und zu schreiben. Heute ist er einer der produktivsten und am meisten geschätzten Autoren. So viel Kraft hat selbst ein einzelnes Wort im Kalender, wenn man es umsetzt.

Für mich war es „zu Hause". Für John Grisham war es „Schreib".
Und für Sie?

Einmal hatte ich nach einer Predigt ein interessantes Gespräch, das zeigt, welche Kraft unser Terminplan hat. Ich unterhielt mich mit einem Mann, der mir erzählte, dass ihn die Bibel
ziemlich verwirre und er sich nicht sicher sei, ob an der Sache
mit dem christlichen Glauben etwas dran sei. Er stellte viele
wirklich gute Fragen und schien offen zu sein. Nachdem ich
ihm einige Minuten zugehört hatte, stellte ich ihm eine Frage,
die ihn überraschte: „Haben Sie Ihren Kalender dabei?"

Er sah mich etwas skeptisch an, gab aber nach und holte sein
Smartphone heraus.

„Würden Sie das Wort ‚Alpha' in Ihren Kalender schreiben?",
fragte ich ihn. Ich nannte ihm Datum und Uhrzeit eines fantas-
tischen Kurses, den wir in unserer Gemeinde anbieten und in
dem man über einen Zeitraum von zehn Wochen etwas über
die Grundlagen des christlichen Glaubens lernt.[2]

Also tippte er für die nächsten zehn Sonntagabende „Alpha"
in seinen Kalender. „Und versprechen Sie mir, dass Sie hingehen werden", sagte ich.

„Zehn Wochen – das ist eine ganz schöne Verpflichtung",
meinte er.

„Der christliche Glaube auch", erwiderte ich. „Und die Ewigkeit. Und Ihr Leben. Aber Sie stehen hier vor einem Pastor, und
ich glaube, Sie sollten zehn Wochen lang in den Alpha-Kurs gehen. Dort bekommen Sie viele Informationen zu den ganz großen Fragen des Lebens und Sie werden jede Menge über den
christlichen Glauben lernen."

Ich erklärte ihm, dass er mit anderen Menschen um einen
Tisch sitzen und über diese Dinge diskutieren würde, Menschen,
die genauso auf der Suche und offen seien wie er. „Es ist wirklich
gut", versprach ich ihm – weil es das tatsächlich auch ist.

„Na gut", meinte er, „ich werde mir die Sache mal anschauen." Und dann ging er.

Ich sah ihn erst etwa ein Jahr später wieder, bei unserer Taufe im Juni. Ich stand im See, und der Nächste, der getauft werden wollte, war ein Mann, der mir irgendwie bekannt vorkam und bis über beide Ohren strahlte.

„Erinnern Sie sich noch an mich?", fragte er. „Ich bin der, dem Sie gesagt haben, er solle ‚Alpha' in seinem Kalender notieren."

„Und das haben Sie wohl auch getan."

„Jawohl!", sagte er. „Und dann ist Folgendes passiert: Ich ging zu den ersten vier Treffen und es war schwer – es hat mich zunächst irgendwie verwirrt. So viele neue Informationen. Fast hätte ich gekniffen. Aber ich hatte ja schon ‚Alpha' in meinen Kalender geschrieben. Ich hatte mir die Zeit ja schon frei gehalten und es waren nur noch sechs Treffen. Also beschloss ich, zu Ende zu bringen, was ich in meinen Kalender eingetragen hatte."

> „Ich hatte mir die Zeit ja schon freigehalten … also beschloss ich, zu Ende zu bringen, was ich in meinen Kalender eingetragen hatte."

Er stand neben mir im Wasser und war etwas gerührt.

„Am darauffolgenden Sonntagabend", fuhr er fort, „stellte ich noch mehr Fragen, und ein paar der Puzzleteile, die ich bisher nicht hatte einordnen können, fingen endlich an, Sinn zu ergeben. Ab diesem Abend wurde es wirklich aufregend, und am Ende der zehn Wochen wusste ich tief in mir, dass am christlichen Glauben etwas dran ist und dass ich mein Leben Jesus anvertrauen sollte. Und genau das habe ich getan."

Dann sah er mich an und sagte: „Danke, dass Sie mich dazu herausgefordert haben, zum Alpha-Kurs zu gehen. Würden Sie mich jetzt bitte taufen?"

Und das habe ich getan – mit großer Freude.

Ein einzelnes Wort in einer Smartphone-App ... Zehn Sonntagabende ... Diese wenigen Dinge haben verändert, wo dieser Mann die Ewigkeit verbringen wird. Haben eine Familie verändert. Jeden einzelnen Tag im Leben dieses Mannes verändert. Wie wichtig ist eine Verpflichtung, die im Kalender steht? In seinem Fall hat das sein ganzes Leben verändert. Und es könnte auch Ihr Leben verändern.

(Wenn Sie mehr über den christlichen Glauben wissen wollen, informieren Sie sich doch einmal über die Alpha-Kurse. Das können Sie im Internet tun unter alphakurse.de. Alpha-Kurse gibt es überall auf der Welt – höchstwahrscheinlich auch in Ihrer Nähe. Tippen Sie den Begriff in Ihren Kalender ein ... Zehn Abende mit Abendessen ... Geht es noch einfacher? Sie werden es nicht bereuen.)

Ich kenne Ihre Geschichte nicht. Ich weiß nicht, in welchen Bereichen Ihres Lebens Sie eine Veränderung brauchen, aber Sie wissen es ganz sicher. Wenn Sie Ihren Terminkalender für alle Lebensbereiche nutzen, können Sie dafür sorgen, dass jedes Feld in Ihrem Kalender mit Dingen gefüllt ist, die Ihnen wirklich wichtig sind. Sie werden die Felder nicht länger Monat für Monat mit den gleichen Zeitfressern füllen, bei denen Sie sich nur überlastet und ausgelaugt fühlen.

Greifen wir einmal auf die Punkte aus dem ersten Kapitel zurück, um herauszufinden, an welchen Punkten Ihres Lebens ein neuer, ganzheitlicher Ansatz hilfreich wäre. Die Dinge, die meinen inneren Tank füllen, sind für mich Grundwerte. Ich tippe mal darauf, dass sie bei Ihnen eine ähnliche Rolle spielen.

Gottesbeziehung

Gottesdienstbesuch

Als Pastor bin ich darüber betroffen, wie oft ich den Satz höre: „Heute wäre ich beinahe nicht in den Gottesdienst gekommen." Normalerweise passiert das nach einer Predigt, die durch Gottes Gnade einige Menschen zutiefst berührt hat. Diese Personen erzählen mir dann, dass die Predigt genau im richtigen Moment kam. „Wenn ich mir überlege, dass ich beinahe nicht gekommen wäre …", sagen sie dann.

Vor Kurzem unterhielt ich mich sonntags mit einem Mann, der diesen Satz mehrmals sagte. Schließlich ging ich darauf ein. „Tatsächlich?", meinte ich scherzhaft. „Sie wären beinahe nicht gekommen? ‚Gottesdienst' ist kein regelmäßiger Termin in Ihrem Kalender? Werfen Sie sonntagmorgens mit Ihrer Familie eine Münze, um zu entscheiden, ob Sie in den Gottesdienst gehen oder nicht?"

Nach dem nächsten Gottesdienst machten einige andere Personen genau die gleiche Bemerkung, und ich wurde noch etwas deutlicher, was die Bedeutung eines regelmäßigen Gottesdienstbesuchs angeht – und wie sehr sich das auf unsere Beziehung zu Gott auswirkt.

> Wenn Sie Gottes Reden öfter vernehmen wollen, dann gehen Sie dorthin, wo sein Wort gelehrt wird. Regelmäßig. Jede Woche.

Im letzten Gottesdienst an diesem Tag ging ich sehr stark auf dieses Thema ein. Vielleicht wurde ich auch ein kleines bisschen lauter, als ich die Gemeinde konfrontierte: „Tatsächlich? ‚Gottesdienst' steht nicht als fester Termin in eurem Kalender?"

Von den oberen Rängen in unserem Auditorium rief ein Kind: „Nein!" Es stellte seine Familie bloß – und das in der

Gemeinde! Ich dachte noch: *Dieses Kind bekommt wahrscheinlich bis zu seinem fünfzehnten Lebensjahr Redeverbot.*

Die Leute lachten und ich auch. Aber ehrlich gesagt bricht es mir das Herz, wenn Eltern sich nicht vornehmen, gemeinsam mit ihren Kindern jede Woche in den Gottesdienst zu gehen. Der Ausspruch „Nein, das steht nicht wirklich in unserem Kalender" begegnet mir viel zu oft. „Wir werfen immer noch jede Woche eine Münze. Manchmal kommen wir und manchmal nicht."

Wenn Sie Gottes Reden öfter vernehmen wollen, dann gehen Sie dorthin, wo sein Wort gelehrt wird. Regelmäßig. Jede Woche.

Der Gottesdienstbesuch war auch bei Jesus Teil seines wöchentlichen Rhythmus: „Am Sabbat ging er wie gewohnt in die Synagoge."[3]

In welche Richtung wollen Sie sich weiterentwickeln? Wenn Sie auch nur im Entferntesten daran interessiert sind, mit Jesus ernst zu machen, jemand zu sein, der ein bisschen mehr über den Glauben weiß, der ein bisschen mehr wie der ist, dem nachzufolgen er behauptet, dann müssen Sie sich unbedingt ein paar Worte in Ihren Kalender schreiben – und „Gottesdienst" gehört definitiv dazu.

Wenn Sie Gottes Führung und seine liebevollen Pläne für Ihr Leben besser erkennen wollen, brauchen Sie den gleichen wöchentlichen Rhythmus, nach dem auch Jesus lebte. „Gottesdienst" stand in seinem Kalender. Das steht auch in meinem Kalender. Schreiben Sie es in Ihren – und machen Sie es zu einem festen Termin, an dem nicht zu rütteln ist.

Zeit mit Gott

Wenn mir jemand erzählt, dass er sich wünscht, Gottes Nähe stärker zu spüren, oder dass sie sich danach sehnt, sein leises Reden so zu vernehmen, wie andere es scheinbar tun, dann frage ich mich, wie die Gottesbeziehung des Betreffenden aussieht. Wenn er manche der Grundwahrheiten des christlichen Glaubens nicht versteht oder es ihr schwerfällt, diese Wahrheiten in ihrem Alltag umzusetzen, stelle ich eine Frage: „Wie sieht es mit deiner täglichen Stillen Zeit mit Gott aus?"

Und ich weiß genau, wie die Antwort lauten wird: „Welche tägliche Zeit mit Gott?"

Wenn Sie Ihre Beziehung zu Gott pflegen wollen, dann besteht die zweite wichtige geistliche Übung darin, jeden Tag gezielt Zeit mit ihm zu verbringen. Wie ich im ersten Kapitel schon vorgeschlagen habe, sollten Sie sich einen Ort suchen, an dem Sie sich gerne aufhalten – einen gemütlichen Sessel zu Hause, wo Sie ungestört sind, oder eine Nische in einem Café oder eine Bank auf der Terrasse. Ganz gleich, wo – treffen Sie sich dort jeden Tag mit Gott. Schlagen Sie Gottes Wort auf, lesen Sie eine Viertelstunde darin, überlegen Sie, was es mit Ihrem Leben zu tun haben könnte, und beten Sie dann. Sie können Gott etwas ganz Einfaches sagen, wie zum Beispiel: „Danke, dass du so gut auf mich aufpasst. Wenn du mir irgendetwas sagen willst, werde ich auf dein Reden hören und gehorchen."

> Wenn Sie sich danach sehnen, dass sich Ihre Beziehung zu Gott vertieft, müssen Sie regelmäßig Zeit mit ihm verbringen.

Reservieren Sie sich für diese Zeit der Stille eine Tageszeit, die am besten zu Ihrer Persönlichkeit und Ihren Verpflichtungen passt. Sie müssen auch kein intensives Bibelstudium betreiben oder stundenlang intensiv über das Gelesene nachdenken. Aber Sie sollten diese Zeit bewusst erleben, sie sollte ruhig und von allen Ablenkungen geschützt sein. Das Wichtigste ist, dass Sie sich täglich einen Zeitraum dafür reservieren.

Wenn Sie bislang noch keine Erfahrungen mit einer Stillen Zeit gemacht haben, fangen Sie doch einfach erst mal mit fünf Minuten am Tag an. Gewöhnen Sie sich langsam an diesen täglichen Rhythmus. Sie werden sich wundern, wie sehr dieser kleine Zeitabschnitt Ihr Leben beeinflussen kann, wenn Sie ihn Gott überlassen.

Wenn Sie Ihre Beziehung zu Gott vertiefen wollen, sollten Sie sich diese Viertelstunde mit ihm regelmäßig reservieren. Schreiben Sie sie dort in Ihren Kalender, wo es Ihnen am besten passt, und ziehen Sie es dann durch.

Ehe und Familie

Vor ein paar Monaten rief mich ein Ehepaar an und erzählte mir, dass sie einen Schlussstrich unter ihre fünfzehnjährige Ehe ziehen wollten. Es war vorbei – einfach so. In unserem Telefonat erinnerte ich sie daran, dass sie zwei wunderbare Kinder hatten, aber sie ließen sich nicht umstimmen. Zu viel Schmerz. „Wir sind fertig miteinander", sagten sie.

Ich hörte ihnen zu, während sie mir ihre Lage schilderten, und betete dabei die ganze Zeit: *Gott, gib mir eine Idee, was ich ihnen sagen soll. Was kann ich diesen Menschen mit auf den Weg geben?* Schließlich dachte ich: *Jetzt werde ich einfach mal alles auf eine Karte setzen.*

„Hört mal zu", sagte ich. „Ich kenne einen Seelsorger in eurer Stadt. Ich habe ihn auf meinen Reisen kennengelernt, und er ist ein gut ausgebildeter, weiser Mann. Wie wäre es, wenn ich für euch einen Termin bei ihm vereinbare, bevor ihr das Handtuch endgültig werft? Ihr seid jetzt fünfzehn Jahre verheiratet. Wärt ihr bereit, euch fünfzehn Mal mit einem zuverlässigen Seelsorger zu treffen? Ein Treffen für jedes Jahr eurer Ehe. Mehr verlange ich gar nicht. Und darf ich euch daran erinnern, dass die Kinder auch betroffen sind?"

Widerstrebend willigten sie ein. Aber nach den ersten drei Terminen gingen sie nicht mehr hin. Sie gaben einfach auf. Und dann ließen sie sich scheiden. So endete diese unglückselige Geschichte.

Vielleicht hätten sie sich ohnehin scheiden lassen. Aber ich wünschte, sie hätten diese fünfzehn Wochen durchgezogen – hätten nur fünfzehn Mal eine Stunde in ihrem Kalender reserviert –, weil eine Ehe es wert ist, darum zu kämpfen.

....

Benutzen Sie also Ihren Terminkalender, um sich die Zeit freizuhalten, die Sie fest mit Ihrem Partner und Ihrer Familie verbringen wollen.

....

Wenn Ihre Ehe in der Krise steckt, dann reservieren Sie sich dafür Zeit in Ihrem Kalender. Gehen Sie zu einem Seelsorger. Nehmen Sie sich Zeit für unangenehme, aber heilende Gespräche. Verletzungen in der Ehe heilen nicht einfach von allein; man braucht fachkundige Hilfe und muss gezielt Zeit dafür reservieren. Benutzen Sie also Ihren Terminkalender, um sich die Zeit frei zu halten, die Sie fest mit Ihrem Partner und Ihrer Familie verbringen wollen.

Wenn ich Paare treffe, die einen unglaublich glücklichen Eindruck machen, erkundige ich mich oft: „Wie kommt es, dass ihr immer noch so verliebt seid?" Sie nennen mir dann eine Reihe wichtiger Gründe dafür, weshalb ihre Ehe so gut läuft, aber vor allem eines höre ich sehr häufig: „Wir haben einen Abend in der Woche fest für uns als Paar reserviert." Je nach Lebenssituation findet dieser vielleicht nicht jede Woche statt; manchmal nur jede zweite Woche. Gelegentlich erzählen sie mir auch, wohin sie an diesem Abend gehen oder was sie dann unternehmen. Diese Gespräche sind immer sehr erfreulich.

Alles ist eigentlich ganz einfach: Sie schreiben ihren Eheabend in den Kalender und dann halten sie sich diese Stunden frei. Das Ganze läuft nicht nach dem Zufallsprinzip ab. Sie werfen auch keine Münze. Sie investieren etwas in ihre Beziehung und ihre gemeinsame Zukunft. Sie machen sich Gedanken darüber, wohin sie sich als Paar entwickeln wollen, und tun alles dafür, um dieses Ziel zu erreichen.

Lynne und ich machen etwas Ähnliches. Unsere Kinder sind mittlerweile groß und aus dem Haus, und weil wir beide sehr viel international tätig sind – Lynne im Nahen Osten und im Kongo und ich in anderen Ländern rund um den Globus –, sind wir beide viel unterwegs. Aber wir haben beschlossen, dass wir uns, wenn wir denn beide mal zu Hause sind, jeden Abend im Wohnzimmer treffen und zusammen die Spätnachrichten mit Brian Williams auf NBC anschauen.

Ich weiß, dass das für viele nicht gerade nach einem romantischen Eheabend klingt, aber wir tanken dabei auf. Wir schauen uns eine halbe Stunde zusammen die Nachrichten an, dann schalten wir den Fernseher aus und erzählen uns gegenseitig, was in der letzten Zeit so los war: „Wie geht es dir?" – „Wie war es heute im Büro?" – „Wie war deine letzte Reise?" – „Was hast du heute geschrieben?" Die Nachrichten sind ein gemeinsamer Ausgangspunkt, von dem aus wir ein bereicherndes Gespräch führen. Wenn ich unterwegs bin und es Zeit ist für die Abendnachrichten, schreibe ich Lynne manchmal schnell eine E-Mail: „Ich wünschte, wir wären jetzt beide daheim und könnten zusammen die Nachrichten schauen."

Das Ganze hat noch einen weiteren Vorteil: Wann immer ein anderer Mann angibt: „Wir treffen uns jede Woche zum Eheabend!", kann ich dagegenhalten: „Wir haben jeden Abend Eheabend – und er kostet nicht mal was!"

Befriedigende Arbeit

Reden wir einmal über Ihre Arbeitszeiten.

Als Sie den Arbeitsvertrag unterschrieben und die Stelle angenommen haben, an der Sie jetzt tätig sind, sind Sie eine Verpflichtung eingegangen. Es gibt für jeden Arbeitsplatz Regeln: wann man morgens spätestens anfangen muss, wie lange die Pausen sind und ab wann man nachmittags Feierabend machen kann. Als Sie den Arbeitsvertrag unterschrieben haben, haben Sie Ihrem Arbeitgeber versprochen, dass Sie sich daran halten und die vereinbarten Erwartungen erfüllen würden.

Jesus hat seine Nachfolger aufgefordert: „Euer Ja sei ein Ja, euer Nein ein Nein."[4] Mit anderen Worten: „Haltet eure Versprechen." Wenn Ihre Arbeit morgens um acht Uhr anfängt, dann trudeln Sie nicht erst um fünf nach acht ein. Halten Sie Ihr Versprechen.

> Jesus hat seine Nachfolger aufgefordert: „Euer Ja sei ein Ja, euer Nein ein Nein." Mit anderen Worten: „Haltet eure Versprechen."

Die fest angestellten Mitarbeiter von *Willow* lernen rasch, dass Pünktlichkeit gleich nach Gottesfurcht kommt. Wir fangen unsere Besprechungen immer pünktlich an. Und wir haben eine Regel: Wenn jemand zu spät kommt, muss er sich vor dem gesamten Team entschuldigen. Man muss nicht lange erklären, warum man zu spät ist – wegen des Verkehrs, des Schnees oder weil der Zug zu spät war. Der Betreffende sagt einfach nur: „Hallo, Leute, tut mir leid, dass ich zu spät bin." Bei uns wird nicht lange herumgeschmollt oder geschimpft. Darum geht es nicht.

Aber wenn wir zum dritten Mal „Tut mir leid, dass ich zu spät bin" zu hören bekommen, hegen wir den Verdacht, dass es dem Betreffenden nicht wirklich leidtut. Wir merken, dass das

Ja zum Treffen um zehn Uhr nicht wirklich ein Ja ist und dass das, was Jesus zu diesem Thema gelehrt hat, dieser Person nicht wirklich wichtig ist. Wenn das Problem weiter besteht, reden wir ein ernstes Wort mit diesem Mitarbeiter: „Zuerst haben wir gedacht, dass deine Unpünktlichkeit nur Nachlässigkeit sei. Aber jetzt haben wir das Gefühl, dass es eine Charakterschwäche ist. Wir glauben, dass du dein Wort gibst, es dann aber nicht hältst. Und uns hier ist ein guter Charakter wichtig. Deshalb möchten wir dich ermutigen, noch einmal über dein Verhalten nachzudenken. Wir möchten, dass dein Ja wirklich ein Ja ist. Wir möchten, dass du aus Respekt vor deinen Kollegen pünktlich kommst." Wenn der Betreffende sein Verhalten nicht innerhalb eines angemessenen Zeitraums ändert, führen wir ein weiteres Gespräch mit ihm, aber ein etwas anderes. So ernst ist uns diese Sache.

In jedem Bereich Ihres Lebens sollte Ihr Ja ein Ja und Ihr Nein ein Nein sein. Planen Sie genug Zeit zwischen zwei Terminen ein, und denken Sie daran, dass es auch ein paar Minuten dauert, um von einem Ort zum anderen zu gelangen, damit Sie tatsächlich zur vereinbarten Zeit da sind und Ihr Versprechen halten können. Arbeiten Sie konzentriert und zielgerichtet, um während der vereinbarten Arbeitszeit Ihre bestmögliche Leistung zu bringen? Und haben Sie gesunde Grenzen gesteckt, damit die Arbeit nicht in Ihr Privatleben überschwappt? Wenn das nicht der Fall ist, sollten Sie Ihren Kalender zur Hand nehmen, um das zu korrigieren.

> Planen Sie genug Zeit zwischen zwei Terminen ein, und denken Sie daran, dass es auch ein paar Minuten dauert, um von einem Ort zum anderen zu gelangen, damit Sie tatsächlich zur vereinbarten Zeit da sind und Ihr Versprechen halten.

Erholung

Wenn ich sicherstellen will, dass ich regelmäßige, angemessene und gründliche Zeiten der Erholung in meinem Leben einplane, dann ist mein Kalender das effektivste Werkzeug dazu. Lynne, die Kinder und ich planen jedes Jahr im Januar unseren Jahresurlaub als Familie und halten uns diese Zeit frei, indem wir sie in den Kalender eintragen. Das ist jetzt, wo unsere Kinder erwachsen sind, besonders wichtig, weil wir drei Kalender koordinieren und ein Datum finden müssen, das allen passt. Und wenn wir langfristig planen, bekommen wir die besten Reservierungen und die günstigsten Flugpreise.

Aber wir machen vor allem deshalb langfristige Pläne, weil dieser Familienurlaub einen hohen Stellenwert für uns alle hat. Wir halten uns diesen Zeitraum schon lange vorher in unserem Kalender frei. Unser Urlaub wird nicht von anderen Gelegenheiten oder Verpflichtungen aufgefressen. Wir bereiten uns darauf vor, indem wir ihn langfristig planen und dann alle beruflichen Verpflichtungen ablehnen, die in dem für den Urlaub reservierten Zeitraum liegen. So geraten wir gar nicht erst in Versuchung, einen Familienausflug in einen Arbeitsurlaub mit Laptop und Handy zu verwandeln. Und die Vorfreude steigt, je näher der Urlaub kommt.

Wie wichtig ist Ihre Familie für Sie? Wollen Sie jemand sein, der dafür sorgt, dass die gesamte Familie bleibende Erinnerungen schafft? Ich denke schon. Wenn ja, dann tragen Sie „Familienurlaub" in Ihren Kalender ein – mit Kuli, nicht mit Bleistift.

Sport

Einer meiner Freunde war zwanzig Jahre lang ziemlich schlecht in Form – so richtig schlecht in Form. Wenn wir zusammen weggegangen sind, hat er sich immer darüber beklagt: „Schau nur, was für ein Fettsack ich bin", sagte er immer, „aber du hättest mich mal in der Highschool sehen sollen!"

Vor einiger Zeit hat er dann beschlossen, dreimal in der Woche Sport zu treiben. Nur eine Stunde lang ein bisschen Sport – ohne Personal Trainer, ohne Umstellung des Speiseplans.

„Ich habe mir diesen Termin einfach in den Kalender geschrieben", erzählte er mir.

Wenn ich ganz ehrlich sein soll, war ich nicht besonders optimistisch. Solange ich ihn kannte, jammerte er ja schon über sein Gewicht.

....
Dinge, die wir in unseren Kalender schreiben und dann auch umsetzen, haben die Macht, uns in andere Menschen zu verwandeln.
....

Aber er hatte sich diese Termine in seinen Kalender geschrieben und er nahm sie auch wahr. Heute wiegt er zwanzig Kilo weniger. Er hat sich schon seit zwanzig Jahren nicht mehr so gut gefühlt. Und das alles nur wegen drei kleiner Linien in seinem Kalender, die er mit dem Wort „Training" gefüllt hatte.

Dinge, die wir in unseren Kalender schreiben und dann auch umsetzen, haben die Macht, uns in andere Menschen zu verwandeln.

———

Ich möchte dieses Kapitel mit der Geschichte eines Geschäftsmannes beenden, der vor einigen Jahren anfing, unsere Gemeinde zu besuchen. Zuerst kam er sonntags nur mit, wenn seine Frau ihn unter Druck gesetzt hatte. Aber hin und wieder blieb er nach dem Gottesdienst noch etwas und wir unterhielten uns gelegentlich.

Schließlich kam er öfter. Es dauerte nicht lange, da bemerkte ich, dass sich seine Haltung verändert hatte. Der Funke war übergesprungen und er war ganz begeistert von Gott. Er hatte tonnenweise Fragen und bat um Buchempfehlungen. Er kam zu unserem Mittwochsgottesdienst und manchmal sogar zu zwei Wochenendgottesdiensten. Schließlich machte er Nägel mit Köpfen und vertraute sein Leben Jesus an. Ich hatte die Ehre, ihn zu taufen. Er erlebte einen geistlichen Höhenflug. Er wusste, wer er werden wollte.

Er gehörte nun zu Christus und wollte ein neuer Mensch werden.

Eines Tages aßen wir zusammen zu Mittag und er sagte: „Ich habe meinen ersten Bibelvers auswendig gelernt."

„Lass hören", sagte ich.

Er zitierte Matthäus 6, Vers 33: „Wenn ihr für ihn lebt und das Reich Gottes zu eurem wichtigsten Anliegen macht, wird er euch jeden Tag geben, was ihr braucht."[5]

„Wahnsinn!", erwiderte ich. „Das ist also tatsächlich der allererste Bibelvers, den du je auswendig gelernt hast?" Es war tatsächlich so. Dann erlaubte ich mir einen kleinen Spaß mit ihm. Ich fragte ihn: „Willst du jetzt herumlaufen und damit angeben, dass du ihn auswendig kennst, oder hast du auch tatsächlich vor, entsprechend zu leben?"

Das war für einen Mann, der noch so jung im Glauben war, ein völlig neuer Gedanke.

„Wie soll man denn *entsprechend* leben?", wollte er wissen.

Also haben wir uns angeregt darüber unterhalten, wie es aussehen könnte, wenn Gottes Reich Priorität für uns hat. Ich sagte ihm: „Du könntest beispielsweise deinen Terminkalender überarbeiten und ihn mit dem füllen, womit Gott ihn füllen würde, wenn er über deine Zeit, deine Terminplanung und deinen Kalender bestimmen dürfte."

„Aber ich leite doch ein Unternehmen!", wandte er ein. „Da gibt es Dinge, die ich einfach tun muss."

„Wir alle haben Aufgaben, die wir erledigen müssen", erwiderte ich. „Aber wenn du die Anliegen Gottes zuerst einträgst – wenn du die Linien oder Kästchen in deinem Kalender zuerst mit dem füllst, was dich zu dem Menschen macht, der du werden willst – und dann alles andere drum herum einträgst, wirst du mit der Zeit zu dem Menschen, der du werden willst."

„Ich will ein Gott-zuerst-Mensch werden", sagte er. „Wirklich."

Ich glaubte ihm.

Er entwarf verschiedene Versionen eines Gott-zuerst-Kalenders und kam damit gelegentlich zu mir. Als er bei der endgültigen Version angekommen war – der Version, bei der er alle „Anliegen Gottes" zuerst eingetragen hatte –, beteten wir zusammen darüber, und er beschloss mutig und voller Überzeugung, das Ganze in die Tat umzusetzen.

Wie er selbst gestand, musste er an seiner Ehe arbeiten, also schrieb er das in seinen Kalender und arbeitete langsam, aber sicher an der Beziehung zu seiner Frau. Seine Kinder hatten nie einen besonders hohen Stellenwert in seinem Leben gehabt. Aber jetzt, wo sein geistlicher Schwerpunkt sich verlagert hatte, hatte die Familie eine viel höhere Priorität. Er fing sogar an, Familienabende und -urlaube einzuplanen. Er war immer viel zu beschäftigt gewesen, um mit der Familie in Urlaub zu fahren, doch das änderte sich jetzt. Es war noch nicht zu spät, um damit anzufangen.

Er plante Zeit ein, um an einer Bibelstudiengruppe für Männer teilzunehmen, und das krempelte sein gesamtes Leben um.

Dann reservierte er sich Zeit, um in einigen Dienstbereichen unserer Gemeinde mitzuarbeiten, die ihm besonders am Herzen lagen.

In den nächsten zwei Jahren wurde dieser Mann ein völlig anderer Mensch – ein Kalenderkästchen nach dem anderen. Und das nur, weil er seinen Terminplan überarbeitete und sich dann auch daran hielt.

Dieser Mann wurde ein völlig anderer Mensch – ein Kalenderkästchen nach dem anderen. Und das nur, weil er seinen Terminplan überarbeitete und sich dann auch daran hielt.

Er konnte nicht ahnen, dass dieser neue Terminplan sein endgültiger sein würde, denn er bekam Krebs. Die Krankheit zerfraß seinen Körper und irgendwann hatte seine letzte Stunde geschlagen. Kurze Zeit später hielt ich seine Beerdigung.

In den Monaten vor seinem Tod besuchte ich ihn zu Hause und im Krankenhaus. Die Medikamente hatten ihm die Stimme genommen, aber mit heiserem Krächzen – und einem zufriedenen Leuchten in seinen Augen – sagte er: „Wenigstens habe ich es in den letzten beiden Jahren meines Lebens richtig gemacht, nicht wahr, Bill? Ich habe es in den letzten zwei Jahren richtig gemacht."

Das hatte er.

Dieser Mann hatte nur zwei Jahre Zeit gehabt, um zu dem Mann zu werden, der er nach Gottes Willen sein sollte. Und er hatte es in diesen beiden Jahren richtig gemacht. Dafür hatte er nur eines tun müssen: Er war mit Gott über seine Prioritäten im Gespräch gewesen und hatte die Dinge in seinen Kalender eingetragen und dann in die Tat umgesetzt, die dafür notwendig gewesen waren.

Wer von uns weiß schon, wie viele Terminkalender wir in unserem Leben noch erstellen werden? Wie wäre es da, wenn wir gleich jetzt damit anfangen, die richtigen Prioritäten zu setzen?

Auf Kurs bleiben

Wir alle müssen dagegen ankämpfen abzudriften – denn genau das passiert leicht, wenn unsere Tage auf Wogen von Verpflichtungen, eintöniger Geschäftigkeit und endlosen Besprechungen an uns vorbeitreiben. Es passiert viel zu schnell, dass wir unseren Terminplan mit unwichtigen Dingen füllen und die wichtigen außer Acht lassen.

Wenn wir ein einfacheres Leben führen wollen, müssen wir jeden einzelnen Tag zielgerichtet angehen. Wie wollen Sie sich menschlich und geistlich entwickeln? Sie können sich nicht verändern, wenn Sie nicht anfangen, sich festzulegen – und zwar schriftlich, in Ihrem Kalender –, und das dann auch in die Tat umsetzen. Fangen Sie heute an – jetzt –, und machen Sie sich die verändernde Kraft Ihres Terminkalenders zunutze, indem Sie ihn dazu verwenden, Ihr Leben um die Dinge herum anzuordnen, die bei Gott wichtig sind.

Wenn Sie Gott an die erste Stelle in Ihrem Leben setzen und Ihre Prioritäten im Griff behalten, können Sie Ihr ganzes Potenzial ausschöpfen und das Leben in Fülle erleben, das Gott uns versprochen hat. Sie können Gottes Einladung annehmen und der Mensch werden, den er im Sinn hatte, als er Sie schuf – ein Kalenderkästchen nach dem anderen.

Jetzt wird's praktisch

Überarbeiten Sie Ihre Termine – und räumen Sie Gott dabei Priorität ein

Fangen Sie damit an, dass Sie sich selbst fragen: „Wohin will ich mich entwickeln?" Vielleicht kommt Ihnen ein Lebensbereich in den Sinn, der im Moment am dringendsten eine Kurskorrektur gebrauchen könnte. Fangen Sie damit an. Wenn es mehrere Bereiche sind, die ein Eingreifen erfordern, dann fangen Sie mit dem Bereich an, der das größte Hindernis für ein Leben ist, in dem Gott Priorität hat. Dabei sollte es in diesem Bereich auch eine spürbare Veränderung geben.

> Wenn Sie Gott an die erste Stelle in Ihrem Leben setzen und Ihre Prioritäten im Griff behalten, können Sie Ihr ganzes Potenzial ausschöpfen und das Leben in Fülle erleben, das Gott uns versprochen hat.

Schreiben Sie dann die Projekte und Verpflichtungen und die Beziehungen oder Aktivitäten in Ihren Kalender, die Ihnen dabei helfen, die Richtung einzuschlagen, in die Sie sich entwickeln wollen.

Wenn Sie mehr über den christlichen Glauben erfahren wollen, können Sie sich zu einem Alpha-Kurs oder etwas Ähnlichem anmelden, das Ihnen dabei hilft, dieses Ziel zu erreichen.

Wenn Sie sich fragen, warum Sie das Gefühl haben, dass Sie sich weit von Gott entfernt haben, sollten Sie

„Gottesdienst" und „Stille Zeit" in Ihren Kalender notieren – und nehmen Sie diese Termine auch wahr.

Wenn Sie nicht gerade fit oder übergewichtig sind, schreiben Sie „Sport" in einige der Kalenderkästchen, und entwickeln Sie ein gangbares Konzept, um etwas Bewegung zu bekommen. Achten Sie darauf, dass Sie sich realistische Ziele setzen, und gehen Sie gegebenenfalls als Erstes zum Arzt, damit er Ihnen einige gesundheitliche Ratschläge gibt.

Wenn Sie merken, dass Ihre Ehe etwas zu kurz kommt oder Sie an Eheproblemen arbeiten müssen, sollten Sie vielleicht „Seelsorger" oder „Eheabend" in Ihren Kalender schreiben.

Wenn Ihre Kinder sich nicht mehr daran erinnern können, wann Sie das letzte Mal als Familie etwas zusammen unternommen haben, dann füllen Sie ein paar Kästchen mit „Familienurlaub" aus. Und halten Sie sie auch wirklich frei! Wenn Ihre Kinder noch klein sind, sollten Sie mit Gott darüber sprechen, an wie vielen Abenden Sie „zu Hause" in Ihren Kalender schreiben sollten. Das sieht bei Ihnen unter Umständen anders aus als bei mir. Es hängt vielleicht vom Alter der Kinder ab, aber Sie sollten diese wichtige Lebensphase auf keinen Fall verpassen. Es gibt nichts, das so wichtig ist, wie Zeit mit den eigenen Kindern zu verbringen! Und die Kindererziehung sieht einem keine Fehler nach, auch wenn man sie noch so sehr bereut. Zwei kleine Worte können eine riesige Veränderung bewirken: zu Hause.

Wenn Sie beruflich in der Sackgasse stecken, dann unternehmen Sie etwas dagegen! Machen Sie eine

Fortbildung. Nutzen Sie die Weiterbildungsmöglichkeiten Ihres Arbeitgebers. Tragen Sie sich Stunden in Ihren Kalender ein, in denen Sie an Ihren Bewerbungsunterlagen arbeiten, und suchen Sie sich einen anderen Job. Unternehmen Sie etwas, das Ihr Leben letztlich in eine bessere Spur bringt.

alles im Griff statt
außer Kontrolle

Umgang mit Finanzen

Es gibt nur wenige Dinge, die unser Leben so durcheinanderbringen können wie finanzielle Probleme. Aus dem Ruder gelaufene finanzielle Verpflichtungen setzen uns ungeheurem Druck aus. Wir gehen nicht ans Telefon oder legen die Post ungeöffnet in die Schublade, weil wir Angst vor einer weiteren Mahnung oder, schlimmer noch, vor einer Pfändung haben. Wir warten immer darauf, dass irgendetwas Schlimmes passiert. Ganz gleich, wie voll unser Energietank sein mag oder wie bewusst wir unsere Zeit eingeteilt haben – wenn wir ein gestörtes Verhältnis zum Geld haben, werden wir ständig das Gefühl haben, dass uns die Luft zum Atmen fehlt.

Den folgenden Ausspruch höre ich immer wieder: „Die ganze Sache überfordert mich."

Ich höre ihn von Menschen, die finanziell am Ende sind: „Ich bin mit all den Rechnungen überfordert. Ich bin mit meinen

81

Schulden überfordert. Ich bin schon damit überfordert, den Boden unter den Füßen nicht zu verlieren, geschweige denn Geld für die Ausbildung unserer Kinder zur Seite zu legen."

Ich höre ihn von Menschen, die eigentlich genug verdienen: „Ich habe so hart gearbeitet, um dahin zu kommen, wo ich heute bin, und jetzt habe ich Angst, einen Fehler zu machen und alles zu verlieren."

Es ist unmöglich, einfacher zu leben, befreiter zu leben, wenn Ihr Verhältnis zum Geld gestört ist.

Warum über Geld reden?

Zunächst einmal ein Dementi: Als Pastor habe ich oft mit dem Vorurteil zu kämpfen, dass wir den Leuten doch bloß ihr Geld aus der Tasche ziehen wollen. Wir alle kennen die Berichte über geldgierige Prediger, deren einziges Ziel es zu sein scheint, sich die eigenen Taschen zu füllen.

Ich kann nicht für diese Menschen sprechen, aber für mich selbst und zahllose andere Pastoren kann ich nur sagen, dass wir uns deshalb verpflichtet sehen, über das Thema „Geld" zu sprechen, weil wir die glasklare Botschaft der Bibel nicht ignorieren können. Wenn man einmal darüber nachdenkt, wie viele Bibelverse sich auf Geld beziehen, wird deutlich, dass das richtige Verhältnis zum Geld für Gott durchaus sehr wichtig ist. Jesus hat sowohl direkt als auch in Gleichnissen häufig über Geld und gute Verwaltung gelehrt. Aus diesem Grund nehme ich meine Verantwortung ernst, andere Christus-Nachfolger zu lehren, was die Bibel zu diesem Thema sagt.

> Ich freue mich sehr darüber, wenn ich Menschen dabei helfen kann, nicht länger das Gefühl zu haben, dass ihre Finanzen *außer Kontrolle* sind, sondern dass sie sie *im Griff* haben.

Ich freue mich sehr darüber, wenn ich Menschen dabei helfen kann, nicht länger das Gefühl zu haben, dass ihre Finanzen *außer Kontrolle* sind, sondern dass sie sie *im Griff* haben. Ich entschuldige mich nicht dafür, dass ich über Geld spreche, denn ich habe hautnah miterlebt, wie frei man sich fühlt, wenn man seine Mittel gut verwaltet. Immer wieder habe ich erlebt, dass Menschen innerlich zur Ruhe gekommen sind, wenn sie ihre Finanzen Gott unterstellen, und dass sich ihr Leben grundlegend verändert. Diesen Frieden habe ich selbst erfahren, und ich möchte, dass auch Sie ihn erleben.

Der Wendepunkt

Fangen wir einmal damit an, dass wir das Leben eines Mannes unter die Lupe nehmen, von dem in der Bibel berichtet wird. Er hatte ein ausgesprochen gestörtes Verhältnis zum Geld. Meiner Meinung nach sorgte seine grauenhafte Einstellung zum Geld sogar dafür, dass seine Schuld- und Schamgefühle immer schlimmer wurden. Aber dann begegnete er Jesus:

Jesus zog mit seinen Jüngern durch Jericho. Dort lebte ein sehr reicher Mann namens Zachäus, der oberste Zolleinnehmer. Zachäus wollte Jesus unbedingt sehen; aber er war sehr klein, und die Menschenmenge machte ihm keinen Platz. Da rannte er ein Stück voraus und kletterte auf einen Maulbeerbaum, der am Weg stand. Von hier aus konnte er alles überblicken.

Als Jesus dort vorbeikam, entdeckte er ihn. „Zachäus, komm schnell herab!", rief Jesus. „Ich möchte heute dein Gast sein!" Eilig stieg Zachäus vom Baum herunter und nahm Jesus voller Freude mit in sein Haus.

Die anderen Leute empörten sich über Jesus: „Wie kann er das nur tun? Er lädt sich bei einem Gauner und Betrüger ein!"

Zachäus aber sagte zu Jesus: „Herr, ich werde die Hälfte meines Vermögens an die Armen verteilen, und wem ich am Zoll zu viel abgenommen habe, dem gebe ich es vierfach zurück."

Da sagte Jesus zu ihm: „Heute hat Gott dir und allen, die in deinem Haus leben, Rettung gebracht. Denn auch du bist ein Nachkomme Abrahams. Der Menschensohn ist gekommen, Verlorene zu suchen und zu retten."[1]

Wenn Sie in einer Gemeinde aufgewachsen sind, dann ist diese Geschichte für Sie nicht neu. Wahrscheinlich haben Sie in der Sonntagsschule oft von Zachäus gehört. Vielleicht kennen Sie auch noch Lieder über ihn. Er ist eine sehr bekannte biblische Figur aus einer sehr bekannten Passage der Bibel.

Aber als ich mich kürzlich noch einmal intensiv mit dieser Begebenheit aus dem Lukasevangelium beschäftigt habe, hat mich noch etwas ganz anderes an der Geschichte dieses Zöllners fasziniert. Ich spürte etwas zutiefst Menschliches hinter Zachäus' sorgfältig aufrechterhaltener Fassade des reichen Mannes. Als er Jesus begegnet, kann er nicht länger verbergen, wie kaputt sein Leben in Wirklichkeit ist.

Lukas berichtet, dass Zachäus auf einen Baum klettern musste, um Jesus zu sehen, weil er so klein war. Er konnte nicht über die Köpfe der Menge hinwegsehen. Klare Sache, oder?

Aber haben Sie sich schon einmal gefragt, warum ein reicher Mann so weit gehen würde, sich derart zu erniedrigen und am helllichten Tag an einer belebten Straße seine Tunika hochzuraffen, um auf einen Baum zu klettern? Warum war er so wild entschlossen, Jesus zu sehen?

Vermutlich hatten schon alle Bewohner Palästinas von Jesus, dem Lehrer und Wundertäter, gehört. In den vergangenen zwei Jahren hatte er Menschen geheilt, hatte sie durch die wunderbare Vermehrung von Brot und Fisch satt gemacht und Krüge voller Wasser in Kabinettwein verwandelt. Das hatte sich herumgesprochen. Vielleicht war Zachäus einfach nur ein Fan von Jesus, wie diejenigen, die sich heutzutage um Filmstars oder Rockidole scharen, um Autogramme zu bekommen. Jesus wurde von den Menschen in Jericho zweifellos genauso umringt. In diesem Fall wäre Zachäus einfach nur ein Schaulustiger gewesen.

Aber Zachäus ging noch einen Schritt weiter. Er riskierte es, verspottet zu werden, und kletterte auf einen Baum. Dieses verwirrende Verhalten zeigt, wie verzweifelt der Mann war.

Meine These ist: Zachäus wollte mehr als nur einen Blick auf den berühmten Rabbi werfen, der sich mit Zöllnern und Sündern herumtrieb. Er wollte Hilfe. Vielleicht hatte das, was Jesus über Gnade und Vergebung gelehrt hatte, diesem Mann, der durch seine Unehrlichkeit so schuldig geworden war, neue Hoffnung geschenkt. Die Jahre, ja vielleicht Jahrzehnte, in denen er im Namen der römischen Besatzer von seinen Landsleuten Geld erpresst hatte, forderten ihren Tribut. Oh ja, Zachäus war reich, aber er stellte fest, dass sein Reichtum ihn nicht glücklich machte. Ganz im Gegenteil.

Vielleicht klammerte sich dieser verzweifelte Mann an jenem Tag nicht nur an den Maulbeerfeigenbaum. Vielleicht klammerte er sich an die Hoffnung, dass dieser Wundertäter auch in seinem Leben ein Wunder vollbringen und ihn von seiner krankhaften Bindung ans Geld befreien könnte.

Zachäus hatte sein Geld nicht nur auf unehrenhafte Weise verdient, sondern er hatte seinen ergaunerten Gewinn auch noch für sich behalten. Anstatt mit einem Teil seines Reichtums den Armen zu helfen, ignorierte er ihre Not. Im Grunde begegnete er den Bedürftigen in seinem Umfeld mit den Worten Marie Antoinettes: „Wenn sie kein Brot haben, sollen sie doch Kuchen essen." Er hortete seinen Besitz, was ihn in der jüdischen Gesellschaft noch stärker zu einem Geächteten machte. Zachäus' Leben drehte sich nur ums Geld, und das rächte sich nun – die Geldgier hatte seine Seele zerfressen und er wurde von Schuldgefühlen gequält.

Und jetzt war der Tag gekommen, an dem Zachäus das alles nicht mehr ertragen konnte. Er schien an jenem Punkt angelangt zu sein, an den auch Süchtige kommen, wenn sie sich endlich eingestehen: „Ich kann mein Verhalten nicht aus eigener Kraft ändern." Er konnte die Selbstvorwürfe nicht länger ertragen, und Zachäus wurde vermutlich klar, dass etwas Gewaltiges in seinem Leben passieren musste, um ihn von seiner Gebundenheit an das Geld zu befreien. Dazu brauchte es eine Macht, die größer war als seine menschliche Stärke.

———

Im Laufe meiner achtunddreißig Jahre im Gemeindedienst habe ich unzählige Gespräche mit Menschen geführt, die ihr Leben durch ihr ungesundes Verhältnis zum Geld zerstört hatten. Erwachsene Frauen und Männer saßen zusammengesunken vor mir und erzählten unter Tränen ihre Geschichte. Sie waren voller Selbsthass und schämten sich wegen ihres schlechten Umgangs mit ihren Finanzen. Viel zu häufig habe ich schon gesehen, welche Auswirkungen es langfristig auf das Leben eines Menschen hat, wenn er ein Sklave des Geldes ist. Schuld und Scham hinterlassen unauslöschliche Spuren.

> Viel zu häufig habe ich schon gesehen, welche Auswirkungen es langfristig auf das Leben eines Menschen hat, wenn er ein Sklave des Geldes ist.

Im Laufe der Jahre habe ich mit vielen Menschen gesprochen, die beruflich überaus erfolgreich waren – Mediziner, Zahnärzte, Rechtsanwälte, Wirtschaftsprüfer. Viele von ihnen verdienten mehrere Hundertausend Dollar im Jahr und wollten jetzt von mir wissen, wie sie ihrem Ehepartner erklären sollten, dass sie pleite waren. Das „zu verkaufen"-Schild steht am Gartenzaun, Autos wechseln den Besitzer, und alle übrigen Wertgegenstände, einschließlich Uhren und Schmuck – und sogar Eheringe –, gehören nun der Bank. Sie bitten mich: „Bill, kannst du mir helfen, meiner Familie diese Nachricht zu überbringen?" Ihre Scham ist so groß, dass ich es gar nicht beschreiben kann.

Menschen, die in einer so prekären finanziellen Lage stecken, beben regelrecht, weil sie sich solche Selbstvorwürfe machen. Können Sie das nachempfinden? Wenn Ihre finanzielle Situation vor all Ihren Freunden und Angehörigen offengelegt würde, könnten Sie dabei ruhig und zufrieden sein? Oder wäre es Ihnen zutiefst peinlich?

———

Zurück zu unserem Klettermax namens Zachäus. Ich glaube, er war an einem Punkt angelangt, an dem die jahrelang angehäufte Scham ihn innerlich schier erdrückte. Als er von einem Wundertäter hörte, der in die Stadt kam, einem Mann voller Mitgefühl und mit irgendeiner übernatürlichen Kraft, konnte er zum ersten Mal einen Hoffnungsschimmer wahrnehmen und musste ihn unbedingt persönlich sehen.

Stellen Sie sich einmal vor, wie sich die Szene weiterentwickelte: Jesus entdeckte Zachäus auf dem Baum und lud sich bei ihm zum Abendessen ein. Normalerweise wäre das für Zachäus genau das Richtige gewesen: ein berühmter Rabbi bei ihm zu Besuch – das wäre gut für sein Ego und für seinen gesellschaftlichen Status. Und stellen Sie sich einmal das Haus von Zachäus vor! Angesichts seines Reichtums war das bestimmt keine Ein-Zimmer-Hütte. Es war ein Statussymbol – eingezäunt, geräumig, wunderschön.

Als sie in die Straße einbogen, in der Zachäus wohnte, musste er mit Jesus vielleicht an Bettlern und hungrigen Frauen und Kindern vorbei, die sich oft vor seinem Haus versammelten – Menschen, die wussten, dass Zachäus Geld im Überfluss hatte, obwohl er ihnen nie auch nur einen Cent gab. Man kann spüren, wie die Anspannung steigt.

Zweifellos wurde es noch unangenehmer, als sie sein Haus betraten. Ob sein Haus wohl mit verschwenderischen Möbeln und teuren Kunstwerken angefüllt war, die er sich von dem Geld gekauft hatte, das er von seinen Volksgenossen erpresst hatte? Früher hatte es Zachäus vielleicht stolz gemacht, anderen sein Haus zu zeigen, aber jetzt sah er seinen Luxus mit Jesu Augen, der wusste, dass jedes Gemälde und jedes elegante Möbelstück mit Blutgeld bezahlt worden war. Die Art und Weise, wie Zachäus nun seinen Reichtum sah, veränderte sich völlig. Was ihn früher einmal stolz gemacht hatte, beschämte ihn jetzt.

> Etwas ist mit Zachäus passiert, das ihn bis in sein Innerstes erschüttert hat. Sein gesamtes Leben wurde umgekrempelt.

Die Bibel verrät uns nicht, wie sich das Gespräch beim Abendessen entwickelt hat, aber wir wissen, dass etwas mit Zachäus passiert ist, das ihn bis in sein Innerstes erschüttert hat. Sein gesamtes Leben wurde umgekrempelt. Und endlich gab er den Götzen in seinem Leben preis – seinen Reichtum. Er zahlte das Geld, das er sich ergaunert hatte, vierfach zurück und überschüttete die Armen mit der Hälfte seines Reichtums. Die Fesseln, mit denen er an sein Geld gebunden war, fielen von ihm. Er war frei.

Jesus sagte zu den Umstehenden: „Heute hat dieses Haus Rettung erfahren."[2] Jemand, der verloren gewesen war, war gefunden worden. Jemand, der sich zutiefst schuldig gefühlt und geschämt hatte, war davon befreit worden. Jemand, der seinem Problem machtlos gegenübergestanden hatte, hatte eine höhere Macht gefunden, die sich des Problems annahm. Jemand, der weit von Gott entfernt – und in vielerlei Hinsicht sogar im Krieg mit ihm – gewesen war, war mit ihm versöhnt worden.

Zachäus gehört zu den ganz wenigen Menschen in der Bibel, die nicht nur ein Mal, sondern sogar zwei Mal mit Jesus versöhnt wurden. Zum einen war da natürlich die geistliche Versöhnung: Rettung zog in das Haus von Zachäus ein. Seine Schuld wurde ihm vergeben und er war jetzt in geistlicher Hinsicht mit Gott versöhnt.

Aber bei jenem Abendessen erlebte Zachäus noch eine zweite Versöhnung – eine finanzielle. Im Angesicht seiner Freunde, seiner Feinde und der Armen, die er schikaniert hatte, tat er Buße für seine finanziellen Sünden. Er gestand seine Gemeinheiten ein, die zu tiefem Bedauern und heftigen Selbstvorwürfen geführt hatten.

Der Bericht bei Lukas deutet auf eine völlige Veränderung im Herzen dieses Mannes und in seiner Beziehung zum Geld hin. Er machte den Schaden, den er mit seiner lebenslangen Gier und Raffsucht angerichtet hatte, wieder gut. Er versöhnte sich finanziell mit einem heiligen Gott. Von diesem Tag an entschied er sich für einen neuen Weg – Gottes Weg. Als das Abendessen vorüber war, war Zachäus geistlich und finanziell gesehen vor Gott wiederhergestellt.

Eine zweite Versöhnung

Meiner Meinung nach gibt es weitaus mehr Menschen, die eine geistliche Versöhnung mit Jesus erleben als solche, die eine finanzielle erleben. Anders kann ich es mir jedenfalls nicht erklären, dass so viele wohlmeinende, ernsthafte, bekennende Christus-Nachfolger eine so anhaltend gestörte Beziehung zum Geld haben. Als Christus Sie erlöst hat, hat er Ihnen Ihre moralische Schuld und Ihre Fehler vergeben. Sie wurden geistlich mit Gott versöhnt. Das ist die größte innere Veränderung im Leben eines Christen überhaupt.

Aber wenn Sie diese zweite Versöhnung noch nicht erlebt haben – jene finanzielle Versöhnung, bei der die Macht Gottes die Macht des Geldes in Ihrem Leben bricht, seine Liebe Ihre Scham und Schuld in Bezug auf Ihre Finanzen bereinigt und der Heilige Geist Ihnen die Kraft gibt, ganz neue finanzielle Praktiken umzusetzen –, dann fehlt Ihnen meiner Ansicht nach noch eine Versöhnung. Sie werden erst dann völlig frei sein von Schuld und Scham, wenn Sie diese zweite Erlösung erfahren haben.

> Stellen Sie sich einmal vor, das Geld hätte nicht mehr die Macht, Sie zu binden und zu überwältigen.

Stellen Sie sich einmal vor, wie es wäre, wenn das Geld sich in Ihrem Leben angemessen verhalten würde, anstatt Sie dazu zu zwingen, all die kranken Dinge zu tun, die Sie bisher getan haben. Stellen Sie sich einmal vor, das Geld hätte nicht länger die Macht, Sie zu binden und zu überwältigen. Klingt das verlockend? Dann lesen Sie weiter.

Wie kommt es zu so einer finanziellen Versöhnung mit Gott? Gute Frage. Schauen wir uns einmal ein biblisches Beispiel einer geistlichen Versöhnung an und suchen dann nach Parallelen zwischen den beiden.

Lukas berichtet im 16. Kapitel der Apostelgeschichte von einer geistlichen Versöhnung. Eines Nachts kam ein Offizier auf den Apostel Paulus und seinen Missionspartner Silas zu. Das war für den Offizier auch nicht weiter schwer, denn Paulus und Silas saßen im Gefängnis, und der Offizier war ihr Gefängniswärter. Man könnte also sagen, dass die beiden ganz gefesselt waren, als sie ihm lauschten.

Als der Gefängniswärter sich erkundigte, wie er geistlich mit Gott versöhnt werden könne, fassten Paulus und Silas die gesamte Glaubenslehre der geistlichen Erlösung in einem einzigen Satz zusammen: „Glaube an den Herrn Jesus, dann werden du und alle, die in deinem Haus leben, gerettet."[3] Das war alles. Er musste einfach nur glauben.

Das Schlüsselwort ist hier „glauben".

Glauben Sie, dass Jesus der Sohn Gottes ist.

Glauben Sie an die Kraft seines Sühnetodes am Kreuz.

Glauben Sie, dass seine Auferstehung die Sünde und den Tod für Sie besiegt hat.

Glauben Sie, dass Gott Sie in Zukunft führen wird.

Glauben Sie, dass er die Ewigkeit für Sie gesichert hat.

Paulus und Silas erklärten dem Gefängniswärter: „Wenn du Jesus Christus ganz in dein Leben lässt und im wahrsten Sinne des Wortes an ihn glaubst, wirst du mit Gott versöhnt und gerettet – augenblicklich."

Schon nach wenigen Stunden wurde dieser Mann mitsamt seiner Familie, die ebenfalls gläubig wurde, getauft. Diese lebensverändernden Geschichten völliger geistlicher Versöhnung werden mir nie langweilig. Das ist die Macht von Gottes Geist, der in dieser Welt wirkt.

Nach meiner Auffassung vollzieht sich finanzielle Versöhnung so ähnlich wie geistliche Versöhnung. Es gibt einige deutliche Parallelen. Über die Jahre habe ich beim Bibelstudium entdeckt, dass es fünf zentrale Grundsätze für völlige finanzielle Versöhnung mit Gott gibt. Ich glaube, dass Sie diese Überzeugungen in Bezug auf Finanzen übernehmen müssen, um diese zu erleben.

Fünf Überzeugungen zum Thema „finanzielle Versöhnung"

Nr. 1: Alles, was ich habe, kommt von Gott.
Keiner von uns hat das, was er erreicht hat, zu 100 Prozent aus eigener Kraft erreicht. Wir haben uns nicht völlig aus eigener Kraft hochgearbeitet – ganz ohne fremde Hilfe von unseren Eltern, Lehrern, Chefs und anderen, die uns beeinflusst oder uns eine Chance gegeben haben. Im Grunde waren es Geschenke von Gott. Die Bibel sagt ganz klar: „Alles, was gut und vollkommen ist, wird uns von oben geschenkt, von Gott."[4]

Gott hat Ihnen Ihr Leben geschenkt. Er hat Ihnen Talente und Begabungen gegeben. Er hat Ihnen die Fähigkeit zu lernen geschenkt. Er hat Ihnen Türen zu Bildung und Beruf geöffnet. Ein demütiger Mensch mit gesundem Menschenverstand wird zugeben: „Ich habe das nicht allein geschafft. Alles, was ich habe, kommt aus der liebenden Hand Gottes."

> Sie sind das Kind eines liebenden Vaters, der Ihnen alles anvertraut hat, was Sie haben.

Glauben Sie das? Begreifen Sie wirklich, wie sehr Sie – ganz im Gegensatz zu dem, was unsere Gesellschaft uns vermittelt – eben kein Selfmademan und keine Selfmadefrau sind? Sie sind das Kind eines liebenden Vaters, der Ihnen alles anvertraut hat, was Sie haben, und der Sie dazu einlädt, Ihre Gaben, Talente, Bildung, Möglichkeiten und Ihren Besitz in dieser Welt für seine Ziele einzusetzen.

Nr. 2: Ich lebe fröhlich im Rahmen dessen, was Gott mir im Moment gibt.

Es liegt in der Natur des Menschen, dass er immer auf der Suche nach etwas Besserem ist, sich bessere Umstände wünscht und mehr Wohlstand und ein leichteres Leben. Wir denken: *Wenn ich nur einen besseren Job hätte, ein schöneres Haus, ein neueres Auto, dann wäre ich glücklich.* Klingt logisch, oder?

Nach dieser Logik müssten die US-Bürger zu den glücklichsten Menschen der Welt gehören. Unser Pro-Kopf-Vermögen ist höher als das der meisten anderen Länder. Wir haben mehr Bildungsmöglichkeiten, eine bessere medizinische Versorgung, mehr Eigentumshäuser, mehr Autos, eine größere Auswahl an Nahrungsmitteln, mehr Freiheit und so weiter.

Aber nach einer Gallup-Umfrage von 2012 lagen die USA nur auf Platz 33 in der Liste der glücklichsten Nationen.[5] Dass wir mehr haben, macht uns nicht automatisch auch glücklicher. Nach Aussage dieser Studie liegen sieben der zehn glücklichsten Nationen in Lateinamerika, einer Region, die unter wirtschaftlichen Gesichtspunkten betrachtet (die wir vielleicht mit Glück verbinden) weit unten rangiert.[6] Das vom Bürgerkrieg gebeutelte Guatemala, das auf der Entwicklungsskala der UN knapp vor dem Irak liegt, liegt weltweit auf Platz sieben, was positive Gefühle angeht. Obwohl die Gewalt durch Banden überhandnimmt, für eine der weltweit höchsten Mordraten sorgt und die Wirtschaft des Landes lähmt, sind die Einwohner von Guatemala glücklich. Ähnliches wird aus Panama berichtet:

Diese Zahlen mögen Analytiker und führende Köpfe überraschen, die sich ausschließlich auf herkömmliche Wirtschaftsfaktoren konzentrieren. Die Einwohner Panamas, das nach dem Bruttoinlandsprodukt pro Kopf weltweit nur auf Platz 90 liegt, berichten am häufigsten von positiven Emotionen. Die Einwoh-

ner Singapurs, das nach dem Bruttoinlandsprodukt pro Kopf weltweit auf Platz 5 liegt, berichten am wenigsten von positiven Gefühlen.[7]

Übersetzt heißt das: Mehr Geld zu haben bedeutet nicht, glücklicher zu sein.

Paulus würde dem zustimmen. Nur wenige haben schon erlebt, was er in seinem Leben alles durchmachte. Im 11. Kapitel des 2. Korintherbriefes zählt Paulus eine beängstigende Liste an schlimmen Erfahrungen auf – unter anderem Gefangenschaft, Auspeitschung, Schiffbruch, Kälte, Nacktheit, Obdachlosigkeit, Hunger und Durst. Bestimmte das, wie glücklich Paulus war? Betrachten wir einmal, was er selbst in seinem Brief an die Philipper dazu schrieb:

Ich habe gelernt, mit dem zufrieden zu sein, was ich habe. Ob ich nun wenig oder viel habe, ich habe gelernt, mit jeder Situation fertig zu werden: Ich kann einen vollen oder einen leeren Magen haben, Überfluss erleben oder Mangel leiden. Denn alles ist mir möglich durch Christus, der mir die Kraft gibt, die ich brauche.[8]

Wunderbare Worte, oder? Wer in finanzieller Hinsicht mit Gott versöhnt ist, der kann das, was Gott ihm oder ihr momentan gibt, mit Freude annehmen. Das mag im Laufe eines Lebens mal mehr und mal weniger sein – vom Überfluss bis zum Mangel –, aber wir können mit beidem zufrieden sein. Es liegt in unserer Verantwortung, uns so anzupassen, dass wir im Rahmen dessen, was er uns gibt, fröhlich und zufrieden sein können, egal, ob er uns gerade viel oder wenig anvertraut.

....
Es liegt in Ihrer Verantwortung, sich so anzupassen, dass Sie im Rahmen dessen, was er Ihnen gibt, leben.
....

Wenn wir diese Dinge wirklich glauben, hat das Konsequenzen. Beispielsweise wird es Ihre Antwort auf die Frage beeinflussen, ob Sie neidisch sind, wenn Gott jemand anderem mehr gibt. Werden Sie wütend und fragen vorwurfsvoll: „Warum er und nicht ich? Warum sie und nicht ich?" Werden Sie eifersüchtig und wollen das, was andere haben? Oder können Sie ganz ehrlich sagen: „Hey, du hast eine Gehaltserhöhung bekommen. Das freut mich für dich. Du hast eine besser bezahlte Arbeitsstelle. Du hast ein neues Auto. Gott hat dir mehr gegeben, und das freut mich. Ich bin zufrieden mit dem, was er mir momentan schenkt, und ich kann mich freuen, wenn dir etwas Gutes passiert." Können Sie das?

Eine zweite Konsequenz hat mit dem Thema „Schulden" zu tun. Per Definition sind Schulden im Normalfall darauf zurückzuführen, dass man mehr will, als Gott einem momentan gibt, und dass man es sich dann auf andere Art beschafft. Denken Sie einmal darüber nach. *Schulden sind im Normalfall darauf zurückzuführen, dass man mehr will, als Gott einem momentan gibt, und dass man es sich dann auf andere Art beschafft.*

Was Gott uns anvertraut, kann im Verlaufe eines Lebens mal mehr und mal weniger sein. Ein Arbeitsplatzwechsel, die allgemeine Wirtschaftslage, Entscheidungen, die Sie selbst treffen, und solche, die andere treffen, und manchmal einfach der richtige oder falsche Zeitpunkt können beeinflussen, was Ihnen zur Verfügung steht.

Sie werden nur dann echten finanziellen Frieden erfahren, wenn Sie lernen, in *jeder* Lebenslage mit Freude *innerhalb* der Grenzen von Gottes Versorgung zu leben. Im 4. Kapitel des Philipperbriefs entschlüsselt der Apostel Paulus das Geheimnis eines zufriedenen Lebens. Er schreibt im Grunde: „Ich passe mich an und lebe innerhalb der Grenzen von Gottes Versorgung – wo auch immer die gerade liegen mögen. Ich lasse etwas

Raum zwischen dem, was ich ausgebe, und dem, womit Gott mich versorgt, und dieser Zwischenraum bringt mir Zufriedenheit, die wiederum Frieden bringt."

Woche für Woche, Monat für Monat, Jahr für Jahr treffe ich Christen, die Gott wirklich lieben, aber mehr ausgeben, als er ihnen zur Verfügung stellt. Sie häufen hohe Schuldenberge an und erleben die Scham und den Druck, die damit einhergehen. Und sie haben schließlich das Gefühl, dass ihnen die Kontrolle entgleitet.

Wenn Sie mehr ausgeben, als Sie verdienen, um einen überzogenen, vorgetäuschten Lebensstil aufrechtzuerhalten, dann ist das, als würden Sie zu Gott sagen: „Hey, du hast es vermasselt. Du gibst mir zu wenig. Du machst das falsch. Ich brauche mehr Geld, also werde ich jetzt Schulden machen, damit ich mehr zur Verfügung habe als das, was du mir durch mein Einkommen zukommen lässt." Durch übermäßige Ausgaben, überzogene Kreditkarten, himmelschreiende Autofinanzierungen, schwindelerregende Immobilienhypotheken und Ähnliches spiegeln uns die Schulden – zumindest zeitweise – vor, wir könnten mehr genießen, als Gott uns gibt. Das mag sich im Moment gut anfühlen, aber Schulden machen uns zum Sklaven des Gläubigers. Und wenn dann schließlich alles über uns zusammenbricht und wir unter einem Berg von unbezahlten Rechnungen ersticken, überwältigt uns die Scham schier.

Gott will etwas Besseres für Sie. Einfach zu leben heißt, sorgfältig darauf zu achten, dass man im Rahmen dessen lebt, was Gott einem gibt, und dass man sich sorgfältig darum bemüht, sich aus seinen Schulden zu befreien.

> Wenn Sie mehr ausgeben, als Sie verdienen, um einen überzogenen, vorgetäuschten Lebensstil aufrechtzuerhalten, dann ist das, als würden Sie zu Gott sagen: „Hey, du hast es vermasselt."

Leben Sie im Rahmen dessen, was Gott Ihnen gibt? Falls das nicht der Fall ist, könnten Sie dann jetzt Nägel mit Köpfen machen und sagen: „Von heute an werde ich fröhlich im Rahmen dessen leben, was Gott mir momentan gibt"? Wenn Sie anfangen, Ihre Ausgaben anzupassen, wird Ihnen das etwas Spielraum verschaffen. Sie werden merken, dass Sie zufriedener sind, was wiederum Ruhe und Frieden in Ihr Leben bringt. Ganz gleich, ob Sie gerade mit viel oder mit wenig auskommen müssen, Sie können zufrieden und in Frieden leben.

In Bezug auf die Finanzen sind die Auswirkungen eines einfachen Lebensstils enorm, vor allem für Ihre Kinder und Enkel. Wenn Sie den kommenden Generationen beibringen, im Rahmen dessen zu leben, was Gott uns gibt, und die eigenen Finanzen im Griff zu haben, ist das etwas Großartiges.

Wenn Sie schon bei dem bloßen Gedanken daran, im Rahmen von Gottes Versorgung zu leben, erstarren, dann stellen Sie sich doch einmal vor, wie es wäre, wenn Sie nur einen einzigen Tag frei von allen Schulden wären. Nur einen einzigen Tag schuldenfrei leben – wie wäre dieser Tag für Sie?

Stellen Sie sich vor, Sie würden einen ganzen Tag lang niemandem etwas schulden, müssten nichts zurückzahlen und würden die Dinge genießen, die Sie sich auch tatsächlich leisten können – ein Zuhause, das Sie nicht Ihr letztes Hemd kostet, ein Auto, auf dem „bezahlt" steht, eine Mahlzeit mit guten Freunden, die nicht Ihr Haushaltsgeld sprengt. Die Sonne scheint heller, wenn man schuldenfrei ist. Die Luft, die man atmet, fühlt sich frischer an, wenn man schuldenfrei ist. Das Gewissen fühlt sich reiner an, wenn man schuldenfrei ist.

Wie würden Sie sich am Ende dieser vierundzwanzig schuldenfreien Stunden fühlen? Ich schätze mal, Sie würden sagen: „So will ich für den Rest meines Lebens leben. Es ist mir egal, was ich verkaufen, tauschen oder hergeben muss, um aus den

Schulden herauszukommen. Ich werde meinen Schulden mit der Kettensäge den Garaus machen. Und ich werde so lange weitermachen, bis ich ganz schuldenfrei bin. Ich werde mich nie wieder an Schulden ketten, weil ich über meine Verhältnisse gelebt habe. Ich verpflichte mich, für den Rest meines Lebens fröhlich im Rahmen dessen zu leben, was Gott mir gibt." Der Tag, an dem Sie diese Entscheidung treffen, ist Ihr Tag der finanziellen Befreiung.

Klingt das zu schön, um wahr zu sein? Flüstert Ihnen eine leise Stimme zu: „Du steckst viel zu tief drin. Da kommst du nicht raus"? Das ist nicht Gottes Stimme. Das ist nicht wahr, es ist eine Lüge des Teufels. Sie *können* sich aus Ihren Schulden befreien. Wenn Sie sich an diese Prinzipien halten, können Sie schneller schuldenfrei werden, als Sie denken.

In einem Wochenend-Gottesdienst bei *Willow* erzählten vor Kurzem Ryan und Chelsea, ein junges Ehepaar, von ihrer finanziellen Versöhnung mit Gott. Ihr Kampf mit den Schulden begann bei der Planung ihrer Hochzeit, als sie Ausgaben tätigten, die höher waren als das, was ihnen tatsächlich zur Verfügung stand. Bezahlt haben sie – wie so viele von uns – mit den kleinen Plastikkarten in ihrem Geldbeutel.

> Wenn Sie sich an diese Prinzipien halten, können Sie schneller schuldenfrei werden, als Sie denken.

„Bereits während der ersten Wochen unserer Ehe", erzählte Chelsea, „wurden diese Rechnungen fällig, und schon bald steckten wir bis zum Hals in Schulden. Die Summe war gigantisch. Es war uns peinlich, dass wir so dumm gewesen waren, so viele Schulden zu machen. Wir wurden von den Schulden regelrecht erdrückt."

Die finanzielle Belastung dieser unbezahlten Rechnungen stellte ihre junge Ehe auf eine harte Probe. Sie stritten sich ständig darüber, wie sie mit ihren Schulden umgehen sollten. Vorbei waren die Flitterwochen.

Aber sie sind ein kluges junges Ehepaar, und anstatt zu warten, bis ihre Ehe völlig zerstört war oder nur noch die Privatinsolvenz blieb, suchten sie sich Hilfe. Sie meldeten sich zu einem Seminar zum Thema „Finanzen" an, das unsere Gemeinde anbietet.

„Wir entwickelten tolle Methoden, wie wir produktiv über unsere Finanzen reden konnten", sagte Chelsea.

„Und wir beschlossen, jede Kreditkarte zu zerschneiden, sobald die Schulden, die darauf lagen, abbezahlt waren", erklärte Ryan. „Im Verlauf des zehnwöchigen Seminars zerschnitten wir sechs Kreditkarten."

Sie setzten sich das Ziel, bis zum Ende des Jahres ihre enormen Kreditkarten-Schulden abzubezahlen. Das war natürlich ein hohes Ziel. Aber weil sie sich an ihren Plan hielten, erreichten sie es sogar eine Woche früher und konnten das Jahr fröhlich und ruhigen Gewissens ausklingen lassen. Keine Scham, keine belastenden Schulden, kein erdrückendes Gefühl mehr.

Aber die Geschichte ist noch nicht zu Ende. Zwei Wochen nachdem sie ihre Kreditkarten-Schulden abbezahlt hatten, bekamen sie eine Mail von einer gemeinnützigen Organisation, die ihnen beiden sehr nahestand und die um Spenden für eine bestimmte Sache bat. Weil sie jetzt im Rahmen dessen lebten, womit Gott sie versorgte, hatten sie noch etwas übrig, um es dieser Organisation zu geben.

„Gott legte mir eine große Summe aufs Herz", sagte Chelsea.

„Als Chelsea mir ihre Zahl verriet, war diese zehnmal so groß wie die, die ich im Kopf hatte!", fügte Ryan hinzu. „Aber ich hatte den Eindruck, Gott wollte, dass wir es tun sollten. Also stimmte ich Chelsea zu."

„Zum ersten Mal in unserem Leben war es uns möglich, mehr als unseren regelmäßigen Zehnten zu geben. Diesen Scheck auszustellen war ein befreiendes und freudiges Erlebnis", erzählte Chelsea.

„Ich glaube, meine Frau hat die Gabe des Gebens, denn es macht ihr so viel Freude", meinte Ryan. „Wenn ich auf die letzten Monate zurückschaue und wie es war, endlich schuldenfrei zu sein, dann muss ich sagen, dass ich mir noch vor einem Jahr nicht hätte vorstellen können, jetzt schon so weit zu sein. Aber Gott hat es mit seiner Fürsorge möglich gemacht."

Ich finde dieses Ehepaar sehr mutig! Wir können wirklich darauf vertrauen, dass Gott uns versorgt. Er fordert Sie ganz einfach auf, ihm zu vertrauen, indem Sie im Rahmen seiner Fürsorge leben. Vielleicht besteht der nächste Schritt für Sie darin, sich zu einem Seminar anzumelden, das Ihnen Tipps gibt, oder sich einen Berater zu suchen, der Ihnen in finanziellen Fragen weiterhilft. Schreiben Sie sich die nächsten Schritte in Ihren Kalender und halten Sie sich daran. Es wird Ihr Leben in einem Maß befreien, wie Sie es sich kaum vorstellen können, und Sie werden nicht länger das Gefühl haben, dass alles außer Kontrolle ist. Sie werden alles im Griff haben. Sie werden Freude, Frieden und Freiheit erleben. Und Sie werden es nicht bereuen, das verspreche ich Ihnen.

Wir können wirklich darauf vertrauen, dass Gott uns versorgt. Er fordert Sie ganz einfach auf, ihm zu vertrauen, indem Sie im Rahmen seiner Fürsorge leben.

Nr. 3: Ich ehre Gott, indem ich den Zehnten von allen meinen Einkünften für seine Ziele mit dieser Welt gebe.

An dieser Stelle kommt mein Dementi vom Beginn des Kapitels wieder ins Spiel, in dem es um die Vorurteile über Pastoren ging, die doch eh nur Ihr Geld wollen. Wenn es eine Sache gibt, bei der ich kein Blatt vor den Mund nehme, dann, wenn es darum geht, was die Bibel zum Zehnten und zum Geben allgemein sagt. Ich habe hier kein Eisen im Feuer. Weder ich persönlich noch meine Gemeinde werden davon profitieren, wenn Sie Ihre Finanzen im Bereich des Zehnten und des Gebens allgemein in den Griff bekommen. Ich spreche nur zu Ihrem Nutzen davon, weil Gottes Verheißungen auf diesem Gebiet nicht schwer zu verstehen sind:

Ehre den Herrn mit deinem Besitz und schenke ihm das Beste, was dein Land hervorbringt. Dann werden sich deine Scheunen mit Korn füllen und deine Fässer von Wein überfließen.[9]

Bringt den zehnten Teil eurer Ernte in vollem Umfang [die ganzen zehn Prozent] *zu meinem Tempel, damit in den Vorratsräumen kein Mangel herrscht! Stellt mich doch auf die Probe, und seht, ob ich meine Zusage halte! Denn ich verspreche euch, dass ich dann die Schleusen des Himmels wieder öffne und euch mit allem überreich beschenke.*[10]

Jedes Mal, wenn ich über dieses Thema spreche, wird es ganz still im Saal, weil so viele beim Thema „Finanzen" ein schlechtes Gewissen haben. Bevor wir also weitermachen, möchte ich die nächsten Seiten zur schuldfreien Zone erklären. *Schuldfrei.*

Wenn Gott uns durch sein Wort auffordert, die ersten zehn Prozent unserer Einkünfte Organisationen, Gemeinden, Diensten usw. zu geben, die seine Ziele für diese Welt verfolgen, dann erfordert das zweifellos Glauben. Es erfordert Glauben, weil wir zehn Prozent von dem, womit Gott uns versorgt, beiseitelegen müssen – und wir haben uns ja vorgenommen, uns im Rahmen dessen zu bewegen, was er uns gibt, richtig? Also haben wir auf der einen Seite das, was er uns insgesamt anvertraut, und auf der anderen das, was wir für unsere festen Ausgaben benötigen – aber durch den Zehnten ist der Spielraum dazwischen jetzt noch einmal ein Stückchen kleiner.

Stellen Sie sich zwei Freunde vor – nennen wir sie einmal Mike und Jim –, die beide Jesus nachfolgen. Sie sind beide seit dem gleichen Zeitpunkt Christen, aber Mike hat etwas mehr Vertrauen, wenn es um Gottes Fürsorge geht. Jim nicht so sehr. Jim sagt: „Hör mal, Mike, ich muss finanziell von A nach B kommen, und dazu brauche ich hundert Prozent meiner Einkünfte. Die Rechnung ist einfach und sie geht auf. Um von A nach B zu kommen, brauche ich hundert Prozent von dem, was ich verdiene."

Mike dagegen hört in dieser Sache auf Gottes Wort und hat beschlossen: „Ich muss ebenfalls von A nach B kommen. Aber ich glaube, dass Gott mich auch mit nur neunzig Prozent meines Einkommens von A nach B bringen kann. Also werde ich zehn Prozent geben, so wie die Bibel es lehrt, um Gottes Werk zu unterstützen. Ich glaube, dass Gott mich als Belohnung für meinen Glauben und meinen Gehorsam nicht nur von A nach B bringen wird, sondern auch noch nach C. Er verspricht uns in seinem Wort, dass er Segen ausgießen wird, und zwar im Überfluss, und deshalb will ich ihn beim Wort nehmen."

Diesen Punkt C hat Jim noch nicht einmal auf dem Radar. Er bleibt bei seiner einfachen Gleichung. Seine Karte endet bei Punkt B. Aber Mike hat in der Bibel entdeckt, dass Punkt C der Ort ist, an dem Gott uns segnet, an dem er uns seine Gunst schenkt. Mike weiß nicht genau, wie C aussehen wird, aber er

> Gott verspricht uns in seinem Wort, dass er Segen ausgießen wird, und zwar im Überfluss, und deshalb will ich ihn beim Wort nehmen.

hat so eine Ahnung, dass es viel aufregender und lohnender sein wird, als die Reise an Punkt B zu beenden.

Ich sage Ihnen etwas: Jeder einzelne Christ, den ich je kennengelernt habe und der dieses Glaubensprinzip in seinem Leben angewandt hat, kann Geschichten von diesem Punkt C erzählen – Geschichten von Gebetserhörungen, Gottes Gunst, seinem Schutz, neuen Freundschaften, neuen Chancen und unerwartetem Segen. Es gibt nichts Besseres, als gehorsam von A nach B zu gehen, in dem Wissen, dass Gott einen Punkt C für Sie bereithält. Schon allein die Vorfreude bereitet Vergnügen und schenkt neue Kraft und Freude.

Aber was mich fasziniert ist, dass *sowohl Mike als auch Jim denken, der andere sei ein Dummkopf.*

Jim denkt über Mikes Neunzig-Prozent-Plan: *Soll das ein Witz sein? Ernsthaft? Du glaubst wirklich, dass du mit nur 90 Prozent von A nach B kommst? Unmöglich. Das kann jeder nachrechnen. Sei doch nicht dumm.*

Mike schaut Jim an und denkt – vielleicht in etwas freundlicheren Worten: *Sei mir nicht böse, aber du bist der Dumme, weil du nie mehr erreichen wirst, als aus eigener Kraft von A nach B zu kommen. Wow! Wie langweilig! Das kann doch jeder. Mit deinem 100-Prozent-Plan kommst du genauso von A nach B wie ich, aber du wirst nie erfahren, was für eine Freude es ist, von B auch noch nach C zu kommen. Du wirst nie erleben, dass Gott auf übernatürliche Weise in deine Finanzen eingreift. Du wirst nie erfahren, was es heißt, Gottes Gunst und seinen Segen zu erleben. Du wirst nie das Vorrecht haben zu erleben, was Gott über Punkt B hinaus noch in deinem Leben tun kann. Das wahre Leben findet zwischen B und C statt, mein Freund. Und verzeih mir das Wortspiel, aber dort macht man als Christ die besten „Geschäfte"! Das „übernatürliche" Leben zwischen B und C – also, ich bin dabei!*

Ich möchte Ihnen hier und jetzt die Frage stellen: Welcher der beiden „Dummköpfe" wollen Sie sein?

Ich will der Dummkopf mit Glauben sein, so wie Mike. Ich bin schon seit meinem ersten Gehalt so ein Dummkopf, und ich könnte Sie ewig mit diesen Geschichten von Punkt C unterhalten, an denen mich Gott schon teilhaben ließ. Eigentlich ist *mein ganzes Leben* eine Geschichte von Punkt C. Und ich möchte nie wieder zurück.

Mir tun die Christen leid, die sich mit der Reise von A nach B zufriedengeben. Im Gottesdienst singen sie „Alles will ich Jesu weihen, nichts mehr will ich nennen mein", aber wenn es hart auf hart kommt, weihen sie ihm eben nicht alles – nicht einmal zehn Prozent. In Wirklichkeit meinen sie: „Gott, ich gebe mich dir ganz hin, aber lass die Finger von meinem Geld."

Erledigen Sie Ihre Spenden auf elektronischem Wege, wenn möglich. … Machen Sie sich die technischen Möglichkeiten zunutze. Diese helfen Ihnen dabei, sich anzugewöhnen, regelmäßig zu geben.

Diese Menschen spucken große Töne, aber wenn sie Gott nicht wirklich alles hingeben – *einschließlich ihrer Finanzen* –, bringen sie sich selbst um das Beste am christlichen Glauben, nämlich Gottes übernatürliches Handeln.

Ich frage Sie: An welchem Punkt in Ihrem Leben werden Sie endlich ganze Sache machen und sagen: „Von heute an will ich mich auch auf den Weg von B nach C machen. Die ersten zehn Prozent meines Geldes gehören Gott – weil ich ihm vertraue"?

Hier ein kleiner Rat, der es Ihnen leichter machen wird, treu den Zehnten zu geben: Erledigen Sie Ihre Spenden wenn möglich auf elektronischem Wege. Richten Sie einen Dauerauftrag ein, so bekommt Ihre Gemeinde oder eine gemeinnützige Organisation regelmäßig den Betrag Ihrer Wahl. Machen Sie sich die technischen Möglichkeiten zunutze. Diese helfen Ihnen dabei, sich anzugewöhnen, regelmäßig zu geben. Sprechen Sie mit Gott im Gebet darüber, welche Summe Sie regelmäßig geben könnten – eine Summe, die zeigt, dass Sie wirklich ein hingebungsvoller Geber sind. Und machen Sie dann Nägel mit Köpfen, indem Sie es so einrichten, dass die Summe regelmäßig überwiesen wird, ganz gleich, ob Sie „in der Stimmung" sind oder nicht. Dadurch verringern Sie die Versuchung, sich selbst zu sagen: *Ich bezahle zuerst die Rechnungen und gebe dann später den Zehnten.* Wenn Sie einmal im Gebet entschieden haben, was Sie geben wollen, befreit ein Dauerauftrag Sie von diesen Geratewohl-Entscheidungen und hilft Ihnen, treu zu spenden. So einfach ist das.

Geben Sie Gott den ganzen Zehnten, und vertrauen Sie darauf, dass er Sie nicht nur von A nach B, sondern auch noch von B nach C bringt. Das ist ein wichtiger Schritt zu einem einfacheren, befreiten Leben. Keine Scham, keine Schuldgefühle – einfach nur eine gezielte Entscheidung, die im Einklang mit einer völligen Versöhnung mit Gott steht. Sie werden im Laufe Ihres Lebens noch froh sein, an diesen Punkt gekommen zu sein.

Nr. 4: Ich lege einen Teil meiner Einkünfte für Notfälle, Spenden und für die Altersvorsorge beiseite.
Mit nur zwei kurzen Sätzen malt König Salomo im Buch der Sprüche ein Bild, das hinsichtlich des Themas „Sparen" sehr aufschlussreich ist.

Beobachte die Ameisen, du Faulpelz! Nimm dir ein Beispiel an ihnen: Kein Vorgesetzter treibt sie an; trotzdem arbeiten sie den ganzen Sommer über fleißig, und im Herbst haben sie einen Vorrat für den Winter angelegt.[11]

Haben Sie schon einmal einen finanziellen „Winter" erlebt? Vielen von uns ist wegen der Wirtschaftskrise in den letzten Jahren genau so etwas passiert. Vielleicht wissen Sie, wie es ist, wenn man den Job verliert und durch den Winter der Arbeitslosigkeit muss. Sie wurden entlassen oder haben Kurzarbeit gemacht, oder Ihr reguläres Einkommen, mit dem Sie fest gerechnet haben, ist aus sonstigen Gründen ausgeblieben.

Haben Sie schon einmal den Winter unvorhergesehener Kosten erlebt? Etwas geht kaputt – der Herd gibt den Geist auf, das Auto streikt, die Waschmaschine funktioniert nicht länger. Es ist wie verhext. Alles geht auf einmal kaputt. Oder um es mit Murphys Gesetz zu sagen: „Alles, was schiefgehen kann, wird auch schiefgehen."

Aber wenn Sie zu den Menschen gehören, die sich das Verhalten der Ameise angewöhnt haben, dann haben Sie genau für solche Fälle von jedem Monatsgehalt etwas für Notfälle zur Seite gelegt. Und auf dieses Geld können Sie zurückgreifen, um das Auto und den Herd reparieren zu lassen und eine neue Waschmaschine zu kaufen. Kein Problem. Sie haben für den Winter vorgesorgt, und als er dann kam, hat er Sie nicht unvorbereitet getroffen.

Von Anfang an hat unser Vorstand bei *Willow Creek* darauf geachtet, dass von allen Spenden ein gewisser Teil als Rücklage für Notfälle beiseitegelegt wird, wenn Einrichtungsgegenstände kaputtgehen, unerwartete Reparaturen nötig sind und Ähnliches. Im letzten Sommer hat die Klimaanlage in einem unserer Gebäude – eine besonders teure Anlage – während einer schweren Hitzewelle den Geist aufgegeben. Kein Problem. Ich musste unsere Gemeinde nicht um eine Extraspende für eine neue Klimaanlage bitten. Sie hat nicht einmal erfahren, dass die alte kaputtgegangen war. Sie musste sich keine Sorgen machen, weil wir genau für solche Situationen Rücklagen gebildet haben. Wir haben unseren Installateur gerufen, der die kaputte Anlage ausgebaut und eine neue eingebaut hat. Ganz einfach. Als wäre nichts gewesen. Und jetzt bauen wir die Rücklagen wieder auf, falls wieder einmal etwas schiefgeht.

Sie können sich Ihr Leben viel leichter machen, indem Sie von der Ameise lernen. Legen Sie von jedem Gehalt etwas beiseite – entscheiden Sie selbst, wie viel, je nachdem, wie viel Sie glauben zu brauchen. Und ganz gleich, welcher „Winter" dann kommt – ein Notfall, unerwartete Rechnungen, der Ruhestand –, Sie werden vorbereitet sein. Sie werden sogar für Extraspenden vorbereitet sein, wenn andere Menschen ein solcher „Winter" trifft.

> Wenn Sie zu den Menschen gehören, die sich das Verhalten der Ameise angewöhnt haben, dann haben Sie genau für solche Fälle von jedem Monatsgehalt etwas für Notfälle zur Seite gelegt.

Hier noch ein kostenloser Tipp: Ich habe gemerkt, dass das 10-10-80-Prinzip mich gut auf alle „Winter" vorbereitet. Die ersten zehn Prozent meiner Einkünfte gebe ich für Gottes Ziele, die nächsten zehn Prozent lege ich für Notfälle, besondere Spendenaktionen und als Altersvorsorge beiseite, und von den verbleibenden 80 Prozent lebe ich. Das macht mein Leben leichter. Ich fühle mich nicht überfordert, wenn plötzlich unvorhergesehene Ausgaben auf mich zukommen.

Wenn Sie finanziell ganz mit Gott versöhnt sind und entsprechend leben, wird kein „winterlicher Schneesturm" Ihnen das Leben schwermachen können. Sie werden merken: Wenn Sie vorbereitet sind, ist das ungemein entspannend. Es vereinfacht die finanzielle Dimension Ihres Lebens. Es schenkt Ihnen inneren Frieden.

Nr. 5: Ich halte jeden Tag meine „geistlichen Ohren" offen,
ob Gott mir in Bezug auf meine Finanzen etwas sagen will.

Wenn Sie geistlich gesehen mit Gott versöhnt sind, stehen Sie den ganzen Tag über in einer dynamischen, wechselseitigen Beziehung. Der christliche Glaube ist kein statisches Bekenntnis oder eine Anhäufung von Regeln; er besteht nicht einfach nur darin, sonntags in den Gottesdienst zu gehen. Im Kern ist der christliche Glaube eine dynamische Beziehung zwischen Ihnen und Gott. Sie beten, er hört zu und antwortet. Er spricht leise, Sie hören zu und antworten. Sie spüren seine Gegenwart. Es ist wie beim Atmen: Sie atmen ein und aus, hören zu und beten, stehen den ganzen Tag über in Beziehung zu Gott.

Wenn Sie in finanzieller Hinsicht mit Gott versöhnt sind, dann klingen Ihre Gespräche mit ihm vielleicht so: „Gott, ich lebe fröhlich innerhalb der Grenzen dessen, womit du mich versorgst. Ich bin nicht durch Schulden gebunden. Ich ehre dich mit meinem Zehnten. Und ich lege etwas für die Winterzeiten in meinem Leben zur Seite." Und dann haben Sie die Freiheit hinzuzufügen: „Wenn du mir also irgendetwas zuflüstern willst, weil du möchtest, dass ich etwas von dem, was du mir anvertraut hast, anders verwende, bin ich ganz Ohr. Wenn es jemanden oder etwas gibt, das Unterstützung braucht, und du möchtest mich dafür gebrauchen, ist das toll. Ich werde es tun. Kein Problem. Es wäre mir eine Freude." So lebt man zwischen Punkt B und C.

> Es ist wie beim Atmen: Sie atmen ein und aus, hören zu und beten, stehen den ganzen Tag über in Beziehung zu Gott.

Vor etwa einem Monat saß ich in einem überfüllten Bistro und arbeitete in einer Nische an einer Predigt. Die Bedienung hatte mich in der Vergangenheit schon öfter bedient, und sie hatte alle Hände voll zu tun, weil sie sich um eine ganze Reihe Tische kümmern musste. Sie war ziemlich gestresst.

Einmal trat sie zwischen zwei Bestellungen an die Seite, um eine SMS zu lesen, die sie gerade bekommen hatte. Ich sah, wie sich ihr Gesicht verfinsterte und ihre Augen feucht wurden, und es war nicht zu übersehen, dass sie aufgewühlt war. Aber im nächsten Augenblick wurde sie schon wieder gerufen, um noch mehr Kaffee zu bringen oder Bestellungen aufzunehmen. Also steckte sie ihr Handy weg und eilte zum nächsten Tisch.

Genau in diesem Moment flüsterte der Heilige Geist mir ganz unmissverständlich etwas zu: *Bill, du schreibst gerade an einer Predigt, aber deine Predigt kann warten. Diese Frau steht unter enormem Druck. Also hör auf mit dem, was du gerade tust, und mach etwas anderes. Schreib ihr eine kleine ermutigende Nachricht auf ein Stück Papier.*

Gottes leises Reden war ziemlich deutlich, also legte ich meine Predigt beiseite und fing an, etwas Ermutigendes zu schreiben. Und dann kam dieser Gedanke, einfach so: *Ach, und gib ihr ein Trinkgeld, das ihr den Atem verschlägt.*

Jetzt war ich verwirrt – und ein wenig besorgt –, weil ich nicht wusste, was ein „Trinkgeld, das ihr den Atem verschlägt" war. *Nun ja*, dachte ich, *am besten schreibe ich zuerst mal die Nachricht fertig.*

Als ich das getan hatte, schluckte ich und betete: *Gott, was genau hast du mit ‚Trinkgeld, das ihr den Atem verschlägt' gemeint? So etwas wie 30 Prozent von dem Preis für meinen Kaffee und das Sandwich?* (Das ist doppelt so viel wie üblich, stimmt's? Ich wollte Gott nur ein bisschen auf die Sprünge helfen, um seinen Betrag näher zu definieren.)

Dann sagte Gott ganz deutlich: *Gib ihr einhundert Dollar, Bill.*

Klar, einhundert Kröten. Das verschlug selbst mir den Atem. Also faltete ich den Zettel mit der Nachricht zusammen, legte den Hundert-Dollar-Schein hinein, stellte meine Kaffeetasse darauf und verließ das Restaurant.

Vergangene Woche war ich wieder einmal in dem gleichen Café, um an einer Predigt zu arbeiten. Dieselbe Bedienung kam wieder an meinen Tisch. Sie nahm meine Bestellung auf und sagte nichts, was in Ordnung war, da ich ja arbeitete. Als ich fertig war, bezahlte ich und fing an, meine Sachen zusammenzupacken. Kurz bevor ich zur Tür hinausging, steckte mir die Bedienung eine Karte zu und sagte: „Lesen Sie das irgendwann später." Und Folgendes stand auf der Karte:

Sie ahnen nicht, wie viel mir Ihre Nachricht und Ihr Geschenk letzten Monat bedeutet haben. An jenem Morgen hat mein Mann die Scheidung eingereicht. Er verwaltet unser Geld und hatte sowohl das Geld als auch unser einziges Auto mitgenommen. Dieser Tag war einer der schlimmsten in meinem ganzen Leben. Dann habe ich Ihre Nachricht und Ihr Geldgeschenk gefunden. Das hat mich daran erinnert, dass Gott treu ist und für mich sorgen wird.

Wenn Sie geistlich und finanziell gesehen mit Gott versöhnt sind, dürfen Sie aus der ersten Reihe zuschauen, was Gott mit Ihren Mitteln machen kann. Sie erleben, was zwischen B und C möglich ist, und können das Leben anderer Menschen positiv beeinflussen. Bei dieser verrückten (und aus menschlicher Sicht unlogischen) Gleichung mit dem Geld stehen Sie auf der Seite, wo man Freude und Frieden erlebt und ein offenes Ohr für Gott hat. Und das wünscht Gott sich für Sie. Er hat Sie nicht von Ihrer Sünde befreit, damit Sie

> Wenn Sie geistlich und finanziell gesehen mit Gott versöhnt sind, dürfen Sie aus der ersten Reihe zuschauen, was Gott mit Ihren Mitteln machen kann.

dann für den Rest Ihres Lebens ein Sklave Ihrer Schulden sind. Er will, dass Sie ganz und gar frei sind. Und er möchte, dass Sie das Vorrecht genießen, dabei zuzusehen, wie Ihre Mittel anderen Menschen helfen. Es gibt nichts Vergleichbares.

Es ist Zeit, eine Entscheidung zu fällen

Ich wäre ein schlechter Leiter, wenn ich Sie mit diesen fünf Überzeugungen konfrontieren und dann nicht auffordern würde, in Bezug auf jede einzelne eine Entscheidung zu treffen.

Wenn ich spüre, dass Gott mich zu einer weitreichenden Entscheidung auffordert, fange ich oft mit einem kritischen Blick auf mich selbst an und bringe ihm den Teil von mir, der seine verändernde Kraft braucht. In Anlehnung an eine bekannte Liedzeile bete ich dann ungefähr so:

So wie ich bin, Gott, blind, arm und irr – ein moralischer Versager, finanziell gescheitert.

So wie ich bin, blind, arm und irr. Es gibt keine Entschuldigung, Gott. Ich habe all diese wahnwitzigen Entscheidungen getroffen. Ich bin der Dummkopf, der dir nicht vertraut. Ich bin das. Ich habe mehr ausgegeben, als ich habe. Das habe ich mir selbst angetan. Hier bin ich, Gott, blind, arm und irr.

Und da bist du, Gott, mit deiner Liebe und Vergebung, bereit, mich von all dem Irrsinn der Vergangenheit zu reinigen. Streck deine gnädige Hand über mich aus, damit ich von vorne anfangen kann. Hilf mir, befreit zu leben, indem ich meine Finanzen in den Griff bekomme und geistlich und finanziell völlig mit dir versöhnt werde.[12]

Wenn Sie diese fünf Überzeugungen zwar irgendwie faszinierend finden, sie bei Ihnen aber auch widersprüchliche Gefühle und Angst wecken und Sie nicht wissen, was Sie jetzt tun sollen, dann fordere ich Sie auf: Entscheiden Sie sich dafür, Gott zu vertrauen. Entscheiden Sie sich für Gottes Weg. Sie werden es niemals schaffen, ein einfacheres, befreites Leben zu führen, wenn Sie Ihre außer Kontrolle geratenen Finanzen nicht in den Griff kriegen.

Sie dienen einem Gott des Neuanfangs, der zweiten Chancen, des neuen Tages. Wenn Sie ihm die Kontrolle über Ihre Finanzen anvertrauen, treffen Sie damit eine äußerst wichtige Entscheidung, die das Schicksal von Menschen verändern kann. Es könnte auf Generationen hinaus das Wertesystem Ihrer Familie verändern. Setzen Sie noch heute dem finanziellen Wahnsinn ein Ende. Bitten Sie Gott, Ihnen zu helfen, diese Sache mit den Finanzen richtig zu machen. Sie werden es nie bereuen, völlig mit Gott versöhnt zu leben – geistlich und finanziell gesehen.

> Sie dienen einem Gott des Neuanfangs, der zweiten Chancen, des neuen Tages.

Jetzt wird's praktisch

Lassen Sie sich auf die fünf finanziellen Überzeugungen ein

Denken Sie noch einmal über die fünf Überzeugungen nach, von denen wir in diesem Kapitel gesprochen haben. Glauben Sie, dass etwas dran ist, oder nicht? Können Sie den heutigen Tag im Kalender rot anstreichen als den Tag, an dem Sie gesagt haben: „Ich will auch in finanzieller

Hinsicht mit Gott versöhnt sein"? Lesen Sie sich die nachfolgenden Aussagen noch einmal durch, und bitten Sie Gott im Gebet, Ihnen Lebensbereiche zu zeigen, die Sie ihm noch anvertrauen müssen. Und dann lassen Sie sich auf jede dieser Überzeugungen ein.

Immer, wenn es mir schwerfällt, einen Bereich Gott zu überlassen, hilft es mir, mein Gebet aufzuschreiben, statt es laut oder leise zu beten. Nehmen Sie Ihr Tagebuch oder ein Blatt Papier, um sich intensiver mit jeder dieser Überzeugungen zu beschäftigen, und vertrauen Sie den Bereich Ihrer Finanzen Gott an.

Nr. 1: Alles, was ich habe, kommt von Gott.

Können Sie – aufrichtig – zu Gott sagen: „Alles, was ich habe, hast du mir aus Liebe anvertraut"? Wenn Sie versucht sind, sich für Ihre Begabungen, Talente, Möglichkeiten und Ihren Besitz selbst auf die Schulter zu klopfen, können Sie sich dann demütig daran erinnern, dass Gott Ihnen diese Dinge „nur" anvertraut hat und sich darauf verlässt, dass Sie verantwortungsvoll damit umgehen?

Nr. 2: Ich lebe fröhlich im Rahmen dessen, was Gott mir im Moment gibt.

Finanzielle Verhaltensmuster werden oft von einer Generation an die nächste weitergegeben. Vielleicht haben auch Sie die Ihrigen geerbt. Aber Sie müssen sie nicht weitergeben. Jemand muss mit dem finanziellen Wahnsinn brechen. Seien Sie dieser Jemand und fangen Sie heute damit an. Machen Sie es um Ihrer Familie und der nachfolgenden Generationen willen richtig. Beziehen Sie Stellung und sagen Sie: „In dieser Familie wird zukünftig nicht mehr ausgegeben, als uns Gott gibt."

Sie haben jetzt die Gelegenheit, sich darauf einzulassen, mit Freude im Rahmen dessen zu leben, was Gott Ihnen gibt. Beschließen Sie: „Ich werde nicht mehr so leben, als hätte Gott es vermasselt und würde mich nicht richtig versorgen. Ich werde das, was mir zur Verfügung steht, nicht dadurch vermehren, dass ich Schulden mache. Ich werde stattdessen meine Schulden abbezahlen und nie wieder welche machen. Von heute an werde ich dafür sorgen, dass genügend Spielraum zwischen dem ist, was Gott mir gibt, und dem, was ich ausgebe – und ich werde mein Leben in Frieden und zufrieden leben."

Nr. 3: Ich ehre Gott, indem ich den Zehnten von allen meinen Einkünften für seine Ziele mit dieser Welt gebe.
Fragen Sie sich selbst: Welcher der beiden Dummköpfe möchten Sie sein – der mit wenig Glauben, der eine einfache Rechnung aufstellt und aus eigener Kraft mit hundert Prozent seines Einkommens von A nach B kommt, oder der mit etwas mehr Glauben, der tatsächlich darauf vertraut, dass Gott ihn von A nach B und dann auch noch von B nach C bringen wird? Seien Sie der vertrauensvolle Dummkopf, der beschließt: „Ich werde Gott fest vertrauen und ihm die ersten zehn Prozent meiner Einkünfte geben."

Nr. 4: Ich lege einen Teil meiner Einkünfte für Notfälle, Spenden und für die Altersvorsorge beiseite.
Es gibt nur wenige Dinge, die einem so sehr das Gefühl geben können, dass alles unserer Kontrolle entgleitet, wie

unerwartete Ausgaben, für die man kein Geld hat. Lassen Sie sich nicht vom „Wintereinbruch" überraschen. Leben Sie einfacher und befreiter, indem Sie sich auf das Unerwartete vorbereiten. Sind Sie bereit, von heute an einen Teil Ihrer Einkünfte für Notfälle, Spenden und Ihre Altersvorsorge beiseitezulegen?

Nr. 5: Ich halte jeden Tag meine „geistlichen Ohren" offen, ob Gott mir in Bezug auf meine Finanzen etwas sagen will.
Wenn Sie sich verpflichten, die ersten vier Punkte in Bezug auf finanzielle Versöhnung umzusetzen, schaffen Sie sich ein finanzielles Polster, das es Ihnen möglich macht zu reagieren, wenn Gott Ihnen zeigt, dass Sie jemandem mit Ihren Mitteln helfen sollen. Nur eine Entscheidung trennt Sie noch davon, täglich mit offenen geistlichen Ohren für Gott zu leben und auf Gottes leises Reden in Bezug auf Ihre Finanzen zu reagieren. Vertrauen Sie sich ihm ganz an, um mit den Mitteln, die er Ihnen anvertraut hat, anderen Ihr Mitgefühl zu zeigen und sein Reich zu vergrößern.

erfüllt statt *frustriert*

Machen Sie Ihre Arbeitswelt
ein Stückchen besser

Hier ein kleiner Weckruf: Sie verbringen etwa ein Drittel Ihres Lebens mit Arbeit. Und weil Ihr Beruf Sie täglich acht bis zehn Stunden Ihres Lebens kostet, wird das, was Sie dort erleben, Ihnen entweder Freude und Erfüllung schenken oder Sie so sehr frustrieren und herunterziehen, dass Sie das mit den verbleibenden Stunden des Tages kaum ausgleichen können. Ein unbefriedigender, mieser Job macht das Leben unvergleichlich viel schwerer. Daher ist ein Blick auf Ihr Berufsleben ein wichtiger Schritt auf dem Weg zu einem einfacheren, aufgeräumten Leben.

Vor diesem Hintergrund ist es nicht weiter verwunderlich, dass sich der Verfasser des Buches Prediger auch zu diesem Thema äußert:

Ich habe aber auch etwas Schönes und Gutes entdeckt: dass jemand isst, trinkt und Freude an seiner Arbeit hat, obwohl sie ihm, solange er lebt, viel Mühe schafft – denn das ist seine Bestimmung. Auch wenn Gott einem Menschen Reichtum und viele Güter gegeben hat, und der Mensch diese aus der Hand Gottes annehmen und sich trotz seiner Mühe daran freuen kann, ist es ein Geschenk Gottes.[1]

Mit anderen Worten: Eines der größten Geschenke ist es, seine Arbeit zu lieben und mit den Aufgaben, die man täglich erledigen muss, zufrieden zu sein.

Kennen Sie Menschen, deren Arbeit sie unglücklich macht? Lassen Sie mich raten, woher Sie wissen, dass sie unglücklich sind: Sie vermiesen Ihnen das Leben, indem sie Ihnen jedes Mal, wenn sie Sie treffen, erzählen, wie unglücklich sie auf der Arbeit sind, stimmt's? Geteiltes Leid ist halbes Leid. Denken sie jedenfalls.

Dagegen habe ich vor Kurzem einen jungen Mann getroffen, der seine Arbeit liebt und sofort mit allen Sprüchen loslegte, die man dann klassischerweise zu hören bekommt: „Auf der Arbeit vergeht die Zeit wie im Flug" – „Ich hab die besten Kollegen der Welt!" – „Meine Kollegen sind wie meine Familie" – „Auf der Arbeit gibt es immer wieder neue Herausforderungen – so viel Abwechslung jeden Tag. Es wird nie langweilig." Und jetzt kommt der beste Spruch: „Ich würde sogar *umsonst* arbeiten (aber sag das bloß nicht meinem Chef!)."

„Neulich", erzählte er mir, „bin ich nach einem tollen Arbeitstag nach Hause gefahren, und da kam mir der Gedanke: *Die bezahlen mich auch noch dafür, dass ich das tun darf, was mir Spaß macht! Das gehört doch verboten.*"

Wir mussten beide lachen. Dieser Mann erzählt jedem, den er trifft, wie sehr er seine Arbeit liebt. Für ihn ist die Arbeit eines der größten Geschenke in seinem noch jungen Leben.

Warum ein befriedigender Job das Leben leichter macht

Wie zufrieden sind Sie mit Ihrer Arbeit? Wie würden Sie auf einer Skala von 1 bis 10 Ihre Zufriedenheit mit Ihrem Beruf einstufen (1 = völlig unglücklich; 10 = über alle Maßen glücklich und zufrieden)? Wenn der eigene Beruf Erfüllung schenkt, kann das das eigene Leben an einigen wichtigen Punkten erheblich vereinfachen.

Kraft und Energie
Wenn Sie die besten Stunden Ihres Tages mit Aufgaben zubringen, die in Ihren Augen lohnenswert und befriedigend sind, dann bleibt Ihr Energieniveau nicht nur den ganzen Tag hoch, es steigert sich auch noch durch die Arbeit. Ein mieser Job dagegen raubt Ihnen jede Kraft. Aber nicht nur das, Sie müssen dann zusätzlich noch mehr Kraft aufwenden, um sich im Griff zu haben und Dinge zu tun, die Ihnen keinen Spaß machen, und zwar mit Leuten, die Sie nicht wirklich leiden können. Am Ende des Arbeitstages sind Sie dann ausgelaugt und wissen, dass Sie morgen wieder ein kraftraubender Arbeitstag erwartet und übermorgen auch. Wenn Sie nach Hause kommen, haben Sie kaum noch Kraft für Aktivitäten, bei denen Sie auftanken und mit denen Sie Ihren Energietank wieder füllen könnten. Es ist ein Teufelskreis.

Wenn Sie jedoch einer Tätigkeit nachgehen, die Sie lieben, haben Sie am Ende eines Arbeitstages ein erträgliches Maß an Energie in Dinge investiert, die Ihnen Freude bereiten, und das in einer Umgebung, die Ihnen noch Kraft schenkt. Das Maß

> Wenn der eigene Beruf Erfüllung schenkt, kann das das eigene Leben an einigen wichtigen Punkten erheblich vereinfachen.

an Kraft, das Sie für Ihre Arbeit aufwenden mussten, wurde im Laufe des Tages durch ein interessantes Umfeld und die angenehmen Aufgaben ganz automatisch wieder aufgefüllt. Nach Feierabend ist Ihr Tank immer noch fast voll und Ihnen bleibt genug Energie für die Familie, Hobbys, Freunde und andere erfüllende Dinge. Das bedeutet, dass Sie morgen erfrischt in Ihren nächsten Arbeitstag starten können.

Innerer Frieden

Konflikte, Frustration, schlechte Entscheidungen, Chaos, schwache Leistungen, das Gefühl, nichts zu bewirken, und ein Arbeitsumfeld, das einen emotional krank macht – ein mieser Job sorgt für eine innere Unruhe, die Ihnen den Frieden raubt. Sie können diese Unzufriedenheit nicht am Arbeitsplatz zurücklassen, wenn Sie abends nach Hause gehen. Sie bleibt in Ihrem Inneren und kommt durch Ihre Worte und Ihre Laune nach Feierabend zum Vorschein. Ihr Ehepartner hört davon, Ihre Freunde hören davon, und Sie verbrauchen Ihren letzten Rest Energie dadurch, dass Sie die Dinge immer wiederkäuen, anstatt sich mit den Menschen zu beschäftigen, die Sie lieben, oder Dinge zu tun, bei denen Sie auftanken könnten. Wenn Ihre (berufliche) Tätigkeit für Durcheinander sorgt, dann ist Ihr Leben alles andere als einfach und befreit.

> Wenn auf der Arbeit Frieden herrscht, dann spüren es die Kollegen, und Sie nehmen den Frieden mit in Ihre Freizeit hinein.

Dahingegen sorgt ein gesundes Arbeitsumfeld, in dem die Rollen klar definiert und die Anweisungen verständlich sind und in der die Verantwortung im Einklang mit den Befugnissen ist, die man zur Erfüllung der Aufgaben braucht, für einen tiefen inneren Frieden. Man kann die eigene Energie in die Arbeit stecken und muss sie nicht aufwenden, um gegen das System anzukämpfen, das einen davon abhält, die Arbeit zu erledigen. Die Mitarbeiter können ihr Bestes geben, weil sie Dinge tun, die ihnen liegen, und sie werden von Teamkollegen und Vorgesetzten gewissermaßen angefeuert. Wer eine solche Arbeitsstelle hat, kann befreiter durchatmen. Nicht nur Ihr Arbeitstag wird durch ein befriedigendes Arbeitsumfeld einfacher, sondern auch Ihre Freizeit und Ihre Wochenenden. Sie können die Gedanken an die Arbeit dort zurücklassen, wo sie hingehören: auf der Arbeit. Wenn Sie dann Feierabend machen, hängt keine finstere Wolke des Unfriedens über Ihnen, wenn Sie nach Hause kommen. Wenn auf der Arbeit Frieden herrscht, dann spüren es die Kollegen, und Sie nehmen den Frieden mit in Ihre Freizeit hinein.

Selbstvertrauen

Ein mieser Job kann an Ihrem Selbstbewusstsein nagen, wenn dort Undankbarkeit, kleinliche Eifersüchteleien, Missachtung, ein Mangel an Respekt und fehlende Möglichkeiten zur Weiterentwicklung oder zum beruflichen Aufstieg an der Tagesordnung sind.

Wenn man jedoch einer Tätigkeit nachgeht, die man liebt, baut das das Selbstbewusstsein auf gesunde Weise auf. Sie dürfen Dinge tun, für die Gott Sie auf einzigartige Weise geschaffen hat. Sie sehen die unmittelbaren Ergebnisse Ihrer Bemühungen. Sie erleben die indirekten, positiven Auswirkungen Ihrer Arbeit. Sie wissen, dass Sie etwas bewirken und dafür entsprechend belohnt werden – nicht nur finanziell, sondern auch mit wachsender Verantwortung.

Es schenkt Ihnen Freude, wenn Sie wissen, dass Ihr Beitrag wichtig ist – wichtig für Ihren Chef, die Kunden und Sie selbst. Wenn man einer solchen Tätigkeit nachgeht, dann sind Sie am Ende eines Arbeitstages gewissermaßen ein besserer Mensch.

Sie werden immer mehr zu dem Menschen, als den Gott Sie erschaffen hat. Und diesen besseren Menschen nehmen Sie mit in Ihre Freizeit.

Eine befriedigende, erfüllende, lohnende Arbeit, die Sie lieben, macht Ihr Leben leichter. Wenn Sie die meiste Zeit Ihres Tages in einem gesunden Arbeitsumfeld verbringen, mit lohnenden Aufgaben, die Ihren Gaben, Talenten und Ihrem Können entsprechen, bleibt Ihr Energieniveau konstant hoch. Sie sind emotional ausgeglichen, und nach diesen acht bis zehn Stunden sind Ihr Selbstbewusstsein und Ihr Freudenpegel etwas gestiegen, weil Sie sich bewusst sind, welchen Beitrag Sie für diese Welt geleistet haben.

Woran Sie Ihre Arbeitsstelle messen sollten

Worauf sollten Sie also achten? Wie finden Sie eine Aufgabe, die Ihnen so viel Spaß macht, dass sie Ihr Leben tatsächlich leichter macht? Die folgenden vier grundlegenden Faktoren helfen Ihnen dabei, Ihre jetzige Arbeitsstelle – oder auch jede zukünftige – einmal genauer unter die Lupe zu nehmen: *Leidenschaft*, *Arbeitsklima*, *Herausforderung* und *Bezahlung*.

Faktor 1: Leidenschaft

König David erinnert uns daran, dass wir „wunderbar und einzigartig gemacht" sind.[2] Im Bauplan eines jeden Menschen steckt eine Leidenschaft für irgendetwas. Diese Leidenschaft ist zwar von Mensch zu Mensch verschieden, aber wenn es darum geht, eine Aufgabe zu finden,

> Wie findet man eine Aufgabe, die man so liebt, dass sie das Leben tatsächlich leichter macht?

die uns Zufriedenheit schenkt, ist es von größter Bedeutung, dass sie zu unserer *Leidenschaft* passt.

Selbst wenn ich hundert Jahre alt würde, würde ich nie aufhören, darüber zu staunen, wie viele unterschiedliche Leidenschaften Gott in die Menschen hineingelegt hat: die Leidenschaft zu malen, Flugzeuge zu fliegen, zu singen, zu kochen, zu schreiben, zu bauen, zu leiten, zu verwalten, zu gestalten, zu gärtnern. Eine Leidenschaft für das Gesetz, die Medizin, das Bauhandwerk, die Buchhaltung, die Luftfahrt, die Filmproduktion, die Kindererziehung, die Landwirtschaft. Eine Leidenschaft für Landschaftsbau, Architektur, Schweißen.

Einmal saß ich im Flugzeug neben einem Bestattungsunternehmer. „Ich liebe meine Arbeit", sagte er, „weil ich Familien in der schwersten Zeit ihres Lebens zur Seite stehen kann." Wow! Damit hatte er recht. Dann fügte er noch hinzu: „Und ich liebe meine Arbeit, weil sie so still ist." *Ja*, dachte ich, *totenstill!*

Vergleichen wir das einmal mit einem Freund von mir, der Kampfjets fliegt und diese mitten in der Nacht irgendwo mitten im Ozean auf Flugzeugträgern landet. „Ich liebe meinen Job", sagt er, „weil es jedes Mal, wenn ich die Triebwerke starte, um Leben oder Tod geht." Er hat eine Leidenschaft für Jets, Risiko, Abenteuer und Adrenalin.

Ich kenne einen jungen Mann, dessen Leidenschaft es ist, Kinder, die in Armut leben, geistlich zu begleiten. Er hat Jugendarbeit studiert, aber statt dann den typischen Weg eines Jugendpastors einzuschlagen, machte er einen Abschluss in Mathe und wurde Lehrer an einer öffentlichen Schule. Als Algebra-Lehrer an einer Mittelschule in einem benachteiligten Schulbezirk in Südkalifornien, in dem etwa 80 Prozent der Schüler Spanisch sprechen, nutzt er seine Fähigkeit, beide Sprachen fließend zu sprechen, um Beziehungen zu Schülern und Eltern aufzubauen. Er liebt Mathe, aber seine wirkliche Befriedigung findet er darin, diese Schüler zu ermutigen und ihnen auf den richtigen Weg zu helfen.

Der technische Leiter unserer Gemeinde hat eine sehr spezielle Leidenschaft: Technik einzusetzen, damit Gottes Botschaft die Zuhörer durch die Musiker, Künstler und Prediger in den Veranstaltungen unserer Gemeinde noch besser erreicht. Für ihn sind technisch begabte Menschen auf ihre Art auch Künstler, und er findet große Befriedigung darin, ihnen zu zeigen, wie man Ton, Licht, Videos und grafische Darstellungen benutzen kann, damit Gottes Botschaft zu den Zuhörern kommt.

> ....
> Wenn wir herausfinden, welche Leidenschaft Gott in uns hineingelegt hat, und eine Tätigkeit finden, die so gut wie möglich dazu passt, schaffen wir die besten Voraussetzungen dafür, ein zufriedenes Leben zu führen.
> ....

Die Dame, die in *Willow Creek* Korrektur liest, hat eine Leidenschaft dafür, unsere gemeindeinternen Publikationen professionell zu überarbeiten. Sie liebt Grammatik, Zeichensetzung und Sprache, aber was ihr vor allen Dingen Befriedigung schenkt, ist Folgendes: Sie weiß, dass sie dazu beiträgt, dass die Menschen nicht durch Tippfehler abgelenkt werden. „Ich kann Menschen helfen, sich auf die eigentliche Botschaft Gottes zu konzentrieren, und nicht durch Fehler davon abgelenkt zu werden", sagt sie.

Wenn wir herausfinden, welche Leidenschaft Gott in uns hineingelegt hat, und eine Tätigkeit finden, die so gut wie möglich dazu passt, schaffen wir die besten Voraussetzungen dafür, ein zufriedenes Berufsleben oder Leben überhaupt zu führen.

Faktor 2: Unternehmenskultur

Eine Tätigkeit zu finden, die unserer Leidenschaft entspricht, ist nicht der einzige Faktor, auf den es ankommt. Die Unternehmenskultur, in der Sie tätig sind, spielt ebenfalls eine wichtige Rolle, wenn Sie echte Befriedigung und Erfüllung finden wollen. Wenn die Unternehmenskultur nicht passt, kann die Arbeit schnell ermüdend werden. Wenn Sie zum Beispiel eine Leidenschaft für Technik haben – eine lobenswerte Sache –, aber in einer dysfunktionalen, autokratisch geführten IT-Abteilung arbeiten, in der es nur Einzelkämpfer gibt, ist es sehr wahrscheinlich, dass Ihnen Ihre Arbeit keine Freude machen wird. Ihr Job passt zwar zu Ihrer Leidenschaft, aber die Unternehmenskultur nicht. Richtiger Beruf, falscher Arbeitsplatz (oder falscher Vorgesetzter).

1. Stellen Sie die richtigen Fragen. Vor Kurzem unterhielt ich mich mit einem Vater, dessen Tochter gerade die Schule abgeschlossen hat. Sie wird von einem Dutzend namhafter Unternehmen umworben, von denen viele sehr verlockend sind – jedenfalls auf dem Papier. „Aber woher soll man wissen, welche dieser Firmen die richtige Unternehmenskultur hat, in der meine Tochter sich gut entwickeln kann?", fragte er mich.

Er stellt die richtige Frage. Er weiß, wie wichtig eine gute Unternehmenskultur für die berufliche Zufriedenheit ist. Er weiß, dass die Stellenbeschreibung vielleicht auf den Punkt genau das ist, was seine Tochter machen möchte, aber wenn die Führungspersonen ihren Job nicht gut machen, Frauen einen schweren Stand haben, es ungesunden Wettbewerb und Ähnliches gibt, dann nutzt auch der beste Job nichts. Sie wird dort unglücklich sein.

Wenn Sie eine neue Arbeitsstelle suchen, dann schauen Sie über die Stellen- und Aufgabenbeschreibung hinaus. Nehmen Sie das *Arbeitsklima* und die *Unternehmenskultur* unter die Lupe. Sie erfahren vielleicht mehr, wenn Sie mit einem Mitarbeiter essen gehen, als im Vorstellungsgespräch mit dem Personalchef oder dem Abteilungsleiter. Inwiefern passt die Unternehmenskultur zu Ihrer Leidenschaft, Ihrer Persönlichkeit,

Ihren Prioritäten und Ihrer Art der Beziehungspflege? Bietet Ihnen das Unternehmen einen Ort, an dem Sie sich weiterentwickeln können?

2. Die Wahrheit ist auf Ihrer Seite. Wenn Sie schon einige Jahre in der gleichen Firma tätig sind, kennen Sie deren Unternehmenskultur. Ich glaube, ich kann gar nicht genug mit den Mitarbeitern von *Willow Creek* angeben. Wir haben fantastische Leute, die ein großartiges Arbeitsumfeld schaffen! Aber das war nicht immer so. Wenn es Sie interessiert, in welcher Weise sich eine Arbeitskultur völlig verändern kann, dann will ich Ihnen erzählen, was wir in den letzten Jahren erlebt haben.

> Inwiefern passt die Unternehmenskultur zu Ihrer Leidenschaft, Ihrer Persönlichkeit, Ihren Prioritäten und Ihrer Art der Beziehungspflege?

Als ich vor sechs Jahren wieder in die Gemeindeleitung von *Willow Creek* zurückkehrte, nachdem ich mich einige Jahre hauptsächlich um die *Willow Creek Association* gekümmert hatte, hatte ich den starken Eindruck, dass es mit unserer Unternehmenskultur nicht zum Besten stand. Unser Leitungsteam beriet sich darüber, und Colby Burke, unser Personalchef, versuchte mich dazu zu überreden, eine externe Firma damit zu beauftragen, unsere Mitarbeiter zu diesem Thema zu befragen.

Zunächst scheute ich davor zurück. Gerade erst hatten uns drei leitende Mitarbeiter verlassen. Die Menschen waren unruhig. Auf den Gängen wurde getuschelt. An den Wasserspendern gab es Tränen und auf dem Parkplatz schwarze Beschleunigungsspuren. Ich war mir bewusst, dass all diese Spannungen ans Licht kommen würden, wenn wir unsere Mitarbeiter darum bitten würden, eine *anonyme* Umfrage auszufüllen.

Diese Umfrage würde wehtun – wie eine Wurzelbehandlung ohne Schmerzmittel. „Die Wahrheit ist auf unserer Seite", erinnerte Colby mich immer wieder – jeden Tag, ein ganzes Jahr lang. Ich wusste, dass es das Richtige war. Schließlich hatte er mich weichgekocht, und wir engagierten eine Beraterfirma, befragten die Mitarbeiter anonym und wappneten uns dann für das Ergebnis.

Es war tatsächlich so schlimm und schmerzhaft, wie ich erwartet hatte. Es tat richtig weh! Und es war einer der besten Schritte, die wir je unternommen hatten.

Die Umfrage, die wir benutzten (und auch heute noch benutzen), heißt „Best Christian Workplaces" („Die besten christlichen Arbeitgeber"). Alle Mitarbeiter werden aufgefordert, 58 Aussagen auf einer Skala von 1 bis 5 (von „trifft überhaupt nicht zu" bis „trifft völlig zu") einzuordnen. Die Ergebnisse werden dann ausgezählt und für jeden Arbeitsbereich wird ein Mittelwert errechnet. Das „Best Christian Workplaces Institute" beschreibt Arbeitsklima folgendermaßen:

- **Vergiftet** *(3,74 Punkte und weniger)*: Mitarbeiterteams, die das Gefühl haben, dass die Arbeitsatmosphäre vergiftet sei, zeichnen sich dadurch aus, dass Mitarbeiter wenig Vertrauen haben. Sie sind verletzt, haben Angst, es kommt zu Spannungen, ungelösten Konflikten usw. Menschen, die in einem solchen Umfeld arbeiten, sagen sich: *Es wird Zeit, Bewerbungen zu schreiben!* Hier sollten die Alarmglocken läuten.
- **Kritisch** *(3,75 bis 3,99 Punkte)*: Liegt zwischen „vergiftet" und „gesund". Es ist „kritisch", weil das Mitarbeiterteam sich entweder in die eine oder in die andere Richtung bewegt. Etwas ist in *Bewegung*, aber der Ausgang ist unsicher und unklar.

- **Gesund** *(4,00 bis 4,24 Punkte)*: Für Mitarbeiterteams, die ihr Arbeitsklima so bewerten, sieht es gut aus, aber nicht fantastisch. Das Vertrauen wächst, die Leute fühlen sich wohl, aber sie sind nicht begeistert. Nichts Beunruhigendes, aber auch nichts, womit man angeben könnte.
- **Erfolgreich** *(4,25 Punkte und mehr)*: Hier geschehen wahre Wunder. Hier kann etwas bewegt werden. Mitarbeiterteams, die diesen Grad der Zufriedenheit erreichen, laufen auf Hochtouren, und alles geht vorwärts und entwickelt sich positiv.[3]

In jenem Jahr füllten unsere Mitarbeiter die anonymen Fragebögen aus, die Ergebnisse wurden ermittelt, und dann kam die große Offenbarung: Wir lagen bei 3,82 Punkten – *nur 0,08 Punkte über „vergiftet"!* Und das, nachdem ich 27 Fragebögen selbst ausgefüllt hatte, damit wir überhaupt so gut abschnitten! (Nein, war nur ein Witz.)

Ich war am Boden zerstört. Eine ganze Woche lang las ich bis spät in die Nacht die persönlichen Kommentare der Mitarbeiter. Manche waren positiv und hoffnungsvoll, aber in viel zu vielen war von Verletzungen und Enttäuschungen die Rede.

> Mit Gottes Hilfe nahmen wir uns vor, alles zu tun, was nötig war, um unser Arbeitsklima entscheidend zu verbessern.

Unser Leitungsteam wertete die Ergebnisse aus und erarbeitete einen Plan, um etwas dagegen zu unternehmen. Mit Gottes Hilfe nahmen wir uns vor, alles zu tun, was nötig war, um unser Arbeitsklima entscheidend zu verbessern. Es gab Hunderte von Besprechungen, wir hörten uns die Geschichten der Menschen an und entschuldigten uns immer wieder. Ich selbst musste mich sehr oft entschuldigen. Und manche entschuldigten sich auch bei mir. Wir fingen an, das Vertrauen wieder ganz neu aufzubauen. Wir krempelten die Ärmel hoch und machten uns an die Arbeit.

Als wir ein Jahr später noch einmal die gleiche Umfrage durchführten, stellten wir erste Anzeichen einer Besserung fest. Wir lagen bei 3,95, was immer noch nicht „gesund" und noch weit entfernt von „erfolgreich" war. Aber wenn es auch kein großartiger Fortschritt war, so waren wir doch ermutigt, weil wir uns verbessert hatten; wir wussten, dass es seine Zeit braucht, um echtes Vertrauen aufzubauen. Während der nächsten beiden Jahre arbeiteten wir weiter, hatten Besprechungen, beteten und redeten miteinander. Wir verbesserten die Kommunikationswege zwischen den leitenden Mitarbeitern und den Teams, die sie leiteten.

Im dritten Jahr befanden wir uns mit 4,07 Punkten deutlich im gesunden Bereich und auf den Gängen und an den Wasserspendern spürte man den Fortschritt. Die vollzeitlichen Mitarbeiter gingen wieder mit beschwingterem Schritt.

Auf diesem Weg lernten wir einige sehr wichtige Dinge, wie zum Beispiel: „Menschen schließen sich Organisationen an, aber sie verlassen Leiter." Das kommt Ihnen unter Umständen bekannt vor. Vielleicht halten Sie viel von Ihrer Firma, aber Ihr Chef macht Ihre Arbeit unerträglich. Das traf auch auf *Willow Creek* zu. In Gesprächen mit Mitarbeitern, die uns verließen, hörten wir immer wieder: „Ich stehe voll hinter dem Missionsauftrag und der Vision der Gemeinde, und ich würde gerne bleiben und diese Vision weiter verfolgen, aber mein Leiter macht mich *wahnsinnig*!" Damit meinten sie, dass der Leiter kontrollsüchtig, unaufmerksam, nicht inspirierend, gefühllos war – oder noch schlimmer: gemein. Wir führten eine Reihe von Trainingskursen für leitende Mitarbeiter durch und machten auf diesem Gebiet große Fortschritte. Wir mussten uns auch von einigen unserer leitenden Mitarbeiter trennen,

ganzen 18 Prozent geht das, was auf der Arbeit läuft, so auf die Nerven, dass sie versuchen, ihrem Arbeitgeber bewusst Schaden zuzufügen![4] Unternehmensberater Mark C. Crowley beschreibt das folgendermaßen: „Stellen Sie sich eine Rudermannschaft vor. Drei rudern, was das Zeug hält, fünf schauen sich die Landschaft an, und zwei versuchen, das Boot zu versenken.“[5]

Stellen Sie sich dagegen ein Boot vor, in dem alle zehn nach Kräften und begeistert in die gleiche Richtung rudern. Wer wird wohl das Rennen gewinnen?

3. Klimaschützer oder Klimazerstörer? Ganz gleich, an welcher Stelle der Unternehmenshierarchie Sie tätig sind, es liegt ganz bei Ihnen, was Sie zum Arbeitsplatzklima beitragen. Sie sind kein Opfer. Sie haben zumindest einen gewissen Einfluss. Aber machen Sie auch das Beste aus diesem Einfluss?

Wir erinnern unsere Mitarbeiter immer wieder daran, dass sie jedes Mal, wenn sie im Laufe des Tages anderen begegnen, das Klima verbessern oder verschlechtern können. Die anderen werden dadurch entweder gesegnet oder belastet und unnötig runtergezogen. Klimaschützer oder Klimazerstörer? Segen oder Last?

> Ganz gleich, an welcher Stelle der Unternehmenshierarchie Sie tätig sind, es liegt ganz bei Ihnen, was Sie zum Arbeitsplatzklima beitragen.

Wir fordern unsere Mitarbeiter regelmäßig auf, Klimaverbesserer zu sein. Wir möchten, dass sie wenigstens eine Viertelstunde täglich allein mit Gott verbringen, bevor sie in die Gemeinde kommen. Wir laden sie ein, sich vom Heiligen Geist erfüllen zu lassen und die Frucht des Geistes in ihrem Leben zu entfalten, sodass sie bei ihren Begegnungen mit anderen ein Segen für ihre Teamkollegen sind.

Dazu möchte ich auch Sie einladen. Ganz gleich, wie gesund oder zerstört das Arbeitsklima bei Ihnen momentan ist: Jesus Christus kann Ihnen die Kraft schenken, ein *Klimaverbesserer* zu sein. Sie können jemand werden, der für jeden Menschen, der Ihnen über den Weg läuft, ein Segen ist, vom obersten Chef bis zum niedrigsten Arbeiter.

Ich habe gemerkt, dass meine Aufgaben sogar noch erfüllender werden, als sie ohnehin schon sind, wenn ich mir vornehme, als Klimaverbesserer zur Arbeit zu gehen. Irgendwie heben meine Bemühungen, das Klima zu verbessern, die Stimmung der anderen, und das hebt wiederum meine Stimmung. Selbst der leiseste Versuch, das Leben eines Kollegen positiv zu beeinflussen, scheint etwas zu bewirken, und ich hoffe, dass er dazu beiträgt, den anderen näher zu Jesus zu bringen.

Was würde passieren, wenn Sie morgen früh auf die Arbeit kämen und ganz begierig darauf wären, ein Klimaverbesserer zu sein und ein fröhlicheres Arbeitsklima zu schaffen? Ich glaube, der ganze Himmel würde Sie dabei unterstützen.

Ich weiß, dass das nicht leicht ist. Ein schlechtes Arbeitsklima zu verändern ist eine gigantische Aufgabe, und das will ich auf keinen Fall kleinreden. Wenn man in einer solchen Umgebung arbeitet, fällt es schwer, an seinem Vorhaben festzuhalten. In manchen Fällen – wenn das Arbeitsklima beispielsweise so schlimm ist, dass man gezwungen ist, moralische Kompromisse einzugehen – muss man vielleicht einfach gehen. Falls das bei Ihnen der Fall ist: Bitten Sie Gott, Ihnen eine neue Arbeitsstelle mit einem besseren Arbeitsklima und einem besseren Arbeitsumfeld zu schenken.

Aber in den meisten Fällen kann auch ein schlechtes Arbeitsklima verbessert werden – und es ist immer Ihre freie Entscheidung. Sie können dabei immer eine Rolle spielen. Sie sind kein

Opfer, und niemand kann Ihre positive Einstellung zerstören, es sei denn, Sie lassen es zu. Verändern Sie Ihre Situation, soweit dies möglich ist. Überlegen Sie sich, was Sie tun können, um am Ball zu bleiben und auch bei Gegenwind nicht aus dem Konzept zu kommen und sogar die zu segnen, die Ihnen das Leben schwermachen. Suchen Sie sich einen Verbündeten – einen Kollegen, dem Sie vertrauen können –, und schauen Sie einmal, ob Ihre vereinten Bemühungen um die Klimaverbesserung sich nicht positiv auf alle Kollegen auswirken. Ihr Arbeitsleben wird sehr viel leichter, wenn Sie sich darauf konzentrieren, ein Klimaverbesserer und ein Segen für die Menschen in Ihrem Umfeld zu werden.

Eine Randbemerkung für leitende Mitarbeiter: Sie werden es nicht bereuen, wenn Sie so mutig sind und einmal das Arbeitsklima unter Ihren Kollegen und Mitarbeitern unter die Lupe nehmen. Die daraus gewonnenen Erkenntnisse können Ihnen dabei helfen, Veränderungen in Gang zu setzen, die das Leben aller leichter machen – von der obersten Hierarchieebene angefangen bis nach ganz unten. Aus eigener Erfahrung kann ich sagen, dass der Erfolg riesig ist. Nehmen Sie all Ihren Mut zusammen, bitten Sie Gott darum, dass Sie „mutig und entschlossen"[6] sein können wie Josua. Analysieren Sie, wie das Arbeitsklima unter Ihren Kollegen ist. Unternehmen Sie dann die nötigen Schritte, um es zu verbessern. Sie werden es nicht bereuen.

> Seien Sie mutig und entschlossen. Wie ist das Arbeitsklima unter Ihren Kollegen? Unternehmen Sie dann die nötigen Schritte, um es zu verbessern. Sie werden es nicht bereuen.

Faktor 3: Herausforderung

Wenn ich leitende Mitarbeiter berate, stelle ich oft die folgende Frage: Wann können Sie am besten arbeiten? Wenn Sie unterfordert sind? Wenn Sie angemessen gefordert werden? Oder wenn Sie in einem bedrohlichen Maße überfordert sind? Ich stelle diese Frage, weil man dann am besten und am befriedigendsten arbeiten kann, wenn die Herausforderung genau richtig ist. Das richtige Maß an Herausforderung unterscheidet zwischen einem Job, bei dem man sich am Ende des Tages erfüllt fühlt, und einem Job, bei dem man entweder völlig erschöpft oder gelangweilt ist.

Wenn Sie an Ihre beruflichen Aufgaben denken: Fühlen Sie sich überfordert, unterfordert oder irgendetwas dazwischen? Und bei welchem Grad der Herausforderung können Sie am besten arbeiten? Wo blühen Sie so richtig auf?

Das ist eine Fangfrage. Die Antwort scheint ganz offensichtlich „angemessen gefordert" zu sein, oder? *Falsch.*

Lassen Sie uns einmal jede dieser Stufen anschauen, bevor ich Ihnen die richtige Antwort verrate.

1. Unterfordert. Wenn sie sich über einen längeren Zeitraum auf dieser Stufe bewegen, geben die meisten Menschen irgendwann auf. Wir wurden einfach so erschaffen, dass wir gegen einen gewissen Widerstand ankämpfen wollen. Wenn wir nicht angemessen herausgefordert werden, schweifen unsere Gedanken ab, wir haben nicht länger das Gefühl, dass wir wirklich etwas erreichen, und fragen uns, was das Ganze eigentlich soll.

Wer unterfordert ist, leistet nicht die beste Arbeit. Wenn Sie sich im Moment überfordert fühlen, halten Sie mich vielleicht für verrückt, wenn ich das sage. „Ich würde mich so gerne einmal im Büro ein wenig langweilen", sagen Sie vielleicht. „Dann hätte ich endlich Zeit, ein bisschen kreativ zu werden. Ich könnte all das erledigen, wozu ich jetzt nicht komme."

Das ist ein Trugschluss. Wenn Personen auf Dauer unterfordert sind, verkümmern ihre Fähigkeiten und ihre Motivation sinkt auf den Nullpunkt. Statt produktiver zu werden, werden sie vielmehr lustlos und neigen zu Depressionen. Wenn Sie auf der Arbeit eine gewisse Zeit lang unterfordert sind, sollten Sie ganz schnell anfangen, sich beruflich weiterzuentwickeln oder sich nach einem anderen Job umzuschauen. Leiter, wenn ihr eure Mitarbeiter unterfordert, verliert ihr sie.

2. Angemessen gefordert. Das muss doch der optimale Punkt sein, oder? Nein. Wenn Sie angemessen gefordert werden, bringen Sie nicht die beste Leistung. Sie erledigen Ihre Arbeit aus eigener Kraft. Sie sind nicht auf Kollegen angewiesen. Sie haben es nicht nötig, auf die Knie zu gehen und Gott um Weisheit, Kraft oder sein Eingreifen zu bitten. „Angemessen gefordert" zu sein ist reizlos. Es ist das Vanilleeis unter 30 anderen Sorten. Man kann vielleicht jeden Tag alles erledigen, was erledigt werden muss, aber es fehlt die Abenteuerlust.

....
„Angemessen gefordert"
zu sein ist reizlos. Es ist das
Vanilleeis unter 30 anderen
Sorten. Man kann vielleicht
jeden Tag alles erledigen,
was erledigt werden
muss, aber es fehlt die
Abenteuerlust.
....

Die Arbeit kommt Ihnen leicht und vielleicht auch etwas unwichtig vor. Sie blühen dabei nicht auf. Sie bewältigen einfach nur das geforderte Arbeitspensum.

3. In gefährlichem Maß überfordert. Auf dieser Stufe bringt man nicht nur nicht seine beste Leistung, sondern irgendetwas geht kaputt, wenn man zu lange mit diesem hohen Maß an Herausforderung lebt. Ganz gleich, wie widerstandsfähig Sie sind und wie viel Energie Sie von Natur aus haben oder wie belastbar Sie zu sein glauben: Irgendetwas wird zerbrechen. Bei dieser Regel bilden auch Sie keine Ausnahme. Ihre Gesundheit, Ihre Ehe, die Beziehung zu Ihren Kindern, zu Gott, Ihr seelisches Wohlbefinden – irgendetwas zerbricht.

Ich habe in meinem Leben schon alle möglichen motorisierten Gefährte gefahren – Boote, Autos, Motorräder. Die meisten motorisierten Gefährte haben einen Drehzahlmesser, so eine kleine Anzeige, die einem sagt, wie hoch die Wellenumdrehungen sind. Je höher der Motor dreht, desto schneller fährt man und umso höher steigt die Nadel am Drehzahlmesser. Jeder Drehzahlmesser hat einen gefährlichen Bereich, der meistens rot markiert ist. Bei einem knallharten Rennen kann man den Motor für kurze Zeit in diesen roten Bereich hochjagen – für vielleicht sechs oder sieben Sekunden. Aber wenn man den Motor zu lange im roten Bereich fährt, geht irgendetwas kaputt. Und das ist sowohl teuer als auch gefährlich.

Mit der Arbeit ist es genauso. Auch dort kann man nicht lange im roten Bereich „drehen". Irgendetwas wird kaputtgehen. Und dann ist alles, was man zu gewinnen geglaubt hat, indem man den Motor zu lange auf Hochtouren fuhr, kaputt, entweder im persönlichen Leben oder auf der Arbeit – oder beides.

Wenn wir also auf keiner dieser drei Stufen unsere beste Leistung bringen, wo laufen wir dann zu Höchstform auf?

4. *Angemessen überfordert.* Ob Sie es glauben oder nicht, aber am besten arbeiten Sie leicht über der „angemessen gefordert"-Stufe – kurz vor dem unteren Ende von „in gefährlichem Maß überfordert", aber noch vor dem roten Bereich. Nennen wir es „angemessen überfordert". Sie spüren eine gewisse Spannung, Sie sind fest auf Gott und Ihre Kollegen angewiesen. Das

Wasser steht Ihnen gerade hoch genug, dass Sie kräftig paddeln müssen – aber Sie sind nicht am Ertrinken.

Auf dieser Stufe zu arbeiten ist so ähnlich wie Muskelaufbautraining, wenn die Muskeln anfangen, leicht zu brennen. Es ist kein schädlicher Schmerz wie bei einem Muskelfaserriss oder einer Zerrung, sondern es tut „schön" weh, und man weiß, dass die Muskeln durch das Training stärker werden und die Ausdauer erhöht wird.

Der optimale Punkt liegt knapp oberhalb von „angemessen gefordert". Wenn Sie diese Stufe der beruflichen Herausforderung gefunden haben, wächst Ihre Zufriedenheit. Dann wissen Sie, dass Sie fast jeden Tag zur Höchstform auflaufen, und das fühlt sich wunderbar an.

Wessen Aufgabe ist es, das richtige Maß an beruflicher Herausforderung zu finden? Wessen Aufgabe ist es, Korrekturen vorzunehmen? Es ist *Ihre* Aufgabe.

In jedem Job gibt es Phasen, in denen wir einmal für kurze Zeit in den roten Bereich gehen müssen. Wenn Sie in der Gemeinde arbeiten, dann wissen Sie, dass Weihnachten so eine Phase ist. Während ich diese Zeilen schreibe, bereitet sich unser Team auf zwölf Weihnachtsgottesdienste vor. Ich gestehe: Nach zwölf Weihnachtsgottesdiensten innerhalb von vier Tagen bin ich erledigt. Aber ein Mal im Jahr, für eine kurze Zeit, ist das möglich. Es ist in Ordnung, einmal für kurze Zeit auf der „in gefährlichem Maß überfordert"-Stufe zu arbeiten – Sie sollten nur nicht dort bleiben. Wenn Sie ständig überfordert sind, dann sollten Sie etwas unternehmen, um das Arbeitspensum auf ein gesundes Maß zurückzuschrauben.

> Wessen Aufgabe ist es, das richtige Maß an beruflicher Herausforderung zu finden? Wessen Aufgabe ist es, Korrekturen vorzunehmen? Es ist *Ihre* Aufgabe.

Das Gleiche gilt, wenn Sie sich auf der Arbeit auf Dauer unterfordert fühlen. Eine Bekannte von mir hat eine neue Stelle als Assistentin in der Praxis eines Kieferorthopäden angetreten. Sie arbeitet zum ersten Mal in diesem Bereich und musste viel lernen. Zunächst fühlte sie sich überfordert. Aber ihr Chef war ein hervorragender Lehrer, und sie lernte rasch alles, was sie können musste.

Schon bald fühlte sie sich „angemessen herausgefordert" – oder vielleicht auch ein kleines bisschen weniger als das. Anstatt aber darauf zu warten, dass andere mit neuen Herausforderungen auf sie zukamen, fing sie an, darüber nachzudenken, wie sie Arbeitsabläufe verbessern konnte. Mit Zustimmung ihres Chefs räumte sie die Vorratsschränke um und schuf Ordnung in den Schubladen an den Behandlungsplätzen. Sie erstellte Formulare, mit deren Hilfe besser festgehalten werden konnte, was bei jeder Sitzung jedes Patienten gemacht wurde.

Das alles hatte nichts mit den Aufgaben der Assistentin eines Kieferorthopäden zu tun. Es stand nicht in ihrer Stellenbeschreibung. Das hieß, sie musste Zeit dafür finden, ohne dass es sich nachteilig auf ihre Hauptaufgabe auswirkte: sich um die Patienten zu kümmern. Aber es befriedigte sie sehr, dem kleinen Team zu helfen, effektiver zu arbeiten, und mit diesen Aufgaben hielt sie sich knapp über der „angemessen herausgefordert"-Stufe, wo sie ihr Bestes gab.

Wenn Sie auf der Arbeit mehr Herausforderungen brauchen, dann warten Sie nicht, bis diese Ihnen in den Schoß fallen. Ergreifen Sie die Initiative. Sprechen Sie mit Ihrem Vorgesetzten, und holen Sie sich die Erlaubnis ein, mehr zu machen. Zeigen Sie, dass Sie mehr schaffen können. Bitten Sie um mehr Verantwortung. Sie werden feststellen, dass Sie bei „angemessen überfordert" viel mehr erreichen können, als Sie je dachten – und dabei auch noch zufriedener sind. So seltsam das auch klingt: Auf der Arbeit das richtige Maß an Herausforderung zu finden ist ein wichtiger Schritt, um befreiter zu leben. Das ist so, als würden Sie Ihren Motor so einstellen, dass er Spitzenleistungen bringt, ohne gleichzeitig zu viel Benzin zu verbrauchen.

Faktor 4: Bezahlung

Jedes Arbeitsverhältnis ist im Grunde ein Tauschgeschäft: Sie geben Ihre Arbeitskraft und die Firma gibt Ihnen dafür Ihren Lohn. Jesus hat das folgendermaßen formuliert: „… wer arbeitet, hat ein Recht auf seinen Lohn."[7]

Das ist eigentlich eine ziemlich klare Angelegenheit, oder? Aber auf dem Arbeitsmarkt gibt es eine unglaubliche Bandbreite, was die Bezahlung angeht – von der Lehrerin bis zum Profisportler, vom Kellner bis zur Schauspielerin, vom Schalterbeamten bis zum Investmentbanker. Die Einkommensunterschiede sind oft dramatisch. Aber „Bezahlung" ist mehr als nur Bargeld. Dazu gehört auch, in welchem Maß eine Arbeit unsere Leidenschaft befriedigt und unsere Fähigkeiten fordert.

1. Lohn oder Leidenschaft? Jeder Student steht bei der Wahl seines Studiengangs vor der kniffligen Frage: „Studiere ich das, wofür mein Herz schlägt, oder das, womit ich später mehr Geld verdiene?" Eltern stehen ebenfalls vor dieser Herausforderung, wenn ihr Sprössling voller Begeisterung anruft und verkündet: „Ich werde Schauspielerin!", oder: „Ich werde Schriftsteller!" Dann kommt unausweichlich als Nächstes die Frage, die seine/ ihre Begeisterung im Keim erstickt: „Und wovon wirst du deine Rechnungen bezahlen?"

Das ist das uralte Tauziehen zwischen Lohn und Leidenschaft. Wenn Sie vor der Wahl stehen: Sollten Sie Ihrer Leidenschaft folgen und vielleicht weniger verdienen, oder sollten Sie sich an der Bezahlung orientieren – und an der finanziellen Sicherheit, die damit einhergeht – und Ihre Leidenschaft nicht so ernst nehmen oder sogar ignorieren?

> Sollten Sie Ihrer Leidenschaft folgen und vielleicht weniger verdienen, oder sollten Sie sich an der Bezahlung orientieren und Ihre Leidenschaft nicht so ernst nehmen oder sogar ignorieren?

Es ist schön, wenn Leidenschaft und Lohn zusammenfallen und Sie etwas tun können, das Sie lieben *und* wofür Sie auch noch gut bezahlt werden. Wenn das bei Ihnen der Fall ist, dann danken Sie Gott jeden Tag auf Knien dafür, denn für Sie ist ein Traum wahr geworden. Nur ganz wenige Menschen erleben, dass bei ihrer (beruflichen) Tätigkeit Lohn und Leidenschaft zusammenkommen. Es ist ein seltener Segen.

Die meisten von uns müssen auf ihrem Lebensweg an diesem Punkt schwere Entscheidungen treffen und Lohn und Leidenschaft gegeneinander abwägen. Dieses Problem kann einem Kopfzerbrechen bereiten, und ich gebe selten eine schnelle Antwort, wenn mich jemand bei dieser Frage um Rat bittet.

Auf der einen Seite habe ich auch schon ansonsten ganz vernünftige Christus-Nachfolger getroffen, die ihre Familie in die Privatinsolvenz getrieben und ihren Kreditrahmen gesprengt haben und deren Besitz zwangsvollstreckt wurde, nur weil sie sich weigerten, einen Job anzunehmen, zu dem sie nicht voller Leidenschaft Ja sagen konnten. Das ist schwer zu rechtfertigen, wenn man an Paulus' klare Anweisung denkt: „Wer sich aber weigert, seine Angehörigen zu versorgen – vor allem die eigenen Familienmitglieder –, der verleugnet damit seinen Glauben; er ist schlimmer als einer, der von Gott nichts wissen will."[8]

Harte Worte. Paulus scheint damit sagen zu wollen: „Wenn es sein muss, dann lass die Leidenschaft beiseite (zumindest eine Zeit lang), und sieh zu, dass Essen auf den Tisch kommt. Wenn es deine Aufgabe ist, andere zu versorgen, dann tue alles dafür, um sie zu versorgen, auch wenn das in dem Bereich, für den dein Herz schlägt, nicht möglich ist."

Auf der anderen Seite habe ich schon Frauen und Männer getroffen, die berufliche Entscheidungen ausschließlich wegen des Geldes getroffen und ihre gottgegebenen Leidenschaften völlig aus dem Auge verloren haben. Diese Menschen sind nur ein Schatten dessen, was sie sein könnten, wenn sie einfach Gott vertraut und mit aller Entschlossenheit einen Job gesucht hätten, der ihre Leidenschaft noch angefacht hätte. Sie wohnen in großen, schönen Häusern und fahren immer die neuesten Automodelle. Aber wenn Sie einmal genau hinschauen, merken Sie, dass das Leben in ihnen irgendwie erloschen ist. Sie gehen nicht mit Begeisterung zur Arbeit, sie werden nicht gefordert, und sie entwickeln sich nicht so, wie Gott es für sie vorgesehen hat. Aber sie beziehen ein fettes Gehalt, haben wunderschöne Häuser und jemanden, der ihnen ihren schönen Rasen mäht.

> Manche Menschen entscheiden sich dafür, eine schlechter bezahlte Stelle anzunehmen, die sich aber mit dem deckt, wofür ihr Herz schlägt. Parallel halten sie dann Ausschau danach, wie sie ihr Einkommen aufbessern können.

Wenn ich mich mit Menschen unterhalte, die entweder in einem Job feststecken, der nicht ihrer Leidenschaft entspricht, oder die eine Stelle haben, die sie lieben, von der sie aber nicht leben können, rate ich ihnen, mit Gott intensiv über dieses Thema zu sprechen. Sie brauchen seine Weisheit, um dieses schwierige Rätsel irgendwie zu lösen. Die Menschen, die dieses Lohn-oder-Leidenschaft-Problem zu lösen versuchen, entscheiden sich meist für eine der beiden folgenden Lösungen: Sie gehen entweder ihrer Leidenschaft nach und bessern ihr Einkommen auf andere Art und Weise auf oder sie entscheiden sich für die besser bezahlte Stelle und finden andere Wege, um ihre Leidenschaft auszuleben.

2. Wenig Lohn + viel Leidenschaft = Bessern Sie Ihr Einkommen anderweitig auf. Manche Menschen entscheiden sich dafür, eine schlechter bezahlte Stelle anzunehmen, die sich aber mit dem deckt, wofür ihr Herz schlägt. Parallel halten sie dann Ausschau danach, wie sie ihr Einkommen aufbessern können. Sie nehmen eine Teilzeitstelle oder Gelegenheitsjobs an, damit Essen auf den Tisch kommt und sie weiterhin der Tätigkeit nachgehen können, die ihrer Leidenschaft entspricht.

Als Lynne und ich *Willow Creek* gründeten, hatten wir beide mehrere Teilzeitstellen, weil *Willow Creek* unsere große Leidenschaft war, die Gemeinde uns aber in den ersten drei Jahren nicht bezahlen konnte. Wir gaben unsere Leidenschaft nicht auf; wir sagten nur: „Lass uns andere Einkommensquellen suchen." Und genau das taten wir. Es war hart – und zeitaufwendig. Aber wir mussten unsere Rechnungen bezahlen und weigerten uns, unsere Leidenschaft aufzugeben.

3. Viel Lohn + wenig Leidenschaft = Gehen Sie Ihrer Leidenschaft anderweitig nach. Menschen in gut bezahlten, aber wenig befriedigenden Berufen können ihre Zufriedenheit dadurch steigern, dass sie ehrenamtliche Tätigkeiten übernehmen, die ihnen Freude bereiten. Ich kenne unzählige Menschen, die von ihrer regulären Arbeit nicht sonderlich begeistert sind. Aber diese Arbeit bringt genug ein, um die Familie zu ernähren, und lässt ihnen noch genügend Freiraum, um Gottes Ziele für sie in ihrer Gemeinde, an ihrem Wohnort oder sonstwo auf der Welt zu verfolgen. Sie füllen ihren Energietank, indem sie sich außerhalb ihrer regulären Arbeit bei etwas einbringen, das ihnen Freude macht. Ihre ehrenamtliche Tätigkeit gleicht das Ungleichgewicht zwischen Lohn und Leidenschaft aus. Sie gehen ihrer regulären Arbeit engagiert nach, aber sie erwarten nicht, dass das ihre Leidenschaft befriedigt.

Bob Goff, Autor des Bestsellers „Lebe. Liebe. Los!", setzt dieses Prinzip gekonnt in die Tat um. Er ist von Beruf Anwalt und seine reguläre Tätigkeit ermöglicht ihm ein gutes Einkommen. Aber seine Leidenschaft liegt anderswo. Daraufhin gründete Bob die gemeinnützige Menschenrechtsorganisation „Restore International", die in Uganda und Indien denen, die sich keinen Anwalt leisten können, zu ihrem Recht verhilft. Er betrachtet seine Tätigkeit als Anwalt als „Geldquelle" für seinen ehrenamtlichen Dienst, zu dem sowohl seine Mitarbeit bei „Restore International" gehört als auch seine Aufgabe, andere dazu zu ermutigen, ihren gottgegebenen Leidenschaften nachzugehen.

> Schauen Sie sich doch einmal nach einer Aufgabe um, bei der sich Leidenschaft, Arbeitsklima, Herausforderung und die Erfüllung finanzieller Bedürfnisse perfekt ergänzen.

———

Beide Methoden können durchaus funktionieren, wenn Sie dafür sorgen wollen, dass Lohn und Leidenschaft im Gleichgewicht sind. Beide sorgen dafür, dass man genug verdient, ohne die eigene Leidenschaft aufgeben zu müssen. Welche dieser beiden Methoden wäre für Sie die beste? Es gibt unzählige kreative Wege, wie Sie dafür sorgen können, dass diese beiden Aspekte bei Ihnen im Gleichgewicht sind, und das ist extrem wichtig, wenn Sie ein einfaches, befreites Leben führen wollen.

Sie werden mindestens ein Drittel Ihres Lebens am Arbeitsplatz verbringen – warum schauen Sie sich da nicht nach einer Aufgabe um, bei der sich Leidenschaft, Arbeitsklima, Herausforderung und die Erfüllung finanzieller Bedürfnisse perfekt ergänzen? Beten Sie, was das Zeug hält, unternehmen Sie Glaubensschritte, und legen Sie sich richtig ins Zeug, denn wenn es Ihnen gelingt, dass alle vier Faktoren zusammenkommen, werden Sie eine der schönsten Erfahrungen machen, die das Leben zu bieten hat: das Gefühl, die eigene Arbeit tatsächlich zu lieben.

„Du liebst deine Arbeit immer noch, nicht wahr?"

Obwohl ich schon seit Jahrzehnten – seit 1975 – der gleichen Tätigkeit nachgehe, liebe ich meine Arbeit als Pastor immer noch. Ich empfinde mehr Energie und Leidenschaft für meine täglichen Aufgaben als damals, als ich in meinen Zwanzigern war. An den meisten Tagen schaue ich ganz bewusst nicht auf die Uhr an der Wand in meinem Büro, weil ich weiß, dass es schon später ist, als mir recht ist, und dass der Feierabend näher rückt. Für mich ist es ein Segen, dass bei meiner Arbeit alle vier Faktoren zusammenkommen. Ich liebe meine Arbeit. Ich kann mir nichts Besseres vorstellen.

Lynne und ich waren vor Kurzem freitagabends bei einer Familie in einem Vorort im Norden von Chicago, in der Nähe einer unserer regionalen *Willow Creek*-Gemeinden. *Willow Creek North Shore* trifft sich derzeit in einem angemieteten Schulgebäude, aber die Gemeinde träumt davon, ein eigenes Grundstück und ein eigenes Gebäude zu haben, damit sie dauerhaft fest in ihrem Umfeld präsent sein kann.

Das Haus war gerammelt voll mit Menschen, die bereit waren, bei einer Spendenkampagne finanzielle Opfer zu bringen, die dabei helfen sollten, *Willow Creek North Shore* zu bauen – die erste neue evangelikale Gemeinde im North Shore seit 25 Jahren. Ihr neues Gebäude soll auf fünfeinhalb Hektar erstklassigem Bauland errichtet werden und wird Menschen aus diesem Teil der Stadt einladen, den Glauben zu erforschen und sich zu überlegen, ob sie nicht Gott die Leere in ihrem Leben füllen lassen wollen. Es war ein Abend voller Energie und ansteckender Vorfreude, als diese Gemeinde ihr Bauprojekt begann.

Auf dem Heimweg sah Lynne zu mir herüber und meinte: „Du liebst deine Arbeit immer noch, nicht wahr?"

„Ein bisschen", sagte ich. Sie grinste. Leidenschaft lässt sich wohl nicht verbergen.

Dieser Abend war die Krönung einer unglaublichen Arbeitswoche mit einer Reihe anregender Mitarbeiterbesprechungen und 416 Erwachsenentaufen. Am nächsten Morgen fand ich auf meinem Schreibtisch eine anonyme Nachricht. Auf dem Zettel stand: „Gott segne Sie. Willow hat mir das Leben gerettet." Wieder einmal wurde ich daran erinnert, wofür wir das eigentlich alles machen und was auf dem Spiel steht, wenn wir uns der Arbeit widmen, die Gott für uns hat.

Und Sie?

Ich kann das Thema „Arbeit" nicht abschließen, ohne Ihnen noch eine letzte Frage zu stellen: Hat Gott Ihnen schon einmal auf die Schulter getippt oder hat der Heilige Geist Ihnen schon einmal zugeflüstert, dass Sie sich von Ihrem gegenwärtigen Job verabschieden und Pastor werden sollen? Oder einen ähnlichen Beruf ergreifen sollen, mit dem Sie Gottes Reich auf dieser Erde ausbreiten? Falls das schon einmal passiert ist: Haben Sie abgewinkt? Oder darüber gelacht?

Ich habe genau das getan. Fast zwei Jahre lang habe ich Gottes Impulse ignoriert. Damals hatte ich mich in der Geschäftswelt gerade so schön eingerichtet, und deshalb wies ich Gottes Impulse, in den vollzeitlichen Dienst zu gehen, zurück. Aber schließlich konnte ich ihn nicht mehr länger ignorieren. Ich dachte: *Na schön! Gesetzt den unwahrscheinlichen Fall, dass Gott wirklich weiß, was er tut, werde ich ihm eben den Gefallen tun, seiner Führung zu folgen. Ich werde den Beruf wechseln und Pastor werden.* Das würde sicher in einer Katastrophe enden, und dann konnte ich Gott für den Rest meines Lebens Vorhaltungen machen und ihm ganz selbstbewusst erzählen, dass er da wohl irgendetwas missverstanden hatte.

Und wer lacht jetzt, nach vierzig Jahren, zuletzt? Fast jeden Abend denke ich beim Einschlafen: *Du hast es besser gewusst, Gott. Deine Wege sind immer höher als meine Wege. Danke, danke, danke, dass du mich dazu getrieben hast, Pastor zu werden.*

Mein Leben als Pastor war nicht ohne Schwierigkeiten. Es hat mir mehr abverlangt, als ich je gedacht hätte, dass ich in mir habe. Aber es macht mein Leben so viel leichter, wenn ich meiner Leidenschaft nachgehen und meine Gaben optimal einsetzen kann. Ich weiß das jetzt. Es gibt keine Verwirrung mehr, kein „was wäre, wenn" mehr, das mich umtreibt. Ich *weiß*, dass ich dort tätig bin, wo Gott mich haben will, und dieses Wissen lässt mich befreit leben. Hätte er mich nicht weiter gedrängt, hätte ich ihn weiter ignoriert, wäre mir das größte Abenteuer meines Lebens entgangen.

> Das Leben ist kurz. Vergeuden Sie keine Minute länger damit, Gottes Impuls zu ignorieren.

Zu welchem Abenteuer lädt Gott Sie ein? Finden Sie heraus, wie Sie Ihrer Leidenschaft nachgehen können, indem Sie sich entweder beruflich verändern oder aber an Ihrer jetzigen Arbeitsstelle bleiben und Ihrer Leidenschaft in Ihrer Freizeit nachgehen. Wenn Sie wissen, dass Sie auf dem richtigen Weg sind, werden Sie ungeheuer erleichtert sein und inneren Frieden empfinden. Ich verspreche Ihnen, dass die Aufgabe sehr herausfordernd sein wird. Sie wird Ihnen Ihr Bestes abverlangen. Das tun Gottes Aufgaben immer. Aber Ihre Tätigkeit wird klar sein, Sie werden genau wissen, welches Ziel Sie verfolgen, und es wird lohnenswert sein; und Sie müssen sich nicht mehr mit dem „was wäre, wenn" herumschlagen. Sie können ganz einfach die Hand an den Pflug legen und Gott die besten Stunden Ihres Tages schenken. Vertrauen Sie ihm. Er wird Sie nicht in die Irre führen.

Das Leben ist kurz. Vergeuden Sie keine Minute länger damit, Gottes Impuls zu ignorieren. Ich träume von dem Tag, an dem Sie abends beim Einschlafen sagen können: „Danke, Gott! Du hast es besser gewusst. Ich bin deinem Impuls gefolgt. Ich habe auf deine leise Stimme gehört. Ich habe den Beruf gewechselt oder meine Tätigkeit angepasst, um deiner Führung zu folgen und meiner Leidenschaft nachzugehen. Und du hattest recht. Deine Wege sind höher als meine Wege. Und weil ich dir gefolgt bin und meine Leidenschaft gefunden habe, ist meine Arbeit jetzt der größte Segen in meinem Leben."

Jetzt wird's praktisch

Nehmen Sie unter die Lupe, in welcher Weise sich die vier Faktoren in Ihrem Berufsleben zeigen.

Wie gut passt Ihr gegenwärtiger Job zu Ihnen? Schreiben Sie Ihre Gedanken zu jedem der vier Faktoren auf, und notieren Sie sich einen konkreten Schritt, wie Sie an diesem Punkt etwas verändern können.

1. Faktor: Leidenschaft. Deckt sich Ihre (berufliche) Tätigkeit mit dem, wofür Ihr Herz schlägt? Was können Sie tun, um hier etwas zu verändern?

2. Faktor: Arbeitsklima. Gibt Ihnen das Arbeitsklima an Ihrer Arbeitsstelle neue Energie? Was können Sie tun, um ein Klimaverbesserer zu werden und kein Klimazerstörer zu sein?

3. Faktor: Herausforderung. Sind Sie bei Ihrer aktuellen Tätigkeit „angemessen überfordert"? Was müssen Sie ändern oder mit wem müssen Sie reden, um die Herausforderung gegebenenfalls etwas zu erhöhen oder zu reduzieren?

4. Faktor: Bezahlung. Wenn Lohn und Leidenschaft bei Ihrem jetzigen Job nicht ausgewogen sind, welche der unten genannten Lösungen wäre dann für Sie am befriedigendsten? Welche Schritte können Sie unternehmen, damit Lohn und Leidenschaft in Ihrem Leben beide in gleichem Maße gegeben sind?

wenig Lohn + viel Leidenschaft = bessern Sie Ihr Einkommen anderweitig auf

viel Lohn + wenig Leidenschaft = gehen Sie Ihrer Leidenschaft anderweitig nach

heil statt *verletzt*

Raum schaffen für Vergebung

Jedem, der schon ein paar Tage auf diesem blauen Planeten lebt, ist schon mal unrecht getan worden. Wenn ich an einem beliebigen Wochenende in der Gemeinde fragen würde, wer schon einmal verletzt wurde, würden sicher alle die Hand heben. Meine Hand würde auch hochgehen und Ihre wahrscheinlich ebenfalls.

Uns allen ist schon einmal Unrecht geschehen. Im Rahmen meiner Pastorentätigkeit haben mir in den vergangenen Jahrzehnten unzählige Menschen ihr Herz ausgeschüttet und mir davon erzählt, wie sie schlecht behandelt, schikaniert und beleidigt worden sind. Ich habe Geschichten über Verrat und Kummer gehört, die ich nie vergessen werde. Ich habe Geschichten gehört, die mich tagelang verfolgt haben. Und ich habe Geschichten gehört, bei denen ich nur kopfschüttelnd über die Güte der Person staunen konnte, die sie mir erzählt hat. Und ich habe alles Mögliche gehört, das irgendwo dazwischen anzusiedeln ist.

Manchmal unterschätzen wir völlig, welchen Preis wir für zerbrochene Beziehungen zahlen müssen. Wir meinen, wir könnten unbeschadet durchs Leben gehen, obwohl es immer mal zu Konflikten und Zerwürfnissen mit Menschen kommt, die uns nahestehen. Aber das stimmt natürlich nicht. Zerstörte Beziehungen rauben uns Kraft und Energie. Sie nehmen Raum in unseren Gedanken und Herzen ein. Sie hängen wie eine finstere Wolke über uns. Ich kenne jemanden, dessen Beziehungen wieder und wieder zerbrechen – aus welchem Grund auch immer. Doch wenn es zu Missverständnissen oder Verletzungen kommt, unternimmt er nie Anstrengungen, die Sache in Ordnung zu bringen. „Das kostet zu viel Zeit und Energie", sagt er. „Ich ziehe einfach weiter." Und er hinterlässt eine Spur der Verwüstung.

Wenn dieser Mann einmal alle Stunden zusammenzählen würde, die er im Laufe der Jahre damit zugebracht hat, die erlittenen Verletzungen und ihre Konsequenzen zu ignorieren (ganz zu schweigen von denen, die er anderen zugefügt hat), würde er merken, dass genau das Gegenteil der Fall ist. Es spart viel mehr Zeit – und schenkt viel mehr inneren Frieden und Zufriedenheit –, wenn man Anstrengungen unternimmt, zerbrochene Beziehungen wieder in Ordnung zu bringen, statt sie mit sich herumzuschleppen oder ihnen völlig aus dem Weg zu gehen. Wir können erst dann ein einfacheres, befreites Leben führen, wenn wir uns um unsere zerbrochenen Beziehungen kümmern.

> Zerstörte Beziehungen rauben uns Kraft und Energie. Sie hängen wie eine finstere Wolke über uns.

Unser Innerstes wird sichtbar

Niemand wusste besser, welchen Preis wir für zerbrochene Beziehungen zahlen, als Jesus. Er hat sogar in einem seiner letzten Gebete, als er sterbend am Kreuz hing, zu eben den Menschen, die ihn zu Unrecht beschuldigt und verurteilt hatten und die ihn jetzt töteten, Worte der Versöhnung gesprochen: „Vater, vergib ihnen, denn sie wissen nicht, was sie tun."[1]

Das ist eines der außergewöhnlichsten Gebete, die je gesprochen wurden. Es ist nicht lang – nur zehn Worte. Aber diese zehn Worte haben über die Jahrhunderte hinweg das Leben und das Herz unzähliger Menschen auf den Kopf gestellt und sie auf den Weg zu Christus geführt.

Während man ihm noch unrecht tat, vergab Jesus jenen, die dafür verantwortlich waren.

Und seine Scharfrichter waren keine Waisenknaben. Es handelte sich dabei nicht um eigentlich ganz nette Kerle, die nur zufällig an jenem Tag den Kürzeren gezogen hatten, als es darum ging, wer ihn hinrichten musste. Diese Männer waren römische Soldaten, die so voller Gewalt und Zorn waren, dass sie im römischen Heer nur noch als kaltschnäuzige Scharfrichter taugten. Sie waren Berufskiller, behördliche Auftragsmörder, die sich auf ihren Beruf verstanden. Sie hatten Jesus schon bis zur Unkenntlichkeit verprügelt. Und jetzt trieben sie mit dem Vorschlaghammer barbarische Nägel durch seine Hände und Füße. Als Nächstes machten sie sich einen Spaß daraus, um seinen Umhang zu würfeln, den sie ihm vom Rücken gerissen hatten. Während diese gottlosen, blutrünstigen Verbrecher johlend um ihn herumstanden und gafften, hing Jesus blutend und gebrochen am Kreuz und rang nach Luft.

Und mitten in alledem, nackt, verwundet und bloßgestellt, vergab Jesus.

Welche Wirkung hatte dieses kurze Gebet von Jesus auf diejenigen, die bei der Kreuzigung zugegen waren? Das Markusevangelium berichtet: „Der römische Hauptmann, der neben dem Kreuz stand und mit angesehen hatte, wie Jesus starb, rief: ‚Dieser Mann ist wirklich Gottes Sohn gewesen!‘"[2] Jahre später würde der Apostel Paulus in seinem Brief an die Gemeinde in Rom schreiben: „Gott aber hat uns seine große Liebe gerade dadurch bewiesen, dass Christus für uns starb, als wir noch Sünder waren."[3] *Noch Sünder.* Das Gebet, das Jesus sprach, als er am Kreuz hing – für die Menschen, die ihn dort angenagelt hatten –, prägte die Grundlagen des christlichen Glaubens. Als wir noch Sünder waren, mitten in unserem Fehlverhalten, hat Jesus uns vergeben.

Wie ein Mensch betet, wenn er verletzt wurde, verrät viel darüber, wie es wirklich in ihm aussieht. Ihre Gebete gewähren einen einmaligen Blick auf den wahren Zustand Ihrer Seele. Jesus waren die Menschen wertvoll, im Leben wie im Tod – sogar diejenigen, die ihn folterten und töteten. Noch vor seinem letzten Atemzug vergab er den Soldaten, die ihn töteten.

Wir leben in einer Welt voller Sünder, voller Verbrecher. Sie sind überall. Ich bin einer von ihnen. Ich bin sogar ein Serientäter. Und Sie auch. Es liegt in unserer menschlichen Natur, dass wir uns selbst über andere stellen – und damit eine Menge Unheil anrichten.

Auf Unrecht reagieren

Im Laufe der Zeit habe ich mir in Gedanken drei Kategorien zurechtgelegt, die mir zu entscheiden helfen, wie ich mit jenen umgehen soll, denen unrecht getan wurde. Die Menschen sprechen mich oft nach dem Gottesdienst oder auf dem Parkplatz oder auf dem Flughafen an. Sie sind davon überzeugt, dass ein Pastor sich doch um so etwas kümmern müsse. Also sprechen sie mich an und erklären mir, wo ihnen unrecht getan wurde: Wer es war. Wo es passiert ist. Um welche Uhrzeit. Was sie dabei empfunden haben.

Während sie von der Beleidigung oder Verletzung erzählen, fange ich an zu beten: *Gott, hilf mir, ihre Situation richtig einzuschätzen und eine kluge Antwort zu geben.* Dann schaue ich mir ihren Gesichtsausdruck an. Ich beobachte ihre Körpersprache. Ich halte Ausschau nach nonverbalen Hinweisen, weil ich die Verletzung richtig einordnen will, bevor ich den Mund aufmache, um einen guten Rat zu geben.

Kategorie 1: Kleine Vergehen

Manchmal habe ich nach ein oder zwei Minuten schon genug gehört, gesehen und gebetet, um zu wissen, dass es sich um eine Sünde der Kategorie 1 handelt.

> Wenn ich erkenne, dass ich es mit einer Kategorie-1-Situation zu tun habe, ist es, glaube ich, am hilfreichsten, wenn ich dem anderen freundlich die Augen für die Realität öffne.

Bei einem Vergehen der Kategorie 1 ist die „Missetat" nichts weiter als eine Kränkung – wenn überhaupt. Aber der Beleidigte hat den Sinn für die Realität und die Fähigkeit, die Sache aus der Perspektive seines Gegenübers zu sehen, verloren und hat auf „Ich bin ja so arm dran" geschaltet.

Wenn ich erkenne, dass ich es mit einer Kategorie-1-Situation zu tun habe, ist es, glaube ich, am hilfreichsten, wenn ich dem anderen freundlich die Augen für die Realität öffne, indem ich die Situation aus dem Blickwinkel eines Außenstehenden betrachte und beide Seiten berücksichtige.

Zunächst lasse ich mein Gegenüber einfach nur berichten. Ich hoffe, dass ihm die Augen aufgehen, wenn er sich selbst die winzige Kränkung in allen Einzelheiten erzählen hört. Manchmal funktioniert das auch und der Betreffende sagt: „Ich glaube, es ist gar keine so große Sache, aber, danke, dass Sie mir zugehört haben."

Wenn das nichts nützt, gibt es ein Wort, auf das ich mich bei Beleidigungen der Kategorie 1 verlasse, wenn die gekränkte Person weiter darauf besteht, das arme Opfer zu sein. Während die gekränkte Person weiterquasselt und das Vergehen des anderen in seiner ganzen Tragweite beleuchtet, warte ich auf den perfekten Augenblick für dieses eine magische Wort – mit einem Grinsen auf dem Gesicht und einem sarkastischen Tonfall in der Stimme:

„Tatsächlich?! Sie fühlen sich dadurch *tatsächlich* verletzt?!"

Dieser sanfte Rüffel hilft dem anderen oft, die vermeintliche Beleidigung mit etwas Abstand und mehr Objektivität zu betrachten. Er hilft, dieses leichte Vergehen der Kategorie 1 ins *rechte Verhältnis* zu rücken.

Ich habe diese Technik in meiner Zeit als Jugendpastor entwickelt, als die Schüler mir von der unfassbaren Unterdrückung durch ihre herzlosen Eltern erzählten und dass sie diese traumatischen Erlebnisse niemals überwinden würden. Sie erfreuten mich mit all den Geschichten darüber, wie grausam und unzumutbar ihre Eltern waren, und ich antwortete mit: *„Tatsächlich?!* Wirklich?! Man hat dich eine Stunde, nachdem du zu Hause sein solltest, mit 60 in der 30er-Zone erwischt. Deine

Eltern haben dir daraufhin Hausarrest verpasst und jetzt bist du sauer auf sie? Sie haben dir unrecht getan? *Tatsächlich?* Bei all dem Unrecht, das in dieser Welt geschieht, forderst du dafür Gerechtigkeit? *Wirklich?*"

Das ist die Kategorie 1.

Einmal erzählte mir eine junge Ehefrau unter Krokodilstränen, wie sehr ihr Ehemann sie verletzt hatte. „Wir hatten beschlossen, Freunde einzuladen, um zusammen das Spiel der ‚Chicago Bears' im Fernsehen anzuschauen, und mein Mann meinte, er würde ein paar Arbeitskollegen einladen."

„Und …?"

„Er dachte, es würden drei Kollegen kommen, aber es waren sechs! Und am Ende des dritten Viertels gingen uns die Chips aus!" Sie war wütend und verlegen. „Ich habe mich noch nie so gedemütigt gefühlt."

Sie stellte ihren Mann als den Übeltäter dar, obwohl er, ihrer eigenen Erzählung zufolge, nur drei Kollegen eingeladen hatte. Es war nicht sein Fehler gewesen, dass mehr aufgetaucht waren. Er hatte es nicht ahnen können – und was er ihr „angetan" hatte, war wirklich nur eine Kleinigkeit: Sie hatten keine Chips mehr gehabt.

Ich reagierte mit meiner Kategorie-1-Anwort: *„Tatsächlich?! Und deswegen muss er jetzt auf dem Sofa schlafen? Tatsächlich? Ist das wirklich Ihr Ernst?"*

Meine neckische Aufforderung, die Sache zu überdenken und nicht überzubewerten, zeigte Wirkung, und sie korrigierte ihre Perspektive. Mein Anstoß gab ihr die nötige Motivation, um noch einmal zu überdenken, ob ihr wirklich unrecht getan worden war oder ob sie vielleicht nur überreagiert hatte. „Wahrscheinlich hatten die Jungs eh schon genug Chips gegessen", meinte sie.

Ich neige dazu, etwas ungeduldig zu werden, wenn Christusnachfolger ganz aufgebracht erzählen: „XY hat dies und jenes zu mir gesagt oder mir angetan und jetzt bin ich zutiefst verletzt. Mir wurde entsetzliches unrecht angetan."

Ich versuche, ein guter Pastor zu sein. Wirklich. Ich versuche zuzuhören. Aber manchmal platzt mir der Kragen: *Jetzt reicht es aber. Ich kann das nicht mehr ertragen.*

„Wirklich? Bei all dem Mist auf dieser Welt regst du dich *darüber* auf? Das ist kindisch. Betrachte die Sache doch mal nüchtern, mein Freund." Alles nur Kategorie 1.

Ich will auf Folgendes hinaus: Paulus ermahnt Menschen, die von sich behaupten, Christus nachzufolgen, in 1. Korinther 13, Vers 5, sich nicht reizen zu lassen und nicht nachtragend zu sein. In einer anderen Übersetzung ist von „nicht die Beherrschung verlieren" die Rede. Der

> Wir sollten genug Widerstandskraft haben, uns nicht von den kleinen Ärgernissen des Lebens provozieren oder bekümmern zu lassen.

Gedanke dahinter ist der, dass unsere Herzen, die täglich von der überfließenden Liebe Gottes erfüllt werden, so voll von Gottes Freundlichkeit, Gnade und Liebe sein sollten, dass wir genug Widerstandskraft haben, uns nicht von den kleinen Ärgernissen des Lebens provozieren oder bekümmern zu lassen – den täglichen Ungerechtigkeiten, den ganz normalen Reibereien, die es in Familien und unter Freunden gibt. Wir sollten nachsichtig und gnädig genug sein, um die kleinen zwischenmenschlichen Unebenheiten zu übersehen, kleine Ungerechtigkeiten zu vergeben, sie schnell wieder zu vergessen und einfach weiterzuleben. Wenn wir lernen, die Ärgernisse der Kategorie 1 aus der richtigen Perspektive zu sehen, macht dies das Leben im zwischenmenschlichen Bereich sehr viel leichter. Dann steht nichts zwischen uns und anderen.

Wenn Sie auf eine dieser alltäglichen Unebenheiten treffen, dann machen Sie keine große Sache daraus. Das ist Kinderkram. Lassen Sie es einfach. Das ist Kategorie 1.

Vor Kurzem war ich mit einem frommen Kollegen unterwegs. Nach einem langen Tag freuten wir uns auf unser Hotel. Als wir darauf zufuhren, fing er an, mich aufzuziehen.

„Hey, ich habe übrigens ein Upgrade bekommen."

„Ich habe es nicht einmal versucht", erwiderte ich. „Das billigste Zimmer ist gut genug für mich."

„Mit etwas Glück lasse ich dich vielleicht mal meine Suite besichtigen", neckte er mich.

Wir kamen an die Rezeption und ich checkte ein. Dann kam mein Kollege und fragte nach seinem Upgrade.

„Es tut mir leid", antwortete der Mann an der Rezeption, „die Suite war leider schon vergeben. Sie ist nicht mehr frei."

Ich stellte mir die Reaktion meines Freundes vor, nachdem er vorhin den Mund so voll genommen hatte, und dachte: *Das wird interessant.*

Aber ohne mit der Wimper zu zucken, sagte er lächelnd zu dem Mann am Empfang: „Machen Sie sich keine Gedanken. Das sind Luxusprobleme. Ich nehme einfach irgendein freies Zimmer. Aber danke, dass Sie es versucht haben."

Wenn Gottes Gnade Ihr Herz erfüllt, können Sie die Sache aus der richtigen Perspektive sehen.

Ich war beeindruckt. Eine solche Reaktion kann man nicht vortäuschen. So war er eben: Er machte sich darum Gedanken, wie es dem Mann auf der anderen Seite des Empfangstresens jetzt ging – ein engagierter Service-Angestellter, dem es vielleicht unangenehm war, einen Gast enttäuschen zu müssen. Mein Kollege hatte verstanden, worauf es wirklich ankam. Er stellte andere über sich selbst. Ich wette, dass er am Ende des Tages, als er seinen Kopf auf das nicht upgegradete Kopfkissen legte, einschlief, ohne zu bedauern, wie er mit dieser kleinen Enttäuschung umgegangen war. Er musste sich nicht ein bisschen dafür schämen, dass er dem Service-Mitarbeiter etwas vorgespielt oder ihn schlecht behandelt hätte. Seine Reaktion war so spontan gewesen, dass ich mir sicher bin, dass er anschließend gar nicht mehr über die Sache nachgedacht hat.

So lebt es sich einfacher, befreiter.

Wenn die Dinge einmal nicht so laufen, wie Sie es sich wünschen, oder jemand etwas nicht so sagt, wie Sie es wollten, zeigt sich, wie es wirklich in Ihnen aussieht. Wie reagieren Sie? Wenn Gottes Gnade Ihr Herz erfüllt, können Sie die Sache aus der richtigen Perspektive sehen.

Stolpersteine.

Kinderkram.

Luxusprobleme.

Keine große Sache. Sie können das einfach übergehen. Sie können problemlos vergeben.

Oder aber Sie tun das Gegenteil. Sie können sich in Ihrer Rolle als Opfer sonnen. Sie können auf Ihre „Rechte" pochen und alle wissen lassen, dass Ihnen unrecht getan wurde. Sie können Wut und Ärger Tür und Tor öffnen.

Wirklich?!

Anhand von Ärgernissen der Kategorie 1 kann man hervorragend ablesen, wie es um das eigene Herz bestellt ist, wie es wirklich in einem aussieht.

Von Zeit zu Zeit, wenn mein „Herz" nicht in Ordnung ist und ich schnell beleidigt bin oder mich leicht provozieren lasse oder wenn mir ein kleines Unrecht widerfährt und ich etwas sage, das ich später bereue, oder wenn ich auf jemanden losgehe, als sei dessen kleines Vergehen ein schwerer Verstoß, dann packt mich der Heilige Geist am Schlafittchen und flüstert mir zu: *Kategorie 1, Bill. Das ist Kinderkram. Lass es einfach sein.*

Wenn mir so ein Ausrutscher passiert und ich mich wie ein Trottel benehme, hole ich tief Luft und bete eine abgewandelte Version jenes Zehn-Worte-Gebetes, das Jesus am Kreuz gesprochen hat: „Vater, vergib mir, denn ich weiß nicht, was ich tue. Ich habe den richtigen Blickwinkel verloren. Ich habe die Geschichte deiner Gnade und Liebe aus dem Blick verloren. Ich habe vergessen, dass ich ein geliebtes Kind des allmächtigen Gottes und erlöst bin. Ich habe deinen Heiligen Geist in meinem Leben. Ich bin über alle Maßen gesegnet. Ich habe Gaben und Fähigkeiten bekommen. Ich habe eine wunderbare Gemeinde. Ich habe eine tolle Familie. Ich bin gesund. Ich kann mich auf eine rosige Zukunft freuen. Der Himmel wartet auf mich. Und dann rege ich mich auf und stolpere über diese Kleinigkeiten? Wirklich?! Vater, vergib mir, denn ich weiß nicht, was ich tue."

Es liegt in der menschlichen Natur, dass wir schnell beleidigt und leicht zu provozieren sind. Wenn ich auf ein Ärgernis der Kategorie 1 zu heftig reagiere, werde ich misstrauisch. Warum hat so eine kleine Kränkung bei mir eine solch unverhältnismäßige Reaktion ausgelöst? Was geht da in mir ab, das ich näher unter die Lupe nehmen sollte? Manchmal ist der Auslöser für die Verärgerung zwar verständlich, aber meine Reaktion schießt völlig über das Ziel hinaus. Warum?

Wenn ich ein bisschen in mich gehe und den Heiligen Geist bitte, mir die Wahrheit zu zeigen, dann entdecke ich manchmal, dass es da wirklich ein berechtigtes Problem gibt. Aber statt die Sache angemessen und überlegt anzusprechen, bin ich aus der Haut gefahren. Warum?

Oder ich stelle fest, dass ich mich aus Gründen, die mir peinlich sind, aufgeregt habe: Mein Ego hat ein paar Kratzer abbekommen oder meine Fehler wurden bloßgestellt, oder ich hatte unrealistische Erwartungen oder eine überzogene Auffassung davon, dass ich ein Recht auf ein sorgloses Leben hätte. Wenn das der Fall ist, richte ich meine Aufmerksamkeit weg von dem, der mich verletzt hat, und schaue mal in mich selbst hinein. Ich nehme den Lebensbereich, den Gott mir zeigt und an dem ich offensichtlich arbeiten muss, unter die Lupe.

In beiden Fällen ist die kleine Irritation ein hilfreicher Hinweis, der mir zeigt, an welchem Lebensbereich ich noch arbeiten muss.

> Manchmal ist der Auslöser für die Verärgerung zwar verständlich, aber meine Reaktion schießt völlig über das Ziel hinaus.

In anderen Fällen ist meine schnelle Gereiztheit ein klares Anzeichen dafür, dass ich geistlich und emotional ausgelaugt bin. Mein Tank ist fast leer, und ich muss ihn wieder auffüllen und Gottes Gnade erlauben, mein Herz zu durchströmen.

Wenn Sie in letzter Zeit leicht reizbar waren, dann nehmen Sie sich jetzt die Zeit für ein kurzes Geständnis und beten Sie mit mir diese umgekehrte Version von Jesu Gebet am Kreuz: „Vater, vergib mir, denn ich weiß nicht, was ich tue. Ich habe die Geschichte deiner Gnade und Liebe aus dem Blick verloren. Meine Sicht der Dinge ist aus dem Gleichgewicht geraten. Hilf mir, mich daran zu erinnern, dass ich ein geliebtes Kind des allmächtigen Gottes bin. Hilf mir, auch entsprechend zu leben, wenn mir alltägliche Ärgernisse der Kategorie 1 begegnen."

Richard Carlson, einer der bekanntesten Fachleute, wenn es um Glücklichsein und Stressabbau geht, schrieb 1977 ein Buch, das weltweit auf ein breites Echo stieß. „Alles kein Problem!" stand einhundert Wochen lang auf der Bestsellerliste der *New York Times*. Carlson betont darin, wie wichtig es ist, das Leben nicht unnötig kompliziert zu machen, indem wir uns über Dinge aufregen, die es gar nicht wert sind.[4] „Alles kein

Problem!" wurde zu einem geflügelten Wort, das noch heute funktioniert. Wenn Sie dazu neigen, wegen Kleinigkeiten graue Haare zu bekommen, aus einer Mücke einen Elefanten zu machen und leicht beleidigt oder gereizt zu sein, dann versuchen Sie doch einmal herauszufinden, warum. Wenn Sie nicht genau wissen, warum diese Ärgernisse der Kategorie 1 Sie so nerven, dann nehmen Sie sich fest vor, der Sache nachzugehen, um herauszufinden, was diese unverhältnismäßigen Reaktionen in Ihnen auslöst.

Leben Sie leichter und befreiter, indem Sie die Ärgernisse der ersten Kategorie abhaken. Wenn Sie verstehen, warum Sie so auf alltägliche Irritationen reagieren und gleichzeitig dafür sorgen, dass Ihr innerer Tank gefüllt ist, haben diese kleinen Irritationen und Ungerechtigkeiten des täglichen Lebens nicht länger die Macht, Ihnen Zeit und Kraft zu rauben. Im zwischenmenschlichen Bereich wird es glatter laufen, und es wird Ihnen leichter fallen, Ärgernisse zu übersehen und denen zu vergeben, die sie verursacht haben.

> Wenn Ihr Tank voll ist, haben diese kleinen Irritationen und Ungerechtigkeiten des täglichen Lebens nicht länger die Macht, Ihnen Zeit und Kraft zu rauben.

Kategorie 2: Berechtigte Verletzungen

Vergehen der Kategorie 2 sind komplexer. Es sind nicht länger unbedeutende Ärgernisse; sie verursachen berechtigte Verletzungen, die heilen müssen und angegangen werden wollen. Diese Verletzungen widerfahren uns allen früher oder später. Sie sind die Folge davon, dass wir in einer Welt leben, in der das Böse allgegenwärtig ist.

Über die Jahre sind mir schon Tausende von Geschichten begegnet, die zur zweiten Kategorie gehören. Hier ist eine, die mir erst kürzlich erzählt wurde:

„Bill, ich habe in einem sehr persönlichen Bereich meines Lebens schon seit Jahren mit etwas zu kämpfen, auf das ich ganz und gar nicht stolz bin. Neulich habe ich endlich allen Mut zusammengenommen und einem Freund, dem ich vertraue, davon erzählt. Wir sind zusammen zum Abendessen gegangen und ich habe ihm von der Sache erzählt. Er hat mir zugehört. Er hat mich verstanden. Zum Schluss habe ich ihn inständig gebeten, die Angelegenheit absolut vertraulich zu behandeln. Das hat er mir versprochen. Er war bereit, mir bei meinem Kampf in diesem Bereich beizustehen. Aber innerhalb von vierundzwanzig Stunden wusste nicht nur unsere gesamte Kleingruppe davon, sondern auch noch die Hälfte meiner Arbeitskollegen. Er hat es ausgeplaudert! Ich bin so wütend. Ich fühle mich bloßgestellt und zutiefst verletzt."

Während dieser Mann mir seine Geschichte erzählte, bat ich Gott um ein gutes Urteilsvermögen, und ich erkannte, in welche Kategorie diese Situation gehörte: Kategorie 2 – berechtigte Verletzungen. Wir haben es hier nicht nur mit einem kleinen Stolperstein zu tun. Sondern mit Verrat. Und das ist mehr als nur eine „kleine Irritation". Ein ansonsten vertrauenswürdiger Freund hat sein Versprechen des Stillschweigens gebrochen – und seine große Klappe hatte große Konsequenzen.

Wenn mir jemand von einer Situation berichtet, die in die zweite Kategorie fällt, reagiere ich sehr sanft.

„Das tut mir leid", sage ich aufrichtig. „Es tut mir wirklich leid. Dieser Freund hätte sein Versprechen nicht brechen dürfen. Dieser Verrat hätte nicht passieren dürfen. Es tut mir leid."

Ich versuche, den anderen so gut ich kann zu trösten, und dann beten wir zusammen. Aber der Betreffende wird mich unweigerlich fragen: „Was soll ich denn jetzt tun? Er hat mich verletzt. Ich bin unschuldig. Es müsste doch irgendeine Form von Gerechtigkeit geben, oder?"

Das ist durchaus eine berechtigte Frage. Und sie deckt sich mit der allgemein verbreiteten Denkweise unserer Gesellschaft. Wir haben es hier mit dem alttestamentlichen Verständnis von „Auge um Auge und Zahn um Zahn" zu tun.[5] Übeltäter haben eine Strafe verdient, stimmt's?

Das Problem ist nur, dass das der gekränkten Person nicht die Befriedigung verschafft, die sie sich erhofft. Wenn wir unsere Energie darauf konzentrieren, Vergeltung zu bekommen, macht das das Leben nicht leichter. So verständlich der Wunsch auch ist, dass die Menschen, die uns verletzt haben, irgendwie dafür bezahlen sollen, so führt doch das Streben nach Gerechtigkeit allein nie zu Frieden in unseren zwischenmenschlichen Beziehungen. Gerechtigkeit hat ganz sicher ihren Platz, vor allem, wenn das Vergehen rechtliche Konsequenzen hat. Aber letzten Endes müssen wir alle mit dem fertigwerden, was uns widerfahren ist, und wir müssen vergeben.

> Vergebung bedeutet, dass wir uns das Unrecht, das uns angetan wurde, voll und ganz eingestehen … und dem anderen letzten Endes doch verzeihen.

Vergebung ist kein leichter Prozess. Vergebung ist unter Umständen auch nicht von jetzt auf gleich möglich. Glauben Sie mir, ich weiß, wovon ich rede. Vergebung bedeutet, dass wir uns das Unrecht, das uns angetan wurde, voll und ganz eingestehen, über den Verlust trauern und dem anderen letzten Endes doch verzeihen. Wir sprechen ihn frei. Wir erlassen ihm die Schuld. Nicht um seinetwillen, sondern um unseretwillen und um Jesu willen.

Wenn ich mich mit Menschen unterhalte, die tatsächlich verletzt wurden, versuche ich, den Schmerz dieser Person nicht herunterzuspielen. Ich biete keine schnelle Lösung an. Ich sage nicht: „Wenn du Gott wirklich liebst, dann vergibst du einfach." Leider wurden unzählige Menschen, die tatsächliche

Verletzungen erlebt haben, dann noch einmal durch wohlmeinende Christen verletzt, die platte Ratschläge erteilen und so die ohnehin schon gebrochenen Herzen auch noch mit Scham und Schuldgefühlen beladen.

Die Wahrheit ist, dass Vergebung, die zu Gottes Zeitpunkt ausgesprochen wird, der einzige Schlüssel zur Heilung ist.

Ich sage das so offen aus meiner eigenen Erfahrung. Ganz gleich, wie tief ich verletzt wurde, ganz gleich, wie verständlich mein Wunsch ist, dass der Übeltäter seinen verdienten Lohn bekommt, Gerechtigkeit wird mir nicht den Frieden und die Heilung bringen, die ich mir wünsche. Letzten Endes kostet es den anderen rein gar nichts, wenn ich an meinem Verlangen nach Gerechtigkeit festhalte; es macht nur *mich* zum Sklaven.

Wenn ich spüre, dass Menschen offen dafür sind, die harte Wahrheit über ihre schmerzliche Erfahrung zu hören, spreche ich ganz vorsichtig an, dass sie in dieser Gleichung an dem Teil mit der Vergebung arbeiten müssen.

Ich sage ganz aufrichtig und voller Mitgefühl: „Das ist wirklich hart. Ich beneide Sie nicht. Aber ehrlich gesagt, glaube ich, dass Sie irgendwann an den Punkt kommen müssen, wo Sie das tun, was Jesus getan hat, als er misshandelt wurde. Jesus wurde am Kreuz entsetzliches unrecht getan und trotzdem bestand seine Reaktion darauf in: ‚Vater, vergibt ihnen, denn sie wissen nicht, was sie tun.‘ Er hat sein Recht auf Vergeltung aufgegeben. Er hat es auf der Stelle losgelassen.“

Manche Menschen antworten dann: „Das ist doch lächerlich. Er war schließlich Jesus, ich aber nicht. Basta.“ Sie halten an ihrem Verlangen nach Gerechtigkeit fest, weil es für sie Sinn ergibt.

Aber manche antworten auch: „Meinen Sie, ich kann das tatsächlich vergeben? Wie soll das gehen? Wie soll ich das denn machen – dieser Person zu vergeben?" Diese Menschen sehnen sich nach Heilung und wollen wirklich wissen, was sie tun können.

Wenn Menschen bereit sind, die Sache mit der Vergebung zu versuchen, gehe ich mit ihnen drei Bibelstellen durch, um ihnen zu zeigen, wie das ganz praktisch aussehen kann. Diese Bibelstellen kann man in fünf Anweisungen Jesu zusammenfassen:

1. Geh. Bei einer Gelegenheit fasst Jesus zusammen, was wir tun sollen, wenn uns jemand unrecht getan hat: „Wenn dein Bruder Schuld auf sich geladen hat, dann geh zu ihm und sag ihm, was er falsch gemacht hat." Wenn es ein zwischenmenschliches Problem gibt, dann ist es ganz egal, wer es verursacht hat – *Sie sollen hingehen.* Sie machen den ersten Schritt. Ganz gleich, ob der andere schuld ist oder ob Sie schuld sind oder etwas von beidem – *Sie* sollten einen Versöhnungsversuch starten. Warten Sie nicht darauf, dass der Übeltäter Sie anruft. Wenn es in einer Beziehung zu Spannungen kommt oder irgendeine Krise gibt, dann sagt Jesus: *Geh. Mach den ersten Schritt.*

> Irgendwann müssen Sie an den Punkt kommen, wo Sie das tun, was Jesus getan hat, als er misshandelt wurde.

2. Geh allein. Jesus fügt außerdem noch hinzu: „Geh allein."[6] Halten Sie vorher keine Teambesprechung ab. Rufen Sie nicht erst alle Ihre Freunde an und erzählen Sie ihnen: „Wisst ihr, was Tom getan hat? Ich werde in den nächsten Tagen einmal mit ihm darüber reden, aber zuerst wollte ich euch erzählen, was er Schlimmes getan hat. Er hat mein Vertrauen missbraucht. Er hat dies und jenes getan. Er hat dies und jenes gesagt." Es passiert nur zu häufig, dass Menschen, deren

Vertrauen missbraucht oder über die geredet wurde, zu allen möglichen anderen Leuten gehen, um ihnen von dem Vertrauensbruch zu erzählen – und damit das Gleiche tun, was ihnen angetan wurde. Sie erkennen die Ironie der Sache gar nicht.

Gehen Sie allein. Erzählen Sie niemandem sonst von den Einzelheiten des Konflikts. Gehen Sie damit direkt zu demjenigen, der Sie verletzt hat.

Wenn jemand zu mir kommt und sagt: „Hey, Bill, ich muss mit dir reden. Ich habe ein kleines Problem mit dir – und nebenbei bemerkt habe ich sonst mit niemandem darüber gesprochen; du bist der Erste", dann bin ich wirklich beeindruckt. Wenn jemand sagt: „Ich komme damit als Erstes zu dir", dann weiß ich, dass der Betreffende die Anweisung Jesu ernst nimmt. Er kommt direkt zu mir und er kommt allein zu mir. Meine Bewunderung steigt, und ich bin umso offener für das, was er zu sagen hat.

3. *Geh hin, um dich zu versöhnen.* Mit seiner Anweisung, allein zu jemandem hinzugehen, der uns verletzt hat, hat Jesus ein bestimmtes Ziel im Kopf: Versöhnung. „Wenn er auf dich hört, hast du deinen Bruder zurückgewonnen"[7], sagt er. Wenn Sie zu jemandem gehen, der Sie verletzt hat, dann tun Sie es in der Absicht, sich zu versöhnen.

Haben Sie schon einmal erlebt, dass jemand mit Ihnen über ein Problem spricht, und Sie haben genau gemerkt, dass der Betreffende sich eigentlich nur rächen will? Er sagt zwar, dass er mit Ihnen über etwas reden muss, das Sie ihm angetan haben, aber Sie spüren keinerlei Bereitschaft zur Versöhnung. Der andere ist wütend. Er wirft Ihnen Anschuldigungen an den Kopf. Sie fühlen sich immer schlechter, und es gibt keine Hoffnung, die Sache zwischen Ihnen wieder in Ordnung zu bringen.

So sollte das eigentlich nicht laufen. Ich habe so etwas auch schon einmal erlebt – dass jemand mit mir zwar über die Verletzung sprechen, sich eigentlich aber nicht versöhnen wollte. Ein solches Verhalten macht es mir nur noch schwerer, einzusehen, was ich falsch gemacht habe. Es fällt mir schwerer, mich angemessen zu entschuldigen oder etwas zur Versöhnung beizutragen, wenn ich gleichzeitig damit beschäftigt bin, mich gegen eine Salve von Vorwürfen zu verteidigen.

Es ist nur allzu menschlich, eine Abwehrhaltung einzunehmen, wenn wir angegriffen werden, und deshalb ist dieser Ansatz nicht sehr effektiv. Aber Jesus rät: „Geh. Geh allein. Und geh hin, um die Sache wieder in Ordnung zu bringen und die Beziehung wiederherzustellen."[8]

Wenn Sie sich um ein versöhnliches Gespräch bemühen, der andere aber nicht positiv darauf reagiert, hat Jesus auch einen Rat für den nächsten Schritt.

Wenn Sie sich also um Versöhnung bemühen, sollten Sie es etwa so versuchen: „Hey, Tom, wir sind jetzt schon so lange Freunde, und ich möchte, dass wir auch noch lange Freunde bleiben. Aber zwischen uns ist etwas schiefgelaufen und darüber müssen wir reden. Ich fühle mich verletzt, aber mir ist klar, dass ich deine Sicht der Dinge vielleicht nicht ganz berücksichtigt habe. Ich komme zu dir, weil ich glaube, dass wir einander besser verstehen werden, wenn wir darüber sprechen. Wir können einander vergeben, und ich glaube, dass unsere Freundschaft hinterher noch enger und vertrauensvoller sein kann. Können wir über die Sache reden?"

Sie gehen. Sie gehen allein. Sie gehen, um die Beziehung wiederherzustellen. Ich schätze mal, dass rund 90 Prozent der Beziehungsprobleme durch die Umsetzung dieses einen Verses gelöst werden können.

Wenn Sie sich um ein versöhnliches Gespräch bemühen, der andere aber nicht positiv darauf reagiert, hat Jesus auch einen Rat für den nächsten Schritt. Wenn sich das Problem beim ersten Treffen nicht lösen lässt, müssen Sie vielleicht eine vertrauenswürdige Person mitnehmen, der beide Seiten vertrauen, und es noch einmal versuchen. Vielleicht müssen Sie irgendwann jemanden aus der Gemeindeleitung hinzuholen. Aber meistens lassen sich die Dinge lösen, wenn Sie sofort, allein und mit der Absicht zur Versöhnung auf den anderen zugehen.

4. *Geh gleich.* Stellen Sie sich vor, Ihr Freund „Tom" hätte Ihr Vertrauen missbraucht oder Sie sonst irgendwie verletzt. Sie wissen aus Matthäus 18, Vers 15, dass Sie zu ihm hingehen sollen. Sie sprechen mit niemand anderem darüber und gehen mit der Absicht zu ihm, sich zu versöhnen. Wie lange sollten Sie warten, bis Sie versuchen, die Sache wieder in Ordnung zu bringen? Einen Tag? Zehn Tage? Dreißig Tage? Ist die Versöhnung einer zerbrochenen Beziehung eine dringliche Angelegenheit?

Auf die Frage nach dem Wann geht Jesus in der Bergpredigt ein. Stellen Sie sich vor, Sie sind im Gottesdienst und es ist gerammelt voll. Die Menschen singen und beten Gott an, aber währenddessen tippt der Heilige Geist Ihnen auf die Schulter und erinnert Sie daran, dass zwischen Ihnen und Tom etwas nicht in Ordnung ist. Es ist zum Teil Toms Schuld und zum Teil Ihre. Aber das ist egal. Sie und er haben ein Problem.

Stehen Sie auf und verlassen Sie den Gottesdienst, sagt Jesus. Zwängen Sie sich an den zehn anderen Personen in Ihrer Reihe vorbei. Verpassen Sie den Rest des Gottesdienstes. Die Leute starren Sie vielleicht an. Aber es ist wichtiger, dass Sie die zerbrochene Beziehung mit Tom wiederherstellen, als weiter Anbetungslieder zu singen.[9]

Als ich zum ersten Mal über diese Grundsätze lehrte, sprach ich zu einer Gruppe von etwa 250 Schülern. Ich sprach sehr leidenschaftlich über diese Anweisungen Jesu – und während ich sprach, stand etwa ein Drittel der Schüler auf und ging hinaus! Zunächst dachte ich, ich hätte sie irgendwie verärgert oder gekränkt. Aber dann wurde mir klar, dass sie mir zugehört hatten und einfach nur das umsetzten, was Jesus ihnen geboten hatte. Ich war sehr stolz auf sie, weil sie Gott beim Wort nahmen. Sie standen auf und gingen hinaus, um Dinge in Ordnung zu bringen, sich zu entschuldigen und jene schwierigen Gespräche zu führen, die zu Wiederherstellung und Versöhnung führen können.

> Machen Sie den ersten Schritt. Sich mit Menschen zu versöhnen ist ein wichtiger Schritt auf dem Weg zu einem einfacheren, befreiten Leben.

Das Gleiche geschah noch einmal, als ich vor Kurzem über diese Verse sprach: Als ich an diesen Punkt meines Vortrags kam, standen die Leute auf und gingen hinaus. Jesu Worte hatten sie getroffen und sie mussten unbedingt jemanden anrufen oder aufsuchen. Als die übrigen Zuhörer erkannten, warum diese Menschen gingen, fingen sie an, denen zu applaudieren, die ihren Wunsch nach versöhnten Beziehungen in die Tat umsetzten. Es war ziemlich beeindruckend.

Vielleicht ruft Ihnen der Heilige Geist, während Sie das hier lesen, eine zerbrochene Beziehung ins Gedächtnis, und Sie wissen, dass Sie den ersten Schritt tun sollten. Der Geist flüstert Ihnen zu, dass Sie gehen sollen, allein, mit der Absicht zur Versöhnung – und zwar sofort.

Schlagen Sie das Buch zu und gehen Sie. Dieses Kapitel wird immer noch da sein, wenn Sie wiederkommen. Machen Sie den ersten Schritt. Sich mit Menschen zu versöhnen ist nicht nur etwas, das Gott uns aufträgt, sondern ein wichtiger Schritt auf dem Weg zu einem einfacheren, befreiten Leben.

5. *Lass los.* Manchmal haben Sie vielleicht alles richtig gemacht: Sie sind losgegangen, allein, mit der Absicht zur Versöhnung, und zwar sofort – aber der andere will sich nicht versöhnen. Der andere sagt: „Lass mich in Ruhe. Ich will weiter wütend sein. Ich will an meinem Groll festhalten, und du versaust alles, weil du herkommst und dich versöhnen willst. Ich will das nicht in Ordnung bringen.“

Was sollen Sie dann tun? Müssen Sie sich dann für immer mit dieser zerbrochenen Beziehung belasten?

Nein.

Der Apostel Paulus hat in seinen Brief an die Gemeinde in Rom einen wunderbaren Vers eingefügt, bei dem es genau darum geht: „Soweit es irgend möglich ist und von euch abhängt, lebt mit allen Menschen in Frieden.“[10]

Sie haben die Reaktion anderer Menschen nicht in der Hand. Vielleicht beschließen sie, für den Rest ihres Lebens sauer zu sein. Wenn Sie Ihr Möglichstes getan haben und der andere sich nicht versöhnen will, dann sind Sie mit Gott im Reinen. Sie sind frei.

Wenn Sie sich nicht sicher sind, ob Ihre Versöhnungsversuche wirklich Jesu Anweisungen entsprochen haben, dann versuchen Sie es noch ein letztes Mal:

Gehen Sie hin.

Gehen Sie allein.

Gehen Sie in der Absicht, sich zu versöhnen.

Gehen Sie jetzt.

Beten Sie: „Gott, schenke mir den Mut, den Versuch zu unternehmen, das in Ordnung zu bringen“, bevor Sie losziehen.

Ich bin sicher, dass er Ihnen die Kraft geben wird, die Sie für einen ehrlichen Versöhnungsversuch brauchen.

Danken Sie Gott, wenn die Beziehung dann wiederhergestellt ist. Doch wenn die Beziehung trotz Ihrer aufrichtigsten Bemühungen nicht wiederhergestellt werden kann, dann lassen Sie sie hinter sich.

Lassen Sie los.

Kategorie 3: Himmelschreiende Ungerechtigkeit

Bei einem Unrecht der Kategorie 3 handelt es sich um eine erschütternde Ungerechtigkeit, die oft aus heiterem Himmel kommt. Wir haben es hier mit einer unvorstellbaren Tragödie zu tun, die das Leben für immer in andere Bahnen lenkt. Wir haben es Gottes Gnade zu verdanken, dass nicht alle Menschen solche Ungerechtigkeiten erleben.

Meine Frau Lynne hat sich mit zwei erstaunlichen Menschen angefreundet, die solche Ungerechtigkeiten der Kategorie 3 erlebt haben. Auf ihren Reisen im Nahen Osten hat sie Robi Damelin und Bassam Aramin kennengelernt. Ihre Geschichten zeigen wie nur wenige, von denen ich gehört habe, was es heißt, ein Unrecht der Kategorie 3 zu durchleben und trotzdem an der Versöhnung festzuhalten. Vor Kurzem hatte ich die Ehre, ihre Geschichten zu hören.

Robi ist Israeli, deren 28-jähriger Sohn David Offizier bei den israelischen Verteidigungskräften war. Später wurde er Universitätsdozent und Friedensaktivist, der gegen die Besetzung palästinensischer Gebiete durch seine Regierung eintrat. Er wurde wieder eingezogen, um noch einmal Dienst zu tun, diesmal in den besetzten Gebieten – genau das, wogegen er protestiert hatte. Dennoch ging er, aber in dem Bewusstsein, dass er jeden Palästinenser, dem er begegnete, mit Respekt behandeln würde und dass seine Soldaten seinem Beispiel folgen würden. Aber kurz nachdem sein Einsatz begonnen hatte, wurde David von einem palästinensischen Heckenschützen getötet.

„Man kann unmöglich beschreiben, was es bedeutet, ein Kind zu verlieren", sagte Robi. „Dein ganzes Leben verändert sich für immer. Nicht, dass ich nicht mehr die bin, die ich früher einmal war. Ich bin die gleiche Person, *aber mit sehr viel Schmerz*. Wo auch immer ich hingehe, trage ich diesen Schmerz in mir."[11] Dennoch, als sie von Davids Tod erfuhr, waren Robis erste Worte Worte des Friedens: „Rächt euch nicht im Namen meines Sohnes."

Bassam hat ein ganz ähnliches Erlebnis gehabt. Er ist ein palästinensischer Moslem, dessen zehnjährige Tochter Abir von einem israelischen Soldaten mit einem Kopfschuss getötet wurde, als sie mit Freunden vor ihrer Schule stand. Sie hatte gerade eine Mathearbeit geschrieben, und in ihrer Jackentasche waren Süßigkeiten, die sie sich gekauft hatte, aber nie essen sollte.

....

Sie haben beschlossen, die Ungerechtigkeiten, die ihr Leben zutiefst erschüttert haben, nicht als Grund zur Vergeltung, sondern zur Versöhnung zu sehen.

....

„Abirs Tod hätte mich auf den einfachen Weg des Hasses und der Rache führen können", erzählte Bassam.[12] Aber diesen Weg haben weder er noch Robi eingeschlagen.

Sowohl Robi als auch Bassam sind Eltern, deren Herz durch eine himmelschreiende Ungerechtigkeit zerbrochen ist: Ihre Kinder wurden Opfer des israelisch-palästinensischen Konfliktes. Das sind Vergehen der Kategorie 3, die eigentlich niemand zu erdulden haben sollte, aber einige müssen sie doch erdulden. Heute setzen sich Robi, Bassam und viele andere, die geliebte Menschen in diesem Konflikt verloren haben, im *Parents Circle – Families Forum* gemeinsam für den Frieden ein. Sie haben beschlossen, die Ungerechtigkeiten, die ihr Leben zutiefst erschüttert haben, nicht als Grund zur Vergeltung, sondern zur Versöhnung zu sehen.

Nichts kann die Kinder, die sie verloren haben, zurückbringen. Diese Eltern werden für alle Zeit den Schmerz dieser Verletzung, den nur ganz wenige nachvollziehen können, im Herzen tragen. Aber weil sie sich um die Heilung der zerbrochenen Beziehungen bemühen, die zu Davids und Abirs Tod geführt haben, halten Robi und Bassam die Auswirkungen der Bitterkeit, die sich in ihren Herzen ausbreiten könnte, so gering wie möglich. Sie leben befreiter, weil sie ihre Kraft auf Frieden und Versöhnung konzentrieren.

Die New Yorker Geschäftsfrau Victoria Ruvolo war an einem verschneiten Winterabend auf einer Schnellstraße in New York unterwegs. Sie ahnte nicht, dass sie nur noch wenige Minuten von einem Unrecht der Kategorie 3 entfernt war.

Eine Gruppe von Teenagern machte an jenem Abend eine Spritztour und kam Victoria auf der Gegenfahrbahn entgegen. Einer der Teenager, der achtzehnjährige Ryan Cushing, griff in eine Einkaufstüte, zog einen zehn Kilo schweren, tiefgekühlten Truthahn heraus, den sie mit einer gestohlenen Kreditkarte gekauft hatten, und schleuderte ihn aus Spaß aus dem hinteren Fenster in den Gegenverkehr.

Der riesige gefrorene Truthahn flog durch Victoria Ruvolos Windschutzscheibe und zerschmetterte nahezu jeden einzelnen Knochen in ihrem Gesicht. Sie wäre beinahe am Unfallort verstorben und lag wochenlang im Koma. Ryan wurde kurz darauf wegen dieser Straftat verhaftet.

Victoria hatte schon mehrfach schmerzhafte Verluste erlitten. Sie war das jüngste von sieben Kindern und hatte bereits zwei ältere Brüder, einen Neffen und einen Schwager bei Unfällen und durch einen Mord verloren. Als sie 38 war, starb ihr ungeborenes Kind kurz vor der Geburt. Und jetzt das. Wenn irgendjemand das Recht hatte, sich als Opfer des Schicksals zu fühlen, dann ganz sicher Victoria.

Nach mehreren Operationen, monatelanger Genesung, unbeschreiblichen Schmerzen und lebenslangen Narben beschloss Victoria, zur Urteilsverkündung des jungen Mannes zu gehen, der ihr diese grausame Sache angetan hatte. Der Richter gab Victoria in dem überfüllten Gerichtssaal die Möglichkeit, etwas zu sagen.

Mit fester Stimme begann sie: „In meinem Leben ist kein Raum für Vergeltung, und ich glaube nicht, dass eine lange, harte Gefängnisstrafe dir, mir oder unserer Gesellschaft irgendetwas nützen würde.[13] … Ich hoffe aufrichtig, dass ich dich durch mein Mitgefühl und meine Nachsicht dazu ermutigt habe, ein ehrbares Leben zu führen. Wenn meine Großzügigkeit dazu beiträgt, dass du zu einem verantwortungsbewussten, mitfühlenden, ehrlichen Mann wirst, dessen Güte für die Menschen, die dir nahestehen, und für dein Umfeld Grund zum Stolz ist, dann bin ich aufrichtig dankbar, und mein Leiden wird nicht umsonst gewesen sein.“[14]

Sie vergab ihm. Eigentlich sagte sie damit: „Vater, vergib ihm. Vergib Ryan, er hatte an jenem Abend keine Ahnung, was er tat.“

Als Ryan hörte, dass Victoria ihm vergab, brach er zusammen und begann zu weinen. Die Richterin war so ergriffen, dass sie Ryan zu sechs Monaten Gefängnis und fünf Jahren auf Bewährung verurteilte, statt zu der Höchststrafe von fünfundzwanzig Jahren.

Als Ryan aus dem Gerichtssaal geführt wurde, um seine reduzierte Gefängnisstrafe anzutreten, blieb er sprachlos und mit tränenüberströmtem Gesicht vor Victoria stehen. Sie nahm ihn in den Arm und drückte ihn. „Ich war die Letzte, die ihn in den

Arm genommen hat, bevor er ins Gefängnis ging", erzählte sie später. Victoria ist den schweren Weg der Vergebung gegangen, und das hat den Verlauf von Ryans Leben verändert – und den ihres eigenen Lebens.

Aber beachten Sie, dass Victoria Ryan ihre Gnade nicht gedankenlos oder auf der Stelle angeboten hat. Sie war das Ergebnis eines hart erarbeiteten, vielschichtigen Prozesses.

> Mit Gottes Gnade ist es möglich, Vergehen der Kategorie 3 tatsächlich zu vergeben.

Als Pastor habe ich das Vorrecht, oft solche Geschichten über tiefgreifende Vergebung hautnah mitzuerleben. Ich habe gesehen, wie Erwachsene, die sexuell missbraucht worden waren, hart darum gerungen haben, den Tätern zu vergeben – was die Straftäter nicht vor den Konsequenzen ihres Handelns bewahrt, aber die Opfer vor ihrem Verlangen nach Vergeltung. Ich habe Versöhnung in Ehen erlebt, obwohl einer der Partner oder beide fremdgegangen waren. Ich habe gesehen, wie Süchtige sich in Behandlung begeben und die Familien, die sie zerstört, in den finanziellen Ruin getrieben und verraten hatten, um Vergebung gebeten haben. Mit Gottes Gnade ist es möglich, Vergehen der Kategorie 3 tatsächlich zu vergeben. Es ist harte Arbeit und es passiert nicht über Nacht. Für viele ist es sogar eine lebenslange Aufgabe, zu dem Punkt zu gelangen, an dem sie vergeben können.

Adam Hamilton, leitender Pastor der *United Methodist Church of the Resurrection* in Leawood, Kansas, hat ein hervorragendes Buch zu diesem Thema geschrieben: *Forgiveness: Finding Peace Through Letting Go* (*Vergebung: Frieden finden durch Loslassen*).[15] In seinem Blog beschreibt Hamilton die zwei Aspekte von Vergebung:

Zum einen ist da das innerliche Loslassen von Bitterkeit, Wut und dem Verlangen nach Vergeltung. Zum anderen ist da das Angebot der Gnade für denjenigen, der Ihnen unrecht getan hat.

Was das Loslassen von Wut, Bitterkeit und dem Verlangen nach Vergeltung angeht, müssen Sie vergeben. Je tiefer die Wunde, umso länger kann dieser Prozess dauern. Aber wenn man es nicht schafft, in diesem Sinne zu vergeben, gibt man dem Übeltäter Macht über sich. Wenn Sie sich weigern, dem anderen zu vergeben, tun Sie sich selbst weh, nicht dem anderen.

Aber in Bezug auf den zweiten Aspekt der Vergebung – denjenigen Gnade anzubieten, die uns unrecht getan haben – können wir den Übeltätern tatsächlich schaden, wenn wir ihnen die Gnade zu schnell anbieten. Die Auseinandersetzung mit den Verletzungen, die sie verursacht haben, ist Teil des heilbringenden Prozesses, und für Christen sollte das Heil immer das Ziel sein.[16]

Für Christen beginnt der Aspekt der Vergebung sofort. Je nachdem, wie tief die Verletzung war, dauert dieser Prozess nur Augenblicke oder Tage, Monate, Jahre. Aber der zweite Aspekt – dem anderen Gnade anzubieten, vor allem bei schwerwiegenden Verletzungen – erfordert Weisheit und ein gutes Urteilsvermögen. Ziel sollte immer sein, dass der andere Erlösung erfährt. Wenn man den Betreffenden jedoch vor den natürlichen Konsequenzen seines Fehlverhaltens bewahrt, kann das diesen Prozess sogar stören. Ein leicht daher gesagtes „Ich vergebe dir!" angesichts einer schwerwiegenden Angelegenheit verhindert, dass der Übeltäter das volle Gewicht dessen erfährt, was er getan hat. Dadurch wird es schwerer für ihn, die Erlösung zu erfahren, die man spürt, wenn man das Getane von Herzen bereut.

Ein anderes Herz

Radikale Vergebung ist ein mächtiges Instrument. Sie raubt Menschen schier den Atem. Sie veranlasst sie zu fragen: „Wie konntest du das tun? Normalerweise wollen doch alle nur Rache. Wie konntest du von Herzen vergeben?"

Wenn wir vergeben und nicht vergelten wollen, brauchen wir gewissermaßen ein anderes Herz, eine andere innere Haltung. Jesus hat uns diese Haltung vorgelebt, als er seinen Mördern vergab, während sie ihn umbrachten.

Was macht aus einem gewöhnlichen menschlichen Herz ein neues, anderes Herz – ein Herz, das sogar angesichts einer himmelschreienden Tragödie radikal vergeben kann?

Es fängt damit an, dass wir die Vergebung unserer eigenen Sünden durch das Kreuz Christi und die verändernde Gnade Gottes erfahren. Wenn wir erkennen, wie sehr wir selbst versagt haben und wie sehr uns von einem heiligen Gott vergeben wurde, gibt uns das die Kraft, uns im Gegenzug dafür zu entscheiden, anderen auch radikal zu vergeben.

> Wenn wir erkennen, wie sehr wir selbst versagt haben und wie sehr uns von einem heiligen Gott vergeben wurde, gibt uns das die Kraft, uns im Gegenzug dafür zu entscheiden, anderen auch radikal zu vergeben.

Jesus sagte über eine Prostituierte, die seine Füße mit kostbarem Öl gesalbt hatte: „Ich sage dir: Ihre große Schuld ist ihr vergeben; und darum hat sie mir so viel Liebe gezeigt. Wem aber wenig vergeben wird, der liebt auch wenig."[17] Wenn wir wirklich begreifen, wie riesig und radikal die Vergebung ist, die Gott uns angeboten hat, als wir noch schuldig waren, dann verändert das auch unser Herz. Es ist leichter, anderen zu vergeben, wenn uns bewusst ist, wie viel Gott uns vergeben hat.

Wenn Ihr Herz jeden Tag von der Güte Gottes erfüllt ist, haben Sie Gnade im Überfluss und können diese an andere weitergeben. Wenn die biblischen Wahrheiten darüber, was wir tun sollen, wenn uns unrecht getan wurde, in Ihr Herz eingebrannt sind, werden Sie wissen, wie Sie mit Verletzungen der Kategorie 2 und 3 umgehen sollen. Sie werden die Alternativen zu Feindseligkeit, Verbitterung und Rachsucht kennen. Wenn Sie gelernt haben, dass Rachsucht langsam, aber sicher die Seele derer zerstört, die Vergeltung üben wollen, dann bleibt als einzige Alternative – auch wenn Ihnen sehr großes Unrecht zugefügt wurde – das Gebet von Jesus: „Vater, vergib ihnen, denn sie wissen nicht, was sie tun."[18]

Vor nicht allzu langer Zeit sprach mich nach dem Gottesdienst eine Frau an. Sobald sie anfing zu erzählen, welches Unrecht ihr widerfahren war, wusste ich, dass es sich dabei um eine himmelschreiende Ungerechtigkeit handelte: Ihre einzige Tochter war von einem betrunkenen Autofahrer angefahren und getötet worden. Ich nahm sie in den Arm und sagte: „Ich weiß nicht, was ich sagen soll. Es tut mir *so* leid." Wir beteten zusammen und dann unterhielten wir uns noch etwas.

Sie können sich darauf verlassen, dass ich ihr nicht die Ohren mit platten, einfachen Antworten vollgeplappert habe. Die Trauer war so groß, dass sie noch nicht die Kraft aufbringen konnte, auf Vergebung hinzuarbeiten. Ich stellte sie einigen Mitarbeitern unseres Seelsorgeteams vor, damit sie von unserer Gemeinde begleitet werden kann, Hilfe bei der Trauerarbeit bekommt und wir alles tun können, was ihr in dieser Tragödie hilft.

Aber eines Tages, irgendwann in der Zukunft, werden sie und ich uns noch einmal unterhalten müssen, denn irgendwann wird sie entscheiden müssen, wie sie mit diesem betrunkenen Autofahrer umgehen will. Das Einzige, was noch tragischer ist als eine Frau, die ihre einzige Tochter verliert, ist, wenn diese gebrochene Frau den Rest ihres Lebens in ihrer Bitterkeit gefangen bleibt.

Und wenn sie mich fragt, dann kann ich ihr in dieser Situation nur eines sagen. So sanft wie möglich werde ich ihre Aufmerksamkeit auf ein aus zehn Worten bestehendes Gebet lenken, das jemand gesprochen hat, dem das schlimmste nur denkbare Unrecht zugefügt worden war. Diese Ungerechtigkeit würde ihn das Leben kosten, aber Jesus befreite sich mit diesen einfachen, aber tiefgründigen Worten von der Versuchung, auf das Verhalten der anderen mit Bitterkeit zu reagieren: „Vater, vergib ihnen, denn sie wissen nicht, was sie tun."

Ich habe über die Jahre Menschen getroffen, die tragische Verletzungen erlitten haben und sich doch aus der Tyrannei von Bitterkeit und Rachsucht befreien konnten. Ich habe erlebt, wie Menschen, die schwer missbraucht und misshandelt worden waren und den Täter jahrzehntelang gehasst haben, davon befreit wurden. Ich habe Menschen getroffen, die von der Sucht nach Vergeltung, die ihre Seele vergiftete, befreit wurden. Es war nicht leicht. Vergebung ist oft ein lebenslanger Prozess. Und ab und zu müssen sie noch einmal ein Stück zurück und ihr Herz wieder in Ordnung bringen. Für viele von ihnen hat es sich als hilfreich erwiesen, sich an das Zehn-Worte-Gebet von Jesus zu halten. Manche von ihnen beten es jeden Tag, um mit Gott im Reinen und frei von Verbitterung zu bleiben.

Die Tragödien, die diese heldenhaften Menschen erlebt haben, lösen sich nicht einfach in Luft auf, nur weil sie den Schuldigen vergeben haben. Aber die Wunden werden auch nicht schlim-

> Ich habe Menschen getroffen, die tragische Verletzungen erlebt haben und sich doch aus der Tyrannei von Bitterkeit und Rachsucht befreien konnten.

mer. Das Leben dieser Menschen wird einfacher und befreiter, weil sie entschlossen sind, dem Beispiel von Jesus zu folgen.

Lassen Sie sich nicht von Unversöhnlichkeit gefangen halten. Lassen Sie sich davon nicht Zeit und Energie rauben, die Sie besser in andere sinnvolle Dinge investieren könnten. Je früher Sie ein Gebet der Vergebung sprechen und diejenigen loslassen können, die Sie verletzt haben, umso eher können Sie ein neues, befreites Leben führen. Wenn Sie „verletzt" hinter sich lassen und „heil" werden, finden Sie auch zu einem einfacheren, befreiten Leben.

Jetzt wird's praktisch

Kategorie 1: Kleinere Vergehen abhaken

Fühlen Sie sich häufig von kleineren Dingen verletzt? Werfen andere Ihnen vor, Sie seien zu empfindlich oder machten aus einer Mücke einen Elefanten? Falls das der Fall ist, sind Sie zu leicht verletzt. Das sind eben die kleinen Stolpersteine des Alltags. Lassen Sie einfach los. Haken Sie sie ab.

Wenn Sie das Gefühl haben, dass Ihnen ein kleineres Unrecht zugefügt wurde, dann fragen Sie sich selbst (wenn möglich mit einem leicht sarkastischen Unterton): „Wirklich?! Werde ich wirklich zulassen, dass diese Kleinigkeit meine Gedanken beschäftigt und meine wertvolle Zeit und Kraft raubt?"

Vielleicht sollten Sie Ihre Perspektive etwas korrigieren. Beten Sie: „Vater, vergib mir. Vergib mir, dass ich mich so leicht provozieren lasse und als Christus-Nachfolger so schnell beleidigt bin. Das muss aufhören." Hier sind drei praktische Schritte, die Ihnen helfen können, kleinere Verletzungen hinter sich zu lassen:

1. Gehen Sie in sich.
Warum ist bei Ihnen so schnell die Sicherung durchgebrannt? Was steckt wirklich dahinter? Schreiben Sie Ihre Vermutungen darüber auf, was der wahre Grund für Ihre schnelle Gereiztheit ist. Wenn Sie erst einmal klar erkannt haben, was hinter Ihren Überreaktionen auf die alltäglichen kleinen Stolpersteine des Lebens steckt, bitten Sie Gott, Ihnen zu helfen, sich in diesen Bereichen zu verändern. Bitten Sie Ihn, dass er Sie darauf aufmerksam macht, wenn Sie wieder in den Opfer-Modus schalten.

2. Füllen Sie Ihr Herz mit etwas anderem.
Machen Sie sich entschlossen daran, Ihr Herz mit Gottes Liebe zu füllen, damit Sie die kleinen Ärgernisse des Lebens schnell vergeben, vergessen und großzügig abhaken können.

3. Bitten Sie Gott um Hilfe.
Wenn Sie spüren, dass Sie wegen etwas beleidigt sind, sollten Sie Gott bitten, Ihnen seine Sicht der Dinge zu zeigen. Gewöhnen Sie sich an, sich selbst zu fragen: „Ist diese Sache es wirklich wert, dass ich meine Kraft daran verschwende und mich darüber aufrege? Oder handelt es sich dabei um etwas, über das ich hinwegsehen kann?" Wenn Sie sich schon immer schnell über etwas aufgeregt

haben – oder wenn Ihnen spontan eine ganz spezielle kleine Verletzung in den Sinn kommt –, dann müssen Sie vielleicht an Ihren Beziehungen arbeiten. Gehen Sie auf diejenigen zu, die unter Ihrer leicht erregbaren Natur zu leiden hatten, und sagen Sie ihnen: „Ich weiß, ich war immer sehr schnell auf der Palme. Aber ich habe jetzt erkannt, dass es eigentlich nur Kleinigkeiten waren. Kleine Unebenheiten. Kinderkram. Und es tut mir leid. Kannst du mir vergeben?"

Kategorie 2: Berechtigte Verletzungen überwinden

Gibt es in Ihrem Leben eine Verletzung der Kategorie 2, die Sie noch nicht überwunden haben? Vielleicht hat jemand Sie enttäuscht, missbraucht, Ihr Vertrauen hintergangen, ein Versprechen gebrochen, und Sie haben einen berechtigten Grund, verletzt zu sein. Aber Sie halten an dieser Verletzung schon viel zu lange fest. Sie muss verschwinden.

Werfen Sie einen Blick auf die fünf Prinzipien für versöhnte Beziehungen. An welchem Punkt ist der Versöhnungsprozess mit dieser Person abgebrochen? Markieren Sie den Punkt, an dem Sie stecken geblieben sind:

1. Geh.
2. Geh allein.
3. Geh in der Absicht, dich zu versöhnen.
4. Geh jetzt.
5. Lass los.

An welchem Punkt auch immer der Versöhnungsprozess stecken geblieben ist, greifen Sie ihn wieder auf und bringen Sie ihn zu Ende. Mit Gottes Hilfe kann die Sache gut ausgehen. Wenn nicht – wenn der andere darauf versessen ist, an seinem Groll festzuhalten –, haben Sie den Freispruch aus Römer 12, Vers 18 auf Ihrer Seite: „Soweit es irgend möglich ist und von euch abhängt, lebt mit allen Menschen in Frieden."

Wenn die Person, die Ihnen unrecht getan hat, es sich je anders überlegen sollte, dann seien Sie dafür offen. Aber bis dahin lassen Sie einfach los. Leben Sie Ihr Leben weiter.

Kategorie 3: Himmelschreiende Ungerechtigkeiten vergeben

Wenn Ihnen eine Ungerechtigkeit der Kategorie 3 widerfahren ist – eine erschütternde Katastrophe –, dann möchte ich Ihnen zunächst mein tiefstes Mitgefühl aussprechen und meinen Respekt. Ich möchte nicht in Ihrer Haut stecken. Ich bewundere Ihre Tapferkeit.

Und dann möchte ich Sie auffordern, sich mit dem Thema „Vergebung" auseinanderzusetzen. Vielleicht denken Sie, es sei völlig unmöglich, dass Sie der Person, die Ihnen oder einem nahestehenden Menschen diese schreckliche Sache angetan hat, jemals vergeben können. Darf ich Sie dann ganz bescheiden darauf hinweisen, dass der Heilige Geist Ihnen zu seiner Zeit die Kraft geben wird zu vergeben, wenn Sie das möchten?

Vergebung ist ein Prozess, und Sie können sich für diesen schwierigeren, aber besseren Umgang mit Unrecht entscheiden. Genau wie Robi Damelin und Bassam Arami können auch Sie als Friedensstifter, Versöhner und Beziehungsbauer bekannt werden. Sie können ein solcher Mensch werden.

Verletzungen der Kategorie 3 zu vergeben ist komplex und schwierig. Es gibt keine einfache Lösung, damit Sie schneller ans Ziel kommen. Aber vielleicht können Ihnen die nachfolgenden „Meilensteine" helfen, die nächsten Schritte auf dem Weg zur Vergebung zu gehen.

Meilenstein Nr. 1: Benennen Sie das Erlebte.
Für viele Menschen, die durch andere Personen traumatische Erfahrungen gemacht haben, ist es hilfreich, das schreckliche Erlebnis noch einmal im Einzelnen durchzugehen – nicht, um schmerzliche Ereignisse wachzuhalten oder in der Vergangenheit verhaftet zu bleiben, sondern um das Geschehen in seiner ganzen Tragweite zu erfassen. Manche finden Trost darin, den Polizeibericht oder den Unfallbericht zu lesen oder zum Prozess zu gehen oder mit Augenzeugen des Vorfalls zu sprechen. Manchmal finden sie in den Einzelheiten, die sie dabei erfahren, Antworten auf Fragen, die sie gequält haben, und können so das ganze Ausmaß ihres Verlustes annehmen.

Finden Sie einen guten Weg, um das, was Sie erlebt haben, zu benennen: Wenn Sie ungeklärte Fragen haben, suchen Sie, wenn möglich, nach Antworten. Schreiben Sie dann genau auf, wie Sie verletzt wurden, oder erzählen Sie Ihre Geschichte einem guten Freund oder einem Seelsorger, jemandem, der Erfahrung darin hat, Menschen durch traumatische Erlebnisse zu begleiten. Das ist der erste wichtige Schritt in Richtung Vergebung.

Meilenstein Nr. 2: Benennen Sie Ihren Verlust.
Wenn Ihnen ein großes Unrecht widerfahren ist, fühlt es sich manchmal besser an, bei Meilenstein Nr. 1 stehen zu bleiben, wo man sich darauf konzentriert, was jemand *anderes* einem angetan hat, wo Gefühle wie Wut, Bitterkeit und sogar Hass Sinn ergeben. Aber diese Gefühle führen letztendlich in eine Sackgasse. Sie haben noch mehr Arbeit vor sich.

Irgendwann müssen Sie von dem, was jemand anderes Ihnen *angetan* hat, zu dem kommen, was Sie *als Folge davon verloren haben.* Bei Meilenstein Nr. 2 vollziehen Sie diese Wende und bejahen ein Gefühl, das Sie verwundbar macht: *Traurigkeit.* Hier einige Beispiele, wie dieser Übergang praktisch aussehen kann:

Meilenstein Nr. 1: „Er ist betrunken Auto gefahren und hat meine einzige Tochter getötet."
Meilenstein Nr. 2: „Ich werde meine Tochter niemals zum Traualtar führen." Oder: „Ich werde nie einen Enkel in den Armen halten."

Meilenstein Nr. 1: „Er hat unsere gesamten Ersparnisse verspielt!"
Meilenstein Nr. 2: „Jetzt muss ich weit über das Rentenalter hinaus in meinem Beruf tätig bleiben." Oder: „Ich kann ihm in finanziellen Angelegenheiten nicht länger vertrauen."

Meilenstein Nr. 1: „Sie hat mich betrogen!"
Meilenstein Nr. 2: „Ich kann ihr nicht mehr vertrauen."
Oder: „Ich fühle mich verraten."

Erkennen Sie, was sich hier verändert hat? Schreiben Sie
einige ähnliche Aussagen über Ihr Erlebnis der Kategorie 3
auf, und erlauben Sie sich, die Traurigkeit über Ihren Verlust zu spüren. Gehen Sie kleine Schritte, so wie Sie es
eben können. Der Schritt vom Benennen dessen, *was passiert ist,* zu dem, *was Sie verloren haben,* ist ein wichtiger
Schritt auf dem Weg der Trauerarbeit.

Meilenstein Nr. 3: Seien Sie für Vergebung offen.
Wenn Sie sich selbst genug Zeit gelassen haben, um die
Trauer über Ihren Verlust tatsächlich zu empfinden, werden Sie irgendwann bereit sein, Vergebung in Betracht
zu ziehen. Sie werden sich den Tag vorstellen können, an
dem Sie Gott darum bitten können, die tiefe Wunde dieser
Tragödie zu heilen (oder erneut zu heilen).

Sie sind jetzt vielleicht noch nicht bereit, den Täter so zu
umarmen, wie Victoria Ruvolo Ryan Cushing umarmt hat.
Aber Sie können den ersten winzigen Schritt gehen. Im
Markusevangelium wird geschildert, dass der Vater eines
besessenen Jungen zu Jesus sagt: „Ich vertraue dir ja –
hilf mir doch gegen meinen Zweifel!" Vielleicht können Sie
etwas Ähnliches zu Jesus sagen: „Ich will ja vergeben –
hilf mir doch gegen meine Unversöhnlichkeit."

Indem Sie akzeptieren, dass Sie *eines Tages* denen vergeben werden, die Ihnen ein himmelschreiendes Unrecht
zugefügt haben, ebnen Sie den Weg dafür, dass Sie beten

können: „Vater, vergib ihnen, und hilf mir, ihnen auch zu vergeben. Ich gebe mein Recht auf Vergeltung auf. Ich gebe den Wunsch auf, alles unter Kontrolle zu haben. Vergib ihnen, denn sie wissen nicht, was sie tun." Und dieses Gebet wird Ihr Leben einfacher machen und enorm befreien.

sorgenfrei statt *besorgt*

Überwinden Sie Ihre Ängste

Als Freunde von uns kürzlich zur Miete in ein Haus zogen, bat der Vermieter sie, alle schon vorhandenen Schäden aufzuschreiben. Ein paar Dinge fielen auf den ersten Blick auf – einige deutliche Dellen in den Wänden, ein fehlender Türknauf an einem Wandschrank –, und unsere Freunde erstellten eine Liste, um sie dem Vermieter zu geben.

Am Morgen nachdem sie eingezogen waren, fiel ihnen noch etwas anderes auf. In der Dusche im ersten Stock hingen einige Fliesen schief. Bei näherem Hinsehen bemerkten sie, dass der Fugenmörtel zum Teil brüchig und Schimmel zu erkennen war.

„Ich drückte leicht gegen die Fliesen und merkte sofort, dass sie nachgaben", erzählte mir mein Freund. Ein Wasserschaden unter der Oberfläche hatte die Wand beschädigt.

Am nächsten Tag kam der Vermieter mit einem Handwerker vorbei, um die offensichtlichen Verschleißschäden und die Kleinigkeiten zu reparieren. Als mein Freund ihm die Fliesen in der Dusche zeigte, nahm der Handwerker die Sache etwas genauer unter die Lupe und stellte fest, dass viele der Fliesen sich gelöst hatten und die Pressspanplatte auf der gesamten Wandfläche der Dusche nass, brüchig und voller Schimmel war. Hätte das Problem unerkannt weiterbestanden und mein Freund hätte sich unwissentlich an die Fliesen gelehnt, wäre die ganze Wand zusammengebrochen. Der Vermieter bat den Handwerker, die ganze Dusche rauszureißen und das Bad im ersten Stock neu zu machen.

Auf den ersten Blick hatte der Schaden in der Dusche gar nicht so schlimm ausgesehen; aber wenn man etwas Druck ausübte, zerbröckelte die feuchte, schimmlige Pressspanplatte. Die geschwächte Unterkonstruktion hatte nicht genug Kraft, um auch nur dem leichtesten Druck standzuhalten. Was rein äußerlich betrachtet noch einigermaßen gut aussah, war in Wirklichkeit überhaupt nicht gut. Die Wand musste neu gemacht werden.

Das Gleiche kann man über uns sagen, wenn es um das Thema „Angst" geht. Es ist uns vielleicht gelungen, weite Teile unseres Lebens einfacher, leichter zu gestalten, und nach außen hin machen wir einen ganz guten Eindruck. Aber wenn unter der Oberfläche die Angst um sich greift, laufen wir Gefahr, beim kleinsten bisschen Druck zusammenzubrechen wie eine aufgeweichte Pressspanplatte. Befreit zu leben heißt, kleine Bastionen der Angst auszumerzen, wo auch immer sie sich zeigen.

Befreit zu leben heißt, kleine Bastionen der Angst auszumerzen, wo auch immer sie sich zeigen.

Im Schalom leben

Gott möchte, dass wir frei von Angst leben und *Schalom*, Frieden, erfahren. Vom 1. Buch Mose bis zur Offenbarung wird Gottes Wunsch nach einer solchen Welt beschrieben.

Im 4. Buch Mose weist Gott Mose an, das Volk Israel mit dem folgenden Segen zu segnen:

Der Herr segne dich und bewahre dich! Der Herr wende sich dir in Liebe zu und zeige dir sein Erbarmen! Der Herr sei dir nah und gebe dir Frieden![1]

Frieden ist auch eine der letzten Gaben, die Jesus seinen Jüngern verliehen hat, bevor er in den Himmel aufgefahren ist:

Auch wenn ich nicht bei euch bleibe, sollt ihr doch Frieden haben. *Meinen Frieden gebe ich euch; einen Frieden, den euch niemand auf der Welt geben kann.* Seid deshalb ohne Sorge und Furcht! … *Dies alles habe ich euch gesagt, damit ihr* durch mich Frieden habt. *In der Welt habt ihr Angst, aber lasst euch nicht entmutigen: Ich habe die Welt besiegt.*[2]

Darüber hinaus schreiben sowohl Paulus als auch Johannes in ihren Briefen an die ersten Gemeinden von *Schalom*:

Macht euch keine Sorgen! *Ihr dürft Gott um alles bitten. Sagt ihm, was euch fehlt, und dankt ihm!* Und Gottes Friede, *der all unser Verstehen übersteigt, wird eure Herzen und Gedanken im Glauben an Jesus Christus bewahren.*[3]

Wirkliche Liebe ist frei von Angst. *Ja, wenn die Liebe uns ganz erfüllt, vertreibt sie sogar die Angst.*[4]

Das sind nur einige wenige der zahlreichen Verse über *Schalom*, die wir in der Bibel finden. Gottes bevorzugter Zustand für diese Welt – und für jeden Einzelnen, der darin lebt – ist, dass sein Friede herrscht. In den Herzen von Menschen, die Gott ihr Leben ganz anvertrauen, kann die Angst nicht regieren.

Wo ist der Frieden?

Wenn Sie ganz ehrlich mit sich selbst sind, entdecken Sie sicher die eine oder andere Bastion der Angst im hintersten Eckchen Ihres Lebens. Ich kann das jedenfalls. Ich kenne nur ganz wenige, die ständig mit einem „Frieden, der all unser Verstehen übersteigt" leben. Aber warum ist das so?

> Angst ist das grundlegende Hindernis für den inneren Frieden und sie ist das K.-o.-Kriterium für ein befreites Leben.

Angst ist das grundlegende Hindernis für den inneren Frieden und sie ist das K.-o.-Kriterium für ein befreites Leben. Angst lähmt. Ganz gleich, wie sehr wir unsere Kalender, Beziehungen, Finanzen und so weiter vereinfacht und geordnet haben: Wenn die Angst zuschlägt, löst sich alles in Wohlgefallen auf. Ganz gleich, wie toll wir nach außen wirken: Wenn die Angst sich hinter der Fassade unseres Lebens ausbreitet, werden wir irgendwann zusammenbrechen.

Als ich aufs College ging, hatte ich einen Mitbewohner, der sein Leben absolut im Griff zu haben schien. Er hatte ganz passable Noten, gute Freunde und einen Teilzeitjob. Aber unter der Oberfläche verbargen sich einige tiefe Wunden, die echten inneren Frieden unmöglich machten.

Manchmal schoss er mitten in der Nacht aus dem Bett hoch und schrie vor Angst aus vollem Hals. Er war kurz zuvor von einem Kampfeinsatz in Vietnam zurückgekehrt. Obwohl man es ihm überhaupt nicht ansah, hatte er tiefe Wunden davongetragen. Die Narben waren innen.

Obwohl mein Mitbewohner in einem stillen Zimmer im Studentenwohnheim einer Uni mitten in den Kornfeldern Iowas durchaus in Sicherheit war – eine halbe Weltreise von Südostasien entfernt –, lauerten die Angst und der Schrecken des Krieges, den er erlebt hatte, immer noch hinter den Fliesen seines Inneren.

Friedensbrecher

Man kann gut verstehen, warum mein Mitbewohner jahrelang keinen Frieden finden konnte. Er litt unter einem posttraumatischen Stresssyndrom – weswegen er sich schließlich Hilfe suchte. Aber selbst wenn wir nicht unter PTSD leiden, begegnen uns allen Friedensbrecher, die uns den *Schalom* Gottes für sein Volk rauben wollen.

Friedensbrecher sind Kräfte oder Umstände, die unsere innere Ruhe erschüttern. Sie platzen ungefragt in unser Leben. Sie rufen Angst hervor. Sie verursachen Sorgen. Und wenn sie unbeachtet bleiben, sickern sie durch unsere Wände, und wir riskieren, unter dem Druck des Lebens zusammenzubrechen.

Vielleicht haben Sie schon einmal einen dieser weitverbreiteten Friedensbrecher erlebt: finanzieller Druck, Beziehungsprobleme, unerwartete schlechte Nachrichten, moralisches Versagen, der bevorstehende Tod. Oder vielleicht stecken Sie gerade mitten in so einer Sache drin. Mit den ersten beiden haben wir uns schon ein wenig beschäftigt – Finanzen und Beziehungen. Betrachten wir jetzt also kurz die anderen drei.

> Friedensbrecher sind Kräfte oder Umstände, die unsere innere Ruhe erschüttern. Sie platzen ungefragt in unser Leben.

Unerwartete schlechte Nachrichten

Ein Anruf. Ein Einschreiben. Eine E-Mail, die mit „dringend" versehen ist. Die Türklingel. Eine Kündigung. Von einem Augenblick auf den anderen springt uns eine schlechte Nachricht ins Gesicht, und das eben noch so ruhige Wasser unseres Lebens wird von einem Tsunami aufgewühlt. Sie haben die Schwelle von Ihrem alten, relativ ruhigen Leben in ein neues, ungebetenes Leben überschritten, in dem Tragödien und Chaos herrschen. Sie wünschten, Sie könnten die Uhr zurückdrehen und das Geschehene ungeschehen machen, aber das liegt nicht in Ihrer Hand. *Schalom* ist ausgezogen.

Moralisches Versagen

Wenn Sie eine gravierende moralische Grenze überschritten haben, spült eine Welle aus Angst, Reue, Schuldgefühlen und Scham jeglichen Frieden aus Ihrer Seele, der einmal dort geherrscht hat.

Gewöhnlich läuft das folgendermaßen ab: Als Sie das letzte Mal einer bestimmten Versuchung erlegen sind, haben Sie sich vor Gott so schuldig gefühlt und waren so voller Angst und Scham, dass Sie ihm Ihr Fehlverhalten bekannt haben. „Das wird nie wieder passieren. Ich werde nach deinem Wort so leben, wie du dies möchtest. Ich tue es nie wieder."

Aber als die Versuchung erneut vorbeigeschaut hat, sind Sie kopfüber in die gleiche Fallgrube gestürzt. Sie sind wütend auf sich selbst und fühlen sich schmutzig und beschämt. Das Gefühl, mit Gott in Frieden – *Schalom* – zu leben, scheint in weite Ferne gerückt und für immer verloren zu sein. Durch Ihre Gedanken schwirren Worte wie *verurteilt, beschämt, verstecken, geheim halten* und *Angst*. Wie können Sie inneren Frieden erleben, wenn Sie die moralischen Grenzen, die Gott gesetzt hat – und die uns vor Scham und Reue schützen sollen –, überschritten haben? Es gibt nur wenige Dinge, die unseren inneren Frieden so erschüttern können wie moralisches Versagen.

Der bevorstehende Tod

Eines Tages – und niemand weiß, wann das sein wird – kommen wir alle an den Punkt, wo wir unserer eigenen Sterblichkeit ins Auge sehen müssen und erkennen, dass das Leben dem Ende entgegengeht.

Vielleicht haben Sie ja bereits gesundheitliche Probleme. Vielleicht liegt zu Hause irgendwo ein sehr negativer medizinischer Befund. Vielleicht haben Sie ein Alter erreicht, wo Ihnen klar wird, dass Sie schon mehr Jahre hinter sich als vor sich haben. Oder vielleicht werden Sie einfach älter und sind schon in einem Alter, wo Sie wahrscheinlich keine zehn oder fünf oder noch weniger Jahre mehr leben werden. Wie können Sie den Frieden Gottes erfahren, wenn Sie wissen, dass Sie in nicht allzu ferner Zukunft ins nächste Leben übergehen werden? Hier liegt eine gewisse Spannung. Unser bevorstehender Tod kann ein großer Friedensbrecher sein.

> Wie können Sie den Frieden Gottes erfahren, wenn Sie wissen, dass Sie in nicht allzu ferner Zukunft ins nächste Leben übergehen werden?

Ich werde nie den Tag vergessen, an dem mich ein Freund auf dem Nachhauseweg von der Arbeit aus dem Auto anrief. Er klang gar nicht gut und erzählte mir, dass er sich schon fünfmal verfahren habe, seit er das Büro verlassen hatte, das nur fünf Kilometer von seinem Haus entfernt war. Sein Heimweg war nicht schwierig; er musste nur etwa dreimal abbiegen. Irgendetwas stimmte nicht. Ich sprang ins Auto, fuhr zu der Stelle, von der er mich angerufen hatte, und brachte ihn ins Krankenhaus.

Dort stellten die Ärzte fest, dass er einen inoperablen Gehirntumor hatte.

Von diesem Tag an bis zu seinem Tod wachte er jeden Morgen auf und fragte sich: *Werde ich heute Gottes Frieden erleben? Oder werde ich zulassen, dass die Umstände mir meinen* Schalom *rauben?* Und trotz seiner Umstände gab er an den meisten Tagen Gottes tiefem Frieden Raum in seinem Leben. Er ließ nicht zu, dass sein bevorstehender Tod zum Friedensbrecher wurde.

Friedensbrecher, die in Form von schlechten Nachrichten, finanziellen Nöten, Beziehungsproblemen, moralischem Versagen oder unserem bevorstehendem Tod bei uns Einzug halten, können Gottes Frieden aus unserem Leben aussperren. Sie können unseren *Schalom* zerstören.

Was tun Sie, wenn so ein Friedensbrecher über Sie hereinbricht? Verabschieden Sie sich einfach von dem Gedanken, dass Gott Ihnen seinen Frieden schenken will? Schieben Sie irgendwelche Ausreden vor: *Ich bin eben jemand, der sich leicht Sorgen macht. Ich hatte schon immer einen Hang dazu, mich zu fürchten. So bin ich eben.* Finden Sie sich damit ab, mit einer leisen Angst und in beständiger Sorge leben zu müssen?

Es geht auch anders. Sie können trotz der Friedensbrecher, die Ihr Leben beeinträchtigen wollen, in Frieden leben. Wenn die Angst Ihnen ein Bein zu stellen versucht, können Sie die Ärmel hochkrempeln und kämpfen. Sie müssen nur einige Kampftechniken lernen, um die Angst zu bekämpfen.

Konstruktive Angst

Bevor wir hier noch mehr ins Detail gehen, wäre es gut, einmal festzuhalten, dass Angst manchmal auch gut sein kann. Manche Ängste sollte man nicht bekämpfen, sondern beachten. Ich bezeichne sie gerne als *konstruktive Ängste*.

Wenn Sie etwas nervös werden, weil Sie auf glatter Fahrbahn unterwegs sind, dann sorgt diese Angst dafür, dass Sie das Gaspedal nur ganz vorsichtig bedienen und nicht im Straßengraben landen. Wenn Sie wegen einer großen Präsentation auf der Arbeit oder einer Prüfung in der Uni unruhig sind, dann bringt ein gewisses Maß an Angst Sie dazu, sich gut vorzubereiten und Ihr Bestes zu geben. Manchmal hilft ein kleines bisschen Angst, eine Gelegenheit wertzuschätzen, damit Sie das Vorrecht Ihrer Arbeitsstelle oder Ihrer Bildung nicht verplempern. Das ist konstruktive Angst.

> Manche Ängste sollte man nicht bekämpfen, sondern beachten. Ich bezeichne sie gerne als *konstruktive Ängste.*

Wenn Sie erfolgreich einer Versuchung aus dem Weg gehen, weil Sie Angst vor den Folgen haben – oder auch nur davor, erwischt zu werden –, dann macht diese Angst Sie wachsam und lässt Sie die Konsequenzen Ihres Handelns realistisch einschätzen.

Wenn Sie beschließen, sich nicht auf eine gefährliche Mutprobe einzulassen, weil Sie ein „Angsthase" sind, dann nenne ich diese Art von konstruktiver Angst *gesunder Menschenverstand.*

Konstruktive Angst ist etwas Gutes. Sie bringt uns dazu, uns im Auto anzuschnallen, jeden Tag zur Arbeit zu gehen und unsere Steuern zu zahlen.

Über die Jahre habe ich hin und wieder den weisen Rat konstruktiver Angst missachtet, vor allem, als ich noch jünger war und mich gerne auf Nervenkitzel eingelassen habe. Eines der beängstigendsten Erlebnisse meines Lebens hat sich vor vielen Jahren zugetragen, als wir bei *Willow Creek* gerade gebaut hatten. Wir ließen in unserem großen Saal eine Empore einbauen, und dazu wurden Doppel-T-Stahlträger quer durch den Raum verlegt, etwa sieben Meter über dem Boden.

Als ich eines Morgens durch das Gebäude ging, um den Baufortschritt zu begutachten, sah ich diese neu verlegten Stahlträger. Ich ging nach oben, um die Konstruktion zu überprüfen – als ob ich eine Ahnung gehabt hätte, wie so ein Träger richtig zu verlegen ist!

Als ich da oben stand, packte mich auf einmal das seltsame Verlangen, auf diesen 25 Zentimeter breiten Stahlträgern von der einen Seite des Auditoriums zur anderen zu laufen, wie ich es die Bauarbeiter am Tag zuvor hatte tun sehen.

Die konstruktive Angst schrie mir ins Ohr, ich solle diesem verrückten Verlangen ja nicht nachgeben. Aber ich ignorierte sie. *So schwer kann das ja wohl nicht sein.* Ich habe keine Höhenangst. Ich habe einen Flugschein und ich habe schon Fallschirmspringen, Bungee-Jumping und andere Sportarten ausprobiert, die einen Adrenalinkick versprechen – ohne Probleme. Also alles keine große Sache.

Wie ein Hochseilakrobat ging ich los, immer einen Fuß vor den anderen, wie ich es die Bauarbeiter am Tag zuvor hatte tun sehen. *Das ist gar nicht so schwer …*

Als ich etwa in der Mitte angekommen war, kam ein Mitarbeiter ins Auditorium und entdeckte mich. Ich glaube, es war der panikartige Ausdruck in seinem Gesicht – jedenfalls packte mich etwas. Ich kenne den medizinischen Fachausdruck für eine Panikattacke nicht, aber dort oben, auf einem 25 Zentimeter breiten Stück Stahl, sieben Meter über dem Betonboden unseres Auditoriums, wurde ich plötzlich kurzatmig, mein Puls begann zu rasen, ich verspürte ein leichtes Schwindelgefühl, war wie gelähmt und emotional völlig überfordert – die gesamten restlichen neun Meter. Ich verspürte das überwältigende Verlangen, ein Wort mit vier Buchstaben hinauszuschreien: *Mama!*

Was habe ich mir nur dabei gedacht?! Es war ein Augenblick absoluter Panik. Nachdem ich mich selbst gezwungen hatte, meine Emotionen in den Griff zu bekommen, beendete ich schließlich meinen ersten und letzten Drahtseilakt.

Im Alten Testament gibt es einen Vers, der einen Menschen beschreibt, der eine Panikattacke bekommt. Ich entdeckte diesen Vers kurz nach meinem kleinen Stunt: „… wurde er vor Schreck kreidebleich. Er begann am ganzen Leib zu zittern."[5]

Ich glaube, im Hebräischen kann man das Ganze auch mit „zu Tode erschrocken sein" übersetzen.

> Sieben Meter über dem Betonboden unseres Auditoriums wurde ich plötzlich kurzatmig, mein Puls begann zu rasen, ich verspürte ein leichtes Schwindelgefühl, war wie gelähmt.

Konstruktive Angst warnt uns nicht nur vor körperlichen Gefahren, sondern sie versucht auch, uns vor tieferliegenden geistlichen Gefahren zu warnen. Jesus, der zu seinen Nachfolgern oft gesagt hat: „Fürchtet euch nicht", hat auch gesagt: „Habt keine Angst vor den Menschen, die zwar den Körper, aber nicht die Seele töten können! Fürchtet vielmehr Gott, der Leib und Seele in der Hölle vernichten kann."[6]

Manche Ängste sind berechtigt und wichtig. Wir sollten während unseres Lebens mit einem Auge auf die Ewigkeit schauen. Es gibt einen Himmel, und es gibt eine Hölle, und die Menschen entscheiden in diesem Leben, wo sie die Ewigkeit verbringen. Jesus sagt uns, dass wir die Dinge fürchten sollen, die unser ewiges Schicksal gefährden könnten. Das ist konstruktive Angst.

Die Sache mit der Ewigkeit falsch zu machen zieht die schlimmsten Konsequenzen überhaupt nach sich. Vor Kurzem habe ich einen Autoaufkleber gesehen, auf dem stand: „Wahrer Erfolg ist, wenn man in den Himmel kommt." Da gibt es nichts zu deuten. Wer sein letztendliches Schicksal nicht richtig lenkt, öffnet einer Angst die Tür, die in Ewigkeit anhält.

Konstruktive Angst macht uns aufmerksam und hilft uns, uns mit den Gegebenheiten dieses Lebens und der Ewigkeit auseinanderzusetzen. Aber wenn wir einfacher, befreiter leben wollen, müssen wir eine andere Art von Angst besiegen.

Destruktive Angst

Es gibt konstruktive Angst, die unser Leben positiv beein-flussen kann, aber es gibt auch destruktive Angst, die grund-los, nutzlos und lähmend ist. Sie schützt uns nicht vor echten Gefahren oder bringt uns dazu, ernsthaft über die Ewigkeit nachzudenken. Sie nagt einfach nur an unserem emotionalen Wohlbefinden, bringt das Leben durcheinander und macht es unnötig kompliziert, indem sie in unserem Beruf, in unseren Beziehungen und sogar unseren Freizeitaktivitäten falsche Hin-dernisse aufbaut.

Destruktive Angst raubt uns die Lebensqualität. Sie verleitet uns dazu, über ein vernünftiges Maß hinaus zu glauben, dass die Welt ein bedrohlicher und gefährlicher Ort sei. Sie erstickt unsere Freude und nimmt uns unsere Zufriedenheit. Sie bringt uns dazu, uns vor der Zukunft zu fürchten, statt uns darauf zu freuen.

Destruktive Angst muss im Keim erstickt werden, sonst be-einträchtigt sie das Leben, das Gott für uns bereithält. Die Ge-schichte ist voller Männer und Frauen, die destruktive Angst zurückgedrängt und die Welt verändert haben. Aber stellen Sie sich nur vor, was passiert wäre, wenn sie der lähmenden Angst nachgegeben hätten.

Stellen Sie sich einmal vor, der Apostel Paulus hätte Angst vor Gegenwind oder Ablehnung gehabt und wäre zu Hause geblieben, statt die Missionsreisen zu unternehmen, durch die die Gute Nachricht von Jesus in der gesamten damals bekannten Welt verbreitet wurde.

> Destruktive Angst muss im Keim erstickt werden, sonst beeinträchtigt sie das Leben, das Gott für uns bereithält.

Stellen Sie sich vor, Martin Luther King hätte in seinen Reden nur ganz vorsichtig auf das Übel der Rassentrennung hingewiesen, weil er Angst gehabt hätte, zu deutlich zu werden. Stattdessen hat er die Menschenrechtsbewegung gegen Rassentrennung in den USA angeführt. Auch wenn das Land noch einen weiten Weg vor sich hat, wenn es darum geht, den Rassismus zu beenden, so hat Martin Luther King doch ein außergewöhnlich wichtiges Erbe hinterlassen.

Stellen Sie sich vor, Rosa Parks hätte damals der Anweisung des Busfahrers, ihren Platz für einen weißen Fahrgast zu räumen, kleinlaut nachgegeben. Stattdessen setzte sie sich zur Wehr, und ihr eindrucksvoller Protest gegen die Rassentrennung wurde zum Auslöser für den Montgomery-Busboykott, der dazu beitrug, die Menschenrechtsbewegung der 1960er-Jahre in Gang zu setzen.

Stellen Sie sich vor, Nelson Mandela hätte weggeschaut, als er die Apartheid in Südafrika erlebte, um nur ja keinen Aufstand zu machen. Stattdessen verbrachte er 27 Jahre im Gefängnis – davon 18 Jahre in einer winzigen Zelle auf Robben Island –, machte so weltweit auf das Apartheidproblem aufmerksam und half dabei, das jahrhundertealte System der Unterdrückung zu beenden.

Stellen Sie sich vor, Malala Yousafzai hätte einfach die Schule abgebrochen, weil die Todesdrohungen der extremistischen Taliban, die Bildung für Frauen zutiefst ablehnen, sie zu sehr eingeschüchtert hätten. Stattdessen setzte sie sich noch lautstarker für die Bildung für Frauen und Kinder ein, überlebte 2012 einen Mordanschlag und wurde 2013 und 2014 für den Friedensnobelpreis nominiert und erhielt diesen auch. Ihre konfrontative Reaktion auf die Angst hat dafür gesorgt, dass das Schicksal der unterdrückten Frauen im pakistanischen Swat-Distrikt – und in Kulturen auf der ganzen Welt, die Frauen unterdrücken – ins Licht der internationalen Öffentlichkeit gerückt wurde.

Stellen Sie sich vor, dass Sie ganz genau wissen, welchen Auftrag und welche Vision Gott Ihnen aufs Herz gelegt hat, um sein Reich auf dieser Welt voranzubringen. Doch Sie sind gefangen in Phobien, irrationalen Ängsten, destruktiven Versagensängsten, der Angst vor Leid oder Ablehnung. Wenn Sie den Auftrag, den Gott Ihnen anvertraut hat, nicht erfüllen, wer soll es dann tun?

Der Apostel Paulus schreibt in einem Brief an seinen Schützling Timotheus: „Denn Gott hat uns keinen Geist der Furcht gegeben, sondern sein Geist erfüllt uns mit Kraft, Liebe und Besonnenheit."[7]

Gott will nicht, dass Sie mit einem Geist der Furcht leben, unter einer Decke destruktiver Angst. Er will, dass Sie mit einem Geist der Kraft, Liebe und Besonnenheit leben – dass Sie Ihre Gedanken im Zaum halten. Und er will Ihnen helfen, die hemmenden, lähmenden Sorgen zu überwinden, die Sie davon zurückhalten und Ihnen nur die Freude rauben.

Wenn Sie *Schalom* erfahren wollen, ist es extrem wichtig zu verstehen, was die Bibel über das Überwinden der Furcht sagt. Es gibt Christen, die ein etwas falsches Bild davon verbreiten, wie man Furcht überwindet. Sie weisen auf bestimmte Bibel-verse hin und versprechen, dass Gott uns schon alle unsere Ängste nehmen wird, wenn wir ihn nur darum bitten. Manche fügen noch eine kleine Portion Scham hinzu, indem sie sagen: „Wenn du nur genug glauben würdest, müsstest du dich gar nicht fürchten."

Dieser Druck führt dazu, dass Menschen versagen. Auch spiegelt er den Prozess der Überwindung von destruktiven Ängsten nicht richtig wider. Nach meiner Auffassung macht die Bibel deutlich, dass wir mit Gott zusammenarbeiten müssen, wenn wir unsere Angst überwinden wollen. Gott wird seinen Teil übernehmen. Und er wird ihn erfüllen. Und Sie müssen Ihren Teil übernehmen. Das Ganze ist eine Partnerschaft.

> Gott will Ihnen helfen, die hemmenden, lähmenden Sorgen zu überwinden, die Sie zurückhalten und Ihnen nur die Freude rauben.

Die Angst überwinden

Wenn Sie wirklich befreit leben wollen, indem Sie destruktive Ängste überwinden, dann sollten Sie sich auf harte Arbeit ge-fasst machen. Aber es gibt Hoffnung. Wenn Sie Ihren Teil bei-tragen und Gott seinen, dann dürfen Sie mit Recht darauf hof-fen, als Belohnung ein Leben zu führen, das nicht mehr von Furcht regiert wird.

Wenn ich mit einer destruktiven Angst zu tun habe – wie wir alle von Zeit zu Zeit –, gibt es einige Schritte, die mir da-bei helfen, gemeinsam mit Gott die Angst zu überwinden und meinen Teil dazu beizutragen, um davon befreit zu sein.

1. Schritt: Finden Sie die Ursache der Angst heraus.
Bevor Sie eine Angst besiegen können, müssen Sie wissen, worauf sie zurückzuführen ist.

Eine Bekannte von mir, die Kinder- und Familienseelsorgerin ist, hat mir einmal die herzzerreißende Geschichte von einem Klienten erzählt, der sie kürzlich aufgesucht hatte. Ihr Klient war ein Junge im Schulalter, der wegen Wutausbrüchen und extremer Phobien, die er einfach nicht unter Kontrolle bekam, in die Klinik eingewiesen wurde. Er hatte Angst im Dunkeln, Angst vor unbekannten Orten, Angst vor Menschenmengen, Angst vor Menschen. Seine Phobien lähmten ihn so sehr, dass er sich weder zu Hause noch in der Schule oder in der Öffentlichkeit normal verhalten konnte. Jeden Morgen weigerte er sich, das Haus zu verlassen und in die Schule zu gehen, und wenn er dann in der Schule war, weigerte er sich, in der Pause das Klassenzimmer zu verlassen oder in die Cafeteria oder in die Sporthalle zu gehen.

Als sie genauer nachforschte, fand die Psychologin heraus, dass er als kleiner Junge oft unbeobachtet hinausgelaufen war. Um ihn zu beschützen, hatte seine Mutter ihn immer wieder vor allen möglichen gefährlichen und unheimlichen Dingen gewarnt, die passieren könnten, wenn er allein nach draußen lief. Er könnte überfallen werden. Er könnte entführt oder erschossen werden.

Der Junge hatte eine lebhafte Fantasie, mit der er sich das alles sofort bildlich vorstellte. Da er ohnehin schon mehr traumatische Erfahrungen hinter sich hatte, als je ein Kind machen sollte, stellte er sich nach den Warnungen seiner Mutter jetzt unvorstellbare Schrecken vor, was zu einer Angst vor der Welt da draußen führte und vor den bösen Menschen, die nur darauf lauerten, ihm wehzutun. Es war kein Wunder, dass er vor Angst wie gelähmt war, wenn er zur Schule gehen sollte. Kein Wunder, dass er schreckliche Angst im Dunkeln, vor Menschenmengen und Personen hatte. Bei dem Versuch, ihn vor den tatsächlichen Gefahren zu schützen, die ihm durchaus begegnen konnten, wenn er allein nach draußen lief, hatte seine wohlmeinende Mutter jede Menge eingebildeter Ängste ausgelöst, die ihn nun lähmten.

Erst als sie wusste, worauf die Ängste dieses Jungen zurückzuführen waren, konnte ihm die Seelsorgerin gemeinsam mit ihrem Team dabei helfen, sie zu überwinden.

Dr. Joseph Wolpe, ein südafrikanischer Psychiater und Psychotherapeut des 20. Jahrhunderts, der seine Karriere der Erforschung der Angststörungen widmete, entdeckte, dass viele Menschen ihr ganzes Leben lang von einer ganz bestimmten Angst gequält werden, die auf ein einzelnes traumatisches Erlebnis in ihrer Kindheit zurückzuführen ist.

> Viele Menschen werden ihr ganzes Leben lang von einer ganz bestimmten Angst gequält, die auf ein einzelnes traumatisches Erlebnis zurückzuführen ist.

Ein erwachsener Mann, zum Beispiel, geht nicht ins Wasser, weil er im Alter von acht oder neun Jahren von einem Nachbarjungen im Schwimmbad untergetaucht wurde und glaubte, ertrinken zu müssen. Aus diesem einen beängstigenden Erlebnis entstand eine Phobie vor Wasser – nicht nur der Widerwille, schwimmen zu lernen, sondern eine lebenslange Angst vor Wasser, Schiffen, Booten, Stränden, allem, was mit Wasser zu tun hat. Seine lebensverändernde Angststörung war auf eine negative Erfahrung in seiner Kindheit zurückzuführen.

Vor Menschen zu sprechen steht ganz oben auf der Liste der häufigsten Ängste. Dr. Wolpe fand heraus, dass fast jeder, der sich sehr davor fürchtet, vor Menschen zu sprechen, sich an ein Erlebnis aus der Schulzeit erinnert, als er oder sie vor der Klasse eine Buchvorstellung oder ein kurzes Referat halten musste – oder irgendeine andere Gelegenheit, bei der alle Augen gespannt auf sie oder ihn gerichtet waren – und irgendjemand gelacht hat, die Präsentation nicht gut lief oder der Lehrer ihn oder sie irgendwie lächerlich gemacht hat. Von diesem Augenblick an hat der bloße Gedanke daran, in der Öffentlichkeit sprechen zu müssen, Angst und Zittern ausgelöst.

Ich kenne einen christlichen Leiter, der Bücher schreibt und in Live-Sendungen in Radio und Fernsehen auftritt. Er spricht voller Selbstvertrauen vor Tausenden von Menschen, aber er reist zu diesen Terminen immer mit der Bahn oder dem Auto, weil er Angst vor dem Fliegen hat. Als er noch jünger war, geriet er eines Abends mit einem kleinen Flugzeug in ein Gewitter, und dieses eine beängstigende Erlebnis fesselt ihn seit fünfunddreißig Jahren an den Boden.

Ich kenne Menschen, die nicht mehr Auto fahren, weil sie vor dreißig Jahren einmal mit dem Auto im Graben gelandet sind. Ich kenne Menschen, die in kein Boot steigen, weil sie mit vierzehn einmal schrecklich seekrank geworden sind. Ich kenne Menschen, die keine engen Beziehungen mehr eingehen, weil sie Angst davor haben, verletzt zu werden, so wie sie vor zwanzig Jahren einmal verletzt wurden. So viele Menschen halten sich von Gott und allen religiösen Dingen fern, weil sie einmal eine schlechte Erfahrung mit einer Gemeinde gemacht haben.

Es macht mich traurig zu sehen, dass Menschen manchmal ihr ganzes Leben in lähmenden Ängsten gefangen sind. Wenn man einmal alle Schichten von Selbstschutz entfernt, die diese destruktiven Ängste verdecken, findet man oft nur ein oder zwei bedeutende Ereignisse, die der Kern des Ganzen sind. Einem Außenstehenden mag dieses Ereignis nicht einmal so schrecklich erscheinen, aber für den Betroffenen war es gerade beängstigend genug, um eine Kettenreaktion auszulösen, sodass er Mauern errichtet, um der Sache aus dem Weg zu gehen oder um sich vor ihr zu schützen.

2. Schritt: Decken Sie die Lügen auf, die die Angst Ihnen auftischt.

Wenn Sie verstanden haben, worauf Ihre destruktive Angst zurückzuführen ist, besteht der nächste Schritt darin, die Lügen der Angst aufzudecken. Im Johannesevangelium, Kapitel 8, Vers 44 wird berichtet, dass Jesus den Teufel als Lügner und Vater der Lüge bezeichnet. Auf diese Weise zeigt er uns die Hauptstrategie des Teufels, mit der dieser uns besiegen und zerstören will: *Täuschung*.

Und das funktioniert folgendermaßen:

Stellen Sie sich vor, Sie sind in einer festen Beziehung und Ihr Freund bzw. Ihre Freundin sagt: „Ich rufe dich heute Abend an." Wenn das aber bis elf Uhr abends noch nicht passiert ist, kommt die Angst ins Spiel. Die destruktive Angst fängt an, in Ihrer Fantasie Horrorfilmchen abzuspielen, und die verlaufen meistens auf zwei mögliche Arten: *Tragödie* oder *Verrat*. Entweder: *Er liegt bestimmt irgendwo tot im Straßengraben*, oder: *Jetzt hat sie mich verlassen*. Solche Gedanken eignen sich für eine Seifenoper oder für Schnulzenlieder, sind aber wenig förderlich für Ihre emotionale Gesundheit.

> Wenn Sie verstanden haben, worauf Ihre destruktive Angst zurückzuführen ist, besteht der nächste Schritt darin, die Lügen der Angst aufzudecken.

Es gibt sogar einen Fachbegriff dafür, sich das Schlimmste auszumalen: *Katastrophengedanken*. Der Teufel liebt es, uns dabei zu helfen, uns immer das Schlimmste auszumalen, weil uns diese Gedanken verschlingen, ablenken und aus dem Tritt bringen. Wenn die Angst Sie im Würgegriff hat, wenden Sie leicht Ihren Blick von Gottes Macht und Fürsorge ab.

Sagen wir einmal, Sie machen sich ernsthaft Gedanken über Ihr korruptes Arbeitsumfeld. Sie haben das Gefühl, dass es Ihrer Beziehung zu Gott schadet, wenn Sie weiter in dieser Firma arbeiten, und Sie haben den Eindruck, Gott möchte, dass Sie sich eine andere Arbeitsstelle suchen. Aber dann spricht die destruktive Angst zu Ihnen und das Lügenkarussell setzt sich in Gang. Sie denken: *Wenn die herausfinden, dass ich auf der Suche nach einem anderen Job bin, schmeißen sie mich raus. Dann wird mich niemand mehr einstellen. Ich lande auf der Straße, mein Haus wird zwangsversteigert und… und… und… und meine Familie wird vor meinen Augen verhungern!*

Es kann vorkommen, dass die destruktive Angst Sie so sehr lähmt, dass Sie sich nicht einmal auf die Suche nach der Stelle machen, die Gott vielleicht für Sie bereithält. Und das nur, weil Sie auf die destruktive Angst gehört haben und sich dann nicht mehr rühren konnten.

Oder stellen Sie sich vor, Sie müssen mit Ihrem Ehepartner über ein ernsthaftes Problem reden. Vielleicht haben sich einige ungesunde Verhaltensmuster eingeschlichen und Sie müssen das Gespräch suchen. Aber dann übernimmt die Angst das Ruder: *Wenn ich das meinem Partner gegenüber anspreche, wird es schiefgehen. Dann streiten wir uns nur wieder und vielleicht geht er oder sie dann einfach weg und kommt nie wieder. Dann bin ich mit den Kindern allein. Unsere Kinder werden für ihr ganzes Leben gezeichnet sein und meine Eltern werden mich verstoßen.*

In Wahrheit mag das offene Gespräch zwar riskant sein – aber nicht darüber zu sprechen ist genauso riskant. So funktionieren Katastrophengedanken. Wenn Sie den katastrophalen Lügen in Ihren Gedanken Glauben schenken und beschließen, den Mund zu halten, halsen Sie sich damit ganz andere Probleme auf. Die feindseligen Gefühle gegenüber Ihrem Ehepartner werden wahrscheinlich stärker, Ihre Herzlichkeit und Zuneigung lassen nach, und Sie gehen mit einem Knoten im Bauch durchs Leben, der Ihnen Ihre Kraft und Freude raubt. Und Sie verpassen die Chance, an Ihrer Ehe zu arbeiten. 1:0 für die Angst.

> Angst lebt von Täuschung. Die Lügen hinter Ihren Ängsten zu entlarven ist oft schon die halbe Miete.

Angst lebt von Täuschung. Achten Sie auf die Lügen, die sie Ihnen auftischt – diese zügellosen Katastrophengedanken, die vom Teufel selbst angefacht werden. Die Lügen hinter Ihren Ängsten zu entlarven ist oft schon die halbe Miete.

3. Schritt: Stellen Sie sich Ihrer Angst.

Studien haben gezeigt, dass unsere Ängste nur dann eskalieren, wenn wir der Auseinandersetzung mit ihnen aus dem Weg gehen. Experten auf dem Gebiet der Angststörungen sind sich einig, dass die Macht der Angst schwindet, wenn man sich die Zeit nimmt, ihre Ursachen zu erforschen, ihre Lügen aufzudecken und sich ihr zu stellen.

Wenn Sie Gott darum bitten, wird er Ihnen helfen, die Ursachen Ihrer Ängste zu erkennen und die Lügen aufzudecken. Aber Sie müssen auch Ihren Teil dazu beitragen. Sie müssen sich Ihre Ängste eingestehen, sie beim Namen nennen und dann Schritte unternehmen, um sich aus der Hand dieser destruktiven Angst zu befreien.

Sie können die Angst nur besiegen, indem Sie nach der stützenden Hand Gottes greifen und sich der Sache stellen, vor der Sie sich fürchten. Sie müssen darauf zugehen und die Sache anpacken. Es gibt keinen anderen Weg.

Winston Churchill sagte einmal: „Man sollte nie einer drohenden Gefahr den Rücken kehren und versuchen, ihr zu entfliehen. Auf diese Weise werden Sie die Gefahr verdoppeln. Aber wenn Sie ihr direkt und ohne Zittern ins Auge blicken, wird das die Gefahr halbieren. Laufen Sie nie vor etwas davon. Niemals!"[8]

Die Präsidentengattin Eleanor Roosevelt, eine Zeitgenossin Churchills, vertrat eine ähnliche Ansicht: „Stark, mutig und selbstbewusst wird man durch jede Erfahrung, bei der man der Angst fest entschlossen ins Gesicht blickt. … Man muss das tun, wovon man meint, dass man es nicht kann."[9]

Sie müssen sich Ihrer Angst stellen. Zu wissen, was die Ursache Ihrer Ängste ist, ist der erste Schritt: Sprechen Sie mit Freunden, gehen Sie Ihre Erinnerungen durch, führen Sie Tagebuch, schreiben Sie sich die Dinge auf, gehen Sie zu einem Seelsorger, wenn nötig, und suchen Sie nach der Wurzel dessen, was diese Kettenreaktion der Angst ausgelöst hat. Das alles ist wichtig und gut. Aber dann müssen Sie tatsächlich „das tun, wovon man meint, dass man es nicht kann". Sie müssen der Angst geradewegs ins Auge schauen.

....
Eltern haben zwei Möglichkeiten: der Angst des Kindes nachzugeben … oder ihm zu helfen, sie zu überwinden.
....

Randbemerkung für Eltern: Bekräftigen und fördern Sie niemals die Ängste Ihrer Kinder. Ich höre zu viele Geschichten von wohlmeinenden Eltern, die auf die irrationalen Ängste ihres Sohnes oder ihrer Tochter eingehen, indem sie ihrem Kind geben, was auch immer es als Trost haben will – ohne je darüber nachzudenken, welche Botschaft ihr Nachgeben letzten Endes vermittelt.

Stellen Sie sich einmal folgende Szene vor: Der zehnjährige Sohn wacht eines Nachts im Januar völlig verängstigt aus einem

Albtraum auf. Der Junge hat geträumt, dass er und sein Vater auf dem nahe gelegenen See beim Schlittschuhlaufen durchs Eis brechen. Der Vater tröstet den Sohn, bis dieser wieder eingeschlafen ist.

Am nächsten Morgen – ein Samstag – wollten Vater und Sohn eigentlich auf dem schon seit Langem zugefrorenen See Eishockey spielen gehen, aber der Junge fleht seinen Vater an: „Nein, bitte nicht, Papa! Bitte nicht! Ich will nicht aufs Eis! Ich habe Angst, dass wir einbrechen!"

Die Angst des Jungen ist in seinem Alter angemessen und im Blick auf den Albtraum der vergangenen Nacht auch verständlich. Der Vater hat jetzt zwei Möglichkeiten: der Angst des Jungen nachzugeben und nicht zum See zu gehen oder dem Jungen trotz seines Protestes zu helfen, seine Angst zu überwinden. Viele Mütter und Väter glauben in so einer Situation, dass es das Beste sei, auf das verängstigte Kind einzugehen und zu Hause zu bleiben. *Vielleicht ist er nächsten Samstag besser drauf…*

Aber denken Sie die Sache einmal zu Ende: Wenn der Vater der Angst des Sohnes nachgibt und nicht mit ihm zu dem zugefrorenen See geht, wird der Junge – *vorübergehend* – erleichtert sein. Aber die Botschaft, die der Sohn aus dieser Sache mitnimmt, lautet: *Mein Vater denkt, dass meine Angst berechtigt ist. Er glaubt selbst auch, dass wir nicht zum See gehen sollten.* Und: *Ich denke, man sollte den eigenen Albträumen Glauben schenken.* Unwillentlich hat der Vater die Angst seines Sohnes bestätigt, statt sie zu lindern.

Was wäre, wenn der Vater es genau andersherum gemacht hätte? Wenn er, statt seinem ängstlichen Sohn zu erlauben, die Entscheidung zu treffen, ihm geholfen hätte, sich seiner Angst *zu stellen*? Er hätte ihm zunächst einmal gezeigt, dass der See richtig zugefroren ist, und hätte dann alles getan, um den

Jungen dazu zu bringen, wieder Spaß am Schlittschuhlaufen auf dem gefrorenen See zu haben. Im zweiten Fall hätte der Sohn nicht nur seine irrationale und destruktive Angst überwunden, sondern sein Vertrauen in seinen Vater wäre gewachsen, weil dieser sich als vertrauenswürdiger Ansprechpartner bei Ängsten erwiesen hätte.

Wenn Ihr Kind irrationale Ängste hat, sollten Sie es natürlich trösten. Aber vermeiden Sie es unter allen Umständen, ihm zu vermitteln, die Angst sei berechtigt.

Wenn Sie selbst unter Phobien leiden, sollten Sie alles tun, um diese Ängste nicht auf Ihr Kind zu übertragen, das dadurch immer mehr verunsichert wird. Wenn Sie zum Beispiel Angst vor Hunden haben, sollten Sie Ihrem Kind helfen, sich in der Nähe von Hunden wohlzufühlen. Vermeiden Sie Aussagen oder eine Körpersprache, die Ihrem Kind Grund geben, Angst zu haben. Lassen Sie sich von Ihrem Wunsch, gute Eltern zu sein, motivieren, Ihre eigenen Ängste zu überwinden, sodass die Angststörung bei Ihnen endet und nicht auf die nächste Generation übertragen wird.

Unser Kampf gegen destruktive Ängste wird im Kopf ausgefochten. Es gibt unzählige Bibelverse, die uns auffordern, besonnen, umsichtig und bedacht zu sein, damit wir nicht von destruktiven Denkmustern beherrscht werden, die doch nur auf irgendwelche Ängste zurückgehen. In 2. Korinther 10, Vers 5 – dem klassischen neutestamentlichen Bibelvers zu diesem Thema – fordert Paulus die Christen auf, sich nicht von angsterfüllten Gedanken beherrschen zu lassen: „Jeden Gedanken, der sich gegen Gott auflehnt, nehme ich gefangen und unterstelle ihn dem Befehl von Christus."

> Sie können Ordnung und Disziplin in Ihre Gedanken bringen, indem Sie Ihre Ängste Jesus Christus unterstellen.

Auch wenn Ihre Gedanken sich vor lauter destruktiven Ängsten nur so überschlagen, können Sie Ordnung und Disziplin hineinbringen, indem Sie Ihre Ängste Jesus Christus unterstellen und jeden Gedanken „gefangen nehmen".

4. Schritt: Sprechen Sie Worte der Wahrheit.

Die Wahrheit behält die Oberhand, und zwar immer. Wenn Sie die Lügen besiegen wollen, die die Angst in Ihr Leben hineinträgt, ist es äußerst wichtig, dass Sie die Wahrheit aussprechen, sobald die Angst in Ihren Gedanken das Steuer übernehmen will. Hier drei Anregungen, wie Sie wahre Worte sprechen können, um der Angst zu begegnen und Gottes *Schalom* wieder ans Steuer zu lassen.

1. Selbstgespräche. Erinnern Sie sich noch an meinen missglückten Hochseilakt? Ich versichere Ihnen, als ich auf halbem Weg dort oben auf dem Stahlträger stand, sieben Meter über dem Boden, stürmten Gedanken auf mich ein, die die Katastrophe in allen Farben ausmalten. Die negativen Stimmen in meinem Kopf sagten zum Beispiel:

Bill, du wirst fallen. Dir wird es niemals gelingen, auch noch den Rest des Weges das Gleichgewicht zu halten. So etwas hast du noch nie gemacht. Es war dumm, das zu probieren. Du wirst auf den Betonboden knallen. Dein Leben ist vorbei. Das ist das Ende. Du wirst sterben.

Das waren die Gedanken, die mir durch den Kopf schossen, während ich versuchte, mich aus dieser misslichen Lage zu befreien. Als mir schließlich klar wurde, wie ernst meine Lage war, beschloss ich, mich den Lügen mit der Wahrheit entgegenzustellen. Und ich sagte Folgendes zu mir:

Ich stehe auf einem stabilen Stahlträger, keinem wackeligen Hochseil. Das hier ist nur ein kein Zentimeter dickes Drahtseil, das man über die Niagarafälle gespannt hat. Es ist ein 25, vielleicht sogar 30 Zentimeter breiter Stahlträger. Wenn jemand vor mir auf dem Bürgersteig einen 30 Zentimeter breiten Streifen zeichnen würde, könnte ich kilometerweit darauf laufen.

Dann ermahnte ich mich: *Ich bin sportlich. Ich hatte schon immer einen guten Gleichgewichtssinn. Ich stolpere normalerweise nicht über meine eigenen Füße.*

Schließlich wählte ich deutlichere Worte. Ich erinnere mich noch daran, dass ich zu mir selbst sagte: *Bill, hör endlich auf. Hör auf mit dieser lächerlichen Panikmache. Das ist nicht besonders hilfreich! Krieg dich wieder ein. Beruhige dich. Hol tief Luft. Finde dein Gleichgewicht wieder. Fang dich. Lass das.*

Als diese wahren Worte in meine Gedanken sickerten, spürte ich, wie sich mein Puls langsam wieder normalisierte. Das Kribbeln in meinen Händen und Füßen ließ nach. Mein Blick wurde wieder klar und die Panik ließ nach. Ich stellte mir vor, wie ich nach Gottes starker Hand griff, und machte den ersten Schritt. Und dann ging ich langsam, Schritt für Schritt, über den Stahlträger auf die andere Seite.

Ich glaube, der Mitarbeiter, der unten auf dem Boden stand, war noch erleichterter als ich selbst.

Hören Sie auf zu glauben, Sie könnten Panikgefühle nicht mit der Macht Jesu und der Macht wahrer Worte zurückdrängen, denn Sie können es!

In den 70er-Jahren gab es einmal eine Aftershave-Werbung, in der sich ein Mann selbst ohrfeigte und dann sagte: „Danke, das habe ich gebraucht." Das ist ungefähr das, was ich dort oben auf dem Stahlträger mit mir selbst gemacht habe. Ich habe mir in Gedanken eine Ohrfeige verpasst. Es hat gewirkt. Und vielleicht wirkt es bei Ihnen auch.

Wenn Sie in eine Situation kommen, in der die Angst Sie überwältigt, reißen Sie sich zusammen. Sagen Sie zu sich selbst:

Hör auf! Experten auf dem Gebiet der Angstbewältigung sagen, dass es hilfreich sein kann, diese Worte laut auszusprechen: *„Hör auf damit!"* Hören Sie auf, sich das Schlimmste auszumalen. Hören Sie auf zu glauben, Sie könnten Panikgefühle nicht mit der Macht Jesu und der Macht wahrer Worte zurückdrängen, denn Sie können es! Sagen Sie mutig die Wahrheit über Ihre Situation, Ihre Fähigkeiten und Gottes Bereitschaft, Ihnen in solchen Situationen zu helfen. Das wird Ihnen helfen, das Gleichgewicht wiederzufinden, sowohl körperlich als auch seelisch.

2. Die Bibel. Christus-Nachfolger, die ihre Angst erfolgreich überwunden haben, haben gelernt, dass Gott sie nicht im Stich lässt, wenn sie sich ihren Ängsten stellen. Er ist da und seine Gegenwart ist spürbar. Er ist ein mehr als nur geeigneter Wegbegleiter! Und sein Wort enthält viele Zusagen, die ihre Ängste in Schach halten können.

Auch der Psalmist David hat manchmal lähmende Ängste erlebt, aber er hat festgestellt, dass Gott ein treuer Retter ist: „Als ich den Herrn um Hilfe bat, antwortete er mir und befreite mich von meinen Ängsten."[10]

Josua, dem die wenig beneidenswerte Aufgabe zuteilwurde, in Moses Fußstapfen zu treten und das Volk Israel ins verheißene Land zu führen, bekam folgende Zusage von Gott: „Denn ich bin bei dir, so wie ich bei Mose gewesen bin. Ich lasse dich nicht im Stich, nie wende ich mich von dir ab. … Sei mutig und entschlossen! Lass dich nicht einschüchtern, und hab keine Angst! Denn ich, der Herr, dein Gott, bin bei dir, wohin du auch gehst."[11]

Auf Gott ist Verlass, er wird da sein und seinen Teil beitragen. Er wird bei Ihnen sein, wenn Sie sich Ihren Ängsten stellen. Wenn Sie die Wahrheit aus seinen Verheißungen zitieren, werden Sie feststellen, dass genau das der Schlüssel ist, um die Sache zu überwinden, vor der Sie Angst haben. Und genau das kann man üben. Mit der Zeit wird es Ihnen in Fleisch und Blut übergehen und Sie werden eine mächtige Waffe im Kampf gegen die Angst haben.

3. Gebet. Die erste Gemeinde sah sich regelmäßig durch echte, lebensbedrohliche Ängste erschüttert. Verhaftungen, Schläge, Gefangenschaft durch die römischen Unterdrücker und die jüdischen religiösen Führer waren an der Tagesordnung. Als Petrus verhaftet wurde, weil er nicht aufhören wollte, die Wahrheit über Jesus Christus zu verkünden, was hat die Gemeinde da gemacht? Hat sie sich in alle Winde zerstreut? Hat sie aufgegeben? Ist sie ängstlich zurückgewichen? Nein. Sie hat gebetet.

„Man warf den Apostel ins Gefängnis. ... Aber die Gemeinde in Jerusalem hörte nicht auf, Gott um Hilfe für den Gefangenen zu bitten."[12] Die Gemeinde versammelte sich in einem nahe gelegenen Haus und Petrus' Freunde beteten entschlossen für ihn.

> Ich kann verstehen, dass man schockiert ist, wenn man kühne Gebete spricht und Gott diese dann auch tatsächlich erhört.

Erlauben Sie mir, an dieser Stelle einmal kurz auf „Pause" zu drücken und Ihnen folgende Frage zu stellen: Worum, glauben Sie, haben sie Gott gebetet? Die Bibel verrät es nicht. Ich glaube, sie haben ein kühnes Gebet gesprochen: „Gott, befrei Petrus aus dem Gefängnis!" Als Petrus dann durch ein dramatisches Wunder tatsächlich aus dem Gefängnis freikam und beim Haus seiner Freunde auftauchte, wo alle gemeinsam beteten, waren sie so überrascht, dass sie erst gar nicht glauben konnten, dass er es tatsächlich war! Ich liebe die Ehrlichkeit und Offenheit der ersten Gemeinde. Ich kann verstehen, dass man schockiert ist, wenn man kühne Gebete spricht und Gott diese dann auch tatsächlich erhört.

Ich war schon oft in Gebetstreffen, wo ich den Eindruck hatte, dass wir ganz bestimmte, spezifische Gebete sprechen sollten, aber die anderen Teilnehmer fühlten sich nicht frei, so zu beten. Hier ein Beispiel:

In den Anfangszeiten von *Willow Creek* fuhr ich einmal ins Krankenhaus, um der Familie eines Mannes beizustehen, der am offenen Herzen operiert werden sollte. Ich traf kurz bevor er in den OP geschoben wurde ein. Seine Frau war verständlicherweise verzweifelt. Die Kinder hatten Angst, ihren Vater bei dieser schweren OP zu verlieren, und der Vater war wie versteinert – wie man es von einem Mann erwarten kann, dem man gleich den Brustkorb aufschneiden wird.

Ich versammelte die Familie um das Bett des Vaters, damit wir gemeinsam beten konnten. Die Frau betete zuerst und sie sagte so ungefähr Folgendes: „Oh Gott, ich habe keine Ahnung, worum ich dich bitten soll. Ich habe keine Ahnung, was dein Wille in dieser Situation ist. Ich weiß nicht, was dir in dieser Situation, in der wir als Familie hier stehen, gefallen würde."

Sie betete und betete und brachte die vagesten, harmlosesten Anliegen vor Gott, die mir seit Langem untergekommen waren. Ich war schwer versucht, sie zu unterbrechen und zu sagen: „Wollen Sie, dass Ihr Mann lebt oder stirbt? Lieben Sie diesen Mann? Ist er Ihr Beschützer? Und warum beten Sie dann so?" (Deshalb bittet man mich übrigens auch nicht besonders oft um Krankenhausbesuche. Mir gehen dann nämlich so manches Mal solche Gedanken durch den Kopf. Und das ist nicht hilfreich!)

Diese Frau war so sehr darum bemüht, Gott nicht zu irgendetwas zu zwingen, dass sie alles nur noch komplizierter machte. Ich fürchte, dass wir es manchmal genauso machen.

Wir sprechen vorsichtige, unspezifische, Dein-Wille-geschehe-Gebete, statt Gott einfach ehrlich zu sagen, was wir wirklich von ihm wollen.

Der Apostel Paulus sagt, dass wir in Situationen, in denen uns etwas Großes bevorsteht und wir Angst haben, Folgendes tun sollen: „Macht euch keine Sorgen! Ihr dürft Gott um alles bitten. Sagt ihm, was euch fehlt, und dankt ihm! Und Gottes Friede, der all unser Verstehen übersteigt, wird eure Herzen und Gedanken im Glauben an Jesus Christus bewahren."[13]

....
Ganz gleich, wie sich Ihre Situation entwickelt: Gott ist bei Ihnen, und Sie können darauf zählen, dass sein Frieden folgt.
....

Wenn Sie voller Zweifel sind, dann fangen Sie doch damit an, Gott alle Gelegenheiten aufzuzählen, bei denen er in der Vergangenheit Ihre Gebete erhört hat. Das wird Ihnen helfen, sich daran zu erinnern, wie treu und zuverlässig er tatsächlich ist. Und beten Sie so oft wie nötig, bis Ihre Angst nachlässt. Ganz gleich, wie sich die Situation dann entwickelt: Gott ist bei Ihnen, und Sie können darauf zählen, dass sein Frieden folgt.

Auf die Probe gestellt

Vor ein paar Jahren befand ich mich in einer beängstigenden Situation, in der ich Gelegenheit hatte, diese Sache mit den Selbstgesprächen, den Bibelversen und Gebeten einmal selbst auszuprobieren.

Ich war in Bangkok und hatte einen Heimflug gebucht. Das Flugzeug sollte um Mitternacht starten, aber das Wetter war sehr schlecht. Wir standen am Gate und beobachteten den Sturm – Donner, Blitze und heftiger Regen. Ich bezweifelte, dass wir überhaupt fliegen würden.

Trotzdem ließ uns die Crew an Bord, die Bordtüren wurden verriegelt und wir rollten zur Startbahn. Draußen tobte der Sturm und im Flugzeug hätte man die Anspannung mit den Fingern greifen können. Niemand unterhielt sich, keiner las das Flugmagazin und alle schnallten sich ganz brav an.

Der Sturm tobte weiter und wir rollten über die Startbahn und hoben ab.

Wir waren erst seit wenigen Augenblicken in der Luft, immer noch im Steigflug, als das Alarmsignal anging. Eine laute Computerstimme verkündete über die Lautsprecher: „Dies ist ein Notfall! Legen Sie Ihr Kissen auf Ihre Knie. Legen Sie Ihren Kopf auf das Kissen. Das ist keine Übung. Das ist ein Notfall."

Niemand widersprach. Die Passagiere suchten fieberhaft nach ihren Kissen, brüllten und schrien durcheinander. So ziemlich alle um mich herum verloren die Beherrschung. Alle wurden fast hysterisch. Es war kein schöner Anblick.

Die Stimme wiederholte die kurzen Notfallanweisungen noch einige Male in zwei oder drei anderen Sprachen. Ich hatte kein Kissen, aber ich blieb angeschnallt, legte den Kopf auf meine Arme und beugte mich, so weit ich konnte, nach vorn. Während der ganzen Zeit stiegen wir steil und der Alarm ertönte weiter.

Und dann wurde plötzlich alles still. Der Alarm verstummte, die Computerstimme brach mitten im Satz ab und eine Stewardess sprach ins Mikrofon.

„Hoppla! Entschuldigen Sie bitte", sagte sie mit munterer Stimme. „Wir haben versehentlich den falschen Knopf gedrückt. Unser Fehler! Wir hoffen, wir haben Sie nicht zu sehr beunruhigt."

Die Fluggäste brodelten vor Wut. Wir teilten die Unbekümmertheit der Stewardess nicht. Als der Pilot merkte, was im Flugzeug los war, wies er die Crew an, für den Rest des Fluges

Gratisdrinks auszuschenken. Schon bald waren alle im Flugzeug sehr fröhlich, aber keiner von uns würde dieses Versehen wohl so schnell vergessen.

Warum erzähle ich Ihnen diese Geschichte? Weil sich in dem Moment, als alle um mich herum in Panik ausbrachen, meine Angewohnheit meldete, mir selbst die Wahrheit zuzusprechen, und ich inmitten des Chaos' ruhig bleiben konnte. Die Frau neben mir sprach mich darauf an, als die Aufregung vorüber war. Mein Selbstgespräch war in diesen Minuten in etwa so verlaufen: *Bill, du bist in deinem Leben schon Tausende Male geflogen und immer sicher gelandet. Du bist selbst schon mit kleinen Flugzeugen bei diesem Wetter geflogen und gut gelandet. Statistisch gesehen stehen die Chancen gut, dass das Flugzeug auch dieses Mal sicher landen wird.* Dieses Selbstgespräch hat mir geholfen, eine realistische Sicht der Dinge beizubehalten.

Und dann dachte ich darüber nach, dass ich, selbst wenn es zum Schlimmsten käme, mit Gott im Reinen wäre. Ich rief mir die Verheißungen der Bibel ins Gedächtnis: *Gott sagt: „Glaube an Jesus, den Herrn und du wirst gerettet werden."[14] Und in Römer 10, Vers 9 heißt es: „Denn wenn du mit deinem Mund bekennst: ‚Jesus ist der Herr!', und wenn du von ganzem Herzen glaubst, dass Gott ihn von den Toten auferweckt hat, dann wirst du gerettet werden." Bill, du glaubst an diese Wahrheit. Du hast dein Leben darauf aufgebaut. Wenn du in diesem Flugzeug sterben solltest, weißt du, wohin du gehen wirst. Die Ewigkeit bei Gott ist dir sicher.*

Diese Bibelverse, die ich vor vielen, vielen Jahren auswendig gelernt hatte, sprachen in diesem Moment geistliche Wahrheiten

> Als alle um mich herum in Panik ausbrachen, meldete sich meine Angewohnheit, mir selbst die Wahrheit zuzusprechen, und ich konnte inmitten des Chaos' ruhig bleiben.

in meine Seele. Sie beruhigten meinen Herzschlag und hielten die Angst in Schach.

Wenn Sie nicht ohnehin schon eine Reihe von Bibelversen zur Angstbekämpfung auswendig gelernt haben, sollten Sie in Betracht ziehen, genau das zu tun. Nichts bringt so schnell wieder Frieden in unsere Gedanken als die Wahrheit von Gottes Wort.

Dann betete ich ungefähr Folgendes: *Gott, hilf uns, sicher zu landen. Aber selbst wenn wir das nicht tun, weiß ich, dass du treu bist und für meine Familie sorgen wirst, genauso wie du für mich gesorgt hast, als mein Vater in meiner Jugend starb. Du warst mein Vater, und ich habe dieses eine Leben, das du mir anvertraut hast, wertgeschätzt. Danke. Und überhaupt: Wenn hier in siebentausend Metern Höhe irgendetwas schiefgeht, dann bin ich ja schon auf halbem Weg zu dir!*

Selbstgespräche, Bibelverse und Gebete haben sich ausgezahlt und meine Angst auf diesem Flug bezwungen – und auch in zahllosen anderen Augenblicken der Angst, die noch danach kamen. Ich bin überzeugt, dass es auch bei Ihnen klappen wird. Wenn wir uns von den Fesseln der Angst befreien, können wir die Kraft des einfacheren, befreiten Lebens genießen, das Gott sich für uns wünscht.

> Es ist Zeit, sich der Angst zu stellen. Sie haben lange genug unter der Tyrannei von Sorge und Furcht gelitten.

Es ist Zeit

Nichts kompliziert unser Leben schneller, als wenn wir uns von destruktiver Angst lähmen lassen. Sie raubt uns den *Schalom*, den Seelenfrieden, den Gott für alle Menschen bereithält. Natürlich hat jeder mal Angst, aber wir sollten nicht dabei stehen bleiben. Wir können gewisse Maßnahmen ergreifen, um diese destruktive Angst zu bekämpfen, statt uns durch sie fesseln zu lassen.

Es ist Zeit. Zeit, sich der Angst zu stellen. Sie haben lange genug unter der Tyrannei von Sorge und Furcht gelitten. Sie haben Ihr Lehrgeld schon gezahlt. Sie schulden diesem grausamen Sklaventreiber namens Angst keine einzige Minute Ihres Lebens mehr. Er hat Ihnen schon genug Freude, Erfüllung und Frieden geraubt. Sie sind fertig mit ihm.

Es ist Zeit, dass Sie sich nach Gottes Hand ausstrecken und sich der Angst stellen, der Sie schon immer gegenübertreten wollten, wenn Sie nur den Mut dazu gehabt hätten. Es ist Zeit, dass Sie Gottes Hilfe annehmen und anfangen, ein Leben zu leben, das frei ist von destruktiver Angst. Es ist Zeit, sich den kleinen Phobien zu stellen, die Sie insgeheim quälen und davon abhalten, das Leben „in Fülle" zu genießen, zu dem Jesus Sie einlädt.[15]

Es ist Zeit, das zu tun, was Sie schon immer tun wollten, sich aber nie getraut haben, weil die Fesseln der Angst Sie daran gehindert haben. Es wird Zeit, die Orte zu besuchen, die Sie schon immer einmal sehen wollten, was Sie aber nie getan haben, weil die Angst es Ihnen verboten hat.

Es ist Zeit, die Mission in Angriff zu nehmen, mit der Gott Sie beauftragt hat – zu der Sie aber nie den Mut hatten, weil die Angst Sie zurückgehalten hat. Es ist Zeit, neue

> Lassen Sie den heutigen Tag den Rest Ihres Lebens prägen.

Träume und Visionen in Angriff zu nehmen, von denen Ihre Furcht Sie immer abgehalten hat.

Es ist Zeit, Ihre Angst davor loszulassen, Ihr ganzes Leben Jesus Christus zur Verfügung zu stellen. Es ist Zeit, die Tür Ihres Herzens für ihn weit aufzustoßen und ihm zu sagen: „Schluss mit dem Zögern, Schluss mit der Angst. Ich will nicht mehr am

Rand stehen. Jesus Christus, komm in mein Leben. Vergib mir all die Dinge, die ich vermasselt habe. Führe mich. Von diesem Augenblick an will ich zu deiner Familie gehören."

Es wird Zeit, sich gegen die Angst zu behaupten. Lassen Sie den heutigen Tag den Rest Ihres Lebens prägen. Lassen Sie den heutigen Tag der Tag sein, an dem Sie anfangen, sich Ihrer Angst zu stellen und den ersten Schritt in Richtung Freiheit gehen.

Jetzt wird's praktisch

Wovor fürchten Sie sich?

Wir alle haben irgendwelche Ängste in uns, die unser Leben zersetzen. Welche Ängste sind das bei Ihnen? Denken Sie über jeden der unten aufgeführten Friedensbrecher nach. Schreiben Sie jede Angst, die Sie betrifft, auf ein Blatt Papier oder in Ihr Tagebuch. Seien Sie nicht entmutigt, wenn die Liste lang ist; Sie müssen nicht alle Ängste gleich heute in Angriff nehmen. Aber ein ehrliches Wort zur „Lage der Nation" ist ein sehr wirkungsvoller Anfang.

1. unerwartete schlechte Nachrichten
2. Beziehungsprobleme
3. finanzielle Probleme
4. moralisches Versagen
5. der bevorstehende Tod
6. andere Ängste

Lesen Sie sich jetzt Ihre Liste durch. Welche dieser Ängste richtet am meisten Unheil in Ihrem Leben an? Welche fordert den größten Tribut von denen, die Ihnen nahestehen? Welche wäre am einfachsten in Angriff zu nehmen, um Ihre „Angst-Bekämpfungsmuskeln" zu trainieren? Markieren Sie die Ängste, die Sie als Erstes angehen wollen.

Für manche sehr tief sitzenden Ängste und Phobien werden Sie fremde Hilfe brauchen. Vor allem, wenn Sie den Verdacht haben, dass Sie durch ein traumatisches Erlebnis an einer posttraumatischen Angststörung leiden, so wie mein Mitbewohner, der im Vietnamkrieg war, sollten Sie zu einem christlichen Berater gehen, der sich auf Ihre Problematik spezialisiert hat. Bei anderen Ängsten sollten Sie den Mut haben, Ihre Familie, Freunde, einen Mentor oder Ihre Kleingruppe mit einzubeziehen. Wenden Sie sich an Personen, die emotional stabil sind und deren geistlicher Reife Sie vertrauen. Sagen Sie ihnen, dass Sie sich gerade mit Ihrer Angst auseinandersetzen – und bitten Sie sie, Sie auf Ihrem Weg zu begleiten.

Entwerfen Sie einen Plan, wie Sie Ihre Angst überwinden wollen

Wenn Sie Ängste abbauen möchten, die Sie schon seit Monaten, Jahren oder sogar Jahrzehnten gefangen halten, dann müssen Sie dabei ganz gezielt vorgehen. Wählen Sie eine der Ängste aus, die Sie im vorigen Schritt festgehalten haben, und denken Sie über die nachfolgend genannten vier Schritte nach. Schreiben Sie Ihre Antworten auf, und entwerfen Sie so eine Strategie, um sich Schritt für Schritt aus den Fesseln der Angst zu befreien.

1. Finden Sie die Ursache der Angst heraus: Erinnern Sie sich an das erste Mal, als Sie diese Angst empfunden haben. Wie war das? Können Sie die Ursache erkennen? Halten Sie weitere Ereignisse fest, die diese Angst bestärkt haben könnten.

2. Decken Sie die Lügen auf, die diese Angst Ihnen auftischt: Von welchen Lügen wird diese Angst geschürt? (Denken Sie daran, dass diese Lügen vielleicht gar nicht wie Lügen daherkommen. Sie klingen vielleicht sogar einleuchtend.) Warum klingen diese Lügen so glaubhaft?

3. Stellen Sie sich Ihrer Angst: Welchen kleinen Schritt können Sie unternehmen, um sich dieser Angst zu stellen?

4. Sprechen Sie Worte der Wahrheit:
- *Selbstgespräche:* Welche Stärken habe ich, die mir helfen werden, dieser Angst die Stirn zu bieten? Mit welchen logischen Wahrheiten treten die meisten Menschen dieser Angst entgegen? (Zum Beispiel: „Der Aufzug ist sicher", „Die meisten Hunde sind lieb.")
- *Bibel:* Welche zwei Bibelstellen können Sie auswendig lernen, um Ihre Angst zu bezwingen? Wenn Ihnen keine einfallen, können Sie in einer Konkordanz unter einem Stichwort nachschlagen wie zum Beispiel „Angst" oder „Furcht", um Bibelstellen zu finden, die in Ihre Situation hineinsprechen. Lernen Sie sie dann auswendig, damit

Sie sich an Gottes Wahrheit erinnern können, wenn Sie sich Ihrer Angst stellen.

- *Gebet:* Welche konkrete Bitte haben Sie an Gott bezüglich Ihrer Angst? Schreiben Sie Ihre Bitte in einem kurzen Satz auf. Sprechen Sie dieses Gebet so oft wie nötig, wenn die Angst Sie packt.

verbunden statt *isoliert*

Beziehungen aufbauen und vertiefen

Wenn Sie heute Nacht sterben würden, wie viele Freunde kämen dann zu Ihrer Beerdigung? Nicht „wie viele *Angehörige*" – die müssen ja kommen –, sondern wie viele *Freunde* würden über Ihre Familie hinaus zu Ihrer Beerdigung kommen?

Wenn Sie so sind wie die meisten Menschen, dann ist Ihre Schätzung hoch – viel zu hoch. Ich will Ihnen Ihre Illusion ja nicht rauben, aber eine Tatsache, mit der ich in meiner Eigenschaft als Pastor immer wieder konfrontiert bin, ist, dass die meisten Menschen weniger echte Freunde haben, als sie denken. Hier ein Beispiel:

Ein Mann Ende fünfzig stirbt an Herzproblemen. Ich treffe mich mit seiner Frau und den beiden erwachsenen Kindern. Sie trauern; sie stehen unter Schock. Wir beten zusammen, tauschen Erinnerungen aus, und schließlich muss ich die Familie fragen, wie viele Personen wohl zum Trauergottesdienst kommen werden – damit wir die Beerdigung planen können. Wir wollen für den Gottesdienst einen Raum auswählen, der groß genug ist, aber nicht zu groß. Es ist eine ganz praktische Frage, die man eben stellen muss.

Und dann fangen die Witwe und die Kinder an zu erzählen: „Mein Mann war sehr extrovertiert", oder: „Vater hatte unzählige Freunde, teilweise noch aus seiner Studien- und Schulzeit. Sie werden alle kommen. Alle seine Golffreunde werden kommen und alle Arbeitskollegen. Und die ganze Nachbarschaft wird da sein, und dann noch alle aus den Footballmannschaften, in denen er mal gespielt hat." Kurz gesagt liegen die Schätzungen bei uns oft zwischen fünfhundert und tausend Menschen, die angeblich zur Beerdigung kommen werden.

Zu Beginn meines Pastorendienstes ging ich immer von der Zahl aus, die mir die Familie nannte. Wenn sie sagten, sie rechneten mit fünfhundert bis tausend Gästen, dann feierten wir den Trauergottesdienst in unserem großen Auditorium, in das eine solche Anzahl bequem hineinpasst.

Und dann kommt der Tag der Beerdigung. Die Leute treffen ein und es sind (höchstens) einhundert Menschen – in einem Auditorium für 4.300 Besucher. Und fünfundsiebzig davon sind Angehörige.

Nach der Beisetzung kommen die Witwe und die Kinder schnurstracks auf mich zu und fragen: „Wo, um Himmels willen, waren bloß alle? Er hatte doch so viele Freunde. Und nur einhundert Menschen sind gekommen?"

Inzwischen habe ich das schon so oft erlebt, dass ich von vornherein, um der Familie willen, Vorsichtsmaßnahmen ergreife. Jetzt biete ich ihnen bei der Frage, wie viele Personen wohl zur Beerdigung kommen werden, gleich einige Entschuldigungen an: „Ihr Mann, Ihr Vater hatte sicher viele Freunde, aber in der heutigen Wirtschaftslage kann sich nicht jeder freinehmen, und wenn man eine längere Anreise hat, muss man damit rechnen, dass die Reisekosten hoch sind. Dadurch wird sich die Zahl derjenigen, die kommen können, sicher beträchtlich reduzieren." Ich versuche, die ohnehin schon trauernden Angehörigen vor Enttäuschungen zu bewahren, denn in neunzig Prozent der Fälle überschätzen sie die Zahl der Freunde, die kommen werden, völlig.

Die Anzahl der Menschen, die wir *kennen,* entspricht nicht der Anzahl der echten Freunde, die wir tatsächlich haben. Salomo hat das folgendermaßen in Worte gefasst: „Viele sogenannte Freunde schaden dir nur, aber ein wirklicher Freund steht mehr zu dir als ein Bruder."[1]

Es ist schon traurig genug, wenn man die Zahl der Freunde eines Familienangehörigen bei der Planung der Beerdigung überschätzt, aber wenn Sie die Tiefe Ihrer Freundschaften falsch einschätzen, kann der Preis bedeutend höher sein. Wenn man Beziehungen falsch einschätzt und verkennt, wie oberflächlich sie unter Umständen sind, kann das verheerende Schäden im eigenen Leben anrichten. Wenn Ihre Beziehungen nicht in Ordnung sind, bleibt ein einfaches, befreites Leben nur ein Traum, statt Realität zu werden. Wenn Sie Ihren Freundeskreis einmal unter die Lupe nehmen und gegebenenfalls Korrekturen vornehmen, wenn Sie ihn vergrößern, begrenzen oder auch vertiefen, bekommt Ihr neues, aufgeräumtes Leben ein Maximum an Kraft und Freude.

> Die Anzahl der Menschen, die wir *kennen,* entspricht nicht der Anzahl der echten Freunde, die wir tatsächlich haben.

Was ist Freundschaft?

Wenn ich Freundschaft in ihrer ganzen Komplexität in wenigen Worten beschreiben sollte, würde ich sie folgendermaßen definieren: *einander kennen und gekannt werden.*

In einer wahren Freundschaft muss man nicht länger vorgeben, jemand zu sein, der man nicht ist. Man nimmt die Maske ab und sagt zum anderen: „So bin ich wirklich." Und das beruht auf Gegenseitigkeit. Ein echter Freund nimmt Sie an, wie Sie sind, und sagt im Gegenzug: „Und so bin ich – ohne Maske." Sie werden angenommen und Sie nehmen den anderen an.

Echte Freunde lieben einander, auch wenn wir alle unsere Macken haben. Sie akzeptieren die Fehler des anderen und sein einzigartiges Wesen. Eine echte Freundschaft bietet ungeheure Geborgenheit und Annahme.

Echte Freunde dienen einander auch. Ihnen ist es wichtiger, das Beste für den anderen zu tun, als das zu verfolgen, was das Beste für sie selbst ist. Sie stellen die Interessen des anderen über die eigenen und der andere macht es genauso. Es ist ein Geben und Nehmen, bei dem beide Parteien zufrieden sind.

Echte Freunde feiern miteinander. Man kommt zu den wichtigen Ereignissen im Leben des anderen. Man freut sich über die Erfolge des anderen. Man feiert die Meilensteine des Lebens zusammen.

Kennen und gekannt werden; annehmen und angenommen sein; lieben und geliebt werden; dienen und sich dienen lassen; feiern und gefeiert werden – das sind die Kennzeichen einer echten Freundschaft. Wer hätte nicht gerne eine solche Freundschaft? Unser Leben wäre so viel reicher.

Aber allzu oft geben wir uns mit Freundschaften zufrieden, die weit hinter diesem Ideal zurückbleiben.

Genau wie jeder andere Lebensbereich sollten Beziehungen deshalb regelmäßig unter die Lupe genommen, korrigiert und vertieft werden.

Beziehungen unter die Lupe nehmen

Dummheit ist ansteckend
In meiner Kindheit zog einer meiner guten Freunde in die Südstaaten und hin und wieder durfte ich ihn für drei oder vier Tage besuchen. Dann brachte ich immer meinen Baseball-handschuh mit, weil wir bei jeder Gelegenheit in einem Park in der Nähe seines Hauses Baseball spielten.

Jedes Mal, wenn wir aus dem Haus gingen, sagte sein Vater in seinem ty-pischen Südstaaten-Singsang: „Passt auf, mit wem ihr nach dem Spiel zu-sammen seid, Jungs, denn Dumm-heit ist ansteckend."

Dummheit ist ansteckend. Das war ein Ausdruck, den ich bei uns im Nor-den nie gehört hatte, aber ich wusste, was er bedeutete. Er warnte uns davor, uns von den dummen Entscheidungen der anderen Jungs beeinflussen zu lassen, wenn wir es besser wussten.

Dummheit ist auch unter Erwachsenen ansteckend. Viel-leicht arbeiten Sie in einem Umfeld, wo den ganzen Tag über vulgäre Begriffe gebraucht werden. Kann eine vulgäre Sprache auf andere abfärben?

Vielleicht arbeiten Sie im Finanzsektor, wo es nur darum geht, immer mehr Geld zu verdienen, ganz gleich, auf welche Weise. Ist Habgier ansteckend?

Auf Partys, wo es hauptsächlich darum geht, sich zu betrinken: Wirkt dort der Alkoholkonsum ansteckend?

Genau wie jeder andere Lebensbereich sollten Beziehungen deshalb regelmäßig unter die Lupe genommen, korrigiert und vertieft werden.

Vor einigen Jahren war ich bei einem Eishockeyspiel der *Chicago Blackhawks* und während des Spiels gab es auf dem Eis etwa ein halbes Dutzend tätliche Auseinandersetzungen. Gegen Ende des letzten Drittels kam es zu einem Handgemenge, an dem die kompletten Ersatzbänke beider Mannschaften beteiligt waren. Als das Spiel zu Ende war, war die Stimmung im Stadion sehr aufgeheizt. Als sich die Zuschauer zum Gehen wandten, wurde aus dem üblichen Schubsen, zu dem es eben kommt, wenn ein paar Tausend Menschen versuchen, das Stadion gleichzeitig zu verlassen, schnell ein richtiger Ellbogenkampf mit Stoßen und Drängen. Ich fand mich vor der Frage wieder: *Wirken Wut und Gewalt ansteckend auf andere?*

Salomo, der weiseste Mensch, der je gelebt hat, war sich dieser unveränderbaren Tatsache so bewusst, dass er uns ermahnte, unsere Freunde klug zu wählen: „Wenn du mit vernünftigen Menschen Umgang pflegst, wirst du selbst vernünftig. Wenn du dich mit Dummköpfen einlässt, schadest du dir nur."[2]

Die folgende Geschichte habe ich in verschiedenen Varianten schon Tausende Male gehört: Jemand kommt nach dem Gottesdienst oder irgendwo in der Gemeinde oder bei einem zwanglosen Treffen auf mich zu und sagt: „Hallo, Bill, erinnern Sie sich noch an mich? Vor langer Zeit haben Sie mich getauft", oder: „Sie haben mir geholfen, in der Gemeinde einen Dienstbereich zu finden, in dem ich mitarbeiten kann", oder: „Sie haben mich mit einer Kleingruppe in Kontakt gebracht."

Und dann kommt die Geschichte ans Licht: „Es lief richtig gut, aber dann habe ich angefangen, mit ein paar Kollegen

> *Wenn du mit vernünftigen Menschen Umgang pflegst, wirst du selbst vernünftig. Wenn du dich mit Dummköpfen einlässt, schadest du dir nur.*
>
> Sprüche 13,20

freitagabends wegzugehen. Und dann sind wir auch samstagabends weggegangen. Und manchmal wurde es samstagabends etwas wild und ich habe es sonntags nicht zum Gottesdienst geschafft. Und dann habe ich meine ehrenamtliche Mitarbeit aufgegeben, weil ich so viel Zeit mit diesen Freunden verbrachte. Von da an ging es irgendwie nur noch bergab. Ich glaube, ich habe Gott komplett aus meinem Leben gestrichen." Dann erzählen diese Menschen mir von irgendwelchen dummen Entscheidungen, die sie getroffen haben, und nun ist ihr Leben ein einziges Chaos – und deshalb unterhalten sie sich jetzt mit mir. „Könnten Sie für mich beten?"

Und das tue ich. Ich bete für sie. Aber ganz im Vertrauen: Ich habe diese Geschichten so satt. Es gibt sie in Hunderten von Variationen, aber es ist immer die gleiche Etwas-ist-ansteckend-Geschichte: „Meine Beziehung zu Gott lief gut. Dann habe ich angefangen, mich mit ein paar Leuten zu treffen, und dann habe ich ihren Weg eingeschlagen und Gottes Weg verlassen – und schließlich hat mein Leben seinen absoluten Tiefpunkt erreicht. Und jetzt ist alles im Eimer. Könnten Sie für mich beten?"

Eltern warnen ihre Kinder davor: „Häng in der Schule nicht mit den falschen Freunden ab." Ihr Verhalten ist ansteckend.

Väter führen noch ein ernstes Gespräch mit ihren Söhnen, bevor diese aufs College gehen: „Mein Sohn, such dir an der Uni gute Freunde." Ihr Verhalten ist ansteckend.

Ich rate Menschen aus unserer Gemeinde, die aus beruflichen Gründen wegziehen müssen: „Sucht euch eine gute Gemeinde, in der Gottes Wort gelehrt wird, mit integeren Leitern; eine Gemeinde, die euch dazu ermutigt, in dieser Welt Jesu Hände und Füße zu sein. Nehmt euch dann Zeit, dort tiefe Freundschaften mit Menschen aufzubauen und euch ganz in diese Beziehungen zu investieren. Wenn ihr das tut, wird es euch in der neuen Stadt gut gehen." Ich gebe ihnen diese Ratschläge mit auf den Weg, weil alles (Gutes und Schlechtes) ansteckend ist.

Was Salomo sagte, trifft absolut zu: „Wenn du mit vernünftigen Menschen Umgang pflegst, wirst du selbst vernünftig. Wenn du dich mit Dummköpfen einlässt, schadest du dir nur." Wenn wir uns mit unklugen Menschen umgeben, werden wir wie sie. Und wenn wir uns mit klugen, reifen, guten Menschen umgeben, färbt ihr guter Charakter auf uns ab.

Sieben Warnsignale

Wenn man seine Beziehungswelt einfacher gestalten will, ist es von zentraler Bedeutung, dass man seinen Freundeskreis einmal unter die Lupe nimmt. Auch wenn Ihnen dieser Gedanke unangenehm ist: Sie müssen bereit sein, bei Ihren Freundschaften die nötigen Kurskorrekturen vorzunehmen. Es geht hier nicht darum, irgendjemanden zu verurteilen; es geht einfach nur darum, mit dem eigenen Leben gut zu haushalten und richtig einzuschätzen, welchen Einfluss andere auf uns selbst haben.

Es gibt viele dumme Menschen, die absolut sympathisch sind, vor allem auf den ersten Blick, und man muss genau hinschauen, um den wahren Charakter einer Person zu erkennen. Salomo zählt sieben Charaktereigenschaften auf, die für Gott so abstoßend sind, dass ein Warnlicht mit der Aufschrift „Gefahr" angehen sollte, wenn wir eine davon bei einem Freund oder Bekannten entdecken. Seine Liste ist sehr hilfreich, wenn Sie den Charakter der Personen in Ihrem Freundeskreis einschätzen wollen:

Sechs Dinge sind es, die der Herr hasst, und sieben, die er verabscheut: einen stolzen Blick; eine lügnerische Zunge; Hände, die unschuldiges Blut vergießen; ein Herz, das böse Pläne schmiedet;

Füße, die darauf aus sind, Unrecht zu tun; einen falschen Zeugen, der Lügen verbreitet; und einen Menschen, der Uneinigkeit unter Brüdern sät.[3]

Salomo sagt, dass Sie auf der Hut sein sollen, wenn Sie irgendeine dieser Eigenschaften bei jemandem aus Ihrem Bekanntenkreis entdecken. Sie können weiterhin freundlich zu diesen Personen sein, für sie beten oder ihnen irgendwie helfen. Laden Sie sie in den Gottesdienst ein. Versuchen Sie, sie zum Glauben an Jesus zu führen. Aber denken Sie niemals daran, sie in den Kreis Ihrer engsten Freunde aufzunehmen. Warum? Weil die negativen Eigenschaften ansteckend sind. Ganz gleich, wie gefestigt Sie sind – Menschen, die stolz, unehrlich, gemein sind und Unruhe stiften, werden Ihren Charakter negativ beeinflussen, die Entwicklung Ihrer Persönlichkeit behindern und Ihr geistliches Wachstum hemmen.

> Auch wenn Ihnen dieser Gedanke unangenehm ist: Sie müssen bereit sein, bei Ihren Freundschaften die nötigen Kurskorrekturen vorzunehmen.

Der Apostel Paulus bringt das in seinem Brief an die Korinther auf den Punkt: „Schlechter Umgang verdirbt gute Sitten!"[4]

Wenn wir uns im Folgenden jeden Charakterzug aus Salomos Liste einmal näher ansehen, werden Sie verstehen, warum es so wichtig ist, Ihre engsten Freunde anhand dieser Richtlinien auszuwählen.

1. *Stolz* („ein stolzer Blick"). Menschen mit stolzem Blick schauen auf andere herab. Man kann das auch *Arroganz* nennen. Vielleicht haben Sie so jemanden schon einmal getroffen: „Ich bin wichtig; du nicht. Ich bin kultiviert; du bist primitiv. Ich bin gebildet; du bist dumm. Ich bin schön; du bist gewöhnlich. Ich bin schlank; du bist dick. Ich bin verheiratet;

du bist Single. Ich bin fromm; du bist ein Heide. Ich bin jung; du bist alt. Ich bin eine Karrierefrau; du bist Hausfrau. Ich bin Geschäftsmann; du bist Arbeiter. Ich komme aus der Stadt; du kommst vom Land."

Was sagt die Bibel zum Thema „Stolz"?

„Gott widersteht den Hochmütigen, aber den Demütigen gibt er Gnade."[5]

„Der Stolze wird gestürzt: ja, Hochmut kommt vor dem Fall!"[6]

„Überschätzt euch nicht, sondern bleibt bescheiden. Keiner von euch soll sich etwas anmaßen, was über die Kraft des Glaubens hinausgeht, die Gott ihm geschenkt hat."[7]

Stolz zerstört und er wirkt ansteckend. Es wird Ihnen sehr schwerfallen, so demütig zu sein wie Christus und bescheiden zu bleiben, wenn Ihre engsten Freunde arrogant, stolz und überheblich sind.

2. *Unehrlichkeit* („eine lügnerische Zunge"). Die meisten von uns sind klug genug, sich von Menschen fernzuhalten, die offen Lügen erzählen. Aber es ist genauso wichtig, sich von Menschen fernzuhalten, die die Wahrheit verfälschen oder übertreiben; Menschen, die glauben, Notlügen seien schon nicht so schlimm.

> Es ist schwer, an der Wahrheit festzuhalten, wenn Ihre engsten Freunde „eine Zunge, die Lügen verbreitet", haben. Das ist ansteckend.

Seien Sie freundlich zu diesen Menschen, beten Sie für sie, laden Sie sie in den Gottesdienst ein; aber wenn sie zu Ihrem engeren Freundeskreis gehören, werden sie Sie eines Tages verletzen. Es passiert so schnell, dass man sich das gleiche Verhalten angewöhnt wie sie – dass man übertreibt, um eine Geschichte interessanter zu machen, oder dass man um die Wahrheit herumredet, weil das leichter fällt, als aufrichtig zu sein. Es ist schwer, an der Wahrheit festzuhalten, wenn Ihre engsten Freunde „eine Zunge, die Lügen verbreitet", haben. Das ist ansteckend.

Übrigens sind auch Auslassungen Lügen. Wenn wir zulassen, dass unser Schweigen als Zustimmung ausgelegt wird, dann ist das auch nichts anderes als offen zu lügen. Wenn Ihre Freunde andere absichtlich hinters Licht führen, indem sie Dinge verschweigen, sind sie Lügner. Und auch das färbt ab. Halten Sie sich von ihnen fern.

3. *Böswilligkeit* („Hände, die unschuldiges Blut vergießen"). Das ist doch logisch, stimmt's? Laden Sie nie einen Axtmörder in Ihre Kleingruppe ein. Aber die Bedeutung dieser Wendung ist eigentlich etwas breiter gefasst. Salomo warnt uns vor Menschen, die ihre Macht nutzen, um andere auszubeuten. Nehmen Sie sich vor denen in Acht, die die Schwachen unterdrücken. Nehmen Sie sich vor denen in Acht, die wichtig tun und andere ständig kritisieren. Nehmen Sie sich vor Menschen in Acht, die gemein sind. Das ist ein Warnsignal.

Vor Kurzem musste ich an eine Sache denken, an die ich schon seit fünfzig Jahren nicht mehr gedacht hatte. Es fällt mir nicht leicht, sie zu erzählen, weil mich der Gedanke daran noch heute ganz krank macht. Ich war damals zwar noch ein Junge, aber ich frage mich trotzdem, ob ich nicht mehr hätte tun sollen.

Als ich mit zehn Jahren in einem zweiwöchigen Sommerlager war, wohnte ich mit acht Jungs in einer Hütte, die ich noch nie vorher getroffen hatte. Am ersten Tag beäugten wir uns alle gegenseitig. Selbst im zarten Alter von zehn Jahren versuchten wir schon herauszufinden, wer wohl der Anführer und wer der coole Typ war.

Einer der Jungs war etwas älter als wir anderen, und er hatte so eine Art an sich, dass wir alle seine Freunde sein wollten.

Eines Tages fing dieser Junge vor unserer Hütte mit einem Mülleimer ein Erdhörnchen. Wenn Sie sich ein wenig mit Erdhörnchen auskennen, dann wissen Sie, dass das unglaubliches Geschick erfordert. Wir staunten alle ehrfürchtig, als er seine Beute in die Hütte brachte.

Wir standen um den Eimer herum und sahen zu, wie das verstörte, kleine braune Tierchen auf dem Boden herumrannte. Dann zog der Junge, der es gefangen hatte, ein Taschenmesser heraus und sagte: „Los, wir foltern es ein bisschen." Und dann fing er an, mit dem Messer nach dem Erdhörnchen zu stechen.

Die meisten von uns hatten ein ungutes Gefühl dabei, aber wir wollten ja die Freunde dieses Jungen sein. Also zogen die anderen Jungen einer nach dem anderen ihr Taschenmesser und machten mit.

Ich zwar erst zehn, aber ich wusste, dass das falsch war. Tief in mir drin wusste ich, dass das nicht cool war. Ich wusste, dass dieses Erdhörnchen ein Geschöpf Gottes war und dass es falsch war, ihm nur so zum Spaß wehzutun. Ich wusste, dass es so falsch war, dass ich bereit war, für die nächsten zwei Wochen der „Loser" zu sein, wenn nötig. Also sagte ich zu dem Jungen mit dem blutigen Messer in der Hand: „Lass das Erdhörnchen gehen."

„Es ist doch nur ein Erdhörnchen", sagte er. „Die sind sehr schwer zu fangen. Und ich werde es zu Tode quälen. Machst du jetzt mit oder nicht, Hybels?"

„Nein, ich mache nicht mit", entgegnete ich. Während die anderen Jungen ihre Taschenmesser zückten und das arme Erdhörnchen zu Tode quälten, ging ich nach draußen und kotzte mir die Seele aus dem Leib, weil ich hören konnte, was drinnen vor sich ging.

An diese Begebenheit habe ich seit fünfzig Jahren nicht mehr gedacht, aber als ich las, dass man sich vor Händen hüten solle, die das Blut Unschuldiger vergießen, wurde die Erinnerung daran wieder wach. In Sprüche 12, Vers 10 geht es sogar ganz konkret darum: „Ein guter Mensch sorgt für seine Tiere."

Ich *hasse* Gewalt. Ich hasse sie in jeder Form. Ich hasse es zu wissen, dass diese Jungs das arme Erdhörnchen gequält und massakriert haben. Ich habe Prügeleien in der Schule gehasst. Wenn Schüler angefangen haben, sich auf dem Gang zu prügeln, bin ich weggegangen. Es hat mich ganz krank gemacht. Ich weigere mich, mir irgendwelche Käfig-Matches oder andere gewalttätige Sportarten im Fernsehen anzuschauen. Ich bin schon mehr als ein Mal aus einem Kinofilm gegangen, wenn es zu viele sinnlose Schlägereien und Schießereien darin gab. Ich hasse Gewalt.

> Als ich las, dass man sich vor Händen hüten solle, die das Blut Unschuldiger vergießen, wurde die Erinnerung daran wieder wach.

In meinen späten Teenagerjahren, unmittelbar nach dem Vietnamkrieg, ging ich einmal durch das Walter-Reed-Militärkrankenhaus, das außerhalb von Washington, D. C., lag. Damals hatte es 5.500 Zimmer auf einer Fläche von 11,2 Hektar.

Jener Tag hat mich verändert. In jedem Raum lagen Soldaten, die aus dem Vietnamkrieg zurückgekehrt waren. Ich sah Hunderte von jungen Männern und Frauen – die nur ein paar Jahre älter waren als ich – mit verstümmelten Körpern, fehlenden Gliedmaßen, Gesichtern, die bis zur Unkenntlichkeit verbrannt waren, leerem Blick und kaum Hoffnung. Und da fing ich an, den Krieg zu hassen. *Zu hassen.* Ich fing an, kriegstreiberischen Führern und Politikern, nicht nur in den USA, sondern überall auf der Welt, zu misstrauen.

Gewalt scheint so sehr dem Herzen Gottes zu widersprechen. Sie scheint so unvereinbar zu sein mit Gottes Wesen und Charakter. Als Jesus im Garten Gethsemane verhaftet wurde, griff sein Freund Petrus zur Waffe, um ihn zu beschützen. Er packte sein Schwert und schnitt einem Diener des Hohepriesters, einem der Männer, die die Verhaftung Jesu angezettelt hatten, ein Ohr ab.

„Aber Jesus befahl: ‚Hört auf damit!' Er berührte das Ohr des Mannes und heilte ihn."[8]

Als er mit roher Gewalt konfrontiert war, heilte Jesus. Er bückte sich, hob das Ohr des Mannes auf und heilte ihn ganz sanft wieder. Er heilte einen Mann, der gekommen war, um ihn zu verhaften und zur Kreuzigung zu schleppen.

Jesus hasste Gewalt. Er wandte sich in seinen Predigten gegen Gewalt. Er lebte ein Maß an Sanftmut vor, das die Welt noch nie gesehen hatte. Selbst als die Soldaten ihn gnadenlos verprügelten, ihm den Bart ausrissen und ihn nackt und schutzlos zurückließen, vergab Jesus ihnen.

Wir leben in einer gewaltbereiten Kultur. In unserer Gesellschaft gilt Gewalt sogar als unterhaltsam, und da frage ich mich, ob wir nicht völlig in die Irre gegangen sind. Brutale Sportarten, Gewalt im Fernsehen und im Kino, Gewalt in Videospielen für Kinder – das ist schon so normal, dass wir nicht einmal mehr mit der Wimper zucken. Aber diese Dinge sind ansteckend. Sind wir schon so sehr damit geimpft, dass wir die Gewalt gar nicht mehr wahrnehmen? Neigen wir dazu, Gewalt zu akzeptieren, wo der Heilige Geist möchte, dass wir ihr widerstehen und sie ablehnen? Möchte Gottes Heiliger Geist, dass uns angesichts sinnloser Gewalt und dem Vergießen von unschuldigem Blut ein bisschen schneller kotzübel wird?

In unserer von Gewalt durchtränkten Welt ist es schwer, ein sanftmütiges Herz zu bewahren – und es wird noch schwerer, wenn man sich mit Gewalt liebenden, krakeelenden, sich angeberisch auf die Brust klopfenden Typen umgibt. Wenn Sie sich mit gewaltverliebten Menschen abgeben, die auf unschuldig vergossenes Blut nicht länger mit Entsetzen reagieren, dann färbt das auf Sie ab.

Es fällt mir so schon schwer genug, sanftmütig zu sein. Da brauche ich nicht noch irgendeinen Angeberquatsch, der auf mich abfärbt. Stattdessen brauche ich mehr Heiligen Geist.

4. & 5. Auf der Suche nach Ärger („ein Herz, das böse Pläne schmiedet; Füße, die darauf aus sind, Unrecht zu tun"). Wir alle haben schon von Leuten gehört, die dem schnellen Geld frönen oder Geschäftsprojekte verfolgen, die den Schwachen und Unwissenden das Geld aus der Tasche ziehen. Wir hören in den Nachrichten ständig von allen möglichen Betrügereien. Salomo warnt vor Menschen, die keinerlei Skrupel haben, die Schutzlosigkeit oder Leichtgläubigkeit anderer auszunutzen, um schnelles Geld zu machen.

Einmal lernte ich einen Mann kennen, der sich von Gott berufen fühlte, eine sehr lukrative Karriere aufzugeben, um in den USA eine Initiative gegen die Produktion und Verbreitung von Kinderpornografie ins Leben zu rufen. Die Bösartigkeit dieses Wirtschaftszweiges, der die Schwächsten aller Schwächsten ausbeutet, packte ihn so sehr, dass er sich von ganzem Herzen dieser Initiative widmete, und dafür hat er meinen Respekt. Später traf ich mich mal mit ihm, um mehr über seine Anstrengungen zu erfahren und ihn zu unterstützen.

> Es fällt mir so schon schwer genug, sanftmütig zu sein. Da brauche ich nicht noch irgendeinen Angeberquatsch, der auf mich abfärbt. Stattdessen brauche ich mehr Heiligen Geist.

Er erzählte mir von all den Dingen, die er unternahm, um die Produktion und Verbreitung von Kinderpornos zu stoppen,

241

was ein sehr komplexes Thema ist. Ich versuchte, das Gehörte zu begreifen, und fragte schließlich: „Wie können diese Menschen nachts noch schlafen, wenn sie wissen, dass sie von der Vergewaltigung und Misshandlung kleiner Jungen und Mädchen leben?"

Er lächelte mich an, als wolle er sagen: *Du hast es immer noch nicht begriffen, oder?* Dann erklärte er mir: „In der Pornoindustrie nennen die Kameraleute das ‚Schauspielerei', die Regisseure nennen es ‚Kunst', die Filmverleiher nennen es ‚freie Marktwirtschaft' und die Videotheken nennen es ‚Unterhaltung'. Jeder rechtfertigt seinen Part an dem Ganzen – deshalb muss sich auch keiner schuldig fühlen, verstehst du?"

Ich saß am Tisch, schüttelte den Kopf und dachte nur: *Willst du mich auf den Arm nehmen? Wirklich?*

Man merkt, dass jemand etwas ausheckt oder einen Betrug anzettelt, wenn der Betreffende sich alle nur erdenkliche Mühe macht, die Sache zu rechtfertigen und hübsch zu verpacken. Wenn man diese Personen fragt, womit sie ihren Lebensunterhalt verdienen, dann sagen sie nicht: „Ich profitiere von der Vergewaltigung kleiner Jungen und Mädchen." Ohne eine Miene zu verziehen werden sie irgendwelche „guten" Gründe oder „nette" Umschreibungen für die bösen Machenschaften finden, mit denen sie sich auf Kosten Unschuldiger und Wehrloser die Taschen füllen.

Sie können für diese Menschen beten. Sie können sie warnen. Wenn sie gegen das Gesetz verstoßen, können Sie die Polizei rufen, um sie davon abzuhalten. Wenn sie einem Kind wehtun, sollten Sie sie auf jeden Fall aufhalten! Aber geben Sie sich nicht mit diesen Menschen ab. Wenn Sie Zeit mit Personen verbringen, die böse Machenschaften aushecken und auch noch „gute" Gründe finden, um sich nicht schuldig zu fühlen, färbt das auf Sie ab.

Es gibt viele böse Dinge, bei denen man bei Weitem nicht so tief sinkt wie bei Kinderpornografie. Aber kommen Sie jetzt nicht auf die Idee, Ihre eigenen „kleinen Abkürzungen" mit diesem Schmutz zu vergleichen und sie sich dadurch schönzureden. Natürlich verkaufen Sie keine Pornos. Aber in Gottes Augen sind Ihre „Abkürzungen" und „kleinen Schummeleien" eine ernste Angelegenheit. Wenn Sie Ihre eigene Firma aufbauen, dann wissen Sie, wie schwer es ist, in einer Welt voller Grautöne ein lupenreines, absolut ehrliches Geschäft zu leiten. Wenn Sie wollten, könnten Sie sich ein bisschen was extra verdienen, wenn Sie es nicht ganz so genau nehmen. Aber tun Sie das nicht. Und umgeben Sie sich auch nicht mit Menschen, die das tun. Kompromisse sind ein schlüpfriger Untergrund, auf dem Sie nicht stehen wollen.

> In Gottes Augen sind Ihre „Abkürzungen" und „kleinen Schummeleien" eine ernste Angelegenheit.

6. *Klatsch und üble Nachrede verbreiten* („ein falscher Zeuge, der Lügen verbreitet"). Menschen, die aus purem Vergnügen daran, anderen zu schaden, falsche Informationen verbreiten, sollte man meiden. Salomo warnt uns: „Wer klatschsüchtig ist, wird auch anvertraute Geheimnisse ausplaudern; ein zuverlässiger Mensch schweigt."[9]

Wenn jemand Ihnen immer die neuesten Fakten über andere erzählt, dann können Sie sicher sein, dass der- oder diejenige anderen auch das Neueste über Sie erzählt. Machen Sie sich nicht selbst zum Gegenstand des neuesten Tratsches. Halten Sie sich von Menschen fern, die immer interessante Neuigkeiten auf Lager haben – ganz gleich, ob das, was sie erzählen, stimmt oder nicht. Klatsch und üble Nachrede sind das Letzte, das auf Sie abfärben sollte. Wir müssen Menschen sein, die die Wahrheit sagen und Vertrauliches für sich behalten.

7. *Unfrieden stiften* („ein Mensch, der Uneinigkeit unter Brüdern sät"). Nehmen Sie sich vor Menschen in Acht, die *Unfrieden stiften*. In Sprüche 16, Vers 28 heißt es: „Ein hinterlistiger Mensch sät Zank und Streit, und ein Lästermaul bringt Freunde auseinander" (Hfa). Es dauert nicht lange, um herauszufinden, ob jemand im Grunde polarisiert oder vereint; ob er Brücken baut oder Zündstoff liefert.

Vor Kurzem war ich bei einem lockeren Zusammensein und genoss eine angenehme Unterhaltung im Kreis einiger Menschen, die ich nicht näher kannte. Ein Mann mit einem Cocktail in der einen Hand und einem Teller kleiner Häppchen in der anderen kam dazu und fing an, sehr voreingenommen über Politiker und Präsidentschaftskandidaten zu reden. Er zog über einen der Kandidaten her, meinte, was für „idiotische Ideen" dieser Mann doch hätte, und so weiter. Innerhalb von dreißig Sekunden entstand in diesem bis dahin so angenehmen Kreis eine heftige Debatte und jeder gab seine Ansichten zum Besten.

Ich stand kopfschüttelnd dabei und beobachtete verwundert, wie schnell eine einzige Person die ganze Gruppe polarisiert und für Uneinigkeit und Streit gesorgt hatte. Ich zog mich aus dieser unangenehmen Unterhaltung zurück und ging nach draußen an die frische Luft. Da fiel mir ein Bibelvers ein: „Soweit es irgend möglich ist und von euch abhängt, lebt mit allen Menschen in Frieden."[10]

> Ich bin von vielen Dingen zutiefst überzeugt, aber ich habe mein ganzes Leben lang versucht, Brücken zu bauen.

Jesus hat gesagt: „Glücklich sind, die Frieden stiften."[11] Ich bin von vielen Dingen zutiefst überzeugt, aber ich habe mein ganzes Leben lang versucht, Brücken zu bauen. Wenn ich in dieser Richtung irgendeinen Fortschritt gemacht habe, so wurde das dadurch gefördert, dass ich mir enge Freunde gesucht habe, die sich diesem Ziel ebenso verschrieben haben. Heute macht es mich einfach nur noch müde, wenn ich es mit polarisierenden Zündstoff-Lieferern zu tun bekomme, denen es Spaß macht, Menschen und Gruppen zu entzweien.

Eines der besten Dinge in meiner Ehe mit Lynne ist, dass sie eine sehr effektive Brückenbauerin ist. Sie verbringt jedes Jahr viele Wochen in einigen der am meisten von Krisen geschüttelten Regionen der Welt – zum einen in der Demokratischen Republik Kongo, die als Vergewaltigungs-Nation Nr. 1 bezeichnet wird[12]; zum anderen reist sie nach Israel und Palästina, wo ein schon seit vielen Generationen andauernder Konflikt Familien, Dörfer und Städte zerreißt. Lynne muss ungeheuer viel körperliche, emotionale und geistliche Kraft aufwenden, um Brücken zwischen Gruppen zu bauen. Sie nimmt an Versöhnungsforen teil und versucht, erbitterte Feinde dazu zu bringen, miteinander zu reden, anstatt noch einmal eine Generation lang das Blut ihrer Söhne und Töchter zu vergießen. Wenn man mit einer Versöhnerin, einer Friedenstifterin, einer Brückenbauerin zusammenlebt, ist das ansteckend. Ich bin sehr dankbar für all die Gelegenheiten, bei denen Lynnes Friedensbemühungen auf mich abgefärbt haben.

Wenn Sie versuchen wollen, mehr Brücken zu bauen und weniger Zündstoff zu liefern, dann halten Sie nach Personen Ausschau, die Brückenbauer sind; nehmen Sie diese in Ihren Freundeskreis auf. Und halten Sie sich von Zündstoff-Lieferern und polarisierenden Zeitgenossen fern. Auch hier gilt: Sie können für sie beten und sie in den Gottesdienst einladen, wo sie etwas über die Lehren und das Leben von Jesus Christus erfahren, dem größten Brückenbauer und Versöhner der Menschheit. Aber geben Sie sich nicht mit diesen Menschen ab, denn ihr Verhalten ist ansteckend.

Salomos sieben Warnsignale sind ein guter Anfang, wenn wir unseren Freundeskreis unter die Lupe nehmen wollen, damit wir entsprechende Korrekturen vornehmen können. Lassen Sie sich nicht einreden, es sei schon nicht so schlimm, sich mit Menschen abzugeben, die einige dieser charakterlichen Mängel aufweisen. Sie werden Sie auf jeden Fall beeinflussen. Ihre Charaktereigenschaften werden zu den Ihren werden. Bleiben Sie auf Distanz – und schauen Sie sich stattdessen nach Menschen mit einem starken Charakter um, der auf Sie abfärben wird.

Neun begrüßenswerte Charaktereigenschaften

Drehen wir den Spieß doch einmal um: Sie sind auf einem christlichen Konzert. Zwei Stunden lang singen die Menschen sich mit erhobenen Händen die Lunge aus dem Leib. Sie kennen sie nicht; Sie haben sie vielleicht noch nie zuvor gesehen. Aber das ist egal. Etwas verbindet Sie. Wirkt dieser Geist der Anbetung ansteckend? Natürlich.

Ihre Abteilungsleiterin ist ein fröhlicher Mensch und arbeitet jeden Tag acht Stunden hart. Sie verbreitet in der ganzen Abteilung gute Laune. Färbt ihre positive Einstellung auf Sie ab? Ja.

> Wirkt der Geist der Anbetung ansteckend? Natürlich. ... Färbt eine positive Einstellung auf Sie ab? Ja.

Sie gehen dreimal pro Woche in ein Fitness-Studio. Während dieser Zeit treffen Sie eigentlich immer die gleichen Leute. Sie sind fit; sie sind diszipliniert; sie sind begeistert bei der Sache. Sie machen ihre Übungen. Sie trinken ihren Eiweiß-Shake. Sie treiben sich selbst an. Wirken ihre gesunden Gewohnheiten in gewisser Weise ansteckend? Auf jeden Fall!

Sie nehmen an einem 12-Schritte-Programm teil und hören den anderen Frauen und Männern zu, die davon erzählen, was sie Schritt für Schritt abarbeiten[13]: Sie gestehen ihre Fehler ein. Sie ermutigen sich gegenseitig. Sie haben sich verpflichtet, einen anderen Lebensweg einzuschlagen. Wirkt dieser lebensverändernde Mut ansteckend? Ohne Zweifel.

Alle Beziehungen in unserem Leben färben auf uns ab. Die guten und die schlechten.

Der Apostel Paulus bietet uns noch eine Ergänzung zu Salomos sieben Warnhinweisen. Wenn Sie nach Menschen Ausschau halten, deren Charakter auf positive Weise auf Sie abfärben soll, wäre Paulus' Liste ein guter Ausgangspunkt:

Der Geist Gottes dagegen lässt als Frucht eine Fülle von Gutem wachsen, nämlich: Liebe, Freude und Frieden, Geduld, Freundlichkeit und Güte, Treue, Bescheidenheit und Selbstbeherrschung. Gegen all dies hat das Gesetz nichts einzuwenden.[14]

Diese Liste von Charaktereigenschaften ist nichts für Leute mit schwachen Nerven. In einer Gesellschaft, die mehr zu Selbstsucht, Gewalt und Anspruchsdenken neigt, braucht man Mumm, um diese Charaktereigenschaften auszuleben. Man muss tagtäglich eine gewisse innere Stärke aufbringen, um trotz des Auf und Ab der äußeren Umstände liebevoll, fröhlich, friedfertig, geduldig, freundlich, gütig, treu, bescheiden und selbstbeherrscht zu sein. Wenn Sie Freunde suchen, die Sie in Ihren inneren Kreis aufnehmen wollen, dann halten Sie nach Menschen Ausschau, die diese grundlegende Frucht des Heiligen Geistes an den Tag legen. Sie werden Ihr Leben positiv beeinflussen. Ihr Charakter wird auf Sie abfärben.

Drei Ebenen der Freundschaft

Wenn Sie mithilfe dieser Warnhinweise und begrüßenswerten Eigenschaften den Charakter Ihrer Freunde und Bekannten ausgelotet haben, sollten Sie sich als Nächstes darüber Gedanken machen, wie tief Ihre Beziehung zu jeder dieser Personen ist. Eine ehrliche Einschätzung der Intensität Ihrer Freundschaften hilft Ihnen, gezielt Veränderungen vorzunehmen. Sie können Freunde mit positivem Charakter stärker in das Zentrum Ihres Freundeskreises rücken und zu Freunden, die negativere Eigenschaften haben, welche „abfärben" könnten, etwas mehr auf Abstand gehen. Dennoch möchte ich auch an dieser Stelle noch einmal deutlich machen, dass es hier nicht darum geht, jemanden zu verurteilen.

Ganz gleich, wie der Charakter eines Menschen auch ist: Jeder ist Gott unendlich wertvoll und sollte daher auch uns unendlich wertvoll sein. Aber wenn Sie eine klare Vorstellung davon haben, welchen Platz jede Person in Ihrem Leben einnimmt, können Sie sich auch über Ihre Erwartungen klarwerden. Und wenn Sie realistische Erwartungen an eine Beziehung haben, vereinfacht dies Ihr Leben im Beziehungsbereich sehr: Sie werden weniger enttäuscht und können Ihren wirklich guten Freunden mehr Kraft und Energie schenken.

> Wenn Sie eine klare Vorstellung davon haben, welchen Platz jede Person in Ihrem Leben einnimmt, können Sie sich auch über Ihre Erwartungen klarwerden.

1. Zufällige Bekannte. Die Personen, die wir auf der Arbeit im Vorbeigehen grüßen, der Kumpel, dem wir im Fitness-Studio begegnen, die Kassiererin im Supermarkt – das sind alles nette Leute. Sie sind freundlich zu uns und wir sind freundlich zu ihnen. Aber sind das wirklich *Freunde*? Oder bezeichnen wir sie nur deshalb als Freunde, weil äußere Umstände dafür sorgen, dass wir ihnen regelmäßig begegnen? Eigentlich handelt es sich dabei eher um zufällige Bekannte. Sie werden nicht zu Ihrer Beerdigung kommen. Und auch nicht zu meiner. Wir sind nur zufällig miteinander bekannt, und wenn die Umstände sich ändern, sind die Beziehungen beendet. So einfach ist das.

Hin und wieder wird aus einem zufälligen Bekannten ein echter Freund. Aber normalerweise versucht man nicht, herauszufinden, in welches andere Geschäft die Kassiererin im Supermarkt gewechselt ist, um dann dort einkaufen zu gehen und die „Freundschaft" aufrechtzuerhalten. Wenn der Mann, der während der letzten vier Jahre mit Ihnen zusammen im Fitness-Studio trainiert hat, plötzlich ohne Grund fehlt, versuchen Sie nicht, ihn übers Internet aufzustöbern. Wenn Ihr Zahnarzt in den Ruhestand geht, suchen Sie sich einen neuen, aber Sie fangen nicht an, sich alle sechs Wochen mit Ihrem alten Zahnarzt zum Mittagessen zu verabreden, um in Kontakt zu bleiben. Sie akzeptieren, dass das Leben eben weitergeht. Solche Beziehungen kommen und gehen.

Zufällige Bekannte sind keine *falschen* Freunde. Sie sind nicht unaufrichtig, wenn Sie sich mit Ihnen unterhalten. Aber was Sie verbindet, ist die Arbeit, das Geschäft oder die Dienstleistung Ihres Bekannten. Und wenn diese Umstände sich ändern, ist es sehr unwahrscheinlich, dass Sie diese Menschen wiedersehen werden. Sie sollten also freundlich zu ihnen sein, aber nicht auf die Idee kommen, diese Menschen auf die Liste der Personen zu setzen, die vermutlich zu Ihrer Beerdigung erscheinen.

Vor einigen Monaten habe ich mich mit ein paar Leuten aus einer Kleingruppe unterhalten, der ich seit etwa fünfzehn Jahren angehöre. Eine der Frauen in der Gruppe, die sich zwanzig Jahre lang auf der Arbeit engagiert in ihr Team eingebracht hat, erzählte, dass sie den Eindruck hatte, Gott sage ihr, sie solle in ihrem nächsten Lebensabschnitt einen anderen Beruf ausüben. Sie war sich ziemlich sicher, dass Gott das wollte, aber sie brachte es nicht übers Herz, das an ihrer jetzigen Arbeitsstelle bekannt zu geben, weil sie ein schlechtes Gewissen hatte, ihre Kollegen und ihren Chef im Stich zu lassen.

„Ich bringe einfach nicht den Mut auf zu kündigen, weil wir wie eine Familie sind", sagte sie. „Sie werden am Boden zerstört sein."

Sie hielt inne und wartete auf eine Reaktion der Gruppe. *Schweigen.* So vorsichtig, wie ich nur konnte, sagte ich: „Wenn Gott dir sagt, dass du einen anderen Beruf annehmen sollst, dann musst du es tun. Ich weiß, dass du die anderen auf der Arbeit nicht enttäuschen willst, aber Tatsache ist, dass sie, sobald du gekündigt hast, einen Plan haben werden, wie sie dich ersetzen können. Nicht, dass sie dich nicht vermissen werden, aber sie werden auch ohne dich weitermachen."

Sie brach in Tränen aus. Nicht rührselig und zurückhaltend, sondern sie heulte Rotz und Wasser. Zunächst befürchtete ich, dass sie über den Tisch springen und mich erwürgen würde. Aber sie beruhigte sich und sagte: „Bill, du hast vollkommen recht. Sie *werden* ohne mich weitermachen. Es wird alles in Ordnung sein. Ich habe mir selbst eingeredet, dass wir wie eine Familie sind, dass wir Freunde fürs Leben sind, und dabei hat uns nur die Arbeit zusammengeführt. Wir mögen uns, weil wir seit Jahren zusammenarbeiten, aber wir sind nicht *wirklich* eine Familie." Sie hatte recht. Sie und ihre Kollegen waren wunderbare, herzliche zufällige Bekannte, aber sie sind keine echten Freunde oder gar eine Familie.

Zufällige Bekannte sind wichtig. Man darf und sollte jede Menge davon haben. Man sollte bei jeder Begegnung mit diesen zufälligen Bekannten von Herzen freundlich und liebevoll sein. Man sollte für sie beten und sie in den Gottesdienst einladen. Aber wenn Sie diese Menschen für echte Freunde halten, werden Sie enttäuscht werden. Denn ich sage es noch einmal: Sie werden nicht zu Ihrer Beerdigung kommen.

Investieren Sie Ihre Zeit und Energie nicht in zu viele zufällige Bekannte. Sie haben nur ein gewisses Kontingent an Beziehungsenergie, und das müssen Sie sich klug einteilen. „Die Gottesfürchtigen sind vorsichtig in der Freundschaft, aber der Weg der Gottlosen führt sie in die Irre", warnt Salomo in den Sprüchen.[15] Wählen Sie Ihre echten Freunde sorgfältig aus – und sparen Sie genug Energie für diese echten Freundschaften auf.

> Man sollte bei jeder Begegnung mit diesen zufälligen Bekannten von Herzen freundlich und liebevoll sein.

2. Echte Freunde – auf Zeit. In der Anfangszeit unserer Gemeinde habe ich eine Freundschaft mit einem Mann aufgebaut, der einen wirklich guten Charakter hatte. Unsere Beziehung vertiefte sich und entwickelte sich zu einer „echten" Freundschaft. Ich dachte, diese Freundschaft würde ein Leben lang halten. Und wir waren auch zwanzig Jahre miteinander befreundet.

Damals gingen wir beide in eine Männer-Kleingruppe. Eines Tages kam mein Freund zu unserem Kleingruppen-Treffen, das in einem nahe gelegenen Restaurant stattfand, setzte sich an den Tisch und verkündete: „Ich habe am Wochenende meine Firma verkauft und werde nächsten Monat nach Florida ziehen. Ich danke euch für all die schönen Erinnerungen. Aber die ‚Chicago Bears' werde ich natürlich trotzdem noch anfeuern. Ihr kennt mich ja – ich bin durch und durch ein ‚Bears'-Fan."

Ich war wie vom Donner gerührt. Mir war nie der Gedanke gekommen, dass die Freundschaft mit diesem Mann einmal nicht mehr Teil meines Lebens sein würde. Und so sollte eine zwanzig Jahre alte Freundschaft enden? Mit einem „Ich ziehe nach Florida; danke für die Erinnerungen – und ich bleibe ein ‚Bears'-Fan"? Ich hatte gedacht, dass meine Freundschaft mit diesem Mann ein Leben lang halten würde. Natürlich konnten wir immer noch miteinander telefonieren und uns Mails schreiben. Wir konnten uns auch hin und wieder besuchen. Aber die Nähe, die uns verbunden hatte, weil wir Tag für Tag das Leben des anderen teilten, war zerstört. Danach war ich eine ganze Weile sehr desillusioniert, was Freundschaften anging.

Ich wünschte mir, jemand hätte mir in jungen Jahren schon beigebracht, dass auch echte Freundschaften – wie die mit diesem Mann und vielleicht sogar die meisten echten Freundschaften – letztlich nur *auf Zeit* geschlossen werden und nicht lebenslang. In unserem Leben beginnen immer wieder neue Abschnitte, während andere enden, und unsere Freundschaften folgen diesem Muster ebenfalls.

> Ich wünschte mir, jemand hätte mir in jungen Jahren schon beigebracht, dass auch echte Freundschaften letztlich nur *auf Zeit* geschlossen werden.

Etwa zur gleichen Zeit, als mein Freund und *Bears*-Fan seinen bevorstehenden Umzug ankündigte, schickte mir ein anderer Freund – durch Gottes Fügung, denke ich – aus heiterem Himmel eine CD. Er ist Dozent und lehrt über das Thema „Führung", und diese CD enthielt eine Vorlesung darüber, warum einige seiner prägendsten Freundschaften nur fünf, zehn oder auch zwanzig Jahre gehalten hatten; und dann veränderten sie sich aus gutem Grund: Jemand zog weg. Jemand fing an, den Winter in Florida zu verbringen. Freunde ließen sich scheiden und alles wurde etwas … kompliziert. Was auch immer der Grund war, irgendein Ereignis definierte die Dynamik der Freundschaft neu.

Was mein Freund damit sagen wollte, ist, dass viele von uns viel in wichtige, echte Freundschaften investieren und sich wirklich daran erfreuen; aber wir sollten nicht überrascht sein, dass im Leben aus irgendeinem Grund die Karten immer mal wieder neu gemischt werden. Ohne dass jemand etwas dafür kann, verändert sich alles. Wie der kluge König Salomo schon in Kapitel 3 des Buches Prediger sagte, hat alles im Leben seine Zeit – auch die Freundschaft.

Je mehr ich über die zeitliche Begrenztheit selbst der engsten Freundschaften nachdachte, umso größer waren meine Gewissensbisse wegen meiner ersten Visionen für *Willow Creek*, kurz nach Gründung der Gemeinde. Ich war zweiundzwanzig und recht naiv gewesen, was Freundschaften und das Leben anging. Als ich mich vor die Mitarbeiter und die kleine Schar der Christus-Nachfolger gestellt hatte, die sich in einem angemieteten Kinosaal in Palatine in Illinois trafen, hatte ich Dinge gesagt wie: „Hallo, alle zusammen! Lasst uns zusammen eine echt coole Gemeinde bauen und Menschen zu Gott führen. Lasst uns gemeinsam hart arbeiten und richtig viel Spaß haben und füreinander wie eine Familie sein. Und das machen wir vierzig Jahre lang, und dann gehen wir alle in das gleiche Altenheim, sitzen dort zusammen den ganzen Tag im Schaukelstuhl, trinken Limo, sabbern vor uns hin und reden von den guten alten Zeiten. Kommt, Hand drauf, wir wollen unser ganzes Leben miteinander teilen. Macht ihr mit?"

Und weil diese Vision so viel Kraft hatte und so anziehend war, hatten viele ihre Hand gehoben und gesagt: „Wir machen mit. Unser ganzes Leben lang!"

Aber alle paar Jahre passierte irgendetwas. Eine der Familien aus dem Kern der Gemeinde musste aus beruflichen Gründen wegziehen. Eine andere Familie zog ans andere Ende der Vereinigten Staaten, um sich um die älter werdenden Eltern zu kümmern. Manche Familien beschlossen auch einfach, dass eine andere Gemeinde besser zu ihnen passte. Der Schmerz ging bei jedem Abschied tief, weil es sich anfühlte, als würde damit der Traum sterben, den ich geträumt hatte. Ich hatte wirklich geglaubt, wir würden unser ganzes Leben lang zusammenbleiben.

Heute weiß ich, dass meine Vision naiv war und denen, die weggezogen sind, vielleicht unnötig Schmerzen bereitet hat. Die hohen Erwartungen daran, wie lange unsere Freundschaften halten würden, waren unrealistisch.

3. Freunde fürs Leben. Manchmal treffen die Umstände und die gegenseitige Chemie so zusammen, dass eine Freundschaft wirklich ein Leben lang hält. Durch Gottes Güte sind alle vier Ehepaare, die die Gemeinde ursprünglich gegründet haben, immer noch da – Joel und Cathy Jager, Scott und Laurie Pederson, Tim und Erin VandenBos sowie Lynne und ich. Bis dato haben wir schon vierzig Jahre gemeinsam gedient und unser Leben miteinander geteilt. Viele von denen, die damals auch ihre Hand gehoben hatten, sind immer noch in unserer Gemeinde und arbeiten aktiv mit – viele sogar als fest angestellte Mitarbeiter. Das ist eines der größten Geschenke Gottes in meinem Leben.

Es ist offensichtlich, dass wir lebenslange Freundschaften nicht machen oder erzwingen können. Sie werden im Schützengraben des täglichen Lebens geschmiedet – und brauchen, wie der Name schon sagt, ein Leben lang, um zu wachsen. Ich glaube, wenn wir uns voll und ganz in Freundschaften investieren – selbst wenn wir uns nicht an diese Beziehungen klammern –, wird Gott uns in seiner Gnade eine gewisse Anzahl von

Die hohen Erwartungen daran, wie lange unsere Freundschaften halten würden, waren unrealistisch.

Freundschaften schenken, die ein ganzes Leben lang halten. Diese Freundschaften sind ein kostbarer Schatz.

Wenn ich heute zu unseren fest angestellten und leitenden ehrenamtlichen Mitarbeitern bei *Willow Creek* spreche, beschreibe ich unsere Beziehungen etwas anders. Ich sage: „Hallo, Leute, hört mal. Gott hat unsere Herzen während dieser aufregenden Zeit in unserer Gemeinde miteinander verbunden. Keiner weiß, wie lange diese Phase dauern wird, also lasst sie uns in vollen Zügen genießen. Lasst uns das als Geschenk Gottes annehmen und uns über die Liebe und Zuneigung, die uns verbinden, freuen. Wenn diese Zeit eines Tages, aus welchen Gründen auch immer, zu Ende ist und Gott euch eine andere Aufgabe in seinem Reich zuteilt, dann lasst uns von Herzen dankbar sein, dass wir diese Zeit der Freundschaft und des gemeinsamen Dienstes erleben durften."

Wenn ich die Vision auf diese Weise vermittle, scheint sie mehr der Bibel zu entsprechen. Ich weiß, dass meine Erwartungen daran, wie das Leben und Freundschaften wirklich funktionieren, dann realistischer sind. Das schenkt auch den Menschen die Freiheit, Gottes Führung in den verschiedenen Abschnitten ihres Lebens mit offenem Herzen zu folgen.

Ab und zu müssen uns die Augen für die Realität geöffnet werden. Wenn wir jede echte Freundschaft als etwas sehen, das kommen und gehen kann, sind wir umso dankbarer für jeden Tag, jede Woche und jeden Monat, den wir mit diesen Menschen verbringen dürfen. Ich will damit die Tiefe und Liebe solcher Freundschaften nicht herunterspielen. Sie können lebensverändernd sein.

> Wenn wir jede echte Freundschaft als etwas sehen, das kommen und gehen kann, sind wir umso dankbarer für jeden Tag, jede Woche und jeden Monat, den wir mit diesen Menschen verbringen dürfen.

Sie können lebenspendend sein und Freude bereiten. Aber sie halten vielleicht nicht bis zu dem Tag, an dem man Limonade schlürfend und sabbernd im Schaukelstuhl auf der Veranda den Lebensabend miteinander genießt. Sie werden Ihren Lebensabend vielleicht mit völlig anderen Freunden verbringen als denen, die Sie im Moment haben. Das ist durchaus möglich. Und die spielen vielleicht lieber Minigolf, als im Schaukelstuhl zu sitzen; man weiß ja nie.

Den Freundeskreis zurechtstutzen

Eine Freundin hat mir eine Geschichte erzählt, die verdeutlicht, was es heißt, in den unterschiedlichen Beziehungsebenen „Korrekturen" vorzunehmen. Vor vielen Jahren haben ihre Eltern ein Haus gekauft, das damals zwanzig Jahre alt war. Das Haus war gut gepflegt, aber in den Garten musste etwas Arbeit gesteckt werden. Die beiden Apfelbäume auf dem Grundstück waren offensichtlich nie beschnitten worden. Hunderte von kleinen Zweigen ragten in alle Himmelsrichtungen, kreuzten einander, nahmen sich gegenseitig das Licht und verhinderten, dass genügend Luft in das Blätterwirrwarr gelangte. Als Folge davon hingen nur ein paar wenige kleine Äpfel an den Zweigen, obwohl die Bäume ziemlich groß waren.

Eines Nachmittags nahm der Mann die Motorsäge und fing an, den Bäumen damit zu Leibe zu rücken und sie so zurechtzustutzen, bis nur noch der Stamm und die Hauptäste übrig waren. Von dem ganzen Blattwerk blieben nur noch riesige Haufen von Laub und Ästchen übrig. Seine Frau war schockiert.

„Aber die Bäume waren doch so schön!", klagte sie.

„Diese Bäume sollen Äpfel tragen und nicht nur schön aussehen", erklärte er ihr. „Vertrau mir, das war nötig."

Als die Frau ihren Schock überwunden hatte, machte sie sich ein bisschen über seine gnadenlose Baumschneide-Aktion lustig. Jedes Mal, wenn sie die Apfelbäume ansah, lachte sie über ihr kahles Aussehen. Aber im darauffolgenden Frühjahr war es ihr Mann, der Grund zum Lachen hatte, als nämlich die Bäume neue, gesunde Äste hervorbrachten, durch die viel Licht und Luft hindurchkamen. Als der Mai kam, waren die neuen Zweige übervoll mit weißen Blüten und im September erntete das Ehepaar tonnenweise saftige, rote Äpfel. Jetzt war die Frau überzeugt: Stutzen hilft!

Wir sind jetzt im schwierigsten Teil dieses Kapitels angekommen: *Freundeskreise zurechtstutzen*. Es mag zwar hart klingen, aber es gibt in Ihrem Leben wahrscheinlich auch ein paar Beziehungen, die Sie zurechtstutzen sollten. Sie haben vielleicht ein paar Freunde und Bekannte, von denen Dinge negativ auf Sie abfärben, und Sie müssen die Zeit, die Sie mit ihnen verbringen, etwas beschneiden. Und wahrscheinlich fallen Ihnen auch einige Freunde ein, mit denen Sie gerne mehr Zeit verbringen würden. Indem Sie Ihre Beziehungen bewusst zurechtstutzen, schaffen Sie Raum für neue, gesündere Beziehungen – Beziehungen, die Früchte tragen werden.

Vielleicht haben Sie gar nicht so viele Freunde und Bekannte, dass Sie so radikal zu Werke gehen müssen wie bei dem Apfelbaum. Dann können Sie die Motorsäge weglegen. Aber nehmen Sie trotzdem die Aufforderung ernst, einige überfällige Änderungen vorzunehmen. Solche „Schnitte" schaffen Raum für neues Wachstum und neue Frucht in Ihrem Leben.

> Es mag zwar hart klingen, aber es gibt in Ihrem Leben wahrscheinlich auch ein paar Beziehungen, die Sie zurechtstutzen sollten.

Den Freundeskreis vergrößern

Wenn Sie mit dem dringend notwendigen Stutzen Ihres Freundeskreises fertig sind, werden Sie feststellen, dass Sie Platz haben für gesundes, neues Wachstum. Sie werden Luft haben, um sich in Freundschaften einzubringen, aus denen Sie Kraft und Freude für Ihre jetzt einfacher gewordene Beziehungswelt schöpfen.

Wahrscheinlich brauchen Sie ohnehin ein paar neue Freunde – Menschen, deren guter Charakter auf Sie abfärbt. Sie brauchen kluge Freunde, die ihren Glauben ernst nehmen und die sich auf das von Gott geführte Abenteuer einlassen wollen. Wie findet man solche Menschen? Wo treiben sie sich herum? Wahrscheinlich eher nicht in der nächsten Kneipe. Und vermutlich auch nicht in einem „Bachelor"-Fanclub.

Wenn Sie auf der Suche nach gleichgesinnten Christus-Nachfolgern sind, die ernsthaft im Glauben wachsen wollen, dann gehen Sie dorthin, wo sich gläubige Menschen treffen. Gehen Sie zu einer Gemeindeveranstaltung. Bieten Sie Ihre Mitarbeit bei einer christlichen Wohltätigkeitsveranstaltung an. Treffen Sie sich mit Ihren christlichen Freunden und lernen Sie *deren* christliche Freunde kennen.

Aber eines möchte ich in aller Deutlichkeit sagen: Es ist nicht die Aufgabe Ihrer Gemeinde, dafür zu sorgen, dass Sie wirklich coole gläubige Freunde finden, die in Ihrer Nähe wohnen, Ihre Interessen teilen und Kinder haben, die im gleichen Alter sind wie Ihre Kinder. Die Gemeinde kann vielleicht das Umfeld bieten, in dem Sie solche Freunde finden können, aber *Sie* müssen schon die Initiative ergreifen. *Sie* müssen es wagen, in Beziehungsdingen gewisse Risiken einzugehen. Wenn Sie voller Vertrauen die ersten Schritte gehen, wird Gott Sie führen und für Sie sorgen.

Freundschaften begrenzen

Die eigenen Freundschaften neu zu ordnen, kann schwierig sein. Aber ich will Ihnen erzählen, was ich von Menschen gelernt habe, die es richtig gemacht haben.

Nehmen Sie Ihre Freunde mit
Vielleicht befinden Sie sich gerade in einer Lebensphase, in der Ihre Beziehung zu Gott tiefer und stärker ist als je zuvor. Aber Ihren engsten Freunden geht es nicht so. Das ist etwas schwierig.

Versuchen Sie, so gut es geht, Ihre engsten Freunde auf Ihre geistliche Reise mitzunehmen. Dieser Gedanke kommt manchen Christen überhaupt nicht. Aber in anderen Lebensbereichen ist das unter Freunden ganz normal. Zum Beispiel: Jemand beschließt, einen Kochkurs zu belegen, und sagt zu ihren oder seinen Freunden: „Kommt, wir machen den Kurs zusammen!"

Oder ein Ehepaar beschließt, einen Tanzkurs zu machen. Sie sagen zu ihren Freunden: „Wir könnten es alle zusammen versuchen. Wir haben doch nichts zu verlieren."

Oder ein Mann, der in seiner Freizeit Fußball spielt, fragt den Rest der Mannschaft, ob sie Lust haben, bei einem ehrenamtlichen Einsatz in einer Suppenküche mitzumachen: „Ich weiß, das liegt außerhalb unseres Wohlfühlbereichs, aber wie wär's mit einer kleinen Herausforderung? Diese Erfahrung wird uns allen guttun."

Wenn Ihr geistliches Leben sich zurzeit auf ganz neue Weise entwickelt, warum versuchen Sie dann nicht, Ihre Freunde mit Ihrer Begeisterung anzustecken? Laden Sie sie zum Gottesdienst oder zu einer gemeindlichen Veranstaltung ein. Laden Sie sie in Ihre Kleingruppe ein. Laden Sie sie zu einem Kurs für Menschen ein, die den christlichen Glauben für sich entdecken wollen. So macht man das eben unter Freunden. Man probiert neue Dinge gemeinsam aus.

....
Wenn nur einer Ihrer besten Freunde mit Ihnen zusammen geistliches Neuland betreten will, dann ist das in Ordnung. Nehmen Sie ihn mit!
....

Wenn das klappt, machen Sie sich vielleicht mit Ihrem gesamten Freundeskreis in eine gemeinsame geistliche Zukunft auf. Das habe ich schon erlebt. Ich habe schon erlebt, wie eine ganze Gruppe von Menschen gemeinsam zum Glauben gefunden hat und geistlich gewachsen ist, weil irgendjemand aus der Gruppe gesagt hat: „Wir könnten dieses Abenteuer doch gemeinsam erleben." Ich habe erlebt, dass sich ganze Gruppen von Freunden zusammen haben taufen lassen und dann gemeinsam gedient und sich geistlich weiterentwickelt haben. Solche Erfahrungen schmieden ein Band der Freundschaft, das bis in die Ewigkeit halten kann.

Wenn nur einer Ihrer besten Freunde mit Ihnen zusammen geistliches Neuland entdecken will, dann ist das auch in Ordnung. Nehmen Sie ihn mit!

Lassen Sie sie ziehen

Es ist aber möglich, dass manche Ihrer Freunde kein Interesse daran haben, sich mit Ihnen auf eine geistliche Reise zu begeben. Was dann?

Die beste Lösung ist, Gott im Gebet um Weisheit zu bitten. Sie sollten nicht unnötig Beziehungen zerstören. Ich habe schon zu viele schreckliche Geschichten von Menschen gehört, die ihre nichtfrommen Freunde im Grunde verurteilt und ihnen die Freundschaft aufgekündigt haben. Diese Freunde bleiben kopfschüttelnd zurück und fragen sich: „Was haben wir denn getan? Wir sind doch noch die gleichen wie früher. Bevor du so fromm geworden bist, waren wir dir gut genug. Was ist bloß los?"

Man sollte lieber langsam, vorsichtig und mit viel Einfühlungsvermögen vorgehen, weil Freundschaften wichtig sind, und man sollte sie nie rücksichtslos aufkündigen. Ich würde Ihnen raten, warmherzig, offen und demütig mit Ihren Freunden über dieses Thema zu sprechen. Es ist völlig in Ordnung zu sagen: „Hallo, Leute, ich mag euch wirklich. Ich mag jeden Einzelnen von euch. In letzter Zeit ist mir mein Glaube aber immer wichtiger geworden. Er bringt mich dazu, einige Dinge neu zu überdenken. Und weil mir unsere Freundschaft sehr viel bedeutet, würde ich euch gerne auf diese Reise mitnehmen. Macht ihr mit?"

Wenn Sie mit Ihren Freunden offen reden, wer weiß, wohin diese Unterhaltung führen kann! Einige Ihrer Freunde flippen vielleicht aus oder hauen ab. Das passiert manchmal. Man kann Menschen nicht daran hindern, sich auszuklinken. Wenn das passiert, müssen Sie sie ziehen lassen.

Natürlich sollten Sie auch aus der Ferne den Kontakt halten. Wer weiß? Eines Tages öffnen sie sich vielleicht für den Glauben, und Sie sind unter Umständen die einzige gläubige Person, die sie kennen. Wenn Sie den Kontakt halten, können Ihre Freunde auf Sie zukommen, wenn sie dazu bereit sind.

Verabschieden Sie sich

Manchmal muss man aber auch auf Distanz gehen oder die Freundschaft sogar ganz beenden. „Wenn du mit vernünftigen Menschen Umgang pflegst, wirst du selbst vernünftig", sagt Salomo. „Wenn du dich mit Dummköpfen einlässt, schadest du dir nur."[16]

Um es ganz deutlich zu sagen: Manche Freundschaften schaden Ihnen. Sie können Sie zurückhalten. Die Menschen, die Sie Ihre „Freunde" nennen, können Sie runterziehen. Wenn die falschen Dinge auf Sie abfärben; wenn Ihre Freunde Sie nicht anspornen oder das Beste für Sie wollen; wenn Ihre Freunde wollen, dass Ihr Leben im gleichen Trott verläuft wie ihres; wenn sie wollen, dass Sie Dinge tun, die Ihnen zwar früher Spaß gemacht haben, wovon Sie aber heute wissen, dass es nicht gut für Sie ist – dann ist es Zeit weiterzuziehen.

Manchmal ist der Freund, dessen Leben in eingefahrenen Gleisen verläuft, Ihr Ehepartner. Dann wird es schwierig, denn Sie haben vor Gott einen Bund geschlossen und sich „bis dass der Tod uns scheidet" versprochen. Diese Beziehung können Sie nicht einfach gedankenlos beenden. Gott lehnt Scheidung zwar ab, aber die Bibel ermöglicht einer missbrauchten oder verlassenen Ehefrau, sich durch die Beendigung einer Ehe zu schützen. Wenn Sie verheiratet sind und Ihr Ehepartner Ihnen Schaden zufügt, dann *warten Sie nicht darauf, dass die Dinge auf magische Weise besser werden*. Das werden sie nicht. Unternehmen Sie etwas. Holen Sie Rat und Hilfe, wie Sie am besten vorgehen sollten, vor allem, wenn auch Kinder betroffen sind.

> Es ist nie leicht, sich aus einer Freundschaft zu verabschieden, aber es gibt bessere und schlechtere Wege, dies zu tun.

Es ist nie leicht, sich aus einer Freundschaft zu verabschieden, aber es gibt bessere und schlechtere Wege, dies zu tun:

Ausweichen ist keine Lösung. Fangen Sie nicht an, Ihren Freunden aus dem Weg zu gehen. Ignorieren Sie die Nachrichten nicht, die sie Ihnen hinterlassen. Bleiben Sie nicht einfach weg, wenn Sie sich verabredet haben. Kurz gesagt: *Tun Sie nichts, das Sie zu etwas anderem als einem guten Freund machen würde.* Nur weil Sie einen anderen Kurs eingeschlagen haben, heißt das nicht, dass Ihre bisherigen Freundschaften nichts mehr wert sind. Sie können sich auch elegant verabschieden, ohne einfach „von der Bildfläche zu verschwinden". Behandeln Sie Ihre alten Freunde so, wie Sie von ihnen behandelt werden möchten.

Verurteilen Sie niemanden. Machen Sie keine (ab-)wertenden Aussagen darüber, wie armselig das Leben Ihrer Freunde im Vergleich zu Ihrem jetzt besseren Leben ist. Denken Sie daran, dass *Sie* bis vor Kurzem auch so gelebt haben! Lassen Sie Ihr Vorbild für sich sprechen. Ändern Sie Ihr Leben so, dass Ihre Freunde mit der Zeit selbst erkennen, dass Sie etwas Gutes gefunden haben.

Seien Sie ehrlich und nachsichtig. Wenn Sie sich von jemandem trennen müssen, sollten Sie sich mit der betreffenden Person treffen und ihr erklären: „Mein Leben hat sich in eine andere Richtung weiterentwickelt. Was viele Jahre lang funktioniert hat, funktioniert für mich jetzt nicht mehr. Ich glaube, ich habe einige Dinge erkannt, und ich fände es schön, wenn du mitmachen würdest. Aber wenn du das absolut nicht willst, verstehe ich das. Doch ich muss diesen Weg unbedingt weitergehen!"

Das sind qualvolle, schwierige Gespräche. Aber sie müssen geführt werden.

Beten Sie weiter für Ihre alten Freunde, und treffen Sie sich hin und wieder mit ihnen oder telefonieren Sie, um den

Kontakt aufrechtzuerhalten. Vielleicht tut sich ja auch in ihrem Leben etwas. Aber lassen Sie sich nicht von einer alten Freundschaft davon abhalten, den Weg einzuschlagen, auf den Gott Sie führt. Sie sollten ihm voll und ganz vertrauen. Nichts und niemand sollte Sie zurückhalten. Manchmal muss man einfach weiterziehen!

Der Freundeskreis von Jesus: 72-12-3-3

Jesus hat uns vorgelebt, wie man seinen Freundeskreis begrenzt und gesunde Freundschaften pflegt. Und er hatte einen großen Freundeskreis – es waren mindestens 72, die ihm nahe genug standen, um als seine *Jünger* bezeichnet zu werden (nach Lukas 10,1). Dabei handelte es sich um die Menschen, die er in die Städte und Dörfer vorausgeschickt hat, welche er besuchen wollte. Sie haben zusammen gedient und Jesus hat ihnen gezeigt, wie sie dies tun sollten.

Außerdem hatte er zwölf Jünger persönlich ausgewählt, die seine „Kleingruppe" waren. Diese zwölf lebten die gesamten drei Jahre seines öffentlichen Wirkens auf dieser Erde Tag für Tag mit Jesus.

Jesus hatte auch zwei Gruppen besonders enger Freunde – die Männer und Frauen, die ihn am besten kannten.

> Jesus hat uns vorgelebt, wie man seinen Freundeskreis begrenzt und gesunde Freundschaften pflegt.

Zu dem einen Freundeskreis gehörten Petrus, Jakobus und Johannes, seine drei engsten Freunde. Diese drei bat er darum, mit ihm auf einem Berg zu beten, wo sie Zeugen seiner Herrlichkeit wurden. Und diese drei Männer begleiteten ihn auch kurz vor seiner Verhaftung in den Garten Gethsemane, während die übrigen Jünger zurückblieben.

Glauben Sie, dass es in gewisser Weise unangenehm war (für Jesus und für die übrigen Jünger), dass Jesus diese drei zu seinen engsten Freunden machte? Ich glaube schon. Aber Jesus wusste, dass es wichtiger war, sich in diese drei engsten Freunde zu investieren, als sich Gedanken darüber zu machen, ob die anderen jetzt eifersüchtig waren oder sich zurückgesetzt fühlten. Er brauchte die Vertrautheit dieses engsten Freundeskreises, und er wusste, dass er einen Schnitt machen musste, wenn er seinen engsten Freundeskreis begrenzen wollte. Er stand den anderen neun immer noch sehr nah, aber diese drei *wählte* er *aus*. Und er hielt an dieser Entscheidung fest.

Sein zweiter enger Freundeskreis bestand aus drei Geschwistern – Maria, Marta und Lazarus –, wie wir ja schon im 1. Kapitel dieses Buches gesehen haben. Diese drei gehörten nicht zu den zwölf Jüngern, aber wahrscheinlich zu den übrigen 72. Bei dieser Familie fühlte Jesus sich zu Hause. Sie waren seine „Küchentisch-Runde". Bei ihnen konnte er entspannen. Er konnte sich darauf verlassen, dass ihn dort gutes Essen, ein bequemes Bett und herzliche Gespräche erwarteten, wann immer er vorbeischaute. Im Haus von Maria, Marta und Lazarus fand er Freundschaft und Geborgenheit.

Wenn der Sohn Gottes zwei unterschiedliche Kreise engster Freunde brauchte, was bedeutet das dann für uns als seine Nachfolger?

Vielleicht hat Gott Ihnen schon lange den Hinweis gegeben, dass Sie Ihren Freundeskreis beschneiden sollten. Vielleicht fordert er Sie auf, Ihre Beziehungen in Ordnung zu bringen. Ist es vielleicht Zeit, dass Sie einige Ihrer Beziehungen neu definieren und dabei auch neue Freundschaften schließen?

Den engsten Freundeskreis vertiefen

Unternehmen Sie kleine Schritte
Es gibt kaum etwas, das so peinlich ist, wie sich kopfüber in eine neue Freundschaft mit jemandem zu stürzen, der einen großartigen ersten Eindruck gemacht hat, nur um dann festzustellen, dass man mit dieser Person lieber doch nicht enger befreundet sein will.

Jemand anders, bei dem man sich etwas mehr ins Zeug legen muss, um ihn kennenzulernen, ist die Mühe vielleicht wert, weil er oder sie den Tiefgang und die Weisheit hat, nach der Sie sich in einer Freundschaft sehnen. Haben Sie Geduld. Gehen Sie kleine Schritte – und vermeiden Sie es, einen peinlichen Rückzieher machen zu müssen, weil Sie zu schnell vorangeprescht sind.

Investieren Sie Zeit
Freundschaften zu vertiefen braucht Zeit. Ihr „aufgeräumter" Kalender, der berufliche Termine enthält, aber auch Privates, Gemeindliches oder Treffen mit Freunden, ist ein wunderbares Werkzeug, wenn es darum geht, sich Zeit zu nehmen, um Beziehungen zu vertiefen. Wenn Sie dazu neigen, dem Dringlichen (Terminen, Arbeit) den Vorrang vor dem Wichtigen zu geben (Beziehungen), dann ermahnen Sie sich selbst, Zeit für neue Freundschaften einzuplanen.

> Haben Sie Geduld. Gehen Sie kleine Schritte – und vermeiden Sie es, einen peinlichen Rückzieher machen zu müssen, weil Sie zu schnell vorangeprescht sind.

Sorgen Sie für gemeinsame Erlebnisse

Wenn man sich zum Kaffee verabredet oder zum gemeinsamen Essen, dann hat man die Möglichkeit, sich zu unterhalten, was wiederum die Grundlage dafür ist, sich näher kennenzulernen. Aber gemeinsame Erlebnisse, die über ein zwangloses Beisammensein hinausgehen, können eine sich vertiefende Beziehung bereichern und festigen. Ein Freund von mir ist sich bewusst, dass er dazu neigt, Freundschaften nicht die nötige Zeit zu widmen. Also hat er einen neuen Freund zu einem gemeinsamen Hobby eingeladen: Fotografieren. Sie schnappen sich ihre Kameras und gehen zusammen wandern, fotografieren und unterhalten sich bei diesen gemeinsamen Erlebnissen über Gott und die Welt.

Meiner Frau Lynne gelingt das auch sehr gut. Sie nimmt oft eine Freundin mit, wenn sie unterwegs ist, um Vorträge zu halten oder an Konferenzen und Veranstaltungen teilzunehmen. Sie erleben zusammen unweigerlich einige Abenteuer und schaffen durch diese Reisen gemeinsame Erinnerungen. Ich lade am liebsten Freunde auf Segelschiffe oder Schnellboote ein. Wir arbeiten zusammen an Deck eines Segelschiffes oder eines Motorbootes, genießen gutes Essen und gute Unterhaltungen auf dem Wasser. Dort entstehen gemeinsame Erinnerungen, die bei einer gemütlichen Tasse Kaffee oder einer gemeinsamen Mahlzeit im Restaurant nicht entstehen können.

Ehrenamtliche Aufgaben eignen sich ebenfalls sehr gut dazu, gemeinsame Erinnerungen zu schaffen, wenn Sie Freundschaften aufbauen wollen. Suchen Sie sich ein gemeinsames Anliegen und engagieren Sie sich dort zusammen.

Warten Sie auf die Steilvorlage

Wenn Sie das Gefühl haben, dass die Initiative zu einer neuen Freundschaft ausschließlich von Ihnen ausgeht, könnte es klug sein abzuwarten, bis Ihr neuer Freund oder Ihre neue Freundin

Ihnen eine Vorlage liefert. Sie müssen sichergehen, dass der andere ein Interesse daran hat, die Freundschaft mit Ihnen zu vertiefen – und dass er oder sie die Zeit und den Wunsch hat, sich in diese Beziehung zu investieren. Wenn Sie sich nicht sicher sind, wo Sie beide stehen, dann *fragen* Sie doch. Gehen Sie sicher, dass das Interesse an einer tieferen Beziehung auf Gegenseitigkeit beruht, bevor Sie alles auf eine Karte setzen.

Lassen Sie Ihre Maske fallen (als Erster)

Wenn Sie die ersten kleinen Schritte in eine neue Freundschaft hineingegangen und sicher sind, dass der Wunsch, die Freundschaft zu vertiefen, auf Gegenseitigkeit beruht, können Sie anfangen, Ihre Maske fallen zu lassen.

Erschrecken Sie Ihr Gegenüber nicht, indem Sie bei einer Tasse Kaffee gleich all Ihre schmutzige Wäsche ausbreiten. Fangen Sie mit einer Kleinigkeit über sich selbst an, die Sie nicht jedem erzählen würden, und beobachten Sie, wie der andere mit der Verantwortung dieses Wissens in den nächsten Wochen umgeht. Wenn Ihr Vertrauen nicht gebrochen wird und Ihr Freund bereit ist, ebenfalls etwas von sich preiszugeben, sind Sie auf dem besten Weg zu einer bereichernden Freundschaft.

Kleiner Gratistipp: Nehmen Sie sich vor Menschen in Acht, die erwarten, dass Sie alles von sich preisgeben, selbst aber nie etwas Bedeutsames aus ihrem eigenen Leben erzählen. Die Unfähigkeit oder die fehlende Bereitschaft, sich selbst zu öffnen, oder der Unwillen, die eigenen Fehler zu erkennen, sind große Warnhinweise.

Es gibt einen Ort, an dem nur einer aus seinem Leben erzählt: beim Seelsorger. Aber in einer echten Freundschaft muss diese Offenheit auf beiden Seiten vorhanden sein.

Seien Sie in schweren Zeiten da

Diesen letzten Punkt kann man nicht planen. Sie können keine Krise in Ihrem eigenen Leben oder im Leben Ihres neuen Freundes oder Ihrer neuen Freundin planen (oder zumindest sollten Sie das nicht). Aber in einer sich vertiefenden Beziehung sollten Sie *da sein*, wenn der andere in einer Krise steckt. Tiefe Freundschaften werden im Feuer des Leides geschmiedet. Wenn Ihr Freund oder Ihre Freundin in irgendeiner Form einen großen persönlichen Verlust erlebt, dann bieten Sie Ihre Unterstützung an. Warten Sie nicht, bis Sie gebeten werden. Je nach Schwere des Verlustes hat der andere vielleicht nicht die Kraft, um Hilfe zu bitten. Bringen Sie etwas zu essen vorbei, bieten Sie Zeit und Unterstützung an oder was auch immer die Situation erfordert. Aber vor allem: Seien Sie einfach da.

Nehmen Sie sich vor Menschen in Acht, die erwarten, dass Sie alles von sich preisgeben, selbst aber nie etwas Bedeutsames aus ihrem eigenen Leben erzählen.

Wenn Sie selbst der- oder diejenige sind, die Schmerzhaftes erlebt, sollten Sie zulassen, dass Ihre Freunde diesen Weg mit Ihnen gehen. Kapseln Sie sich nicht ab. Lassen Sie sie herein. Schon oft sind durch Krisen aus bloßen Bekanntschaften enge Freundschaften entstanden.

Ein einfacheres Leben, das sich wirklich lohnt

Ihr Leben wird sehr viel einfacher, wenn Sie Ihre Beziehungen neu abstecken. Beschneiden Sie Ihre Freundschaften überlegt und entschlossen. Schaffen Sie Raum für neues Wachstum, das in Ihrem Leben Frucht bringen wird – geistlich, emotional und in Beziehungsdingen. Das Leben bietet zu viele Gelegenheiten, um es allein zu leben. Investieren Sie sich in Menschen, deren Wesen positiv auf Sie abfärben wird.

Und Sie können sicher sein: Die Mühe, die Sie sich machen, um Ihre Beziehungen zu beschneiden, Ihren Freundeskreis zu erweitern und Ihre engen Freundschaften zu vertiefen, wird sich lohnen. Wenn Sie in Ihrem Freundes- und Bekanntenkreis „aufräumen", sind Sie schon ein gutes Stück weiter auf dem Weg zu einem reicheren, erfüllteren, freudvolleren Leben. Sie sind auf dem Weg zu einem einfacheren Leben, das sich wirklich lohnt.

Jetzt wird's praktisch

Wer gehört zu Ihrem Freundeskreis?

Legen Sie in Ihrem Notizbuch oder auf dem Computer eine Tabelle mit fünf Spalten an, und benennen Sie sie folgendermaßen: 72, 12, 3, Weiter entfernt, Mögliche Freunde.

72
Schreiben Sie in die erste Spalte die Namen Ihrer jetzigen Bekannten. Diese Liste schließt Menschen aus allen möglichen Lebensbereichen ein: Kollegen, Nachbarn, Freunde aus der Gemeinde, Vereinskollegen, Verwandte etc. Vielleicht fallen Ihnen für diese Spalte nur 25 Namen ein; vielleicht auch 100. Bei den Personen in dieser Spalte handelt es sich um Menschen, die Sie nicht wirklich

> Wenn Sie in Ihrem Freundes- und Bekanntenkreis „aufräumen", sind Sie schon ein gutes Stück weiter auf dem Weg zu einem reicheren, erfüllteren, freudvolleren Leben.

gut kennen. Wahrscheinlich haben Sie sich noch nie allein oder als Ehepaar mit ihnen getroffen und Sie haben auch noch nie ein tiefgehenderes Gespräch mit ihnen geführt.

12

Tragen Sie in die zweite Spalte Ihre jetzigen Freunde ein, Ihre „12". Vielleicht stehen sechs Personen auf Ihrer Liste, vielleicht auch zwanzig, je nach Persönlichkeit und Lebensphase. Auf dieser Liste befinden sich Personen, die Sie näher kennen, mit denen Sie öfter mal Zeit verbringen und die Sie als Freunde betrachten – einschließlich Ihrer Familie. Das sind die Menschen, mit denen Sie unter der Woche zusammen sind.

3

In die dritte Spalte tragen Sie Ihre derzeit engsten Freunde ein. Dazu kann der Ehepartner, ein erwachsenes Kind oder Ihr bester Freund/Ihre beste Freundin gehören. Auch hier müssen es nicht exakt drei Personen sein. Aber es sollten nicht mehr als eine Handvoll Menschen sein.

Weiter entfernt

In die vierte Spalte tragen Sie wichtige Beziehungen zu Personen ein, die aber weiter entfernt leben. Hierbei handelt es sich um Menschen, die in Ihrer 12er- oder 3er-Spalte auftauchen würden, wenn sie in der Nähe wohnen würden.

Wichtig ist: Hier handelt es sich durchaus möglicherweise um wertvolle Freundschaften, aber es wäre unrealistisch zu erwarten, dass Sie in der gleichen Weise Ihr

„Leben miteinander teilen", wie das mit Freunden möglich ist, die in der Nähe wohnen. Wenn Sie möchten, dass
diese Personen (weiterhin) zu Ihrem engsten Freundeskreis gehören, brauchen Sie eine Strategie, wie Sie wenigstens einmal die Woche Kontakt pflegen können.

Mögliche Freunde
Zählen Sie in dieser letzten Spalte eine Handvoll Menschen auf, die Sie gerne näher kennenlernen wollen und
die potenzielle Freunde sind. Es sollten Personen sein, bei
denen die realistische Chance besteht, dass sie zu Freunden zu werden. Schreiben Sie also nicht „Angela Merkel"
auf die Liste, es sei denn, sie ist Ihre Nachbarin. Schreiben
Sie auch nicht „Albert Frey" auf, es sei denn, Sie spielen in
seiner Band und haben regelmäßig Kontakt mit ihm. Seien
Sie realistisch. Kennen Sie jemanden, den Sie wegen seines Charakters und Glaubens bewundern? Wem würden
Sie gerne zu verstehen geben, dass Sie Ihre Beziehung vertiefen möchten? Schreiben Sie den Namen auf die Liste.

Speichern Sie die Liste ab, wenn Sie diese fünf Spalten
gefüllt haben. Überarbeiten Sie diese Spalten jetzt so, wie
sie in einem Jahr aussehen sollen. Schieben Sie Namen
von einer Spalte in eine andere, und markieren Sie Namen,
von denen Sie wissen, dass Sie sie streichen müssen.

Stutzen Sie Ihren aktuellen
Freundeskreis zurecht

Markieren Sie Namen Ihrer jetzigen Freunde und Bekannten, von denen Sie wissen, dass sie nicht gut für Sie sind –

und nehmen Sie sich vor, gegebenenfalls ein wenig auf Distanz zu gehen. Bitten Sie Gott in den nächsten zwei Wochen um seine Weisheit, um die nötigen Veränderungen in Ihrem Freundeskreis vorzunehmen.

Markieren Sie sich in zwei Wochen einen Tag in Ihrem Kalender. Nehmen Sie sich vor, ab diesem Tag mit den betreffenden Personen ein freundliches, aber ehrliches Gespräch zu führen, so wie wir dies angeregt haben. Gehen Sie ihnen nicht aus dem Weg. Schieben Sie das Gespräch nicht hinaus. Zeigen Sie diesen Freunden, wie viel Ihnen trotz allem an ihnen liegt, indem Sie die Initiative ergreifen, voller Mitgefühl und ehrlich sind.

Vergrößern Sie Ihren neuen Freundeskreis und vertiefen Sie die Beziehungen

Vergrößern
Überlegen Sie sich drei Dinge, auf die Sie sich im nächsten Monat einlassen wollen, um dafür zu sorgen, dass aus möglichen Freunden auch tatsächlich Freunde werden. Erstellen Sie eine Liste und tragen Sie jedes dieser Vorhaben in Ihren Kalender ein.

Vertiefen
Gehen Sie noch einmal die 3er-Spalte und die Spalte mit möglichen Freunden durch. Notieren Sie sich drei Personen, mit denen Sie gerne enger befreundet wären, und schreiben Sie auf, welchen kleinen Schritt Sie gehen könnten, um die Beziehung zu jeder von ihnen zu vertiefen. Vielleicht eine Verabredung zum Kaffee. Laden Sie sie

ins Kino ein und gehen Sie dann noch ein Eis essen. Fragen Sie sie, ob sie Lust haben, gemeinsam mit Ihnen bei der nächsten Veranstaltung in Ihrer Gemeinde mitzuhelfen. Suchen Sie etwas Einfaches, Leichtes aus, aber etwas, das Ihnen beiden die Gelegenheit gibt, Ihre Freundschaft etwas näher zu erkunden.

Den eigenen Freundeskreis in der einen oder anderen Weise zu verändern, erfordert Gebet, Urteilsvermögen und eine gute Portion Kraft. Aber wenn wir unser Leben einfacher, befreiter leben wollen, ist das eine der besten Methoden, wie wir unsere Energie investieren können.

zielorientiert statt *ziellos*

Nehmen Sie Gottes Ruf an

In meiner Jugend haben mein Vater und ich einige haarsträubende Abenteuer erlebt. Er war kein übermäßig vorsichtiger Mensch – um es milde auszudrücken. Eines dieser Abenteuer hat mich tief gezeichnet, und ich erinnere mich noch daran, als wäre es erst gestern gewesen.

Ich war acht Jahre alt, als mein Vater mit mir zum Segeln auf den Lake Michigan fuhr. Wenn Sie schon mal am Lake Michigan waren, dann wissen Sie, wie absolut unzutreffend das Wort „See" für diese Wassermassen ist. Er ist an der tiefsten Stelle 281 Meter tief, fasst 4.918 *Kubikkilometer* Wasser und hat eine Fläche von 58.016 Quadratkilometern – ist also beinahe so groß wie ganz West Virginia.[1] Das Wetter auf dem Lake Michigan kann sehr schnell umschlagen, und der Grund des Sees ist übersät mit den Wracks von großen und kleinen Schiffen, die nie den Hafen erreicht haben. Mein Vater liebte es, mich mit Geschichten von Schiffsunglücken zu unterhalten, was mir großen Respekt vor den Gefahren des Sees einflößte.

An jenem Tag, es war später Vormittag, legten wir in South Haven, Michigan, ab und segelten nach Chicago, wo mein Vater für den Obst- und Gemüsehandel, der unserer Familie gehörte, etwas erledigen musste. Der frische Wind, der im Hafen noch unsere Segel aufblähte, wurde zu einer steifen Brise, als wir draußen auf dem See waren. Am Mittag hatte diese sich zu einem regelrechten Sturm entwickelt und die Sicht verschlechterte sich zunehmend.

Wir kämpften über zehn Stunden gegen den Sturm an, kamen aber, bis es dunkel wurde und die Sonne am westlichen Horizont unterging, nur langsam voran. Obwohl ich bloß ein kleiner Junge war, wusste ich, wie leicht man in der Dunkelheit die Hafeneinfahrt verpassen konnte. Wir gingen beide davon aus, dass wir ganz in der Nähe sein mussten, aber das Wetter machte es uns fast unmöglich, irgendetwas zu erkennen. Meine Gedanken überschlugen sich, aber ich sagte nichts, weil ich meinen Vater nicht stören wollte.

„Da", sagte er schließlich und deutete in die Dunkelheit auf der Steuerbordseite, dicht neben dem Bug. Ich sah in die Richtung, in die er zeigte, und konnte in der Ferne einen stecknadelkopfgroßen hellen, roten Punkt über den sich brechenden Wellen erkennen – den Leuchtturm von Chicago Breakwater.

Dieser Leuchtturm, der vor über 120 Jahren erbaut worden ist, hat schon unzählige Schiffe in der Sicherheit des Hafens begrüßt. Zwanzig lange, klatschnasse Minuten später segelten wir unter dem Strahl des Leuchtturms vorbei und erreichten gesund und sicher das ruhige Wasser des Hafens von Chicago.

Der Anblick des Leuchtturms inmitten des heftigen Sturms brannte sich unauslöschlich in meine Erinnerung ein – so sehr, dass ich in der gleichen Woche im Kunstunterricht ein Bild dieses Erlebnisses malte. Das kleine Gemälde hängt noch heute in unserer Küche. Es entspricht zwar dem künstlerischen Talent eines durchschnittlich begabten Achtjährigen, erinnert mich aber immer wieder an dieses Erlebnis, als ich mich in der Dunkelheit völlig verloren fühlte und dann den Leuchtturm über den Wellen entdeckte und zusah, wie mein Vater unser Segelboot auf das Land und den sicheren Hafen zusteuerte.

Im Leben wie auf dem Wasser brauchen wir ein Licht, das uns den Weg in den sicheren Hafen weist. Die Bibel ist dieses Licht:

Dein Wort ist wie ein Licht in der Nacht, das meinen Weg erleuchtet.[2]

Genau wie der Leuchtturm von Chicago meinen Vater und mich zur Hafeneinfahrt führte, brauchen wir alle einen hellen Lichtpunkt aus der Bibel – einen bestimmten Vers, der uns ganz persönlich anspricht, der uns auf unserem Weg führt und unser Orientierungspunkt ist, ganz gleich, wie hoch die Wellen sind. Wenn die stürmischen Umstände uns hin und her stoßen und wir Gefahr laufen, vom Kurs abzukommen, kann ein einziger, sorgfältig ausgewählter Bibelvers uns wieder zu den Dingen zurückführen, die wirklich wichtig sind. Ein *Leitvers* ist so ein wirkungsvolles Mittel, um das Leben einfacher zu machen.

> Ein *Leitvers* ist ein wirkungsvolles Mittel, um das Leben einfacher zu machen.

Was ist ein Leitvers?

Ein Leitvers ist eine kurze Bibelpassage, die Sie – in Ihrer gegenwärtigen Situation oder generell im Leben – führt und Ihnen hilft, den Blick auf das Wesentliche zu richten. Wenn er sorgfältig und unter Gebet ausgewählt ist, spricht ein solcher

Leitvers Sie auf eine ganz persönliche Weise an und ist wie ein Leuchtturm, der Sie immer wieder zu Gottes Mission und Vision für Ihr Leben zurückbringt.

Zuerst einmal möchte ich vorausschicken, dass an keiner Stelle in der Bibel davon die Rede ist, dass wir einen solchen Leitvers haben müssen. Das Stichwort „Leitvers" finden Sie in Ihrer Konkordanz nicht. Aber das Prinzip, die Bibel in das Zentrum des eigenen Lebens zu rücken und dort Führung zu suchen, finden wir in Jesu Worten und den Schriften der Apostel und Davids so deutlich, dass ich bequem dafür plädieren kann, sich einen Leitvers zu wählen, ohne dass ich Sie damit auf Abwege führe.

Ich empfinde meinen eigenen Leitvers als extrem hilfreich, wenn es darum geht, mein Leben so aufgeräumt wie möglich zu gestalten. Ich habe mir einen generellen Leitvers fürs Leben gesucht – 1. Korinther 15,58 –, habe mich aber auch zu unterschiedlichen Zeiten an verschiedene andere Verse gehalten, die mir durch bestimmte Lebensphasen hindurchgeholfen haben.

Mein Leitvers hilft mir, in der Wahrheit verankert zu bleiben. Er führt mich immer wieder zu den Dingen zurück, die wirklich wichtig sind. So hilft er mir persönlich, nicht aus dem Blick zu verlieren, wozu mich Gott auf diese Erde gestellt hat. Mein Leitvers ist wie ein Leuchtturm, der mich in den Hafen zurückruft, wenn ich einmal zu weit vom Ufer abtreibe. Er ist ein wirkungsvolles Mittel, das mir hilft, Entscheidungen und Gelegenheiten abzuwägen, die sich mir bieten.

Was ein Leitvers bewirken kann

Seit Jahren ermutige ich Christen dazu, sich einen Leitvers zu suchen, der ihnen dabei hilft, Gottes Ruf für ihr Leben nicht aus den Augen zu verlieren. Und nach dem zu urteilen, was ich so höre, haben diese Verse viel Frucht gebracht.

Im Folgenden möchte ich verraten, welche Rolle mein Leitvers in meinem Leben gespielt hat. Darüber hinaus werde ich auch einige Geschichten über die Leitverse anderer erzählen und erläutern, worauf es bei der Wahl eines solchen Leitverses ankommt.

Mein Leitvers

Über die Jahre habe ich immer wieder widrige Umstände erlebt, durch die ich mich so entmutigt und einsam gefühlt habe, dass mir die Worte fehlten, um Gott zu sagen, wie ich mich fühlte. In diesen Zeiten habe ich einfach meinen Leitvers immer und immer wieder in mein Gebetstagebuch geschrieben, um meine Gedanken erneut auf Gottes Wahrheit auszurichten. Ich las mir den Vers laut vor – einfach, um die Worte mit meinen eigenen Ohren hören zu können. Ich ließ ihn tief in meine Seele sinken. Und diese Worte aus der Bibel hatten eine heilende Wirkung, sodass ich meine Mitte, meinen Anker, wiederfand und wieder neue Kraft bekam. Ich konnte wieder arbeiten und mich auf Gott und die Menschen in meinem Umfeld einlassen. Wie also lautet dieser wunderbare Vers, der Leben verändern kann?

Er steht in 1. Korinther 15, Vers 58:

> Ich ermutige Christen dazu, sich einen Leitvers zu suchen, der ihnen dabei hilft, Gottes Ruf für ihr Leben nicht aus den Augen zu verlieren.

Deshalb bleibt fest und unerschütterlich im Glauben, und setzt euch mit aller Kraft für das Werk des Herrn ein, denn ihr wisst ja, dass nichts, was ihr für den Herrn tut, vergeblich ist.[3]

Der Apostel Paulus schrieb diese Worte an die Gemeinde in Korinth, und es gibt drei Hauptgründe, warum ich diesen Leitvers ausgewählt habe:

1. Grund: Er stellt klar, was das Wichtigste ist.

Ich liebe diesen Vers hauptsächlich deshalb, weil er klarstellt, was in dieser Welt am wichtigsten ist. Er sagt ganz klar, dass es für jeden von uns ein „Werk des Herrn" zu tun gibt. Es gibt viele *gute* Dinge, die man mit seinem Leben anfangen kann. Aber diese guten Dinge können Sie leicht vom Besten abhalten, zu dem Gott Sie berufen hat. Was ist dieses Beste – dieses „Werk des Herrn" – für Sie?

Wenn Sie Jesus nachfolgen und ihm Ihr Leben anvertraut haben, dann hat Gott Ihnen eine Aufgabe gegeben, für die er Sie auf einzigartige Weise begabt hat. Sie haben eine andere Aufgabe als ich. Es ist einzig und allein Ihre Aufgabe. Ihr Leitvers wird Gottes ganz besondere Führung in Ihrem Leben widerspiegeln.

Als Gott mich vor Jahrzehnten „angestupst" hat, wusste ich, dass eine seiner zentralen Aufgaben für mich darin bestand, meine Gabe der Evangelisation einzusetzen, um Menschen dabei zu helfen, ihr Leben auf dieser Erde und in der Ewigkeit an Gott festzumachen. Eine weitere Aufgabe bestand darin, meine Gabe der Leitung und der Lehre einzusetzen, um Pastoren zuzurüsten und zu ermutigen, damit ihre Ortsgemeinden sich so gut wie möglich für Gottes Reich einsetzen würden. Mein Leitvers richtet meine Aufmerksamkeit auf Gottes einzigartige Berufung und Aufgabe für mein Leben. Er zeigt mir ganz klar, wie ich meine Kraft am besten einsetzen sollte: „mit aller Kraft für das Werk des Herrn". (Dieser Vers passt auch zu meiner Persönlichkeit, die, wie Ihnen meine Frau und unsere Mitarbeiter bestätigen werden, manchmal sehr fest und unerschütterlich sein kann.)

Weil mein Leitvers mit „deshalb" anfängt, muss ich verstehen, worauf sich das „deshalb" bezieht. Weiter vorne in 1. Korinther 15 versucht Paulus seine Leser zu überzeugen, dass Jesus von den Toten auferweckt wurde und deshalb auch alle Menschen nach ihrem Tod im Geist auferweckt werden. In 1. Korinther 15, Vers 52 schreibt er, dass „plötzlich, in einem Augenblick", Menschen, die gerade gestorben sind, in einer neuen Wirklichkeit aufwachen werden. In 1. Korinther 15, Vers 53 fügt er hinzu: „… dieses Vergängliche muss sich mit Unvergänglichkeit bekleiden und dieses Sterbliche mit Unsterblichkeit."[4] Alle werden auferweckt, um vor Gott zu stehen und Rechenschaft über ihr Leben abzulegen: wofür sie gelebt haben; für wen sie gelebt haben; was sie aus ihrem Leben gemacht haben.

> Mein Leitvers richtet meine Aufmerksamkeit auf Gottes einzigartige Berufung und Aufgabe für mein Leben. Er zeigt mir ganz klar, wie ich meine Kraft am besten einsetzen sollte.

Was glauben die meisten Menschen heutzutage, was mit ihnen passieren wird, wenn sie sterben? Es war vermutlich schon immer so, dass die Mehrheit der Menschen nicht an die Unsterblichkeit geglaubt hat. Die meisten Menschen auf diesem Planeten, auf dem es die unterschiedlichsten Glaubensüberzeugungen und Weltanschauungen gibt, glauben, wenn sie sterben, erlischt einfach ihr Licht – *puff* –, und sie hören plötzlich auf zu existieren. Sie glauben nicht, dass es auf der anderen Seite eine Auferstehung, ein ewiges Leben gibt, dass sie vor einem heiligen Gott stehen und Rechenschaft über ihr Leben hier auf der Erde ablegen müssen. Keine Belohnung, keine Konsequenzen, einfach nur ein Meer von Nichts. Ewiges Nichts ohne jedes Bewusstsein. Statistisch gesehen ist das heute immer noch die verbreitetste Überzeugung.

Das war auch zur Zeit von Paulus nicht anders. Die meisten seiner Zuhörer glaubten im Hinblick auf den Tod immer noch an die „Licht-aus-Theorie". Paulus flehte die Christen in Korinth an, zu begreifen, dass diese Theorie einfach nicht stimmte. Wenn man die „Licht-aus-Theorie" einmal logisch zu Ende denkt, verliert das Leben auf dieser Erde jegliche Bedeutung. Es wäre völlig egal, wie wir unser Leben leben; wir könnten eh nichts bewirken.

Paulus schreibt: „Wenn es keine Auferstehung der Toten gibt… dann hat weder unsere Verkündigung einen Sinn noch euer Glaube."[5] Warum sollte dann irgendetwas, das wir in diesem Leben tun, noch von Bedeutung sein? Er greift das säkulare Gedankengut seiner Zeit auf, wenn er sagt: Wenn wir nach dem Tod nur in ein ewiges Nichts übergehen, „wenn die Toten nicht auferstehen, dann haben alle recht, die sagen: ‚Lasst uns essen und trinken, denn morgen sind wir tot!'".[6] Dann ist ja völlig egal, was wir tun und lassen.

Wenn es keine Auferstehung gibt, dann sieht die Ewigkeit für den Menschenhändler, der kleine Mädchen und Frauen in die Zuhälterei verkauft, genauso aus wie für Mutter Teresa, die siebzig Jahre lang den Armen gedient und versucht hat, diese Mädchen und ihre Familien vor den grausamen Erfahrungen zu schützen. Bei der Theorie des ewigen Nichts wäre das Leben keines der beiden von irgendeiner Bedeutung. Der Serienvergewaltiger oder -mörder oder der wiederholte Missbrauchstäter kämen nach dem Tod in den Genuss des gleichen stillen Nichts' wie Martin Luther King, Nelson Mandela und Billy Graham.

Paulus sagt jedoch: „Keineswegs!" Alle Menschen werden auferweckt und vor einem heiligen, lebendigen Gott und einem auferstandenen Jesus stehen, um Rechenschaft über das Leben abzulegen, das sie auf der Erde geführt haben – ihr Verhalten, ihre Worte, ihre Taten, ihre Gesinnung und ihren Glauben. Paulus schreibt: „Nun aber ist Christus von den Toten auferweckt worden als der Erste der Entschlafenen" (ein beschönigender Ausdruck für Tote).[7] Paulus erklärt, dass alle, die sterben, in dem Augenblick, in dem sie diese Welt verlassen, in dieser neuen Realität auferweckt werden – bei Bewusstsein, sofort, körperlich.

„Deshalb", schreibt Paulus in 1. Korinther 15, Vers 58, „bleibt fest und unerschütterlich im Glauben…" Halten also auch Sie unbeirrt an den Kernüberzeugungen des christlichen Glaubens fest und leben Sie sie ganz praktisch. Lassen Sie sich durch nichts von Ihrer Überzeugung abbringen, wer Christus ist, was er gelehrt hat, warum er starb und wie Gott ihn von den Toten auferweckt hat. Halten Sie unerschütterlich an der Tatsache fest, dass Sie und jeder Mensch, der je gelebt hat, auferweckt werden wird. Lassen Sie sich nicht beirren, wenn alle anderen versuchen, Ihnen die „Lichtaus-Theorie" zu verkaufen. Fallen Sie nicht darauf herein, wenn die Gesellschaft die Botschaft verbreitet: „Lasst uns essen, trinken und fröhlich sein, denn morgen sind wir tot." Denken Sie nach. Konzentrieren Sie sich darauf, die Kernüberzeugungen Ihres christlichen Glaubens ganz praktisch zu leben. *„Ihr"*, sagt Paulus, „sollt fest bleiben. *Ihr* sollt die Unerschütterlichen sein." Wenn wir uns nicht von unserer Hingabe an den Kern

> Wenn wir uns nicht von unserer Hingabe an den Kern des christlichen Glaubens abbringen lassen und unbeirrt daran festhalten, stellt das klar, wie wir unser Leben leben sollten. Es macht die Dinge einfacher.

des christlichen Glaubens abbringen lassen und unbeirrt daran festhalten, stellt das klar, wie wir unser Leben leben sollten. Es macht die Dinge einfacher.

Jetzt wird es Zeit, dass ich Ihnen etwas verrate, auf das ich nicht gerade stolz bin: Ich habe 1. Korinther 15,58 zum Teil deshalb vor vielen Jahrzehnten als Leitvers gewählt, weil ich sehr leicht in diese „Lasst uns essen, trinken und fröhlich sein"-Haltung verfalle. Das war eine große Versuchung, als ich noch jung war, und daran hat sich auch heute nichts geändert. Ich ertappe mich dabei, wie ich mir insgeheim wünsche, ein kleines bisschen häufiger nur für mich selbst leben zu können. Meinen eigenen Wünschen zu frönen, Verpflichtungen einfach abzusagen, meine Energie nicht mehr darauf zu verwenden, diese Welt zu verändern, und mein Geld aus dem Fenster zu werfen – wozu ich absolut in der Lage wäre. Ach, wenn ich doch nur eine Woche mal nicht holländischer Abstammung sein könnte – oder einen Monat!

In meinen dunklen Stunden – und darauf bin ich auch nicht stolz – wünsche ich mir manchmal, dass am Ende das Lebenslicht erlischt und niemand Rechenschaft über sein Leben ablegen müsste, einschließlich meiner selbst. Ich verbrauche viel Kraft und Energie damit, mir um Menschen Sorgen zu machen, die mir wichtig sind, und für ihr Leben und ihr Leben nach dem Tod zu beten. Und manchmal, in meinen dunklen Stunden, wäre es so bequem, einfach nur daran zu glauben, dass es nach dem Grab nichts mehr gibt und dass dann alles einfach auf ewig still und friedlich ist. Es würde mein Leben so viel einfacher machen. Es mag selbstsüchtig klingen, aber das sind die inneren Regungen, mit denen ich manchmal kämpfe.

Aber jedes Mal, wenn ich mich dabei ertappe, wie ich über diesen Gedanken brüte, verpasst mir mein Leitvers eine

Ohrfeige. Er erinnert mich daran: „Du hast nur ein Leben, Bill. Fall nicht auf diesen Quatsch vom ‚großen Nichts' rein. Das ergibt keinen Sinn. Eines Tages werden jeder Mann, jede Frau und jedes Kind – einschließlich du selbst – vor Gott stehen, und alle werden Rechenschaft über ihr Leben ablegen müssen."

Ich lese, schreibe oder zitiere meinen Leitvers *jeden Tag* und er richtet mich immer wieder neu auf mein Lebensziel aus. „Bleib fest. Sei unerschütterlich. Verliere nie die Wirklichkeit aus dem Blick." Er motiviert mich, jeden Tag in dem Bewusstsein zu leben, dass uns nach dem Tod wirklich die Auferstehung erwartet. Er bestimmt meine Haltung, mein Verhalten und mein Handeln. Verstehen Sie jetzt, warum ich diesen Vers liebe und brauche?

Verspüren Sie ein gewisses Drängen, wenn Sie an Menschen denken, die Sie lieben, und an deren Leben hier und nach dem Tod? Beten Sie eifrig für Arbeitskollegen, Nachbarn, Freunde und Verwandte? Die Uhr tickt, und wenn Sie dem Gedanken auf den Leim gegangen sind, dass sich schon alles klären wird und hier eh nichts auf dem Spiel steht, dann brauchen Sie einen Weckruf, so wie ich.

Mein Leitvers spornt mich an, weiter für die Menschen zu beten, die mir am Herz liegen, wenn ich am liebsten aufgeben möchte. Er erinnert mich an das, was für meine Freunde wirklich auf dem Spiel steht. Er treibt mich an, etwas zu riskieren, um sie mit Jesus bekannt zu machen. Er treibt mich an, noch eine Bibel, noch ein Buch, noch eine CD zu verschenken, die vielleicht jemanden in geistlicher Hinsicht ansprechen.

Ich liebe diesen Vers, weil ich ihn brauche. Er verpasst mir jeden Tag eine Kopfnuss. Er führt mich zu dieser einfachen Wahrheit zurück. Vielleicht täte es Ihnen ja auch gut, sich einen Leitvers zu wählen, der dasselbe bei Ihnen bewirkt.

2. Grund: Er holt das Beste aus mir heraus.

Mein Leitvers holt das Allerbeste aus mir heraus. Er nimmt kein Blatt vor den Mund, sondern gibt mir einen deutlichen Marschbefehl: „Setzt euch mit aller Kraft für das Werk des Herrn ein." In einer anderen Übersetzung heißt es: „Setzt euch unaufhörlich und mit ganzer Kraft für die Sache des Herrn ein!"[8]

Dieser Vers lässt keinen Spielraum. Hier ist kein Platz für halbe Sachen. Er fordert mich auf, mich unaufhörlich und mit ganzer Kraft einzusetzen, und das lässt keinen Raum für „wenn es gerade passt" oder dafür, Gott bloß einen Brotkrumen zuzuwerfen oder ab und zu bei seinem Werk mitzumachen. „Unaufhörlich und mit ganzer Kraft" heißt: Ich bin *ganz dabei, zu jeder Zeit*.

> Mein Leitvers holt das Allerbeste aus mir heraus. Er nimmt kein Blatt vor den Mund, sondern gibt mir einen deutlichen Marschbefehl.

Paulus hängt die Messlatte so hoch, wie man sie nur hängen kann. Er wählt zwei Begriffe – *unaufhörlich* und *mit ganzer Kraft* –, die darauf hindeuten, dass man dafür einen vollen Tank braucht. Jeden Tag, egal, ob's regnet oder schneit, komme, was wolle, auch wenn Ihr Biorhythmus unten ist oder die Sterne gerade nicht so günstig stehen: „Setzt euch unaufhörlich und mit ganzer Kraft für die Sache des Herrn ein." Treiben Sie seine Ziele jeden Tag bewusst, strategisch und leidenschaftlich voran.

Falls Sie jetzt meinen, dass Paulus mit seinem Eifer ein wenig übertreibe und die Herausforderung an die Christus-Nachfolger zu hoch sei, dann lesen Sie einmal folgende Worte von Jesus:

Wir müssen, solange es Tag ist, die Werke dessen vollbringen, der mich gesandt hat; es kommt die Nacht, in der niemand mehr etwas tun kann.[9]

Die Ernte ist groß, aber es gibt nur wenig Arbeiter. Bittet also den Herrn der Ernte, Arbeiter für seine Ernte auszusenden. Geht! Ich sende euch wie Schafe mitten unter die Wölfe. Nehmt keinen Geldbeutel mit, keine Vorratstasche und keine Schuhe! Grüßt niemand unterwegs![10]

Im Vergleich zu Jesus ist Paulus noch ein Waisenknabe! Jesus macht deutlich: Diese Welt ist wichtig. Geht! Tut Gottes Werk, solange noch Zeit ist, denn es wird der Tag kommen, an dem es richtig düster wird und ihr nicht länger etwas tun könnt. Aber heute könnt ihr Gottes Ziele noch verfolgen.

Wenn ihr viel Frucht bringt *und euch so als meine Jünger erweist, wird die Herrlichkeit meines Vaters sichtbar.*[11]

Nicht nur ein paar Früchte, sagt Jesus. Nicht nur hier und da ein Samenkorn. Wir sollen in unserem einen Leben *viel* Frucht bringen.

Das Leben vergeht schnell, also *setzen Sie sich mit aller Kraft für das Werk des Herrn ein* und *bringen Sie viel Frucht*, denn die Nacht wird kommen.

Vor einigen Jahren hatte ich das Vorrecht, Dallas Willard, einen der großen geistlichen Vordenker und Autoren unserer Zeit, zu interviewen. Sein Tod 2013 war ein schwerer Verlust für die Christenheit, aber auch ein Gewinn für den Himmel. Jeder, der Dallas kannte, kann bezeugen, was für ein fröhlicher, optimistischer, liebevoller, aufgeschlossener Mensch er war, und es war eine Freude, sich mit ihm zu unterhalten.

Nachdem das offizielle Interview vorüber war, fragte ich Dallas, ob es etwas gäbe, das ihn entmutige.

„Ich verrate dir, was mich entmutigt", sagte er, ohne zu zögern. „Es quält mich, dass die Christen so viele Anstöße und so viel Überredung brauchen, um Gottes Werk in dieser Welt zu tun. Ich kenne viele Pastoren, die ihre Leute förmlich anbetteln müssen, damit sie zu den Veranstaltungen kommen. Sie müssen die Menschen anflehen, ihre gottgegebenen Gaben einzusetzen, um sein Königreich zu bauen. Sie müssen die Menschen anbetteln, die Bibel zu lesen, zu beten und den Zehnten zu geben. Die Gemeinden geben Tausende von Dollars aus, um rührende Videos zu drehen und die Menschen dazu zu bewegen, den Armen zu helfen, denn wenn sie diese Videos nicht zeigen würden, würden ihre Gemeinden sich nicht um die Armen kümmern."[12]

Ich war von seiner direkten Art etwas schockiert, aber ich kann seine Beschreibung dessen, was viele Pastoren durchmachen, nur bestätigen. Dallas schüttelte den Kopf und sagte: „Es sollte einfach nicht so sein. Die Motivation eines Christen sollte von innen heraus kommen."[13]

Menschen, die sich an 1. Korinther 15,58 orientieren, brauchen keine Motivationsreden von Pastoren oder die Bitten erschöpfter Leiter, um auf den Plan zu treten und bei Gottes Werk mitzuarbeiten. Der Leitvers, der den ganzen Tag in ihren Gedanken widerhallt, spornt sie an. Das sind die Leute, die sagen: „Heute ist ein herrlicher Tag. Zeig mir einfach, wo etwas gebraucht wird, und ich werde mich mit aller Kraft engagieren. Genau darum geht es in meinem Leben: um das, was Gott will. Das ist mein Marschbefehl."

Direkt nach Ihrem Tod, wenn Sie „in einem einzigen Augenblick" auferweckt werden und vor dem allmächtigen Gott des Universums stehen, werden Sie voll und ganz verstehen, dass die gesamte Welt ihm gehört und dass seine Ziele und Pläne das Wichtigste sind, was es je gegeben hat. Dann werden Sie unendlich dankbar sein, dass Sie sich mit aller Kraft für das eingesetzt haben, was ihm am Herzen lag. Sie werden so froh sein, dass Sie ganz für ihn gelebt haben.

Stellen Sie sich im Gegensatz dazu einmal vor, wie schrecklich es wäre, wenn Sie vor diesem liebenden, großartigen Gott stünden und zugeben müssten, dass Sie in Ihrem Leben nur ein Ziel verfolgt haben: zu essen, zu trinken und fröhlich zu sein. Ihr wichtigstes Ziel war es, Geld, Macht, Vergnügen oder Genusssucht nachzujagen.

Mein Leitvers motiviert mich jeden Tag, mich „mit aller Kraft für das Werk des Herrn einzusetzen". Ihr Leitvers sollte Sie zu etwas Ähnlichem motivieren.

> Mein Leitvers motiviert mich jeden Tag, „mich mit aller Kraft für das Werk des Herrn einzusetzen". Ihr Leitvers sollte Sie zu etwas Ähnlichem motivieren.

3. Grund: Er tröstet mich.

Der letzte Teil des Verses aus 1. Korinther 15,58 tröstet mich sehr: „… denn ihr wisst ja, dass nichts, was ihr für den Herrn tut, vergeblich ist."

Ich hasse es, Dinge zu tun, die vergeblich sind. Wenn ich aus Versehen den längeren Weg irgendwohin nehme statt der schnelleren Route oder wenn ich vergesse, eine Datei zu speichern und alles dann noch einmal machen muss, macht mich das ein bisschen wahnsinnig. Ich verschwende nicht gerne Zeit. Ich möchte meine Zeit und meine Energie gerne gut investieren.

Einer meiner Freunde ist Baggerfahrer. Vor vielen Jahren hob er im Garten eines Mannes drei Tage lang eine Grube aus, weil dieser dort einen Swimmingpool bauen wollte. Das Projekt lief prima, und mein Freund hatte das befriedigende Gefühl, gute Arbeit geleistet zu haben. Die Grube war schön rechteckig, hatte genau die richtige Tiefe, und alles war exakt nach den Angaben gemacht. Die Swimmingpool-Firma konnte kommen und den Pool einbauen.

Dann kam der Hausbesitzer aus dem Urlaub zurück. Er sah das Loch und sagte zu meinem Freund: „Ich habe keinen Swimmingpool bestellt. An welcher Adresse sollten Sie denn das Loch graben?"

Mein Freund hatte sich in der Adresse vertan. Er musste sein perfekt gegrabenes Loch wieder zuschütten und den ganzen Rasen wieder neu anlegen. Er hatte das große Loch umsonst gegraben.

Weil ich es hasse, Dinge unnötigerweise zu tun, liebe ich es so, dass mein Leitvers mich daran erinnert, dass jeder Einsatz, um Gottes Ziele in dieser Welt voranzubringen – ganz gleich, wie klein oder groß, sichtbar oder unsichtbar –, niemals umsonst ist. Gott selbst sieht und würdigt es.

Manchmal passiert es, dass ich mich ganz in eine Sache hineinknie, von der ich hoffe, dass sie das Leben von Menschen oder ihre Gemeinde verändert, aber keiner bemerkt es. Dann erinnert mich mein Leitvers daran, dass es doch nicht umsonst war. Gott hat es bemerkt. Letzten Endes tue ich das, was ich tue, für einen Einzigen. Jedes Gebet, jede Spende, jede gute Tat oder jeder Dienst, jede gut gehaltene Predigt, jeder Flug in eine andere Zeitzone, um dort Pastoren-Kollegen zu ermutigen – alles wird in den himmlischen Kontobüchern festgehalten. Und eines Tages wird Gott den Einsatz entsprechend belohnen. Nichts davon war umsonst.

Auch den Apostel Paulus motivierte es, wenn er Dinge tun konnte, die in der Ewigkeit belohnt werden würden. Im 9. Kapitel des 1. Korintherbriefes hält Paulus einen anschaulichen Vergleich zwischen zwei Wettrennen fest:

Ihr kennt das doch: Von allen Läufern, die im Stadion zum Wett-
lauf starten, gewinnt nur einer den Siegeskranz. Lauft so, dass ihr
ihn gewinnt! Wer im Wettkampf siegen will, setzt dafür alles ein.
Ein Athlet verzichtet auf vieles, um zu gewinnen. Und wie schnell
ist sein Siegeskranz verwelkt! Wir dagegen kämpfen um einen un-
vergänglichen Preis. Ich weiß genau, wofür ich kämpfe. Ich laufe
nicht irgendeinem ungewissen Ziel entgegen. Wenn ich kämpfe,
geht mein Schlag nicht ins Leere. Ich gebe alles für diesen Sieg und
hole das Letzte aus meinem Körper heraus. Er muss sich meinem
Willen fügen. Denn ich will nicht andere zum Kampf des Glau-
bens auffordern und selbst untauglich sein.[14]

Denken Sie einmal darüber nach, wie viel Zeit, Anstrengung
und Training ein Olympiateilnehmer investieren muss, um
einen einzigen Wettkampf zu gewinnen. Jahre seines Lebens,
viel Blut, Schweiß und Tränen, um einen Wettkampf zu gewinnen, der vielleicht nur einige wenige Minuten dauert. Und
alles, was der Sieger bekommt, ist eine Medaille – ein glänzen-
des Ding an einem Band, das er dann den Rest des Tages trägt.
Danach landet es in der Schublade oder irgendwo an der Wand.

Zu Paulus' Zeiten gab man dem Olympioniken statt einer
Goldmedaille einen Kranz aus Oliven- oder Lorbeerzweigen.
Wenn der Athlet abends nach Hause kam, fing der Kranz schon
an, zu welken und zu zerfallen. Stellen Sie sich das vor. Er musste
so viel Energie aufbringen, um den Sieg zu erringen – und bekam
dafür bloß einen Kranz, der noch nicht einmal einen Tag hielt!

Paulus vergleicht das mit unseren Anstrengungen in einem
ganz anderen Wettkampf – ein Wettkampf, der Gottes Reich
auf dieser Welt ausweitet. Wenn Sie bei diesem Wettkampf mitmachen und alles geben, wird Gott Ihnen einen unvergänglichen Kranz geben, eine ewige Krone, eine Belohnung, die nicht
bis Sonnenuntergang verwelkt ist, sondern ewig hält.

Laufen Sie im richtigen Rennen mit? Oder sind Sie aus Versehen in einem Rennen gelandet, das zum größten Teil vergebens ist? Investieren Sie all Ihre Bemühungen in einen Wettkampf, der mit einem kurzlebigen Applaus endet? Oder streben Sie nach materiellem Gewinn, der rostet, verrottet und an Wert verliert? Oder nach vergänglichem Vergnügen, das aus Sicht der Ewigkeit nicht die Bohne wert ist?

Paulus ermahnt uns: „Pass auf, dass du am Ende deines einzigen Lebens nicht feststellst, dass alles vergeblich war und du den Pool im falschen Garten gegraben hast!"

Stattdessen gilt: „Bleibt fest und unerschütterlich im Glauben und setzt euch mit aller Kraft für das Werk des Herrn ein, denn ihr wisst ja, dass nichts, was ihr für den Herrn tut, vergeblich ist."

....
Laufen Sie im richtigen Rennen mit? Oder sind Sie aus Versehen in einem Rennen gelandet, das zum größten Teil vergebens ist?
....

Sie sind nicht verrückt

Vor einigen Jahren erhielt ich einen Anruf von einem Mann, von dem ich weiß, dass er die Gabe des Gebens hat. Er hätte schon unzählige Male in Rente gehen und den Rest seines Lebens auf dem Golfplatz verbringen können. Aber stattdessen entschied er sich, weiterhin hart zu arbeiten und ziemlich bescheiden zu leben – zumindest im Verhältnis zu seinem Einkommen –, damit er Unternehmungen im Reich Gottes so großzügig wie möglich finanziell unterstützen konnte. Dieser Mann nahm seine Gabe des Gebens sehr ernst. Er lief im richtigen Rennen mit und wollte die richtige Krone gewinnen.

Am Telefon bat er mich um ein Treffen, also verabredeten wir uns zum Mittagessen. Ich fürchtete, dass ihm etwas

Schreckliches zugestoßen war, aber während des Essens sagte er: „Bill, du weißt, dass ich die Gabe des Gebens habe. Es ist das Einzige, worin ich wirklich gut bin."

„Das ist mir bewusst", erwiderte ich. Mir waren einige bedeutende Dienste bekannt, die nur möglich waren, weil dieser Mann ein treuer Geber war. „Du hättest schon längst in Rente gehen können", fügte ich hinzu, „aber du arbeitest weiter, damit du weiter geben kannst."

„Genau", meinte er. „Aber meine Frau denkt, ich sei verrückt. Mein Geschäftspartner denkt, ich sei verrückt. Mein Wirtschaftsprüfer denkt, ich sei verrückt. Und mein Anwalt denkt, ich sei verrückt. Es würde mir wirklich helfen, wenn du mir sagen könntest, dass ich nicht verrückt bin!"

Ich lachte laut los. „Du bist nicht nur *nicht* verrückt", sagte ich, „du bist sogar der Kluge, der sich einen Schatz im Himmel sammelt. In meinem Leitvers heißt es: ,Bleibt fest und unerschütterlich im Glauben und setzt euch mit aller Kraft für das Werk des Herrn ein, denn ihr wisst ja, dass nichts, was ihr für den Herrn tut, vergeblich ist.' In einen unvergänglichen Siegeskranz zu investieren ist *nicht* verrückt. Die Menschen, die in einem anderen Wettrennen mitlaufen, werden dich als verrückt bezeichnen, aber du bist der klügste Mensch, den ich kenne, weil du deinen Schatz im Himmel sammelst."

> Sie sind nicht verrückt, wenn Sie Ihr einziges Leben kompromisslos für Gott einsetzen. Ihre Bemühungen sind nicht umsonst.

Wenn Sie, wie dieser Mann, ein guter Haushalter der Gaben sind, die Gott Ihnen gegeben hat – wenn Sie fest und unerschütterlich an Ihrem Glauben festhalten und sich mit aller Kraft für das einsetzen, was ihm am Herzen liegt –, dann sind Sie nicht verrückt. Lassen Sie es mich noch einmal wiederholen: *Sie sind nicht verrückt!* Sie sind nicht verrückt, wenn Sie Ihr einziges Leben kompromisslos für Gott einsetzen. Ihre Bemühungen sind nicht umsonst. Im Himmel werden Sie reich belohnt werden.

Kappe oder Pott?

Regatten sind für mich reine Erholung. Ich liebe es, auf dem Wasser zu sein, und ich liebe die vorbildliche Teamarbeit, die nötig ist, um in diesem Sport Erfolg zu haben. Ich möchte Ihnen ein Bild aus dem Bereich des Segelsports präsentieren, das mir vor einigen Jahren bei einer Regatta in den Sinn kam.

Eine Regatta ist ein Wettkampf mit Segelbooten. Eine Regatta besteht meistens aus sieben bis zehn einzelnen Rennen. Man bekommt in jedem Rennen Punkte für den Platz, den man belegt, und wer die niedrigste Gesamtpunktzahl erreicht, gewinnt die Regatta. Dieses Team bekommt sozusagen den Siegeskranz. Es ist eigentlich ein Pokal, aber die amerikanischen Segler sind einfach viel zu cool, um es Pokal zu nennen. Sie nennen den Siegespokal einfach „Hardware" – den Pott.

Wenn eine Crew sich noch einmal aufputschen will, während sie ihr Boot startklar macht, rufen die Segler sich etwas zu: „Hey, holen wir uns heute ein bisschen Hardware, oder was?" – „Oh ja, wir holen uns richtige Hardware." Kein Pokal. *Hardware.* Den Pott.

Wenn ein Boot ein einzelnes Rennen gewinnt, bekommt jedes Crew-Mitglied einen kleinen Preis – meistens eine Segler-Cap mit einem einheitlichen Logo darauf. Die Kappen sind nett, aber niemand interessiert sich wirklich dafür. Nur die Hardware zählt. Darum geht es beim Rennen – um den Pott.

In einem Sommer nahm die Crew, mit der ich segle, an einer wichtigen Regatta teil. Unter den Crew-Mitgliedern der teilnehmenden Boote waren auch einzelne, die schon im *America's*

Cup mitgesegelt waren. Alle namhaften Segler hatten sich versammelt. Natürlich war die Konkurrenz groß.

Als die ersten Einzelrennen vorüber waren, lag unser Boot ziemlich gut. Wir hatten einige der Einzelrennen gewonnen und uns schon einige Kappen geholt. Es gab noch ein weiteres Boot, das auch schon ein paar Rennen gewonnen hatte, aber alle anderen lagen weiter hinten im Feld. Vor dem letzten Rennen ging es nur darum, ob wir gewinnen würden oder dieses andere Boot. Wer würde die Regatta gewinnen und den Pott mit nach Hause nehmen?

Vor dem Rennen hielt unsere Crew noch eine kleine Besprechung ab. Wir waren uns alle einig, wie wir die Regatta gewinnen wollten: Wir mussten dieses letzte Rennen nicht gewinnen, wir mussten nur vor diesem anderen Boot die Ziellinie überqueren. Wenn wir einfach nur dieses eine Boot hinter uns ließen, war es ganz egal, an wievielter Stelle wir ins Ziel kamen, wir würden den Pott bekommen. Wir erinnerten uns noch einmal daran: „Konzentrieren, konzentrieren, konzentrieren!"

Wir legten einen perfekten Start hin. Wir lagen an dritter Stelle von etwa dreißig Booten. Das Boot, das wir schlagen mussten, lag knapp hinter uns. Wir mussten bloß vor ihnen bleiben, um den Pott zu bekommen.

Unser Taktiker, ein *America's Cup*-Segler, behielt die ganze Zeit das Boot im Auge, das wir schlagen mussten. Einige von uns fingen an, nach den Booten zu schauen, die vor uns lagen. Wäre es nicht wunderbar, dieses letzte Rennen zu gewinnen? Wir kamen dem zweitplatzierten Boot langsam näher und schon bald ging die Diskussion los:

„Wenn wir uns ein kleines bisschen weiter links halten, könnten wir die Nummer zwei packen."

„Und wenn wir uns noch ein bisschen weiter links halten, könnten wir auch die Führenden hinter uns lassen!"

Im Eifer des Gefechts wandten wir den Blick von dem Boot ab, das wir schlagen mussten, und sahen auf die Boote vor uns – Boote, die im Kampf um den Pott nicht die geringste Rolle spielten.

Unser erfahrener Taktiker hörte sich die Diskussion eine Weile an, bis er schließlich genug hatte. Er rief uns unser eigentliches Ziel in brillanter Kürze in Erinnerung: „Hey, Jungs, Kappe oder Pott?"

Anders ausgedrückt: „Wenn ihr noch ein Rennen gewinnen wollt, können wir versuchen, die Jungs vor uns zu packen – aber dabei riskieren wir, dass das eine Boot, das wir schlagen müssen, uns doch noch überholt. Oder wir verlieren das eine Ziel nicht aus den Augen und holen uns den Pott. Wollt ihr euch eine billige Kappe daheim auf den Kaminsims legen? Nein. Hier geht es um Kappe oder Pott. Entscheidet euch."

Sofort war uns klar, dass wir das eigentliche Ziel aus den Augen verloren hatten.

„Den Pott, John. Den Pott", sagten wir alle peinlich berührt. Wir richteten unsere Konzentration wieder neu auf das Ziel und sorgten dafür, dass wir vor dem Boot blieben, das wir schlagen mussten. Und am Ende nahmen wir den Pott mit nach Hause.

Mein Leitvers hilft mir, mein Leben einfacher, aufgeräumter zu führen und den wahren „Pott" nicht aus den Augen zu verlieren. Wenn ich in Versuchung gerate, anderen, unwichtigen „Booten" nachzujagen, erinnert er mich daran, fest und unerschütterlich zu bleiben, mich mit aller Kraft für das Werk des Herrn einzusetzen und um den wahren „Pott" zu kämpfen, der in Ewigkeit Bestand hat.

> Mein Leitvers hilft mir, mein Leben einfacher, aufgeräumter zu führen und den wahren „Pott" nicht aus den Augen zu verlieren.

Beispiele für andere Leitverse

Jetzt haben Sie meine ausführliche Erklärung dafür gelesen, warum ich denke, dass mein Leitvers jedermanns Leitvers sein sollte. Aber um fair zu sein, will ich Ihnen im Folgenden einige Beispiele von anderen Menschen und den Leitversen zeigen, die sie gewählt haben – und erklären, warum sie sie ausgesucht haben.

Billy Graham hatte Psalm 16,11 zu seinem Leitvers gemacht: „Du führst mich den Weg zum Leben. In deiner Nähe finde ich ungetrübte Freude; aus deiner Hand kommt mir ewiges Glück" (GN).

Ich hatte mich ein- oder zweimal mit Billy unterhalten, und man konnte die Freude und Gegenwart Gottes in seinem Leben regelrecht spüren. Der Vers hatte ihn ganz eindeutig geprägt.

Martin Luther King entschied sich für Amos 5,24 als seinen persönlichen Vers, was zu seiner gottgegebenen Leidenschaft passte, die Missstände in den USA zu seiner Zeit zu korrigieren: „Es ströme aber das Recht wie Wasser und die Gerechtigkeit wie ein nie versiegender Bach" (LÜ).

Eine gute Freundin beschreibt ihren Leitvers – Philipper 1,21 – als treibende Kraft in ihrem Leben: „Denn Christus ist mein Leben und das Sterben für mich nur Gewinn" (Hfa). Sie war gerade mit dem College fertig geworden und fragte sich: *Was soll die treibende Kraft in meinem Leben sein?* Als sie erfuhr, dass der Apostel Paulus diesen Satz geschrieben hatte, während er mit Ketten gefesselt im Gefängnis lag, war sie zutiefst erschüttert. Inzwischen hat ihre völlige Hingabe daran, ihr Leben ganz für Gott zu leben – wie es auch in Paulus' Worten anklingt –, sie dazu gebracht, sich in einer kaputten Welt für Barmherzigkeit und Gerechtigkeit einzusetzen. Gott tut durch diese Frau bemerkenswerte Dinge.

Einer der unbekannteren kleinen Propheten im Alten Testament verfasste den Leitvers eines anderen Freundes von mir. In Habakuk 3,2 steht: „Herr, von deinen Ruhmestaten habe ich gehört, sie erfüllen mich mit Schrecken und Staunen. Erneuere sie doch, jetzt, in unserer Zeit! Lass uns noch sehen, wie du eingreifst!" (GN). Dieser Freund erlebt, wie Gott in unserer Zeit die gleichen unglaublichen Dinge vollbringt wie zu Habakuks Zeiten. Er hat gemeinsam mit seiner Frau in einer großen Stadt ein Netzwerk von Gemeinden aufgebaut, die Gott von ganzem Herzen bitten, dort große Dinge zu vollbringen. Und sie sind auf dem besten Weg zu erleben, wie Gott den Leitvers dieses Mannes Wirklichkeit werden lässt.

Ein anderer Freund von mir hält sich an Johannes 15,5: „Ich bin der Weinstock, und ihr seid die Reben. Wer bei mir bleibt, so wie ich bei ihm bleibe, der trägt viel Frucht. Denn ohne mich könnt ihr nichts ausrichten" (Hfa). Dieser Freund sagt ganz ehrlich: „Ich mag meinen Leitvers eigentlich nicht, aber genau diese Botschaft muss ich dringend hören." Er sagt von sich selbst, dass er zu schnell in Versuchung gerät, Dinge aus eigener Kraft tun zu wollen, statt sich auf Gott zu verlassen. Sein Leitvers erinnert ihn daran, dass er nichts tun kann, wenn nicht Jesus es durch ihn tut. Dass er sich auf diesen Leitvers stützt, bringt tatsächlich Frucht. Inzwischen richtet er den Blick fest auf das, was Gott aus ihm machen möchte, statt auf das zu schauen, was er für Gott tun soll. Gott gebraucht ihn und seine Frau als Leiter einer blühenden Gemeinde mit über 5.000 Mitgliedern.

Ein weiterer Freund verlässt sich ebenfalls täglich auf seinen Leitvers: „Eure Güte werde allen Menschen bekannt. Der Herr ist nahe" (Philipper 4,5; EÜ). Dieser Freund ist Pastor in einem unglaublich schwierigen Umfeld und er gesteht: „Ich bin von Natur aus kein gütiger Typ, aber mein Leitvers erinnert mich daran, nachsichtig mit den Menschen zu sein, ganz egal, was sie getan haben. Und das ‚Der Herr ist nahe' versichert mir, dass das, was am Ende in ihrem Leben geschieht, nicht von mir abhängt: Es liegt in Gottes Hand. Er ist nahe."

Eine gute Freundin, die in ihrem Leben einige schwere Verluste erlitten hat, verankert ihre Seele in Worten, die Jesus gesprochen hat: „Der Dieb kommt, um zu stehlen, zu schlachten und zu vernichten. Ich aber bringe Leben – und dies im Überfluss" (Johannes 10,10; Hfa).

„Dieser Vers erinnert mich ständig daran, dass meine Lebensumstände nicht meine Lebensqualität bestimmen", sagt sie. „Satan mag mit diesen schmerzhaften Erfahrungen Böses in meinem Leben beabsichtigen, aber Gott bewirkt selbst im größten Verlust Gutes, wenn wir ihn in unser Chaos einladen. Inzwischen kann ich aufrichtig sagen, dass ich dieses ‚Leben im Überfluss' erlebe – trotz allem, was ich verloren habe."

So ein Leitvers ist eines der wirkungsvollsten Mittel, die ich kenne, um das eigene Leben leichter zu machen. Wie ein Leuchtturm in der Finsternis sorgt er dafür, dass wir auf Kurs bleiben. Er hilf Ihnen, kluge Entscheidungen zu treffen, wenn es darum geht, wie und wo Sie Ihre Zeit, Energie und Gaben einsetzen sollen. Er motiviert Sie, schonungslos allen Müll aus Ihrem Leben zu entfernen. Er treibt Sie an, jeden Tag voller Leidenschaft zu leben.

Kappe oder Pott? Suchen Sie sich einen Leitvers, der Ihnen hilft, sich auf den wahren „Pott" zu konzentrieren, und behalten Sie ihn immer im Gedächtnis. Lassen Sie sich von ihm die Kraft schenken, das Rennen zu laufen, auf das es wirklich ankommt, frei von allen Ablenkungen. Und wenn Sie dann eines Tages vor Gott stehen, werden Sie sehen, dass Ihr Leitvers Ihnen geholfen hat, eine Krone zu gewinnen, die es wirklich wert ist.

Jetzt wird's praktisch

Suchen Sie sich einen Leitvers

Dieser Umsetzungsschritt ist leicht: Suchen Sie sich einen Leitvers und richten Sie Ihr Leben daran aus.

Wenn Sie schon einen Leitvers haben
Wenn Sie schon einen Leitvers haben, dann lernen Sie ihn auswendig. Befestigen Sie ihn dort, wo Sie ihn täglich regelmäßig sehen: am Computerbildschirm, am Badezimmerspiegel, am Kühlschrank, im Auto. Integrieren Sie ihn planmäßig in Ihre tägliche Stille Zeit mit Gott. Beschäftigen Sie sich vor dem Hintergrund Ihres Leitverses immer wieder mit der Frage, was Gott heute vielleicht von Ihnen möchte. In welchen Bereichen Ihres Lebens müssen Sie Veränderungen vornehmen?

Wenn Sie noch einen Leitvers brauchen
Wenn Sie noch keinen Leitvers haben, finden Sie in Anhang A – „Wie man einen Leitvers findet" – einige Anregungen, worauf man bei einem guten Leitvers achten sollte und wo man ihn findet. Anhang B enthält, nach Themen sortiert, eine Liste möglicher Leitverse.

Wenn Sie eine Liste mit mehreren Versen zusammengestellt haben, die Sie ansprechen, sollten Sie mit Gott darüber reden. Überstürzen Sie nichts – lassen Sie sich Zeit, um zu erkennen, welcher Vers am besten als Leuchtturm für Sie geeignet sein könnte, der Sie immer wieder zu

Gottes Plänen für Ihr Leben zurückführt. Welcher Vers hilft Ihnen, durchzuhalten und im Wettkampf alles zu geben, um schließlich den ewigen Pott zu gewinnen?

vorwärtskommen statt *festgefahren*

Neue Lebensabschnitte annehmen

„Turn! Turn! Turn!" war in den turbulenten Sechzigern die Hymne über den Wandel der Zeiten. Ursprünglich von Pete Seegers geschrieben, wurde das Lied durch *The Byrds* bekannt, die es 1965 herausbrachten.

Ich war ein Teenager, als ich das Lied zum ersten Mal im Radio hörte. Der Text kam mir irgendwie bekannt vor, also forschte ich ein bisschen nach. Stellen Sie sich vor, wie schockiert, aber auch erfreut ich war, als ich feststellte, dass alle Verse des Songs aus dem Buch Prediger im Alten Testament stammten.

Ich war noch erfreuter, als ich miterlebte, wie das Lied in den Charts nach oben kletterte und landesweit unter die Top 100 kam, dann unter die Top 50 und unter die Top 10. Und am 4. Dezember 1965 war es in den USA schließlich das beliebteste Lied in den Charts. Und das mit einem Songtext, der direkt aus der Bibel stammte.

Etwa zu dieser Zeit verbrachte ich jeden Sommer einen Gutteil meiner Ferien in einem sehr konservativen frommen Ferienlager. Dort gab es viele restriktive Regeln, einschließlich des Verbots von Radios – weil wir dort keine „weltliche" Musik hören sollten. Die Leiter des Lagers glaubten, dass weltliche Musik unsere Seelen verderben würde.

„Rockmusik ist vom Teufel."

„Rockmusiker sind besessen!"

Sie wissen, was ich meine.

Abends versammelten wir uns immer zum Singen am Lagerfeuer. Ein Student mit einer 12-saitigen Gitarre – was das Krasseste war, das wir uns erlauben konnten – begleitete uns, während wir Kirchenlieder sangen. Die verklemmten Lagerleiter standen hinter uns Wache, um dafür zu sorgen, dass niemand Blickkontakt mit einem Vertreter des anderen Geschlechts hatte oder Kaugummi kaute. Schließlich waren wir hier, um Gott Loblieder zu singen, und nicht, um Spaß zu haben!

Eines Abends schlossen einige von uns einen Pakt. Weil wir Teenager und von Natur aus rebellisch waren, beschlossen wir, dass keiner von uns mitsingen würde. Wir wollten diese verstaubten, alten Lieder boykottieren.

Als wir uns alle ums Lagerfeuer versammelt hatten und der Student anfing, auf der Gitarre zu klimpern und zu singen, machte niemand mit – außer den Grillen. Perfekt! Das machte die Lagerleiter wütend, was natürlich genau das war, was wir beabsichtigt hatten.

Schließlich hörte der Vorsänger auf zu singen und warf uns allen einen bedeutungsvollen Blick zu, als wollte er sagen: *Aufgepasst!* Und dann leitete er zu den bekannten Anfangsakkorden von „Turn! Turn! Turn!" über – dem beliebtesten Lied im ganzen Land! Wir sahen uns erstaunt an. *Konnte das wahr sein?*

Er fing an, den ersten Vers zu singen, und wir alle sangen aus voller Kehle mit.

To everything – turn, turn, turn
There is a season – turn, turn, turn
And a time to every purpose under heaven...[1]

Wir kannten den Text Wort für Wort auswendig (offensichtlich war ich nicht der einzige Schüler, der sich gottlose Musik anhörte) und alle sangen voller Freude, mit ganzem Herzen und hochgestreckten Armen.

Natürlich erkannten die kauzigen alten Freizeitleiter, die im Leben noch nie weltliche Musik gehört hatten, nicht, dass dieses Lied der Song war, den die ganze Nation gerade sang. Sie erkannten nur, dass der Text aus der Bibel stammte – und so wie wir sangen, dachten sie, es hätte eine Erweckung gegeben! Wir sangen dieses „weltliche Lied, das direkt aus der Hölle stammt", mit ganzer Kraft, und die Leiter standen hinter uns, rieben sich erstaunt die Augen und dankten Jesus, dass diese rebellischen Kinder endlich das Licht des Herrn gesehen hatten.

....

König Salomo fordert uns auf, die unterschiedlichen Abschnitte unseres Lebens aus dem Blickwinkel der Ewigkeit zu betrachten – und genau das ist der Schlüssel zu einem einfacheren, befreiten Leben.

....

Ich glaube nicht, dass die Freizeitleiter je begriffen haben, dass die Erweckung an jenem Abend eben jenen „satanischen Rockmusikern" zu verdanken war, nämlich den *Byrds*.

Sie können sicher verstehen, dass mir durch die damit verbundene Erinnerung das 3. Kapitel des Predigers ganz besonders gefällt – das Kapitel, dem Pete Seeger den Text für „Turn! Turn! Turn!" entnommen hat. In diesen Versen spricht König Salomo – zu seiner Zeit der weiseste Mensch der Welt – vom

Wechsel der Jahreszeiten unseres Lebens. Als Teenie haben diese Worte meine Aufmerksamkeit zwar wegen ihrer Popularität auf sich gezogen, aber heute ziehen sie meine Aufmerksamkeit aus stichhaltigeren Gründen auf sich: Sie rufen zur Veränderung auf. Sie fordern uns auf, die unterschiedlichen Abschnitte unseres Lebens aus dem Blickwinkel der Ewigkeit zu betrachten – und genau das ist der Schlüssel zu einem einfacheren, befreiten Leben.

Ich hoffe, dass Sie selbst inzwischen auch schon einige Veränderungen in Angriff genommen haben, um in Ihrem Leben aufzuräumen und es einfacher zu gestalten. Sie haben vielleicht schon festgestellt, wo Veränderungen angebracht sind, und haben daraufhin einen Schlachtplan entwickelt, um diese auch umzusetzen. An diesem Punkt möchte ich Sie herausfordern, den Prozess der Vereinfachung Ihres Lebens einmal anders zu gestalten – und zwar, indem Sie es als eine Abfolge von Lebensabschnitten betrachten.

Eine Abfolge von Lebensabschnitten

Wenn wir unser Leben als eine zufällige Abfolge von Tagen betrachten, die nur durch den Kalender irgendeinen Bezug zueinander haben, übersehen wir leicht Gottes Handeln darin. Wenn wir aber in der Lage sind, die einzelnen Lebensabschnitte zu erkennen, sind wir auch besser in der Lage, mit Gott zusammenzuarbeiten, seine Führung zu erkennen, ihm zu folgen und das Ende eines Zeitraumes als den Anfang eines neuen anzunehmen.

Salomo war im 10. Jahrhundert vor Christus König von Israel und verfasste das Buch Prediger gegen Ende seines Lebens. Er versuchte, darin festzuhalten, was er über den Sinn des Lebens gelernt hatte und worauf es wirklich ankam. Kapitel 3 eröffnet er mit folgenden Worten: „Für alles gibt es eine bestimmte Stunde. Und für jedes Vorhaben unter dem Himmel gibt es eine Zeit" (ELB).

Nach Salomos Ansicht ist das Leben kein eindimensionaler, steter Trott von der Wiege bis zur Bahre, sondern ein Kommen und Gehen von Lebensabschnitten.

Die Jahre, die Ihr Leben ausmachen, beschreiben nicht einfach nur eine lineare Bahn. Und Ihr Leben ist weder vorhersehbar noch kontrollierbar. Die Tage fallen nicht wie Regentropfen auf Sie herab, einer nach dem anderen. Vielmehr durchleben Sie Lebensphasen – die Wochen, Monate oder Jahre dauern können –, die einen Anfang und ein Ende haben. Sie befinden sich eine Weile in diesem Abschnitt und gehen dann zum nächsten über.

Wir alle verstehen im Grunde, was Salomo meint. Wenn zum Beispiel Menschen in meinem Alter von ihrer Familie erzählen, dann sprechen sie selten vom genauen Alter ihrer Kinder, sondern von *Zeitabschnitten*.

Wenn Lynne und ich jemanden auf einer Party treffen, den wir nicht so gut kennen, sagen wir vielleicht: „Haben Sie nicht Kinder, die im gleichen Alter sind wie unsere?"

„Ja, wir haben eine Tochter, die auch schon ein Kleinkind hat, so wie Shauna."

Es ist überflüssig, das genaue Alter der Tochter zu nennen. Sie und Shauna befinden sich in der gleichen Lebensphase, und Lynne und ich wissen genau, welche Lebensphase das ist.

Hätten sie geantwortet: „Wir haben eine Tochter mit drei Teenagern", hätten wir wahrscheinlich gesagt: „Wie heißt sie? Wir werden jeden Tag für sie beten!" Das ist ebenfalls ein klar abgegrenzter Zeitraum: drei Teenager in der Familie.

Hätten sie geantwortet: „Unsere beiden Kinder sind auf dem College. Jetzt sind nur noch wir beide zu Hause", könnten wir nachempfinden, wie es ist, mit einem leeren Nest zu leben – und wissen auch, wie es ist, diese Zeit des enger geschnallten Gürtels hinter sich bringen zu müssen, weil man gleich zweimal Studiengebühren zahlen muss!

Vor zwei Wochen unterhielt ich mich mit einer Frau, die beiläufig erwähnte, dass ihre vier Kinder noch nicht in die Schule gingen. *Vier kleine Kinder.* Ich hätte sie beinahe auf der Stelle in den Arm genommen. Sie befindet sich in der Lebensphase, in der man wenig Schlaf bekommt, ständig Spaghetti isst, die Windeltasche statt der Handtasche mit sich herumschleppt und den Minivan voller quengelnder kleiner Kinder hat. Oje …

Ganz gleich, wie alt Sie sind, Sie haben schon einige klar voneinander abgrenzbare Lebensabschnitte hinter sich, und es kommen noch weitere. Die Leute sprechen von ihrer Schul- und Studentenzeit als Lebensphase. Und was für eine Zeit das für viele war! Verheiratete sprechen davon, in den Flitterwochen zu sein – eine viel zu kurze Zeit. Berufstätige sprechen von Zeiten, in denen sie eine andere Anstellung hatten, andere Chefs und sich beruflich anders orientiert haben.

> Ganz gleich, wie alt Sie sind, Sie haben schon einige klar voneinander abgrenzbare Lebensabschnitte hinter sich, und es kommen noch weitere.

Manchmal werden unsere Lebensphasen von widrigen Umständen bestimmt. Wenn jemand sagt: „Mein Vater lebt im Hospiz", dann weiß man, dass diese Familie gerade eine schwierige Zeit durchmacht und dass eine noch schwierigere bevorsteht. Wenn jemand Ihnen erzählt, dass er gerade seinen Job verloren hat, ahnen Sie, mit welchem Druck und welchen Gegebenheiten er zurzeit konfrontiert ist. Wenn eine Frau Ihnen erzählt, dass ihr Mann sie gerade verlassen und die Scheidung eingereicht hat, dann wissen Sie, dass sie aus einer schwierigen

Lebensphase (eine kaputte Ehe) in die nächste übergeht (die Güteraufteilung) und bald schon in einer dritten schwierigen Lebensphase stecken wird (sich daran gewöhnen zu müssen, wieder allein zu leben, und womöglich mit sehr geringem Einkommen haushalten und die Kinder mit wenig oder gar keiner Unterstützung großziehen zu müssen).

Manchmal folgen mehrere schwierige Zeiten aufeinander und das kann eine besonders große Herausforderung sein.

Salomo legt nahe, dass man sein Leben dann am besten einschätzen kann, wenn man erkennt, in welcher Lebensphase man sich gerade befindet, denn die einzelnen Lebensabschnitte bilden die Nebenhandlung zur Geschichte unseres gesamten Lebens. Aber sie *sind nicht das gesamte Leben.* Daran muss man unbedingt denken. Es ist alles nur eine Phase. Ob sie gut ist oder böse, leicht oder schwer – jede Phase ist zeitlich begrenzt.

Um der Sache noch weiter auf den Grund zu gehen, schauen wir uns einige Phasen von Salomo in Prediger 3, näher an:

Zeit fürs Gebären und Zeit fürs Sterben,
Zeit fürs Pflanzen und Zeit fürs Ausreißen des Gepflanzten,
Zeit fürs Töten und Zeit fürs Heilen,
Zeit fürs Abbrechen und Zeit fürs Bauen,
Zeit fürs Weinen und Zeit fürs Lachen,
Zeit fürs Klagen und Zeit fürs Tanzen,
Zeit fürs Steinewerfen und Zeit fürs Steinesammeln,
Zeit fürs Umarmen und Zeit fürs sich Fernhalten vom Umarmen,
Zeit fürs Suchen und Zeit fürs Verlieren,
Zeit fürs Aufbewahren und Zeit fürs Wegwerfen,
Zeit fürs Zerreißen und Zeit fürs Zusammennähen,
Zeit fürs Schweigen und Zeit fürs Reden,
Zeit fürs Lieben und Zeit fürs Hassen,
Zeit für Krieg und Zeit für Frieden.[2]

Klagen oder Tanzen

Salomo sagt, dass es „Zeit fürs Klagen und Zeit fürs Tanzen" gibt. Kennen Sie jemanden, der gerade durch die Zeit des Klagens geht? Stecken Sie selbst gerade in dieser Phase? Ein Freund von mir hat gerade seine Mutter verloren. Meine eigene Mutter ist vor zwei Jahren gestorben und ich erinnere mich noch sehr gut an diese Zeit der Trauer. Jede Woche hören wir in den Nachrichten wieder von irgendeiner sinnlosen Gewalttat, die Trauer nach sich zieht. Die schreckliche Nachricht trifft ein, und schon werden nahestehende Menschen in eine Zeit der Trauer gerissen, die sie vermutlich nicht kommen sehen konnten und die sie sich niemals freiwillig ausgesucht hätten. Aber trotzdem ist sie da.

Einen geliebten Menschen durch den Tod zu verlieren ist nicht das Einzige, was uns in eine Zeit der Trauer versetzen kann. Jede Art von Verlust bringt das Bedürfnis zu trauern mit sich. Wenn Sie vor Kurzem den Verlust Ihrer Arbeitsstelle, Ihrer Ehe, Ihres Zuhauses oder eine andere große Enttäuschung erlebt haben – und wenn Sie sich die Auswirkungen ehrlich eingestehen –, dann erlauben Sie sich selbst eine Zeit des Trauerns.

Es gibt eine Reihe von Faktoren, die die Art und Dauer einer solchen Zeit der Trauer bestimmen. Die Schwere des Verlustes spielt natürlich eine Rolle. Auch unsere ganz eigene Art, mit Verlusten umzugehen, spielt eine Rolle; manche Menschen erholen sich von Verlusten von Natur aus schneller als andere.

Ein dritter Faktor ist die Intensität und das Tempo, mit dem man sich auf die Trauer einlässt. Manche Menschen stürzen sich bei schweren Verlusten kopfüber in die Zeit der Trauer. Sie trauern unverblümt und ausgiebig und glauben, der schnellste Weg durch diese schmerzhafte Zeit sei, sich hindurchzuackern – die Tränen zu weinen, die geweint werden müssen, und das zu fühlen, was man eben fühlen muss. Andere erleben die Zeit der Trauer lieber in kleinen Dosen über einen längeren Zeitraum hinweg.

Die eine „richtige" Art zu trauern gibt es nicht. Wenn jemand langsam trauert, sich in kleineren Dosen mit seiner Trauer auseinandersetzt, bedeutet das nicht, dass der Betreffende einen weniger schweren Verlust erlitten hat. Und im Gegenzug empfindet jemand, der sich kopfüber in die Trauer stürzt, nicht unbedingt auch mehr Schmerz. Der Schlüssel ist, die Art des Trauerns zu finden, die sich für Sie authentisch anfühlt, und gleichzeitig zu akzeptieren, dass andere Menschen anders trauern.

> Einen geliebten Menschen durch den Tod zu verlieren ist nicht das Einzige, was uns in eine Zeit der Trauer versetzen kann. Jede Art von Verlust bringt das Bedürfnis zu trauern mit sich.

Verwechseln Sie die unterschiedlichen Arten zu trauern nicht mit gar nicht trauern. Nicht zu trauern ist keine Art der Trauer. Wenn Sie eine Zeit des Trauerns durchmachen, aber nicht wirklich trauern, dann stecken Sie fest. Gestehen Sie sich ausdrücklich zu, über den Verlust zu trauern, damit Sie nach Gottes Zeitplan aus dieser Zeit der Trauer wieder herauskommen.

Wenn Sie in Ihrer Trauer regelrecht ertrinken – wenn Sie sich überwältigt und wie gelähmt fühlen –, sollten Sie darüber nachdenken, professionelle Hilfe in Anspruch zu nehmen. Und vergessen Sie nicht: Ihr Verlust mag zwar von Dauer sein (zum Beispiel beim Tod eines geliebten Menschen), aber die Zeit der Trauer ist es nicht. Mit der Zeit wird sie enden und das Leben wird Ihnen wieder Freude und Frieden bringen.

Seien Sie einfühlsam gegenüber denen in Ihrem Umfeld, die sich in einer Zeit der Trauer befinden. Sprechen Sie mit ihnen. Bieten Sie Ihren Trost an. Tun Sie nicht so, als sei nichts geschehen. Reden Sie sich nicht raus, indem Sie sagen: „Ich will sie nicht an ihren Verlust erinnern und ihnen den Tag vermiesen." Ich kann Ihnen versichern, dass sie ihren Verlust nicht vergessen haben. Wenn Sie etwas sagen, werden Sie sie damit nicht an den Tod des geliebten Menschen „erinnern". Im Gegenteil: Dass Sie ihren Verlust bestätigen, ist wie ein Schluck kühles Wasser an einem heißen Tag. Gehen Sie, wenn möglich, zur Beerdigung. Gehen Sie auf sie zu. Bieten Sie praktische Hilfe an: auf die Kinder aufpassen, eine Mahlzeit oder ein paar Lebensmittel vorbeibringen, den Rasen mähen, oder stecken Sie einen Restaurantgutschein in Ihre Beileidskarte. Alle diese Freundlichkeiten helfen den Trauernden, nach dem erschütternden Verlust ihr Gleichgewicht wiederzufinden.

Wenn Sie sich gerade selbst in einer Zeit der Trauer befinden, dann nehmen Sie sich bewusst vor, in den Gottesdienst und zu den Treffen Ihrer Kleingruppe zu gehen. Gehen Sie dorthin, wo Menschen Sie in Ihrer Trauer begleiten können. Sie machen vielleicht nicht alles richtig; wahrscheinlich brauchen Sie ein wenig Anleitung. Aber wenn Sie nur zu Hause bleiben, berauben Sie sich der Möglichkeit, dass jemand die Last der Trauer mit Ihnen trägt. Wenn Sie sich abkapseln, vergrößert das nur das Gefühl des Verlustes. Wenn Sie unter Freunden sind, geben Sie Gott die Gelegenheit, ein wenig Hoffnung zu Ihrer Lebensgleichung zu addieren. Oder er ermutigt Sie oder schenkt Ihnen durch die Predigt oder ein Lied im Gottesdienst eine neue Perspektive.

Vielleicht werden sich einige Beziehungen in dieser Zeit vertiefen oder Sie finden neue Freunde. Viele Menschen, die einen großen Verlust erlitten haben, sagen rückblickend, dass sie gerade in dieser schweren Zeit Menschen kennengelernt haben, die jetzt ihre besten Freunde sind. Das ist ein weitverbreitetes Phänomen. Vielleicht werden auch Sie diese Erfahrung machen. Und zur rechten Zeit werden Sie aus dieser

Phase der tiefen Trauer herauskommen. Andere Zeiten liegen vor Ihnen.

Salomo sagt, dass es auch eine Zeit zum Tanzen gibt. Sie ist endlich schwanger mit dem heiß ersehnten Kind. Die Adoption wird endlich Wirklichkeit. Das erste eigene Haus wird gekauft. Die Tür zu einer neuen Arbeitsstelle geht auf. Die Zusage für einen Studienplatz ist in der Post. Die *Chicago Cubs* gewinnen die Baseballmeisterschaft. (Für die Einwohner von Chicago wäre das wirklich eine Zeit zum Tanzen! Wenn ich doch nur genug Glauben hätte...)

Vor zehn Jahren stand meine Tochter Shauna kurz vor einer Zeit zum Tanzen. Ein langhaariger Musiker namens Aaron hielt um ihre Hand an. Sie sagte Ja. Der Hochzeitstermin stand fest, alles war geplant, und mir wurde bald klar, dass für mich ganz buchstäblich die Zeit zum Tanzen gekommen war: Shauna wollte, dass ich bei der Feier mit ihr den Tanz des Brautvaters tanzte.

Ich bin ein zurückhaltender Holländer. Wir stehen nicht gerne im Mittelpunkt. Jemanden zu umarmen ist für mich schon viel. Und sagen wir einfach, Tanzen ist nicht gerade mein Hobby. Aber wissen Sie was? Für Shauna würde ich *alles* tun, auch wenn das hieße, dass ich tanzen muss. In aller Öffentlichkeit.

Einige der Frauen aus unserer Kleingruppe zwangen mich, ein oder zwei Tanzschritte zu lernen, und an ihrem Hochzeitstag nahm ich mein kleines Mädchen in die Arme, und wir tanzten, wie nur Vater und Tochter miteinander tanzen können. Es war ein Augenblick, den ich immer in Erinnerung behalten werde. Es war wirklich eine Zeit des Tanzens für uns beide – in mehrfacher Hinsicht.

Die Bibel enthält viele Beschreibungen solcher Zeiten zum Tanzen. Das Alte Testament steckt voller detaillierter Anweisungen für Feste und Feiern, die Gott nicht nur zugelassen, sondern *angeordnet* hat. Gott ist von Natur aus fröhlich und feiert gern, und er erlaubt uns Zeiten, in denen wir von ganzem Herzen und voller Freude tanzen.

Im Laufe Ihres Lebens werden Sie zahlreiche Zeiten zum Tanzen erleben. Lassen Sie sie nicht achtlos vorüberziehen. Wenn Sie sich gerade in einer solchen Zeit befinden, dann tanzen Sie! Markieren Sie Ihre besonderen Erlebnisse mit Feiern. Genießen Sie leckeres Essen, gute Getränke, und machen Sie Fotos, um diese Augenblicke festzuhalten. Segnen Sie diejenigen, die Sie feiern.

> Im Laufe Ihres Lebens werden Sie zahlreiche Zeiten zum Tanzen erleben. Lassen Sie sie nicht achtlos vorüberziehen.

Aber vor allem: Danken Sie Gott, der Ihnen mit Güte begegnet. Ihm haben wir alle Zeiten zum Tanzen zu verdanken.

Umarmen oder sich fernhalten vom Umarmen

Ich sagte ja bereits, dass ich von Natur aus kein großer Freund des Umarmens bin, und ich bin froh, dass es einen Bibelvers gibt, der meinen Standpunkt in der Frage des Umarmens bestätigt: Es gibt eine „Zeit fürs Fernhalten vom Umarmen". Kluger Mann, dieser Salomo.

Wenn es in unserem Leben vertrauenswürdige Menschen gibt, können wir sie von ganzem Herzen an uns heranlassen, nicht nur rein körperlich, sondern auch durch eine immer enger werdende, vertrauensvolle Beziehung. Wenn es in unserem Leben Menschen gibt, die sich noch nicht als vertrauenswürdig erwiesen haben, gibt uns Salomo hier die Erlaubnis, sie nicht näher an uns heranzulassen. Es gibt Zeiten, in denen es eben klug ist, sich vom Umarmen fernzuhalten.

Aufbewahren oder wegwerfen

In Prediger 3, Vers 6 sagt Salomo, dass es eine „Zeit fürs Aufbewahren und Zeit fürs Wegwerfen" gibt.

Manche von uns sind Sammler und manche Wegwerfer. Meine Frau Lynne ist von Natur aus eine Sammlerin. Und weil Gott Humor hat, bin ich ein Wegwerfer. Alle paar Jahre wache ich mal samstagmorgens auf, schaue mich im Haus um und sage in den Worten meines Lieblingsphilosophen Popeye: „That's all I can stands; I can't stands no more." – „Jetzt reicht's. Ich halte das nicht mehr aus." Dann bestelle ich einen Müllcontainer und kaufe einige stabile Müllsäcke, in der Absicht, alles aus unserem Haus hineinzuwerfen, was nicht niet- und nagelfest ist. Ich will alles loswerden. Ich will mein Umfeld aufgeräumter gestalten, indem ich alles wegwerfe, was auch nur im Entferntesten nach Krempel aussieht.

Meistens fällt jedoch meine Zeit des Wegwerfens genau mit dem Anfang einer Zeit des *Aufbewahrens* für Lynne zusammen. Ich möchte dieses alte Bild, das wir gekauft haben, als wir Mitte zwanzig waren, wegwerfen, und sie will es behalten. Ich will die Decke, die meine Mutter einmal für uns gemacht hat, wegwerfen, und sie will sie aufheben. Sie wird nostalgisch und will diese Erinnerungsstücke (so nennt sie das) oder diesen Kram (so nenne ich das) für unsere Kinder und Enkel aufheben. Genau in dem Augenblick wird dann der Container gebracht. Wenn ich das Zusammentreffen dieser beiden Zeiten nicht sehr überlegt handhabe, erwartet mich zur Belohnung eine Zeit auf der Couch!

Weil Sie gerade ein Buch darüber lesen, wie Sie Ihr Leben entrümpeln können, lehne ich mich jetzt einmal weit aus dem Fenster und vermute, dass Sie gerade in einer Zeit des *Wegwerfens* sind. Sie werfen Verpflichtungen aus Ihrem Kalender, die sich nicht mit Ihren Werten decken. Sie werfen die Gewohnheit über Bord, über Ihre Verhältnisse zu leben. Sie werfen einige oberflächliche oder schädliche Beziehungen über Bord und beschließen, lebenspendende Freundschaften mit anderen Christen zu vertiefen. Weil Sie an Ihrer Selbsteinschätzung arbeiten, stecken Sie offenbar in einer Phase des Aufräumens und der Klärung. Sie machen Ihr Leben einfacher. Das ist die Zeit, in der Sie sich gerade befinden.

Oder vielleicht ist für Sie auch die Zeit gekommen, Dinge festzuhalten: neue Verpflichtungen, um so mehr Zeit für die Familie zu schaffen; Ihre tägliche Zeit mit Gott und Zeit zum Gebet; die Faktoren Ihres Arbeitsplatzes – Leidenschaft, Unternehmenskultur, Herausforderung und Bezahlung. Das eine hat seine Zeit und das andere hat seine Zeit. Alles zu seiner Zeit.

Schweigen oder reden

In Prediger 3, Vers 7 sagt Salomo, dass es eine „Zeit fürs Schweigen und Zeit fürs Reden" gibt.

Angesichts der fieberhaften Geschwindigkeit unseres Lebens und unserer Gesellschaft erschwert der Geräuschpegel in unseren Köpfen es uns, Gottes leise Stimme der Ermutigung, Führung oder Korrektur zu hören. Daher gibt es eine Zeit des Schweigens.

Einer meiner Freunde hat gerade eine 30-tägige Abstinenz von allen sozialen Netzwerken hinter sich. In Maßen genossen sind die sozialen Netzwerke keine schlechte Sache. Ich nutze sie auch. Sie können sehr hilfreich sein. Aber sie können auch süchtig machen. Rund um die Uhr erreichbar zu sein kann gewissermaßen einen Geräuschpegel schaffen, der krank macht.

> Angesichts der fieberhaften Geschwindigkeit unseres Lebens, unserer Gesellschaft erschwert der Geräuschpegel in unseren Köpfen es uns, Gottes leise Stimme der Ermutigung, Führung oder Korrektur zu hören.

Mein Freund will wirklich im Glauben weiterkommen und hatte deshalb beschlossen, sich aller sozialen Netzwerke zu enthalten.

Während der ersten drei Tage dieser Abstinenz, so sagt er, wusste er nicht, was er mit seinen Händen tun sollte. „Ich habe, ohne nachzudenken, in jeder halben freien Minute mein Handy gezückt. Ich habe Mails, Tweets und andere Nachrichten gelesen. Das hatte ich mir so sehr angewöhnt, dass ich nicht einmal wusste, was ich mit diesen dreißig Sekunden anfangen sollte. Ich musste ganz neu lernen, still zu sein."

Diese Zeit der Stille hatte eine so unglaublich positive Wirkung auf ihn, dass er beschloss, auch nach der expliziten „Fastenzeit" jeden Tag eine Weile auf die sozialen Netzwerke zu verzichten. Aus diesem Grund macht er jeden Morgen bis zu einer bestimmten Uhrzeit einen Bogen darum. Er sorgt dafür, dass er eine Viertelstunde ungestört mit Gott allein ist, in der er in der Bibel liest, seine Gebete aufschreibt, auf Gottes leise Stimme hört, ohne dass der „Lärm" der sozialen Netzwerke seine Gedanken belagert. Er bekommt von Gott Wegweisung und Ermutigung, und er verbringt wichtige Zeit mit seiner Familie, *bevor* er sein Handy einschaltet, seine Mails liest oder sich in die Welt der sozialen Netzwerke begibt.

In der Mittagspause verbringt er noch einmal zehn Minuten mit Gott. Er schaltet sein Handy auf stumm und klappt den Laptop zu. „Ich danke Gott für den großartigen Morgen", sagt er. „Ich nehme mir einfach einige Augenblicke der Stille, um wieder Verbindung mit Gott aufzunehmen. Die Stille hilft meinen Gedanken, ruhig zu werden und sich von dieser Überflutung mit Informationen zu befreien. Das hilft mir, den Tag über konzentriert zu arbeiten."

Abends tritt sein Social-Media-Verbot zu einer bestimmten Zeit wieder in Kraft. Dann schaltet er sein Handy aus und fährt den Rechner runter. „Ich habe begonnen, vor dem Schlafengehen noch eine letzte halbe Stunde zu lesen", erklärt er. „Ich lese tatsächlich einige Klassiker, wie damals auf dem College. Ich lese Dinge, die meinen Verstand und mein Herz herausfordern, anstatt die Zeit nur mit Postings, Tweets und Blödsinn aus dem Internet zu verplempern."

Mein Sohn Todd hat von Natur aus einen Hang zur Stille und ich habe auf diesem Gebiet einige wertvolle Dinge von ihm gelernt. Todd ist ein introvertierter Denker. Er muss das Zimmer nicht mit Worten füllen, nur weil sonst niemand etwas sagt. Wenn er etwas zu sagen hat, sagt er es. Aber er fühlt sich auch in der Stille wohl. Wenn wir zusammen sind, muss ich nicht die ganze Zeit reden. Ich muss nichts leisten. Ich kann einfach *sein*.

2007 unternahm Todd eine 18-monatige Weltumseglung. Sein Schiff, die *Crisis Mode*, hat ihn 32.000 Seemeilen über den Pazifik, den Indischen Ozean und den Atlantik getragen – eine beachtliche Leistung. Sein Freund Jeremiah, der ihn auf der zweiten Hälfte der Reise begleitet hat, ist so ähnlich gestrickt wie Todd. Beide sind keine Männer vieler Worte.

„Jer und ich konnten den größten Teil des Tages auf unserer Dreizehn-Meter-Jacht verbringen, ohne viel miteinander zu reden – und das war für uns beide in Ordnung", erzählte Todd. „Die Stille war nicht unangenehm; sie war willkommen. Wir füllten unsere Tage mit Lesen, Schreiben, Beten, den Arbeiten an Deck und dem Segeln – und mit großartigen Fischfängen!"

> Es gibt eine Zeit fürs Schweigen, sagt Salomo, und eine Zeit fürs Reden.

Todd und Jeremiah strahlen beide einen Frieden aus, den ich bewundere. Sie fühlen sich wohl in ihrer Haut. Sie sind nicht süchtig nach Lärm. Sie lassen sich nicht durch zu viele Reize von ihrer inneren oder äußeren Welt ablenken.

Wann ist Ihre Zeit der Stille? Wann schenken Sie Gott Ihre volle Aufmerksamkeit, wenn Ihr Leben auf Hochtouren läuft? Nehmen Sie sich Zeit zum Nachdenken, zum Beten, zum Lesen oder für tiefgehende Gespräche?

Es gibt eine Zeit fürs Schweigen, sagt Salomo, und eine Zeit fürs Reden. Manchmal ist es einfacher, still zu sein, aber Sie spüren, dass Gott Sie anstößt und sagt: *Jetzt musst du etwas sagen.*

Wenn ein Freund oder eine Freundin eine selbstzerstörerische Entscheidung trifft, dann ist nicht der richtige Zeitpunkt zu schweigen. Schauen Sie nicht einfach nur zu, wie Ihr Freund oder Ihre Freundin aus der Bahn gerät und sein oder ihr Leben zerstört. Drücken Sie sich nicht vor der Verantwortung, indem Sie sich sagen: *Es ist nicht meine Aufgabe, hier etwas zu sagen*, oder: *Ich will nicht, dass er oder sie sich verurteilt fühlt.* Das ist feige. Sagen Sie etwas, auch wenn Sie sich dabei nicht wohlfühlen! Sagen Sie Ihrem Freund oder Ihrer Freundin: „Ich habe dich lieb, und es fällt mir schwer, dir zuzuschauen bei dem, was du da gerade tust. Ich verurteile dich nicht. Ich sehe nur, wenn du auf diesem Weg weitergehst, wirst du einen hohen Preis dafür bezahlen. Und ich möchte dich bitten, dir das noch einmal genau zu überlegen."

Ein Freund von mir hat einen Chef, den er wirklich bewundert und respektiert. Aber dieser Chef stand kurz davor, Geschäfte zu tätigen, die nur noch haarscharf legal waren. Mein Freund betete, hatte aber nicht vor, etwas zu sagen. Er wollte kein Querulant sein.

Je näher die Entscheidung seines Chefs rückte, umso beharrlicher signalisierte Gottes Geist meinem Freund: *Du musst etwas sagen. Sag etwas. Es ist Zeit, den Mund aufzumachen.*

Mein Freund gehorchte. Er ging ins Büro seines Chefs und sagte: „Ich will keinen Ärger machen. Sie kennen mich. Sie wissen, dass ich Sie respektiere und unsere Firma liebe. Aber ich habe den Eindruck, dass wir kurz davorstehen, eine Entscheidung zu treffen, die unserem Maßstab für Integrität nicht entspricht."

Sein Chef war auch wirklich bereit, ihm zuzuhören. „Ich glaube, Sie haben recht", sagte er. Das Unternehmen nahm von der betreffenden Entscheidung Abstand und traf eine moralisch gute Entscheidung. Mein Freund war froh, dass er etwas gesagt hatte. Hätte er nichts gesagt und die Firma hätte die Grenze überschritten, hätte er in einer ganz anderen Klemme gesteckt, die weitaus schwieriger gewesen wäre als die Frage, ob er etwas sagen sollte oder nicht. Selbst wenn die Sache nicht gut gegangen wäre – wenn sein Chef verärgert gewesen wäre, als er ihn darauf ansprach –, mein Freund hätte trotzdem gewusst, dass er das Richtige getan hatte. Er wusste, dass es „Zeit fürs Reden" war, und er hatte Gottes leiser Stimme gehorcht.

Es gibt Zeiten, in denen wir den Mund aufmachen müssen, auch wenn es riskant oder unangenehm ist. Wenn Sie wissen, dass es dran ist, dann reden Sie.

Erkennen Sie, in welcher Phase Sie sich gerade befinden

Im 3. Kapitel des Buches Prediger führt Salomo insgesamt 28 verschiedene Zeiten auf, einschließlich der Zeiten, die ich gerade beschrieben habe. Es sind nur Kurzbeschreibungen der Phasen, die Sie wahrscheinlich im Laufe Ihres Lebens durchmachen werden. Manche dieser Zeiten sind leicht zu erkennen, andere sind weniger eindeutig.

Um einfacher, befreiter zu leben, ist es wichtig zu erkennen, in welcher Phase man sich gerade befindet. Dadurch lebt man mehr in der Gegenwart und kann sich besser darauf einlassen.

Sie können Ihre Tage zielstrebiger und klarer angehen. Sie können Gottes Wirken besser erkennen, seine Lektionen besser verstehen und die Gelegenheiten, die Ihnen jede dieser Phasen bietet, bestmöglich nutzen, um charakterlich und geistlich zu wachsen und mehr Weisheit zu erlangen.

Außerdem ist es wichtig, die jeweiligen Phasen zu erkennen, damit Sie sich nicht daran klammern, wenn sie zu Ende gehen, sondern sich anständig davon verabschieden und von ganzem Herzen auf die beginnende neue Zeit einlassen können.

Was will Gott Ihnen beibringen?

Sie stecken nicht zufällig in der Lebensphase, in der Sie jetzt gerade sind. Gott ist auch daran beteiligt, und was er tut, hat einen Sinn. Haben Sie sich schon einmal die Frage gestellt, was Gott Ihnen in diesem einmaligen Lebensabschnitt zeigen will, das sich genau so niemals wiederholen wird?

> Sie stecken nicht zufällig in der Lebensphase, in der Sie jetzt gerade sind. Gott ist auch daran beteiligt und was er tut, hat einen Sinn.

Im Buch Prediger versucht Salomo, Sinn und Zweck des Lebens zu definieren. Er fordert seine Leser auf, nachhaltige Zufriedenheit darin zu finden, ihr Leben in Dinge zu investieren, die in der Ewigkeit von Bedeutung sind. Viel zu viele Menschen – auch Christen – rotieren und haben teilweise die Kontrolle über Bereiche ihres Lebens verloren. Wir handeln so, als hätten wir nicht die leiseste Ahnung, was Gott mit unserem Leben vorhat.

Ein junger Mann, er ist Ende zwanzig, erzählte mir kürzlich, dass er in einer Zeit der Ruhelosigkeit lebt. Er hatte das Gefühl, sein Leben so zu führen, wie dies dem Wunsch und den Plänen seiner Eltern entsprach, und nicht sein eigenes Abenteuer zu erleben und Gottes Ziel für sein Leben zu verfolgen. Da ist er nicht der Einzige. Ich habe mit Hunderten junger Frauen und Männer gesprochen, denen klar wurde, dass sie nicht ihren eigenen Traum leben, sondern den ihrer Eltern.

„Wie lange sind Sie schon in dieser Zeit der Ruhelosigkeit?", fragte ich ihn.

„Etwa seit drei Monaten", antwortete er.

„Und was tun Sie, um damit fertigzuwerden?"

„Ganz ehrlich?", meinte er. „Ich trinke jede Menge Alkohol."

„Sie sollten sich vielleicht eine andere Strategie ausdenken", entgegnete ich, „sonst bleiben Sie womöglich für sehr lange Zeit in dieser Phase stecken. Was, glauben Sie, will Gott Ihnen in dieser Zeit beibringen?" Wir unterhielten uns noch eine Weile, und er wurde neugierig, was Gott ihm wohl in dieser Zeit der Ruhelosigkeit beibringen wollte.

Jede Phase Ihres Lebens hat einen Sinn – ganz gleich, ob es eine gute oder schlechte, leichte oder schwere, erfüllende oder auslaugende Zeit ist. Wenn man in einem schweren Lebensabschnitt steckt, ist die Versuchung groß, sich selbst zu „verarzten" (zum Beispiel durch Essen, Alkohol, Ablenkung, Geschäftigkeit etc.). Man würde am liebsten Scheuklappen aufsetzen, den Unannehmlichkeiten aus dem Weg gehen und die Wirklichkeit ignorieren. Wenn Sie Christus nachfolgen, formt Gott ständig Ihren Charakter, um Sie Christus ähnlicher zu machen. Er will Ihnen gute Lektionen beibringen, ganz *besonders* durch die unbequemen, frustrierenden, schmerzhaften Zeiten Ihres Lebens. Welche Lektionen sind das wohl? Verschwenden Sie die Chancen zum Wachsen nicht, die Ihnen die schweren Zeiten bieten. Lernen Sie in diesen Zeiten, so viel Sie können. Welche Lektionen will Gott Ihnen gerade jetzt wohl beibringen?

Eine Zeit des Erfolgs

Vor vielen Jahren schrieb Ken Blanchard ein Buch für Manager mit dem Titel „Der Minuten-Manager", das über dreizehn Millionen Mal verkauft wurde.[3] Es stand über zwei Jahre auf der Bestsellerliste der *New York Times* und selbst heute werden noch etwa 10 000 Exemplar pro Monat verkauft. Unglaublich!

Als Ken das Buch schrieb, hatte er wenig mit Gott am Hut. Und als die Verkaufszahlen Monat für Monat, Jahr für Jahr immer weiter stiegen, befand er sich in einer anhaltenden Zeit beruflichen und finanziellen Erfolgs – durch die Lizenzen und Tausende von Einladungen zu Vorträgen, die ständig eintrudelten.

Eines Tages wachte er auf und dachte: *Moment mal, so gut kann ich nun auch wieder nicht schreiben. So gut mache ich nun auch wieder nicht Werbung. So schlau bin ich gar nicht. Warum habe ich so viel Erfolg?* Er wollte lernen, was auch immer er aus diesem Lebensabschnitt lernen konnte.

Die meisten Menschen, die eine solche Zeit des Erfolgs erleben wie Ken, würden einfach nur ihrem Schicksal danken und keine Fragen stellen. Aber Ken ging noch einen Schritt weiter. Er sagte zu sich selbst: *Es gibt einen Grund für all das. Irgendjemand versucht, meine Aufmerksamkeit zu erlangen, und ich werde herausfinden, wer das ist – und warum derjenige meine Aufmerksamkeit will.*

Diese Entscheidung führte Blanchard in eine Zeit des Suchens. Er nahm den christlichen Glauben unter die Lupe und einige Jahre später vertraute er sein Leben Christus an. Heute ist er ein engagierter Christ, und wo auch immer ihn sein Ruhm und seine Bekanntheit hinführen, er erzählt immer, wem er seinen Erfolg zu verdanken hat: Jesus Christus.

All das entsprang aus einer unerwarteten Zeit des Segens. Aber Blanchard sonnte sich nicht einfach in seinem Erfolg; er ließ sich von ihm weiterführen. Er lernte die Lektion, die Gott ihm in diesem Lebensabschnitt beibringen wollte, und das stellte sein Leben auf den Kopf.

Eine Zeit der Einsamkeit

Eine der herausforderndsten Phasen, die wir erleben können, ist die Zeit der Einsamkeit. Es kann beängstigend sein, sich vom Rest der Welt getrennt zu fühlen, das Gefühl zu haben, ganz allein zu sein und niemanden zu haben. Es kann einen aus dem Gleichgewicht bringen, wenn man das Gefühl hat, dass einem niemand zur Seite steht. Wenn Sie eine Zeit der Einsamkeit durchleben, will Gott Sie dadurch vielleicht die greifbare Gegenwart, Nähe und Freundschaft von Jesus Christus lehren.

Ich erinnere mich noch ganz genau an den Tag, als mir diese Lektion aufgedrängt wurde. Es war kurz nach dem Tod meines Vaters.

Ich traf mich mit Dr. Gilbert Bilezikian, meinem College-Professor und Mentor. Als ich in sein Büro kam, saß er hinter seinem Schreibtisch. Ich setzte mich ihm gegenüber auf einen Stuhl.

Er unterbrach seine Tätigkeit, sah zu mir auf und meinte: „Worüber willst du heute sprechen, Bill?"

Ich zuckte mit den Achseln und entgegnete: „Suchen Sie sich etwas aus."

Eine der herausforderndsten Phasen, die wir erleben können, ist die Zeit der Einsamkeit. Es kann beängstigend sein, sich vom Rest der Welt getrennt zu fühlen.

Er dachte eine oder zwei Sekunden nach. Da er wusste, dass ich mich nach dem Tod meines Vaters eine Zeit lang einsam fühlte, antwortete er: „Ich möchte mit dir über die Immanenz, die Nähe Christi, sprechen."

Ich sträubte mich. „Dr. B., ich bin in einer christlichen Tradition groß geworden, in der Gott auf einem unermesslich hohen

Thron sitzt, weit außerhalb meiner Reichweite, und wo meine Gebete einen langen Weg zu ihm zurücklegen müssen – und seine Antworten brauchen noch länger, falls er mich überhaupt hört. So habe ich Gott jedenfalls immer gesehen."

Dr. B. zeigte keinerlei Regung. „Bill, genau deshalb werden wir jetzt darüber reden, wie nah er uns tatsächlich ist."

Er deutete auf einen leeren Stuhl an der Wand, der etwa einen Meter entfernt war. „Die Bibel lehrt uns, dass Christus durch seinen Geist auf diesem Stuhl sitzt", sagte er. „Er ist tatsächlich hier. Er ist Teil der Unterhaltung, die du und ich gerade miteinander führen."

Das war eine überwältigende Vorstellung für mich. „Äh, das ist total schräg, Dr. B.", entgegnete ich.

„Es stimmt aber", sagte er völlig ungerührt. „Die Gegenwart Christi ist hier bei uns und deshalb werden wir uns die nächste halbe Stunde mit dem dort auf dem Stuhl sitzenden Jesus unterhalten. Ich werde mit ihm sprechen und dann wirst du mit ihm sprechen. Und dann werden wir still sein und schauen, ob Gott durch seinen Heiligen Geist irgendwie mit uns kommunizieren wird. Wir werden einfach mit einem Gott kommunizieren, der nicht auf einem Thron weit außerhalb unserer Reichweite sitzt, sondern der da ist, genau hier, jetzt."

Es fiel mir extrem schwer, das mit meinem Verstand und meinem Herz zu erfassen. Aber ich wusste, dass Dr. B. kein Spinner war. Er hatte einen tiefen, theologisch begründeten und doch sehr persönlichen Glauben, den ich bewunderte. Ich vertraute ihm. Also willigte ich ein. Obwohl es sich für mein absolut traditionelles Verständnis von Gott völlig fremd anfühlte, sprach ich zu Jesus, als würde er auf dem leeren Stuhl sitzen. Dann sprach Dr. B. Und danach saßen wir einfach nur schweigend da und horchten auf irgendeine Eingebung, die Jesus uns durch seinen Geist geben mochte.

Ich kam mir zwar sehr unbeholfen vor, aber es hatte etwas Wahres und Friedvolles.

„Ich möchte dir eine Hausaufgabe für die Heimfahrt mitgeben: Unterhalte dich mit demjenigen, der bei dir im Auto sitzt", sagte Dr. B. „Jesus sitzt nämlich genauso auf dem leeren Beifahrersitz, wie er auf diesem Stuhl sitzt."

„Das ist auch ganz schön weit hergeholt", wandte ich ein.

„Die Bibel enthält viele Verse über die Nähe, Gegenwart, Freundschaft und Gemeinschaft mit Jesus", sagte er. „Wenn du jetzt im Auto sitzt, lass das Radio aus, und sprich einfach mit ihm, Bill. Er ist bei dir. Er ist nicht Millionen von Kilometern weit weg. Er braucht keinen Satellitenstrahl aus dem Himmel, um dich zu erreichen. Er ist hier bei dir."

Weil ich sehr in meiner vorgefassten Meinung von einem weit entfernten Gott festhing, brauchte es einige Übung, bevor es sich normal anfühlte, seine unmittelbare Nähe zu spüren. Aber mit der Zeit fing ich an, das zu erleben, was Dr. B. mir an jenem Tag in seinem Büro so geduldig zu beschreiben versucht hatte.

Heute kann ich Jesu Gegenwart überall auf der Welt spüren. Manchmal, wenn ich spätnachts irgendwo im Flugzeug sitze, allein, zehntausend Meter über dem Boden, und in irgendeinem entlegenen Winkel der Erde über den Ozean fliege, schaue ich zum Fenster hinaus auf diese Weite von Nichts und Himmel, und dann wird mir durch und durch bewusst, wie nah Jesus ist. Er ist genau hier bei mir. Ich fühle mich nicht einsam. Wo auch immer ich bin, habe ich dieses seltsame Gefühl der Nähe, Gegenwart und Gemeinschaft mit Christus – genau wie Dr. B. es beschrieben hat.

> Weil ich sehr in meiner vorgefassten Meinung von einem weit entfernten Gott festhing, brauchte es einige Übung, bevor es sich normal anfühlte, seine unmittelbare Nähe zu spüren.

Gott wollte mir in dieser Zeit der Einsamkeit etwas beibringen. Hätte ich diese Lektion nicht gelernt, wäre ich heute vielleicht versucht, mich von einer Phase der Einsamkeit verschlingen, bedrücken oder lähmen zu lassen. Ich bin so dankbar für diese Zeit, so schwer es auch damals für mich war, denn sie hat mir die Augen für die greifbare Gegenwart und Gemeinschaft mit Jesus geöffnet. Ich fühle mich nie mehr einsam. Ich weiß, dass er immer bei mir ist. Diese Lektion habe ich in einem harten Lebensabschnitt gelernt.

Wenn Sie eine Zeit der Einsamkeit durchleben – was möchte Gott Ihnen dadurch vielleicht beibringen? Wäre es möglich, dass er Sie auffordert, die Lektion zu lernen, die ich gerade beschrieben habe? Wenn Sie sie gelernt haben, können Sie zur nächsten Phase Ihres Lebens übergehen.

Vielleicht möchte Gott Ihnen auch beibringen, vom Sofa aufzustehen und ein paar Beziehungsrisiken einzugehen: Lernen Sie neue Menschen kennen. Suchen Sie sich in Ihrer Gemeinde eine Kleingruppe. Strecken Sie den Kopf aus der Tür, was aber nicht geht, solange Sie auf dem Sofa sitzen und sich die Wiederholungen irgendwelcher Serien anschauen oder auf *Facebook* surfen. Sie brauchen bodenständige, echte Freundschaften. Sie brauchen kluge Menschen, bei denen Sie sich sicher genug fühlen, um sich selbst richtig einschätzen zu lernen. Tun Sie *irgendetwas*, denn an Ihrer Einsamkeit ändert sich nichts, wenn Sie nicht ein paar Beziehungsrisiken eingehen.

Die gleiche Lebensphase, aber unterschiedliche Lektionen. Gott will Ihnen in jeder Lebensphase etwas ganz Bestimmtes beibringen. Finden Sie heraus, was diese ganz besondere Lektion für Sie ist, lernen Sie sie, und gehen Sie dann zur nächsten Lebensphase über.

Leben Sie ganz in der jeweiligen Lebensphase

Wenn Sie erkennen, in welcher Lebensphase Sie sich gerade befinden, macht das das Leben sehr viel leichter, weil Sie dann ein greifbares Ziel haben, auf das Sie Ihr Wachstum und Ihre Energie richten können; Sie wissen einfach, in welche Richtung Sie gehen müssen. Wenn Sie die Phase, in der Sie gerade sind, benennen und verstehen können, sollten *Sie ganz darin leben.* Tauchen Sie ganz hinein.

Vor einigen Jahren hatte ich die Ehre, einen der größten Sportsegler in der Geschichte dieses Sports zu interviewen: Dennis Conner. Er hat bereits viermal den *America's Cup* – den ältesten internationalen Wettbewerb – für die USA gewonnen. Er hat 28 Weltmeisterschaftstitel im Segeln geholt und ist mit allen möglichen Arten von Segelbooten gesegelt. Dennis, der auch als „Mr America's Cup" bekannt ist und Mitglied der *America's Cup Hall of Fame* ist, kennt sich mit Zeiten unglaublichen Erfolgs gut aus.

In unserem Interview, das vor einem Publikum von Führungskräften aus der Wirtschaft stattfand, befragte ich ihn zu seinen vielen Siegen im Segelsport und zu den erfolgreichen Zeiten seines Lebens. Und er hatte auch wirklich einige Gänsehaut-Geschichten über diese Siegesserien auf Lager.

Aber jeder, der sich in den Segelwettbewerben auskennt, weiß, dass Dennis 1983 den *America's Cup* an die Australier verloren hat. Und weil er diese eine Regatta verlor, wurde Dennis zum ersten Skipper in der 132-jährigen Geschichte des Wettbewerbs, der den *America's Cup* für die USA verlor.

Ich fragte Dennis nach dieser Zeit seines Lebens. Obwohl er vor einer großen Gruppe von Geschäftsleuten saß, war Dennis völlig aufrichtig und zeigte sich verletzlich, ja ihm kamen beinahe die Tränen.

„Als ich den ‚America's Cup' für die USA verlor", sagte er, „wurde ich zu der am meisten verachteten Person im Segelsport."

Ich erinnerte mich an die Prügel, die er damals von der Presse bezog, und wusste, dass er nicht übertrieb.

Dennis wurde zunehmend emotionaler. „Nach dieser Niederlage kam ich an einen Punkt, wo ich so niedergeschlagen war, dass ich nicht wusste, ob ich noch weiterleben wollte."

Man hätte eine Stecknadel fallen hören können. „Die Demütigung, die Gemeinheiten der Presse, die Selbstzweifel … Aber während dieser Zeit meines Lebens musste ich eine Entscheidung treffen. Entweder konnte ich der Niedergeschlagenheit nachgeben und mich in Selbstmitleid suhlen, oder ich konnte lernen, was ich zu lernen hatte, und mich dann wieder aufrappeln und weitermachen." Und genau das tat er. 1987 holte Dennis sich mit seiner Crew den *America's Cup* wieder von den Australiern zurück.

„Während dieser schweren Zeit – so schmerzvoll sie auch war – lernte ich mehr über mich selbst als in den Zeiten, in denen ich so erfolgreich gewesen war", sagte er. „Heute bin ich für diese Zeit sogar dankbar und empfinde nicht nur tiefes Bedauern darüber."

> „Während dieser schweren Zeit – so schmerzvoll sie auch war – lernte ich mehr über mich selbst als in den Zeiten, in denen ich so erfolgreich gewesen war."

In diesem Abschnitt seines Lebens hatte Dennis eine Lektion gelernt, die er auf keine andere Art und Weise hätte lernen können.

Hiob, die zentrale Figur im ältesten Buch der Bibel, erlebte entsetzliche Verluste. Seine Kinder, sein Vermögen, seine Viehherden, sein Land, seine Gesundheit – er verlor alles. Inmitten dieses unvorstellbaren Verlustes sagte er Folgendes über Gott: „Gewiss wird Gott mich töten, dennoch vertraue ich auf ihn."[4]

Hiob hatte alles verloren und er war in tiefer Trauer – was auch in Ordnung und angemessen war. Aber er sagte: „Ich habe immer noch Gott. Er ist meine einzige Hoffnung. Selbst wenn er mich auslöscht, werde ich auch im Sterben noch auf ihn hoffen."

Der Apostel Paulus betete in einer besonders schmerzhaften Zeit der Anfechtung zu Gott und bat diesen, ihn von einem quälenden Leiden zu befreien. Stattdessen flüsterte Gott ihm diese Worte zu: „Meine Gnade ist alles, was du brauchst!"[5] Wenn Sie das Gefühl haben, dass der Lebensabschnitt, in dem Sie gerade feststecken, mehr ist, als Sie ertragen können, dann hören Sie, was Gott Ihnen zuflüstert: „Meine Gnade ist alles, was du brauchst! Denn gerade wenn du schwach bist, wirkt meine Kraft ganz besonders an dir."[6]

Man lernt viel über einen Menschen, wenn man ihn in einer Zeit des Schmerzes erlebt. Ich habe schon viele Personen getroffen, die Zeiten unbeschreiblicher Leiden erlebt haben. Manche brechen zusammen, während andere eine Kraft in sich entdecken, von der sie gar nicht wussten, dass sie sie hatten – nämlich Gottes Kraft. Wenn Sie gerade eine Zeit des Schmerzes oder der Schwäche durchmachen, können

> Ihr Leben wird sehr viel einfacher und befreiter, wenn Sie erkennen, wann die Phase, in der Sie gerade stecken, zu Ende geht; wann es Zeit wird weiterzuziehen.

Sie auf eine Kraft zurückgreifen, die nicht Ihre eigene ist. Statt zu versuchen, diesem schwierigen Lebensabschnitt zu entrinnen, sollten Sie sich *ihm lieber stellen* – und dadurch lernen, wie Gottes Kraft Ihre Schwachheit durchdringen kann. Diejenigen, die sich auf Gottes Kraft stützen, werden für immer von ihr gezeichnet. Es ist eine Lektion, die sie für den Rest ihres Lebens nicht vergessen werden.

Welche Phase durchleben Sie gerade? Was will Gott Ihnen in diesem Lebensabschnitt beibringen? Gleichgültig, welche

Lebensphase Sie gerade durchmachen: Er ist immer bei Ihnen. Er möchte Sie Ihr gesamtes Leben hindurch lebenswichtige Lektionen lehren, die jeder Phase eine Bedeutung geben, Ihrem Schmerz einen Sinn und das zufriedene Gefühl, dass er einen Plan verwirklicht, den er für Sie hat.

Erkennen Sie, wann ein Lebensabschnitt zu Ende geht

Salomo führt die Zeiten unseres Lebens immer in Gegensatzpaaren auf: klagen und tanzen; pflanzen und ausreißen; schweigen und reden; und so weiter. Alle diese Gegensätze haben einen wichtigen Punkt gemeinsam: Eine Zeit geht zu Ende und eine neue Zeit bricht an. Ihr Leben wird sehr viel einfacher und befreiter, wenn Sie erkennen, wann die Phase, in der Sie gerade stecken, zu Ende geht; wann es Zeit wird weiterzuziehen.

Ungesunde Beziehungen
Manchmal geraten Paare in den Strudel einer auf tragische Weise dysfunktionalen Beziehung. Die beiden sind keine schlechten Menschen; sie sind nur nicht die Richtigen füreinander. Wenn sie zusammen sind, sind sie einfach nicht sie selbst, und alle um sie herum können das sehen. Aber sie sind schon so lange zusammen, dass sie ihre Objektivität verloren haben, und keiner von beiden hat den Mut, die Reißleine zu ziehen. Ihre Freunde möchten diesen beiden sagen: *Macht Schluss!* Das Leben hat euch mehr zu bieten als eine aussichtslose Beziehung, die in einer Sackgasse enden wird. Aus einer schlechten Freundschaftszeit wird keine gute Ehe. Macht Schluss, bevor die Sache endgültig wird. Zieht weiter zur nächsten Phase, wo euch bessere Dinge erwarten.

Sich nicht loseisen können

Es gibt Menschen, die auf dem College nie eine Fete ausgelassen haben, aber nie über diese Phase hinausgekommen sind. Sie lieben es, dafür bekannt zu sein, dass man mit ihnen gut Party machen kann, und diese Identität abzulegen macht ihnen Angst. Sie wollen die guten alten Zeiten einfach aufrechterhalten, auch lange nachdem alle in ihrem Umfeld erwachsen geworden sind und in der nächsten Phase ihres Lebens Zufriedenheit gefunden haben.

Diese Personen waren auf dem College auf zu vielen Feten, und sie waren auch in ihren Dreißigern und Vierzigern auf zu vielen Feiern, und vergangene Woche sind sie mit einem neuen Tattoo aufgewacht – und haben keine Ahnung, woher sie es haben. Und diejenigen, die diese Partygänger mögen, wünschen sich, ihnen diese drei Worte zu sagen: *Macht Schluss damit!* Beginnt eine bessere Lebensphase als die, die während eurer Collegezeit vielleicht gut für euch war (oder auch nicht). Beginnt eine bessere Lebensphase, bevor diese hier zur Sucht wird und euer Leben ruiniert.

Sucht

Manche Menschen trinken zu viel – egal, ob nun eine Feier stattfindet oder nicht. Es war vielleicht nicht immer so, aber mit der Zeit wurden die kleinen abendlichen Absacker immer regelmäßiger und viel zu wichtig. All die Schmerztabletten, die einmal einem berechtigten Zweck dienten, betäuben jetzt einen Schmerz, der nicht mehr körperlichen Ursprungs ist, und verursachen noch größere Schmerzen. Diese Lebensphase muss zu Ende gehen. *Machen Sie Schluss damit!*

Wenn Sie aufhören müssen zu trinken oder aufhören müssen, Schmerzmittel zu nehmen, weil Sie merken, dass das zur Gewohnheit geworden ist, dann tun Sie es – und *erzählen* Sie jemandem davon. Nennen Sie diese schwierige Zeit beim Namen, und setzen Sie jemanden davon in Kenntnis, der Ihnen helfen kann, diesen Lebensabschnitt für immer hinter sich zu lassen. Wenn Sie an einem Entzugsprogramm teilnehmen müssen, tun Sie es gleich. Suchen Sie sich ein christliches 12-Schritte-Programm. Suchen Sie jemanden, der Sie unterstützt. Suchen Sie sich einen Seelsorger, der Ihnen helfen kann zu verstehen, was hinter Ihrer Neigung zum Suchtverhalten steckt. Lassen Sie diese Zeit der Sucht hinter sich. Wenn Sie daran festhalten, fügen Sie sich nur noch mehr Schaden zu. *Machen Sie damit Schluss!*

Sauer auf die Kirche

Ich kenne schon seit dreißig Jahren einen Mann, der in seiner Jugend einmal eine sehr schlechte Erfahrung mit der Kirche gemacht hat. Dort gab es für seinen Geschmack zu viele Regeln, zu viele schlechte Kinderstundenleiter, zu viele Heuchler und so weiter. Er kehrte der Kirche den Rücken und er kehrte Gott den Rücken. Über die Jahre besuchte er unsere Gemeinde einige Male. Er sagt, er mag sie. Er kennt auch viele unserer Mitglieder und mag sie.

Immer mal wieder frage ich ihn ganz sanft, ob er bereit ist, eine neue Phase seines Lebens anzugehen – eine Zeit, in der er darüber nachdenkt, ob eine Beziehung zu Gott möglich sein könnte. Aber jedes Mal, wenn ich ihn darauf anspreche, gräbt er sofort seine grauenhaften Kindheitserfahrungen mit all den Regeln und Heuchlern aus.

Als ich ihn das letzte Mal fragte, ob er sich vorstellen könnte, die Reise des Glaubens anzutreten, fiel er wieder in sein Opferdasein zurück. Aber dieses Mal sah ich ihm geradewegs in die Augen und sagte: „Mann, das war vor fünfzig Jahren! *Mach Schluss damit! Lass die Sache hinter dir!* Seit deiner grauenhaften

Sonntagsschulzeit sind die Menschen zum Mond und zurück geflogen. Seit dem Problem mit deinem Pastor damals hat die Menschheit das Internet erfunden. Meinst du nicht, es wird Zeit, das endlich hinter dir zu lassen?"

Bis jetzt denkt er aber noch nicht, dass es Zeit ist, das zu tun. Er steckt immer noch darin fest. Doch auf diese Weise hat er ein halbes Jahrhundert seines Lebens irgendwelchen Leuten in irgendeiner Gemeinde ausgeliefert, die ihre Sache wahrscheinlich nicht so gemacht haben, wie sie es hätten tun sollen. Er hat diese Jahre verschenkt, statt zu beschließen, das alles hinter sich zu lassen und trotz allem, was damals passiert ist, eine Beziehung mit Gott zu erkunden.

Wenn Sie von irgendeiner Gemeinde oder einem Christen verletzt wurden, so wie dieser Mann, möchte ich Sie auffordern, das hinter sich zu lassen. Schieben Sie das schlechte Verhalten eines anderen nicht als Entschuldigung dafür vor, die Sache mit dem Glauben nicht selbst zu erkunden. Lassen Sie sich nicht von anderen der Erfahrung berauben, die grenzenlose Gnade eines liebenden Gottes zu erleben. Lassen Sie das hinter sich. Betreten Sie einen neuen geistlichen Lebensabschnitt.

> Lassen Sie sich nicht von anderen der Erfahrung berauben, die grenzenlose Gnade eines liebenden Gottes zu erleben. Lassen Sie das hinter sich. Betreten Sie einen neuen geistlichen Lebensabschnitt.

Unversöhnlichkeit

Es gibt nur wenige Dinge, die uns so sehr in einem Lebensabschnitt festhalten können wie die Weigerung zu vergeben. Wenn Sie immer noch darauf warten, dass sich jemand bei Ihnen entschuldigt, der Ihnen in der Vergangenheit unrecht getan hat, oder dass er seine gerechte Strafe empfängt: *Lassen Sie das hinter sich.* Ketten Sie sich nicht an eine Zeit, die nur Bitterkeit bringt. Geben Sie denen, die Ihnen unrecht getan haben, nicht so viel Macht über sich. Betreten Sie einen neuen Lebensabschnitt, in der die Vergebung diese Ketten lösen und Sie von der Unfreundlichkeit, Gedankenlosigkeit oder Grausamkeit anderer befreien kann. Ziehen Sie eine Grenze, überschreiten Sie sie und sagen Sie: „Heute werde ich das hinter mir lassen. Ich habe genug davon, in dieser Sackgasse der Suche nach Gerechtigkeit festzusitzen. Das hält mich gefangen. Ich muss diesen Lebensabschnitt hinter mir lassen. Dort gibt es nichts mehr zu lernen. Es wird Zeit, das hinter mir zu lassen. Es wird Zeit, eine Phase der Vergebung zu betreten und endlich frei zu sein."

Zynismus

Zyniker gibt es wie Sand am Meer. Sie glauben, Zynismus sei intellektuelle Coolness, aber wenn man einmal hinter die Kulissen schaut, ist Zynismus bloß intellektuelle Feigheit. Es braucht überhaupt keinen Mut, um andere Menschen oder Ideen mit einer skeptischen Bemerkung niederzumachen. Es braucht überhaupt keine Kreativität, um die Schwachstellen an etwas zu finden, statt Unterstützung, Ermutigung oder eine bessere Idee anzubieten. Zynismus beschäftigt sich nicht mit den realen Gegebenheiten, er tut sie mit einem billigen Lachen ab.

Und Zynismus ist ansteckend. Er schleicht sich heimtückisch in unsere Gedanken und die Art und Weise, wie wir reden. Man kann sich ganz schnell von der zynischen Haltung anderer anstecken lassen. Aber eine zynische Einstellung steht im Widerspruch zum Geist Christi. Der Apostel Paulus bietet denen, die für Zynismus anfällig sind, ein wirksames Gegenmittel an:

Schließlich, meine lieben Brüder und Schwestern, orientiert euch an dem, was wahrhaftig, gut und gerecht, was redlich und liebenswert ist und einen guten Ruf hat, an dem, was auch bei euren Mitmenschen als Tugend gilt und Lob verdient.[7]

Wenn Sie in eine Zeit des Zynismus abgeglitten sind und merken, dass Sie nur das Schlechteste von anderen denken, oder billige, negative Bemerkungen machen, sollten Sie demütig werden und etwas unternehmen, um diese Phase hinter sich zu lassen. Gestehen Sie sich ein, dass Sie zynisch geworden sind, und sagen Sie sich dann: *Ich werde nicht länger nur herumsitzen und andere abschießen, die in dieser Welt tatsächlich etwas bewegen. Ich werde diese zynische Phase hinter mir lassen, auch wenn das heißt, dass ich mich von den Zynikern in meinem Umfeld distanzieren muss. Auch wenn ich mich dabei unwohl fühle, ich werde den Zynismus hinter mir lassen.*

Wenn man auf diese Weise Stellung bezieht, beweist das intellektuellen Mut. Aber solange Sie das nicht tun, werden Sie weiter im Teufelskreis des Zynismus festsitzen. Es wird Zeit, ihn hinter sich zu lassen.

Missbrauch

Für einige Lebensphasen gibt es nur ein mögliches Happy End: *Raus da!* Ich möchte mich jetzt direkt an meine Leserinnen wenden: Wenn Sie in einer Beziehung sind, in der Sie verletzt oder geschlagen werden, lassen Sie sie hinter sich – und zwar heute noch.

Körperlicher, seelischer, emotionaler und geistlicher Missbrauch sind Bestandteil von Lebensphasen, die wir nach Gottes Plan nie durchmachen sollten. Wenn Sie gerade, aus welchen Gründen auch immer, eine Zeit des Missbrauchs, egal, welcher Art, durchmachen: Handeln Sie. Warten Sie nicht darauf, dass irgendwann ein anderer Lebensabschnitt anbricht. Das wird nicht passieren. Menschen, die andere missbrauchen, wollen nicht, dass sich etwas ändert; sie wollen Sie genau dort haben, wo Sie jetzt sind. Sie werden etwas unternehmen müssen, um das hinter sich zu lassen. Und Sie *müssen* es hinter sich lassen – nicht nur um Ihrer selbst willen, sondern auch um der Menschen willen, die Sie lieben, und auch um dessentwillen, der Sie missbraucht. Warten Sie nicht, bis sich etwas ändert. Heute ist Ihr Tag. Lassen Sie die Beziehung hinter sich.

Veränderung fällt schwer. Wir richten uns in unserem Leben ein, auch wenn die Phase, in der wir uns gerade bewegen, nicht gut ist. Aber man kann nicht befreit leben, wenn man in einem Lebensabschnitt feststeckt, der eigentlich schon vorüber ist. Sie müssen ihn hinter sich lassen. Und etwas hinter sich zu lassen bedeutet, das Unbekannte zu bejahen. Wenn Sie das, was Gott Ihnen in dieser Phase Ihres Lebens beibringen wollte, gelernt haben, oder wenn Sie sich in einem Lebensabschnitt befinden, der schon längst vorüber ist, dann wird es Zeit für Veränderung. In dieser Lebensphase gibt es für Sie nichts mehr zu lernen, lassen Sie sie hinter sich. Folgen Sie dem Muster, das Salomo, der weiseste Mann der Welt, Ihnen aufzeigt: Wenn Sie eine Zeit durchlebt haben, dann *lassen Sie sie* um Himmels willen *hinter sich*. Um Ihrer selbst willen: *Lassen Sie sie hinter sich*. Und um all der Menschen in Ihrem Umfeld willen: *Lassen Sie sie hinter sich*.

> Wenn Sie gerade, aus welchen Gründen auch immer, eine Zeit des Missbrauchs, egal, welcher Art, durchmachen: Handeln Sie. Warten Sie nicht darauf, dass irgendwann ein anderer Lebensabschnitt anbricht.

Der letzte Abschnitt

Ich möchte mit einem letzten Gedanken Salomos schließen:

Alles hat er schön gemacht zu seiner Zeit, auch hat er die Ewigkeit in ihr Herz gelegt, nur dass der Mensch das Werk nicht ergründet, das Gott getan hat, vom Anfang bis zum Ende.[8]

Das Leben hier auf der Erde ist nicht die letzte Phase, durch die Sie gehen. Aus Gottes ewiger Perspektive betrachtet, ist das Leben auf diesem Planeten – die siebzig, achtzig Jahre oder so – eine lange, ausgedehnte Zeit, die sich aus den Fäden einzelner kürzerer Zeiten zusammensetzt. Eines Tages wird diese irdische Zeit zu Ende sein und eine neue Realität beginnt.

Tief in Ihr Inneres hat Gott ein Gespür für die Ewigkeit gelegt. Selbst viele Atheisten berichten von einem Gefühl tief in sich, dass es nach diesem Leben noch etwas gibt. Eine neue Zeit. Gott hat dieses Gefühl in uns Menschen hineingelegt. Er hat „die Ewigkeit" in unser Herz gelegt.

In der Bibel heißt es ganz klar, wenn Sie während Ihrer Zeit auf der Erde bei Jesus Christus Gnade und Vergebung gefunden haben, dann können Sie Ihre Hand in die seine legen und von einer irdischen Zeit zur nächsten gehen, die Lektionen lernen, die Gott für Sie bereithält, und auf dem Weg Sinn, Bedeutung und Erfüllung finden. Wenn Sie das Ende Ihrer irdischen Zeit erreicht haben, werden Sie eingeladen, den nächsten Abschnitt zu betreten – für immer mit Gott im Himmel zu sein. Dort werden Sie seine Gemeinschaft, seine Freude und seine Güte in ihrer ganzen Fülle erleben.

Für diejenigen, die beschlossen haben, während ihrer Zeit auf der Erde Gottes ausgestreckte Hand nicht zu ergreifen, die lieber ihren eigenen Weg gehen als den Weg der Vergebung, die wir bei Jesus finden, sieht die Zeit der Ewigkeit ganz anders aus. Gott nimmt die Entscheidungen, die wir während unseres Lebens treffen, ernst. Er wird diejenigen, die ihn während ihrer Zeit auf der Erde abgelehnt haben, niemals zwingen, in der nächsten Zeit die Ewigkeit mit ihm verbringen zu müssen. Ihre Entscheidung hinsichtlich ihrer Beziehung zu Gott hat auch dann noch Gültigkeit.

Die nächste Phase dauert dann für immer. Haben Sie sich schon nach der Hand dessen ausgestreckt, der Ihnen immerwährende Vergebung anbietet? Wenn Sie sich nicht sicher sind, wo Sie die Zeit der Ewigkeit verbringen werden, dann klären Sie die Frage jetzt. Lassen Sie die Zeit der unsicheren Zukunft hinter sich und betreten Sie eine Zeit des geistlichen Friedens und der Hoffnung. Betreten Sie sie jetzt. Und wenn dann für Sie dieser allerletzte Abschnitt beginnt, werden Sie ein Maß an Erfüllung finden, das Sie sich hier auf der Erde niemals selbst verschaffen könnten – eine Erfüllung, die ewig anhält.

> Wenn Sie sich nicht sicher sind, wo Sie die Zeit der Ewigkeit verbringen werden, dann klären Sie die Frage jetzt. Betreten Sie eine Zeit des geistlichen Friedens und der Hoffnung.

Einfacher leben in den verschiedenen Phasen des Lebens

Salomos Worte im Buch Prediger stellen das Leben als in Zeiten, in Abschnitte eingeteilt dar. Ihre Tage werden auch wirklich überschaubarer, nicht so überladen und fokussierter sein, wenn Sie Ihr Leben auf diese Weise betrachten. Die Gefahr ist geringer, dass Sie Ihre Zeit in einer Phase verschwenden, die schon längst vorbei ist, dass Sie Ihre Kraft damit verschwenden, der Veränderung aus dem Weg zu gehen, Angst vor dem

Unbekannten zu haben und die Schritte aufzuschieben, die dran sind, um von einem Lebensabschnitt zum nächsten zu gelangen.

Wenn die Phase, in der Sie jetzt leben, anfängt, sich dem Ende zuzuneigen, sollten Sie nicht dagegen ankämpfen. Zögern Sie nicht. Stürzen Sie sich in die neue Zeit, die Gott Ihnen eröffnet, und lassen Sie die alte hinter sich! Leben Sie Ihr Leben einfacher und aufgeräumter, indem Sie weitergehen, den alten Lebensabschnitt hinter sich lassen und nach den Lektionen Ausschau halten, die Gott in dieser neuen Phase für Sie bereithält. Sie werden in jeder Phase Bedeutung, Sinn und Erfüllung finden – und auch darüber hinaus.

Jetzt wird's praktisch

Erkennen Sie, in welchem Lebensabschnitt Sie sich gerade befinden

Wenn wir kein klares Verständnis von dem haben, wie Gott in den verschiedenen Phasen unseres Lebens am Werk ist, sind wir schlecht vorbereitet, um von einer Zeit in die nächste zu treten. Wir neigen dann eher dazu, uns das Leben schwerzumachen, weil wir oft ohne Sinn und Ziel durch die Lebensabschnitte treiben. Sie können Ihr Leben überschaubarer und einfacher gestalten, wenn Sie lernen, die Phase, in der Sie gerade stehen, zu erkennen und aus jeder Lektion, die Gott Ihnen beibringen möchte, etwas zu lernen.

Schreiben Sie Ihre Antworten zu den nachfolgenden Gedankenanstößen auf:

1. In welcher Phase befinden Sie sich gerade?
2. Was möchte Gott Ihnen in diesem Lebensabschnitt wohl beibringen?
3. Haben Sie sich ganz auf diesen Lebensabschnitt eingelassen? Was können Sie tun, um diese Zeit von ganzem Herzen anzunehmen, gleichgültig, ob sie gut oder schlecht ist?

Lassen Sie den alten Lebensabschnitt hinter sich

Wenn wir versuchen, unser Leben in einen Lebensabschnitt hineinzuzwängen, in dem wir uns schon lange nicht mehr befinden, wirken wir dem Ziel eines einfacheren, aufgeräumteren Lebens entgegen. Machen Sie sich im Folgenden einmal über Ihre Neigung Gedanken (gleichgültig, ob diese schwach oder stark ausgeprägt ist), in einem abgelaufenen Lebensabschnitt stecken zu bleiben. Lesen Sie dazu die nachfolgenden Fragen und schreiben Sie Ihre Antworten auf ein Blatt Papier oder in Ihr Tagebuch. Bemühen Sie sich darum, zu einem Menschen zu werden, der eine Lebensphase bereitwillig hinter sich lässt, wenn er sie ganz durchlebt und die Lektionen daraus gelernt hat – und der die neue Zeit erwartungs- und hoffnungsvoll betritt.

1. Stecken Sie gerade in einer Lebensphase fest, die eigentlich schon vorüber ist? Weshalb glauben Sie, dass dieser Lebensabschnitt seinem Ende entgegengeht? Inwiefern widersetzen Sie sich der Notwendigkeit, ihn hinter sich zu lassen? Warum?

2. Welche Lektionen hat Gott Sie in diesem Lebensabschnitt gelehrt?

3. Welchen neuen Lebensabschnitt eröffnet Gott Ihnen?

4. Welche Schritte können Sie gehen, um weiterzukommen?

ein Vermächtnis hinterlassen statt *bedeutungslos leben*

Das Vermächtnis eines aufgeräumten Lebens

Jeder angehende Pilot muss seine Navigationskenntnisse unter Beweis stellen, wenn er den Flugschein machen will. Schon am Anfang meines Flugtrainings half mir ein Fluglehrer, einen 300 Kilometer langen Rundflug in einen benachbarten Bundesstaat zu planen. Er war zuversichtlich, dass ich für meinen ersten Überland-Alleinflug bereit war.

Ich hob mit einer kleinen Piper Tripacer ab, der Flugplan lag neben mir, und alles lief nach Plan, bis mich in den höheren Luftschichten einige Turbulenzen vom Kurs abbrachten. Weit vom Kurs ab. Es dauerte nicht lange, bis ich mir eingestehen musste, dass ich mich hoffnungslos verflogen hatte. Unter mir sah ich nichts als die gleichförmigen Ebenen von Indiana.

Als ich zusah, wie der Treibstofftank zunehmend leerer wurde, wusste ich, dass mir nicht mehr viel Zeit blieb, um die Sache wieder in den Griff zu bekommen. Wenn es mir nicht bald gelingen würde, meine Position zu bestimmen, würde dieser Flug ein böses Ende nehmen.

Genau in diesem Moment tauchte am Horizont eine Kleinstadt auf, die genau das hatte, was ich brauchte: einen riesigen Wasserturm genau in der Mitte. Wenn Sie schon mal in den USA waren und einen dieser Wassertürme mitten in einer Stadt im Mittleren Westen gesehen haben, dann wissen Sie, dass der Name der Stadt immer in großen Lettern darauf prangt. Ich ließ das Flugzeug einfach sinken und flog dicht genug an den Wasserturm heran, um den Namen der Stadt lesen zu können. Dann suchte ich den Namen auf meiner Karte und hatte innerhalb weniger Minuten meine Position bestimmt. Ich legte einen neuen Kurs fest – zurück zu meinem Heimatflughafen –, landete das Flugzeug sicher und erzählte meinem Fluglehrer, es habe keine Zwischenfälle gegeben.

Mit diesem kleinen Flugzeug vom Kurs abzukommen hat mich nur 45 Minuten und etwa 60 Liter Treibstoff gekostet. Aber wenn wir im Leben vom Kurs abkommen, fordert das einen weitaus höheren Preis. Niemand möchte in den Rückspiegel seines Lebens schauen und feststellen, dass er Zeit und Energie verschwendet hat, weil er vom Kurs abgekommen ist, ohne es zu merken. Man kann diese verlorenen Jahre nicht zurückholen. Man kann das Flugzeug nicht einfach wenden.

Kapitel für Kapitel haben Sie in diesem Buch auf ein aufgeräumteres Leben hingearbeitet. Sie haben sich mit Themen auseinandergesetzt, die nichts für schwache Nerven sind. Sie haben bestimmte Nischen Ihres Lebens ehrlich unter die Lupe genommen und Kurskorrekturen vorgenommen. Und ich hoffe, dass Sie gemerkt haben, dass als Belohnung für Ihre Anstrengungen Ihr Energietank voller ist, Ihre Tage weniger chaotisch sind und Ihre Nächte friedlicher.

> Wie können Sie sicher sein, dass Sie bei den großen, relevanten Dingen auf Kurs sind?

Aber wie können Sie sicher sein, dass Sie bei den großen, relevanten Dingen auf Kurs sind? Sie sind auf dem Weg zu einem befreiten Leben. Aber wenn Sie Ihr Leben jetzt aus 10.000 Metern Höhe sehen könnten, würden Sie dann feststellen, dass Sie auch auf dem Weg zu einem zutiefst und dauerhaft zufriedenen Leben sind?

Wie zufrieden sind Sie?

Es ist nicht weiter verwunderlich, dass wir oft an so vielen falschen Stellen nach Erfüllung suchen. Wir werden von allen Seiten mit Werbung überschwemmt, die nur ein Ziel verfolgt: Wir sollen mit unserem Leben unzufrieden sein. Wenn ich dem Fernsehen Glauben schenken darf, dann wäre mein Leben viel erfüllter, wenn ich Nutella zum Frühstück esse, die passende Autoversicherung bei Check24 ausfindig mache und eine Uhr von Breitling trage. Niemand ist immun gegen den Einfluss der Werbung.

Nehmen Sie sich einen Moment Zeit, um Ihren derzeitigen Zufriedenheitsgrad in den folgenden Bereichen auf einer Skala von eins bis zehn zu bewerten (1 = völlig unzufrieden; 10 = perfekt):

- Wie zufrieden bin ich mit meiner Arbeitsstelle?
- Wie zufrieden bin ich mit meinem Einkommen?
- Wie zufrieden bin ich mit meiner Ehe? Oder mit meinem Singledasein?
- Wie zufrieden bin ich mit meinem Haus oder meiner Wohnung? Mit meinem Auto? Mit meinem Computer, meinem Smartphone oder dem Inhalt meines Kleiderschranks?
- Wie zufrieden bin ich mit meinen Lebensumständen insgesamt?

Jetzt kommen die schwierigeren Fragen: Wie zufrieden *sollte* ich sein? Wie zufrieden *könnte* ich sein? Sind meine Erwartungen zu hoch oder zu niedrig? Lüge ich mir hinsichtlich meines Zufriedenheitsgrads etwas vor oder erwarte ich das Paradies auf Erden? Sollte ich meine Erwartungen etwas herunterschrauben?

Die eigentliche Wurzel unserer Unzufriedenheit liegt tiefer und ist nicht nur auf die Werbekampagnen der Medien zurückzuführen. Sie liegt tief in unserem Inneren und wir können sie bis in den Garten Eden zurückverfolgen. Die Frage, die die Schlange damals Eva stellte, trifft bei uns allen ins Schwarze: „Hat Gott wirklich gesagt, dass ihr von keinem Baum die Früchte essen dürft?"[1]

Bis dahin hat Eva sich darüber gefreut, wie Gott sie versorgt, aber jetzt will sie mehr. Sie beschließt, dass die einzige Frucht, die ihr Verlangen stillen kann, an den Zweigen des einzigen Baumes hängt, von dem Gott ihr verboten hat zu essen. Aber als sie von der Frucht isst, stellt sie fest – wie wir alle –, dass ein Leben außerhalb von Gottes Grenzen und seiner Fürsorge zu einer fatalen Unzufriedenheit führt. Seit der Mensch diese Schwelle übertreten hat und die Beziehung zu Gott zerbrochen ist, sind wir alle unzufrieden.

Was ist das Wichtigste?

Nur wenige Menschen haben es geschafft, das Streben nach Zufriedenheit bis zum Äußersten zu treiben. Auf der kurzen Liste derer, die es versucht haben, steht unter anderem Salomo, der Sohn Davids und im 10. Jahrhundert vor Christus König von Israel. Die Geschichte preist ihn als den weisesten Mann der damaligen Zeit und er war ganz sicher einer der reichsten.

Wenn jemand etwas dazu sagen kann, wie es ist, alles zu haben, was das Herz begehrt, dann war er es. Salomo stand unbegrenzter Reichtum zur Verfügung und er jagte mit atemberaubender Hingabe der Zufriedenheit nach. Seine Entdeckungen hielt er im alttestamentlichen Buch Prediger fest – zwölf Kapitel erbittertes intellektuelles Ringen darum, worauf es in diesem Leben ankommt und worauf nicht.

Salomos ungeschminkte, rücksichtslose Überlegungen zum Thema „Zufriedenheit" und „Sinn des Lebens" sind schockierend und manchmal auch anstößig. Aber sie sind ehrlich. Er spricht zutiefst ehrlich als jemand, der wirklich „alles durchhat". Er hält fest, was uns zufriedenstellen wird und was uns das Gefühl gibt, dass wir immer nur nach dem Wind haschen.

Salomo redet nicht lange um den heißen Brei herum, sondern bringt seine grundlegenden Beobachtungen kurz und knapp auf den Punkt. Und so liest sich die großartige Einleitung zu seinem Buch:

Alles ist vergänglich und vergeblich ... nichts hat Bestand, ja, alles ist völlig sinnlos![2]

Was für ein netter Gedanke! Salomo ist ja ein echtes Sonnenscheinchen. Erinnern Sie mich bitte dran, dass ich den Kerl nie zu einer Feier einlade.

In den ersten beiden Kapiteln des Buches Prediger argumentiert Salomo recht überzeugend für sein deprimierendes Weltbild. Stück für Stück deckt auf, wie vergänglich die sinnlosen Bestrebungen sind, von denen die meisten von uns glauben, dass sie uns zufriedenstellen werden. Schließlich sagt er, diese weltlichen Bestrebungen seien so produktiv, „als wolle man den Wind einfangen"[3].

346

Sieben todsichere Wege, wie man dem Wind nachjagt

Gesundheit

Körperliche Gesundheit ist natürlich eine der wichtigsten „Lebensqualitäten". Kaum jemand würde leugnen, dass Gesundheit die Freude am Leben verstärkt. Wenn Sie schon immer gesund waren, haben Sie sich über Ihr körperliches Wohlbefinden vielleicht nie viele Gedanken gemacht. Aber wenn Sie einmal mit Menschen sprechen, deren gesundheitliche Probleme sie von ihren Lieblingsaktivitäten abhalten, werden Sie verstehen, warum die Menschen logischerweise glauben, Gesundheit und ein langes Leben seien der Schlüssel zu einem zufriedenen Leben.

Salomo kommt gleich auf den Punkt, was die Vergänglichkeit unseres irdischen Daseins angeht:

Generationen kommen und gehen, nur die Erde bleibt für alle Zeiten bestehen! … Niemand denkt mehr an das, was früher geschehen ist, und auch an die Taten unserer Nachkommen werden sich deren Kinder einmal nicht mehr erinnern.[4]

Er sieht die uralten Berge, Täler, Felsen und Flüsse um sich herum und fasst das Ganze so zusammen: Warum glaubst du, dein Leben sei so wichtig und bedeutungsvoll, wo du doch nur etwa siebzig Jahre lebst? Die Welt gibt es schon viel länger als dich und es wird sie auch noch lange nach deinem Tod geben. Und egal, ob du dich dein ganzes Leben lang bester Gesundheit erfreut hast oder ob du

> Betrachten Sie Ihr Leben nüchtern. Sie werden nach ein paar Jahrzehnten von der Bildfläche verschwinden, aber die Welt bleibt bestehen.

jahrzehntelang körperliche Probleme hattest, am Ende läuft alles aufs Gleiche hinaus: Du wirst sterben und die Welt wird sich weiterdrehen.

Betrachten Sie Ihr Leben nüchtern. Sie werden nach ein paar Jahrzehnten von der Bildfläche verschwinden, aber die Welt bleibt bestehen. Selbst mein *Rasen* wird mich überleben. Vielleicht sollte ich das nächste Mal, wenn ich ihn mähe, daran denken, dass ich nur vorübergehend sein Diener bin. Eines Tages wird jemand anders mein Haus und dieses kleine Fleckchen Land besitzen und der Rasen wird immer noch da sein. Er wird immer noch wachsen und jemand anders wird ihn mähen – bis derjenige von der Bildfläche verschwindet und wieder jemand anders den Rasenmäher schiebt. So wichtig sind wir. Wir werden alle sterben und die Welt wird sich ohne uns weiterdrehen. Wenn wir unsere Hoffnung auf ein langes Leben setzen, ist das nicht der Schlüssel zu einem befreiten und zufriedeneren Leben.

Bildung

Salomo war berühmt für seine Weisheit. Es gab im 10. Jahrhundert vor Christus niemanden, der so klug war wie er. Und das war kein Zufall – Salomo hatte sich gezielt um Wissen bemüht. Und für viele Menschen wie ihn scheint Bildung der logische Weg zu einem zufriedenen Leben zu sein. Aber lohnt sich das wirklich?

Ich gab mir viel Mühe, alles auf der Welt mit meiner Weisheit zu erforschen und zu begreifen. …Ich überlegte und sagte mir: ,Ich habe große Weisheit erlangt und viel Wissen erworben, mehr als jeder andere, der vor mir in Jerusalem regierte.‘ Doch dann dachte ich darüber nach, was die Weisheit ausmacht und worin sie sich von Unvernunft und Verblendung unterscheidet, und ich

erkannte: Wer sich um Weisheit bemüht, kann genauso gut ver-
suchen, den Wind einzufangen![5]

Ich versuchte es mit dieser Argumentation bei meinen Eltern, als ich den Schulabschluss gemacht und keine Lust hatte, gleich aufs College zu gehen. Ich sagte: „Der klügste Mensch der Welt hat gesagt, sich um Weisheit zu bemühen, sei, als würde man versuchen, den Wind einzufangen."

Wissen Sie, was sie geantwortet haben? „Halt den Mund und geh aufs College, Bill."

Salomo sagt nicht, dass Wissen und Bildung schlecht sind. Er sagt nur, dass sie uns nicht die Zufriedenheit bringen werden, die wir uns davon erhoffen.

Kennen Sie Studenten, die mit der Uni fertig waren und nicht wussten, was sie als Nächstes tun sollten, also haben sie weiterstudiert, in der Hoffnung, dass sie es dann irgendwann herausfinden? Aber als sie ihren Master hatten, wussten sie immer noch nicht, was sie tun sollten, also haben sie noch einen Doktor drangehängt, waren aber immer noch unzufrieden. Es scheint, als seien manche Menschen ewig auf der Suche – nach mehr Wissen, mehr Abschlüssen, mehr Dissertationen, mehr Zeugnissen, mehr Titeln vor ihrem Namen.

Wenn das auf Sie zutrifft, dann kann Salomo Ihnen Zeit sparen – und Studiengebühren. Er ist diesen Weg des Wissenserwerbs weiter gegangen als jeder andere, und das hat er herausgefunden: „Je größer die Weisheit, desto größer der Kummer; und wer sein Wissen vermehrt, der vermehrt auch seinen Schmerz."[6]

Wissen als höchstes Ziel anzustreben zahlt sich nicht aus. Am Ende findet man nicht das, wonach man gesucht hat. Das endlose Anhäufen von Wissen füllt die Leere in Ihrem Leben nicht aus. Ganz gleich, wie viele Abschlüsse oder akademische

Titel Sie sammeln, die Leere wird bleiben. Wissen ist nicht dazu gedacht, diese Leere zu füllen.

Einige der zynischsten und unglücklichsten Menschen, die ich je kennengelernt habe, waren Personen, die glaubten, *noch* ein Forschungsprojekt, *noch* eine archäologische Ausgrabung, *noch* ein veröffentlichter Artikel, *noch* ein Buch mit ihrem Namen drauf würde ihnen geben, wonach sie suchten. Sie haben nie verstanden, was Salomo begriffen hatte: dass Bildung und Wissen nur Mittel zum Zweck sind und nicht der Zweck selbst. Und wenn diese unglücklichen Menschen am Ende des Weges angekommen sind und immer noch nach mehr Wissen und mehr Bildung streben – und dafür das aufgeben, worauf es wirklich ankommt –, werden sie feststellen, dass ihre Suche nicht hält, was sie verspricht. Sie werden voller Sorge und Trauer auf die verschwendeten Jahre zurückblicken, weil sie erkennen werden, dass sie die falschen Dinge angestrebt haben, und das auf Kosten der wirklich wichtigen Dinge. Sie hatten auf den ganz großen Erfolg gehofft, doch er trat nicht ein.

Salomos düstere Stimmung im 1. Kapitel des Buches Prediger hellt sich deutlich auf, als er woanders nach Zufriedenheit sucht.

Vergnügen

Salomos düstere Stimmung im 1. Kapitel des Buches Prediger hellt sich deutlich auf, als er woanders nach Zufriedenheit sucht. Er unterhält seine Leser mit Berichten über sein jahrelanges Abtauchen in die Genusssucht und meint, dass eine Flasche Wein – oder auch ein ganzes Fass – ihn aufheitert und glücklich macht. Er lässt sich auf zügellose Vergnügungen ein, als sei er ein Student und ziehe von einer Fete zur nächsten. Er will einfach nur Spaß haben.

Mein Lachen erschien mir töricht, und das Vergnügen – was hilft es schon? Da nahm ich mir vor, mich mit Wein zu berauschen und so zu leben wie die Unverständigen ...[7]

Wie viel Wein braucht man, um die Leere in den hintersten Ritzen des eigenen Herzens zu füllen? Ein kleiner Tipp: Dafür gibt es auf der ganzen Erde nicht genug Wein. Die Rehazentren sind voll mit Menschen, die es auf diese Weise versucht haben – und die jetzt gesündere, effektivere Wege suchen, um die Leere zu füllen. Sie mussten auf die harte Tour lernen, dass Weingenuss (oder Drogen, Sex, Glücksspiel, Essen oder andere Dinge, die die Menschen benutzen, um ihren Schmerz zu betäuben) nicht zu einem erfüllten Leben führt. Das alles ist letzten Endes, als versuche man, den Wind einzufangen.

Arbeit oder Leistung

Sie kennen wahrscheinlich den Begriff *Workaholic* – entweder, weil Sie einen Workaholic kennen oder weil Sie selbst einer sind. Menschen, die hinter ihrer Arbeit her sind wie der Alkoholiker hinter der nächsten Flasche, leiden im Grunde an der gleichen Krankheit – sie haben sich nur für eine andere Droge entschieden. Für den Workaholic ist das Ziel nicht das chemische High, sondern die Errungenschaft, die Leistung. Nur der Platz an der Spitze zählt. Salomo war ebenfalls auf dieser Straße unterwegs, und zwar auf der Überholspur!

Ich schuf große Dinge: Ich baute mir Häuser und pflanzte Weinberge. Ich legte Ziergärten und riesige Parks für mich an und bepflanzte sie mit Fruchtbäumen aller Art. Ich baute große Teiche, um den Wald mit seinen jungen Bäumen zu bewässern.[8]

Salomo hat nicht nur ein hübsches Haus für sich gebaut – er hat *Häuser* gebaut. Plural. Salomos Häuser waren palastartig, mit Weinbergen, Gärten, Parkanlagen und Seen.

Ich kenne Menschen, die so von ihrer Karriere besessen sind, dass sie es wirklich zu dieser Art von Reichtum gebracht haben. Manche schaffen es, Arbeit und Freizeit so ausgewogen in ihr Leben zu integrieren, dass ihre Familie nicht darunter leidet. Aber den meisten gelingt das nicht.

Ich habe eine Bekannte, die sich noch an eine Freundin aus der Schulzeit erinnert, die sie damals sehr beneidete. Dieses Mädchen kaufte nur Markenkleidung, wohnte in einer großen Villa und fuhr, sobald sie sechzehn war, einen nagelneuen PS-starken Flitzer. Ihre Eltern gehörten beide zur Elite eines internationalen Luftfahrtunternehmens und taten alles für ihre Karriere. Sie arbeiteten oft lange und überließen das Mädchen nach der Schule sich selbst. Sie versuchten, ihre Abwesenheit dadurch auszugleichen, dass sie ein Ferienhaus am See kauften, eine Ferienwohnung auf Hawaii für die Weihnachtsferien und eine im Skigebiet der Cascade Mountains an der nordwestlichen Pazifikküste. Alles war nur auf ein materielles luxuriöses Leben ausgerichtet.

„Ich habe dieses Mädchen die ganze Schulzeit hindurch beneidet", erzählte mir diese Frau. „Sie hatte alles. Aber eines Tages, in unserem letzten Schuljahr, kamen wir ins Gespräch, und sie gestand mir, dass sie alle extravaganten Ferien und schicken Sachen auf der Stelle eintauschen würde für Eltern, die zu Hause wären, so wie meine. ,Deine Mutter kocht jeden Abend für die Familie', sagte sie. ,Dein Vater ist abends daheim und er ist am Wochenende da. Meine Eltern sind ständig weg. Sie zeigen mir ganz deutlich, was ihnen am wichtigsten ist. Sie zeigen es mir jeden Tag. Ich habe nur *Sachen*. Was du hast, kann ich mir nicht kaufen.'"

Ich vermute, dass ihre Eltern ihr gesamtes Leben im Büro verbracht haben, weil sie dachten, dass ihre beruflichen Leistungen ihrem Leben Bedeutung und Zufriedenheit verleihen würden. Aber in Wirklichkeit brachten sie ihnen nur mehr Konsum. Sie können die Jahre, die sie verloren haben, während ihre Tochter heranwuchs, nicht zurückholen. Diese Zeit ist für immer dahin.

Wenn Sie sich bei dieser Geschichte winden, ist es noch nicht zu spät. Auch wenn Ihre Kinder schon erwachsen sind, können Sie diese Beziehung immer noch kitten und vertiefen. Versuchen Sie nicht, den Wind einzufangen, indem Sie Ihre ganze Zeit im Büro verbringen. Und wenn Sie der Elternteil sind, der zu Hause bei den Kindern ist, dann verbringen Sie nicht Ihre gesamte Zeit damit, das Haus in tadellosem Zustand zu halten oder aufwendige Mahlzeiten für Gäste zu kochen oder die ehrenamtliche Tätigkeit in der Schule Ihrer Kinder zu Ihrem Hauptberuf zu machen. Wenn man auf die Arbeit versessen ist – und dazu zählen auch die Arbeiten im Haushalt –, ist das, als würde man versuchen, den Wind einzufangen. Bemühen Sie sich stattdessen um echte, tiefe Beziehungen zu den Menschen, die Sie lieben. Investieren Sie Ihre Zeit in die Beziehungen, die Ihnen am wichtigsten sind. Sie werden es nicht bereuen.

> Versuchen Sie nicht, den Wind einzufangen, indem Sie Ihre ganze Zeit im Büro verbringen.

Wohlstand

Man verwechselt oft Arbeit und Wohlstand miteinander, weil das eine oft zum anderen führt. Aber Salomo unterscheidet zwischen den beiden. Das eine meint die Besessenheit, etwas zu leisten und zu erreichen; das andere bezieht sich auf die Besessenheit von Besitz und materiellen Dingen.

Ich kaufte mir zahlreiche Sklaven und Sklavinnen zu denen hinzu, die ich von meinem Vater geerbt hatte. Ich besaß mehr Rinder, Schafe und Ziegen als irgendjemand vor mir in Jerusalem. Ich füllte meine Vorratskammern mit Silber und Gold aus den Schätzen der unterworfenen Könige und Länder.[9]

Zur Zeit Salomos war die Anzahl der Sklaven, die man besaß, ein Statussymbol. Salomo stattete alle seine Häuser mit reichlich Personal aus. Seine Besessenheit, immer mehr zu besitzen – seine vielen Häuser –, führte dazu, dass er immer mehr erwerben musste, um den Besitz zu erhalten. Er hatte den Drachen gebändigt – und jetzt musste er ihn füttern.

Vieh war ein weiterer Maßstab für Wohlstand. Wenn auf den Wiesen, die das Haus umgaben – oder in Salomos Fall die Häuser –, unzählige Rinder und Schafe weideten, wussten die Nachbarn, dass man reich war. Salomo wollte allerdings allen zeigen, wie wohlhabend er war, also häufte er unzählbar große Herden an, die die Hügel und Weiden seiner Ländereien bevölkerten. Natürlich brauchte er dann mehr Arbeiter, die sich um all diese Tiere kümmerten und sie hüteten.

Nichts zeigt den Reichtum so offensichtlich wie harte Währung. Zu Salomos Zeiten waren das Silber, Gold und die „Schätze der unterworfenen Könige und Länder". Internationaler Handel war ein großer Bestandteil von Salomos Geschäft. Deshalb gehörten zu dem Reichtum, den er angehäuft hatte, auch Schätze aus fremden Ländern.

Kunst war damals genau wie heute ein weiteres Zeichen von Reichtum. Aber zur damaligen Zeit konnten sich nur die Reichen diesen Luxus leisten. Und Salomo war sehr empfänglich für Kunst. Zusätzlich zu all den materiellen Gütern, die er besaß, hatte er auch noch „Sänger und Sängerinnen"[10]. Die meisten von uns sparen, um ab und zu mal auf ein Konzert gehen zu können, aber Salomo kaufte sich einfach gleich die ganze Band. Er erwarb die besten Musiker und brachte sie an seinen Hof, damit er ein Konzert hören konnte, wann immer er das wollte. Salomo war besessen. Er war strategisch und zielorientiert. Und weil er dachte, der Wohlstand könne die Leere in seinem Leben füllen, strebte er von ganzem Herzen danach, bis er der reichste Mann überhaupt war. Aber im Inneren war er immer noch leer.

Vor ein paar Jahren hatte ich die Gelegenheit, Bill Gates zu interviewen, einen der Gründer von *Microsoft*. Zu dieser Zeit lag sein Reinvermögen zwischen 55 und 60 Milliarden Dollar, eine unvorstellbare Summe. Bill und seine Frau Melinda waren gerade dabei, die *Bill & Melinda Gates Foundation* ins Leben zu rufen, eine gemeinnützige Privatstiftung, durch die Milliarden seines Einkommens in die medizinische Versorgung in Entwicklungsländern, die Entwicklung neuer Medikamente, die landwirtschaftliche Entwicklung in Asien und den Ländern Schwarzafrikas, in Bildungsprogramme in verarmten Schulbezirken der USA, in sozialen Wohnungsbau in amerikanischen Städten und andere wohltätige Zwecke gehen.

Als ich Bill interviewte, fragte ich ihn: „Sie gehen also jetzt vom Ansammeln des Reichtums zum Verteilen des Reichtums über? Warum tun Sie das?"

In seiner Antwort schwangen Salomos Gedanken mit: „Ich bin eines Tages aufgewacht und habe mich gefragt: ‚Wozu das alles? Ich könnte noch eine Milliarde oder fünf oder zehn mehr verdienen. Aber wozu? Wie viele Milliarden sind genug?'" Er und Melinda beschlossen, die Richtung zu wechseln. Und diese Entscheidung verändert buchstäblich die Welt.

Nur wenige Menschen auf dieser Erde müssen sich Gedanken darüber machen, was sie mit ihren Milliarden anfangen sollen. Nehmen wir also diese Gedanken aus Bill Gates' Sphäre und übertragen sie in unsere finanziellen Regionen. Ich kenne Menschen, die sagen: „Wenn ich nur noch zehntausend Dollar mehr auf dem Konto habe, dann habe ich es geschafft. Dann bin ich zufrieden." Oder: „Wenn ich mit meiner Firma nur so viel Umsatz mache, dann bin ich zufrieden." Oder: „Wenn ich nur in dieses größere Haus ziehen kann… oder das schönere Auto kaufen kann…"

Um es mit Salomos Worten auszudrücken, der vor fast dreitausend Jahren zu dieser Erkenntnis kam: „Eines Tages wacht man auf, und es fühlt sich so an, als würde man versuchen, den Wind einzufangen. Es ist bedeutungslos. Es macht nicht zufrieden."

Ich habe im Laufe der Jahre einige erschreckend reiche Menschen kennengelernt und festgestellt, dass man sie im Allgemeinen in zwei Kategorien einteilen kann: diejenigen, die immer noch versuchen, den Wind einzufangen, die glauben, ein bisschen mehr Geld oder ein bisschen mehr Macht würde sie zufrieden machen; und diejenigen, die ihren Reichtum als Mittel sehen, um in der Welt Gutes zu tun. Sie können sich vorstellen, wie unterschiedlich der Zufriedenheitsgrad in diesen beiden Gruppen ausfällt.

....

Der christliche Glaube hat nicht grundsätzlich etwas gegen materiellen Segen. Gott gibt uns Gutes, und er will, dass wir uns daran erfreuen.

....

Erlauben Sie mir, dass ich zu diesem Thema einige Anmerkungen mache: Der christliche Glaube hat nicht grundsätzlich etwas gegen materiellen Segen. Wir sollten zwar unsere *Hoffnung* nicht auf den Reichtum setzen, aber Gott gibt uns Gutes, und er will, dass wir uns daran erfreuen. Der Apostel Paulus ermahnte seinen Schützling Timotheus – der noch jung war und vielleicht immer noch auf der Suche nach der Antwort auf die „Zufriedenheitsfrage" – mit diesen Worten:

Den Reichen musst du unbedingt einschärfen, sich nichts auf ihren irdischen Besitz einzubilden oder sich auf etwas so Unsicheres wie den Reichtum zu verlassen. Sie sollen vielmehr auf Gott hoffen, der uns mit allem reich beschenkt, damit wir es genießen können.[11]

Wer mich kennt, der weiß, dass ich einiges besitze. Ich besitze eine Harley (genau wie Lynne, bis sie diese gegen ein Kajak eintauschte). Viele Jahre lang besaß ich auch ein kleines Segelschiff, das bei unserem Wochenendhaus in Michigan vor Anker lag – eine einfache Zwei-Zimmer-Hütte, wo wir gerne die Wochenenden verbringen und den Sommer, wenn ich nicht lehren muss, und wo wir als Familie zusammenkommen. Diese Dinge sind offensichtlich nicht notwendig, aber sie bereiten uns Vergnügen und haben ein wenig Spaß und Erholung in unser Leben gebracht. Ich gebe gern zu, dass diese Segnungen von Gott kommen. Ich bete sie nicht an. Ich teile sie bereitwillig mit anderen. Ich genieße sie natürlich, aber ich kann mich auch jederzeit davon trennen. Dinge kommen und gehen. Ich bin nicht daran gebunden, und ich habe kein schlechtes Gewissen, das zu genießen, was ich habe.

Wie gesagt, der christliche Glaube hat nicht grundsätzlich etwas gegen materiellen Segen und auch nicht gegen das *Genießen*. Das Alte Testament enthält viele Beschreibungen von den Festen, Partys und Feiern, die Gott für sein Volk angeordnet hat. Es waren die gleichen Feste, die auch Jesus während seiner Jahre auf der Erde genoss. Sein erstes Wunder bestand sogar in der Verwandlung von Wasser in Wein auf einer Hochzeitsfeier. Wahres Christentum begrüßt Genuss, Freude und Spaß, die Gott die Ehre geben.

Wenn Sie eine Beziehung zu Gott haben – wenn Ihre Leere gefüllt ist und Sie Freunde haben, deren Leere auch gefüllt ist –, können Sie mit Ihren Freunden gemeinsam feiern. Es gibt nur wenige Dinge, die mir mehr Freude bereiten als ein gemeinsames Abendessen, eine Geburtstagsfeier oder eine Party mit Freunden. Aber die Freude, die mir das bereitet, ist vergänglich. Ich erwarte von ihnen keine dauerhafte Erfüllung. Ich nehme sie so, wie sie sind. Ich rechtfertige mich nicht dafür, dass ich mit Gott lebe und seine Fülle genieße.

> Die Bibel beschreibt schonungslos ehrlich, was dem menschlichen Herzen und der Seele tiefe, dauerhafte Zufriedenheit bringt – und was nicht.

Aber die Bibel beschreibt schonungslos ehrlich, was dem menschlichen Herzen und der Seele tiefe, dauerhafte Zufriedenheit bringt – und was nicht. Und das Streben nach und der Genuss von Wohlstand wird Ihnen nie die Zufriedenheit schenken, die Sie sich vielleicht davon erhoffen.

Sex

Sex ist eine der gängigsten Methoden, mit denen die Menschen (vergebens) nach Erfüllung suchen. Das kann ich zumindest aus meiner Erfahrung als Pastor sagen. Nicht erst seit gestern versuchen Menschen, Sex dazu zu benutzen, um ihre innere Sehnsucht zu stillen, auch Salomo hat das schon versucht: „Ich ... hatte alle Frauen, die ein Mann sich nur wünschen kann."[12]

Die Bibel berichtet, Salomo „hatte 700 Frauen, die aus fürstlichen Häusern kamen, und 300 Nebenfrauen"[13]. Rechnen Sie einmal nach: Er war mit eintausend Frauen verheiratet. Mir fällt es als Ehemann schon schwer, *eine* Frau glücklich zu machen – *eintausend* Frauen glücklich zu machen, das kann ich mir gar nicht vorstellen! Wenn er jede Nacht mit einer anderen Frau verbrachte, brauchte er fast drei Jahre, bis er mit allen „Zeit" verbracht hatte. Und diese Frauen stammten aus der ganzen Welt und gehörten allen möglichen Religionen an, was für ihn noch weitere negative Auswirkungen hatte. Die Bibel berichtet: „Sie machten sein Herz abtrünnig."[14]

Es gibt durchaus auch heute noch Menschen wie Salomo, die versuchen, die Leere in ihrem Leben dadurch zu füllen, dass sie mit ganz vielen Menschen Sex haben. Doch das zerstört nur ihre Seele und lässt sie leer zurück. Wie der große „Theologe" Mick Jagger schon sagte: „I can't get no satisfaction" („Ich finde keine Erfüllung").[15]

Doch es sind nicht nur Männer, die versuchen, auf diese Weise „den Wind einzufangen" – auch Frauen suchen Erfüllung durch Sex oder indem sie sich auf die Suche nach dem Märchenprinzen begeben. Sie haben das Gefühl, dass sie ständig in einer Beziehung sein müssen, sonst seien sie wertlos. Sie glauben, wenn sie den „Richtigen" fänden, würde der sie auf magische Weise endlich vollkommen glücklich machen.

Aber so funktioniert das Leben nicht. Kein anderer Mensch kann Sie glücklich machen. Und auch noch so viel Sex wird Ihnen nicht wirklich Erfüllung schenken. Die eigene Zufriedenheit durch die Beziehung zu einem anderen Menschen oder durch Sex zu sichern, ist, als versuche man, den Wind einzufangen.

Ruhm

Salomo fasst sein Streben nach Zufriedenheit folgendermaßen zusammen: „So wurde ich berühmter und reicher als jeder, der vor mir in Jerusalem regiert hatte."[16]

Die höchste Bildung, die nobelsten Häuser, die besten Partys, die schönsten Frauen, den leckersten Wein und die erstklassigste Musik – wenn man Salomos Leben durch eine weltliche „Brille" betrachtet, hatte er alles erreicht, und alle wussten es. Er war berühmt. Wenn es im alten Jerusalem Paparazzi gegeben hätte, so hätte es für ihre Kameras nur ein Motiv geben können.

In unserer von Medien gesättigten Kultur könnte man leicht auf den Gedanken kommen, dass Ruhm oder Popularität zufrieden machen muss. Aber wenn man einmal kurz die Nachrichten überfliegt, wird klar, dass oft das Gegenteil der Fall ist. Berühmte Musiker oder Schauspieler sind berüchtigt dafür, immer wieder neue Ehen einzugehen. Berühmtheiten, die scheinbar alles haben, stehen auch beunruhigend oft deshalb in den Schlagzeilen, weil sie sich das Leben nehmen – entweder absichtlich oder durch eine versehentliche Überdosis Drogen oder Alkohol. Die Anzahl der Promis, von denen bekannt ist, dass sie hin und wieder in Suchtkliniken sind, ist nur ein Bruchteil derer, die im Verborgenen ein Problem mit Alkohol oder Drogen haben. In den meisten Fällen zerstört Ruhm ein Leben. Und er macht ganz sicher nicht glücklich und zufrieden.

Alles schon da gewesen

Salomo fasst seine Versuche, die Leere in seinem Leben zu füllen, so zusammen:

Ich gönnte mir alles, was meine Augen begehrten, und erfüllte mir jeden Herzenswunsch. Meine Mühe hatte sich gelohnt: Ich war glücklich und zufrieden. Doch dann dachte ich nach über das, was ich erreicht hatte, und wie hart ich dafür arbeiten musste, und ich erkannte: Alles war letztendlich sinnlos – als hätte ich versucht, den Wind einzufangen! Es gibt auf dieser Welt keinen bleibenden Gewinn.[17]

Unbegrenzte Errungenschaften, grenzenloses Vergnügen. Völlige, unverblümte Zügellosigkeit. Wenn das die Leere in unserem

Inneren nicht füllt, was dann? Unsere westliche Zivilisation geht von der Annahme aus, *mehr* sei immer auch *besser*. Diese „Wahrheit" wird nicht hinterfragt, vor allem hier in den USA nicht. Haben Sie in Ihrer Kindheit je eine Unterhaltung wie diese mit Ihren Eltern geführt?

„Mama, Papa, warum muss ich so viel lernen?"

„Damit du aufs Gymnasium gehen kannst."

„Warum muss ich denn aufs Gymnasium gehen?"

„Damit du später mal eine bessere Arbeitsstelle bekommst, bei der man mehr verdient."

„Warum brauche ich eine bessere Arbeitsstelle, bei der man mehr verdient?"

„Damit du dir all die guten Sachen im Leben leisten kannst."

Unbegrenzte Errungenschaften, grenzenloses Vergnügen. Völlige, unverblümte Zügellosigkeit. Wenn das die Leere in unserem Inneren nicht füllt, was dann?

„Und was passiert, wenn ich dann endlich all die guten Sachen im Leben habe? Bin ich dann glücklich? Machen die guten Sachen mich glücklich, Mama… Papa?"

Salomo hat sich an diese Regeln gehalten. Er arbeitete hart und schaffte es, alle seine Träume zu verwirklichen. Und trotzdem war sein genusssüchtiges Experiment letzten Endes ein totaler Reinfall. Er brachte sein gesamtes Leben damit zu, Dinge zu tun, von denen er dachte, dass sie ihn glücklich machen würden, und musste dann am Ende feststellen, dass das Experiment gescheitert war. „Auf meiner Suche nach echter, tiefer Zufriedenheit kann ich verschwenderische Vergnügungen schon mal von meiner Liste streichen. Alles schon da gewesen. Ich habe buchstäblich genug davon. Und die Vergnügungen halten einfach nicht, was sie versprechen."

Das Trapez loslassen

In kleinerem Rahmen kann ich das Ergebnis von Salomos Experiment nur bestätigen – zumindest, wenn es um Geld geht.

Ich wurde in eine einigermaßen wohlhabende Familie hineingeboren und habe schon ziemlich früh gelernt, was man sich mit Geld alles *nicht* kaufen kann. Das war nicht nur ein Segen (wenn auch vielleicht nicht so, wie man annehmen könnte), sondern es hat mir auch sehr viel Zeit gespart. Wenn man mit siebzehn oder achtzehn Jahren schon vieles von dem hat, wofür andere ein Leben lang hart arbeiten müssen, schaut man sich um und fragt sich: „Wozu das alles? Soll ich wirklich die nächsten vierzig oder fünfzig Jahre meines Lebens opfern, nur um ein Auto zu bekommen, das ein bisschen besser in der Kurve liegt, oder ein Boot, auf das ein paar Leute mehr passen? Wirklich?" Ich hatte das Glück, schon sehr früh zu entdecken, dass Geld, typische Männerspielzeuge, Häuser und Reisen die Leere nicht füllen können.

Ein prägendes Erlebnis hatte ich zu der Zeit, als ich in unserem Familienunternehmen mitarbeitete. Ich hatte bei einem Verkaufswettbewerb gut abgeschnitten und der Verkaufsleiter überreichte mir einen netten Extrascheck. Als ich meinen Geldbeutel herausholte, um den Scheck hineinzustecken, fand ich dort meine letzten beiden Gehaltsschecks – die ich nicht eingelöst hatte. Ich weiß noch, wie ich auf das Bündel Schecks in meiner Hand und die Scheine im Geldbeutel schaute und voller Panik dachte: *Ich kann diesen Geldbeutel so vollstopfen, wie ich will, aber das wird mir nichts nützen. Letzen Endes wird Geld mich nicht zufrieden machen. Aber was dann?*

Nach dieser Erkenntnis, die mir wirklich die Augen öffnete, begann die finsterste, desillusionierteste Zeit meines Lebens. Ich wusste ganz klar, was ich mir mit Geld *nicht* kaufen konnte.

Ich wusste, was die Leere *nicht* füllen würde. Aber ich wusste immer noch nicht, was sie füllen *konnte*. Die Aussicht, für den Rest meines Lebens zu arbeiten, nur um dann immer mehr zu besitzen, desillusionierte mich. Es kam mir so vor, als würde ich über eine riesige Weite treiben, ohne mich an irgendetwas festhalten zu können – als ließe man ein Trapez los, aber das nächste war noch nicht in Sicht.

Die folgenden beiden Jahre waren die finstersten meines Lebens. Ich schäme mich noch heute wegen mancher Dinge, die ich damals tat, wegen Entscheidungen, die ich traf, und wegen der Verletzungen, die ich anderen zufügte.

Aber so beängstigend und schmerzhaft diese Zeit auch war, so zeigte sie mir doch immer deutlicher, wer Gott wirklich war, wie eine Beziehung zu ihm vielleicht aussehen und welchen Sinn er meinem Leben geben konnte – und genau danach sehnte ich mich. Ich hatte keinen anderen Plan, kein anderes Trapez, nach dem ich greifen konnte, aber ich war klug genug, mich nicht wieder in Altes hineinziehen zu lassen und mein ganzes Leben damit zuzubringen, Wege einzuschlagen, von denen ich wusste, dass sie mich nur unzufrieden machen würden. Es waren Sackgassen. Ich suchte nach einer Alternative.

Da tauchte Gott auf und fing an, meine Leere mit seiner Liebe zu füllen. Und er fing an, meine Gedanken mit seinen Zielen zu füllen. Kurz darauf, genau nach Gottes Zeitplan, kam ich mit einer Gruppe von Menschen in Kontakt, die die gleichen Entdeckungen gemacht hatte wie ich, und zusammen erlebten wir, wie christliche Gemeinschaft aussehen kann. Durch diese Gemeinschaft mit Freunden – und durch das, was Gott mich durch einen Bibelkurs am College lehrte, der von meinem Mentor, Dr. Bilezikian, gehalten wurde – entstand in meinem Kopf ein Bild davon, wie Gemeinde aussehen kann, wenn sie richtig funktioniert. Wir fingen an, von einer Gemeinde zu träumen, die den Hungernden zu essen gab und für die Einsamen da war. Wir stellten uns eine Gemeinde vor, in der Menschen ihr Leben miteinander teilten, einander halfen, einen besseren Weg einzuschlagen, und ihre Kraft dafür einsetzten, das Zerbrochene in dieser Welt zu heilen.

Das war eine Vision für mein Leben, die einen Sinn hatte. Jedes Mal, wenn ich daran dachte, fing mein Puls an zu rasen. Und fast vierzig Jahre später fängt mein Puls immer noch an zu rasen, und ich staune noch heute kopfschüttelnd über das Vorrecht, mein Leben in etwas so Bedeutungsvolles investieren zu dürfen.

> Ich staune noch heute kopfschüttelnd über das Vorrecht, mein Leben in etwas so Bedeutungsvolles investieren zu dürfen.

Wozu?

Gegen Ende seines Lebens erkannte Salomo, dass all das, was er getan hatte, um „den Wind einzufangen", ihm nie diese tiefe innere Zufriedenheit schenken würde, nach der er sich so sehnte. Und er fasst seine sehr scharfsinnige philosophische Beobachtung in einige schon bedrückend ehrliche Worte:

Da begann ich das Leben zu verabscheuen, alles auf der Welt war mir zuwider. Denn es ist so sinnlos, als wollte man den Wind einfangen. Auch mein Besitz, für den ich mich mein Leben lang abgemüht hatte, war mir verleidet, denn ich begriff, dass ich einmal alles meinem Nachfolger hinterlassen muss. Und wer weiß schon, ob der weise oder töricht sein wird? Doch er wird alles besitzen, was ich durch meine Arbeit und mein Wissen erworben habe. Wie sinnlos! Als ich das erkannte, begann ich zu verzweifeln, weil ich mich mein Leben lang so geplagt hatte. Da hat

man mit seinem Wissen, seinen Fähigkeiten und seinem Fleiß et-
was erreicht und muss es dann an einen anderen abtreten, der
sich nie darum gekümmert hat! Das ist so sinnlos und ungerecht!
Denn was bleibt dem Menschen von seiner Mühe und von all sei-
nen Plänen? Sein Leben lang hat er nichts als Ärger und Sorgen,
sogar nachts findet er keine Ruhe! Und doch ist alles vergeblich.[18]

Er *verabscheute* das Leben? Für seine Ehrlichkeit und Offenheit
bekommt Salomo jedenfalls eine Eins. Aber wie fänden Sie es,
wenn dieses Sonnenscheinchen Teil Ihres Mitarbeiterstabs oder
Ihres Teams wäre? Seine Haltung würde jede Mitarbeiterum-
frage vermasseln.

Aber ich verstehe seine Enttäuschung. Er wirft einen gnadenlos ehrlichen Blick auf die Realität und kommt zu folgen-
dem Schluss: „Ich mache mich vierzig oder fünfzig Jahre lang
kaputt, um etwas Bedeutendes aufzubauen, und wenn es dann
so weit ist und ich endlich Erfolg habe, muss ich das Ganze
irgend so einem Heini überlassen, weil ich nämlich in Rente
gehe. Und er oder sie fährt das Geleistete dann vielleicht gegen
die Wand. Mein ganzes Lebenswerk könnte sich vor meinen
Augen in Luft auflösen. Das ist krank. Sinnlos. Es ist, als wolle
man versuchen, den Wind einzufangen. Lächerlich."

Ein Parkplatz

Die Tatsache, dass weltliche Errungenschaften vergänglich sind,
trifft bei der Familie Hybels ziemlich ins Schwarze. Mein Großvater, John Hybels, wanderte Anfang des 20. Jahrhunderts aus
den Niederlanden in die USA aus und arbeitete unermüdlich,
um den „Hybels Obst- und Gemüsehandel" aufzubauen, mit
Sitz in Kalamazoo, Michigan. Die Firma überlebte den Ersten
Weltkrieg und überstand gerade so die Weltwirtschaftskrise.

Aber mein Großvater arbeitete hart *und* war klug und überstand sie. Und dann überlebte der „Hybels Obst- und Gemüsehandel" auch den Zweiten Weltkrieg. Im Grunde arbeitete mein Großvater sich früh ins Grab, nur um seinen Obst- und Gemüsehandel aufzubauen und zu erhalten.

In den späten 1940ern übernahmen mein Vater und seine Brüder das Unternehmen von meinem Großvater und folgten ihm in seinen Fußstapfen. Sie arbeiteten jahrzehntelang 80 Stunden pro Woche und brachten sich selbst ebenfalls früh ins Grab – alles nur für die Firma. Mein Vater starb mit Anfang fünfzig und einige meiner Onkel starben sogar noch früher.

Als der letzte der Brüder gestorben war, wollte niemand aus der Familie die Firma übernehmen, und so beschlossen wir gemeinsam, sie zu verkaufen. Es dauerte nicht lange, da benannten die Käufer, eine neue Investorengruppe, die Firma um und verlegten sie von Kalamazoo weg. Heute befindet sich an der Stelle, wo einmal der „Hybels Obst- und Gemüsehandel" stand – ein jahrzehntelang gut gehendes Familienunternehmen –, nur noch ein Parkplatz.

Als ich das letzte Mal in Kalamazoo war, fuhr ich an der Stelle vorbei, wo ich als Kind und Teenager gearbeitet hatte, und dachte: *Ich bin so froh, dass ich nicht versucht habe, durch die Arbeit in der Firma Erfüllung zu finden, denn jetzt ist sie nur noch ein asphaltierter Parkplatz.* Ich konnte die Enttäuschung von Salomo ein wenig nachvollziehen, der das Königreich betrachtete, das er aufgebaut hatte. Ihm wurde klar: „Und was jetzt? Jetzt wird jemand anders es übernehmen und dann wird vielleicht alles zu Staub zerfallen."

Salomos Königreich endete in der Tat mit seinem Tod, als sich Israel in zwei Hälften spaltete – Israel, das Nordreich, und Juda, das Südreich. Der aufwendige Tempel, den er für Gott gebaut hatte – wohl bis dahin das atemberaubendste menschliche Bauwerk –, wurde 586 v. Chr. völlig zerstört.

Auch in der heutigen Zeit können wir mit ansehen, wie scheinbar uneinnehmbare Reiche einstürzen. Wer hätte gedacht, dass Firmen wie *Oldsmobile*, *Blockbuster* und *Lehman Brothers* – alles Multimilliarden-Dollar-Unternehmen – einfach so zusammenbrechen und verschwinden?

Passen Sie gut auf, worauf Sie Ihre Hoffnungen setzen und woran Sie Ihre Träume hängen. Es geht nicht nur darum, dass diese Dinge Sie vielleicht nicht zufriedener machen – und das allein ist schon beängstigend. Es geht darum, dass das, wofür Sie so hart gearbeitet haben, sich plötzlich in Luft auflösen könnte. All Ihre harte Arbeit könnte mit einem Mal zunichte sein. Und dann haben Sie nichts mehr. Selbst wenn es Ihnen gelingt, in Ihrem Leben etwas Großartiges aufzubauen ... was passiert, wenn Sie in Rente gehen oder sterben? Es könnte im Handumdrehen zu Staub zerfallen. All die Zeit und Mühe, die Sie hineingesteckt haben, könnte letztlich vom Winde verweht werden.

Letzten Endes

Es ist sinnlos, den Versuch zu unternehmen, in seinem Leben ein bisschen aufzuräumen, wenn man auf ein Ende zusteuert, das eh von vornherein bedeutungslos ist. Meiner Meinung nach berichtet die Bibel deshalb von Salomos hedonistischer Odyssee, damit wir unser Leben nicht so verschwenden wie er. Wir haben die Möglichkeit, aus seinen Fehlern zu lernen und es besser zu machen.

Ersparen Sie sich den Schmerz. Ersparen Sie sich eine jahrzehntelange, sinnlose Jagd nach etwas, das nicht trägt. Sie sollten nicht am Ende Ihres Lebens feststellen, dass Sie Ihr einziges Leben mit lauter Ablenkungen verbracht haben. Sie sollten nicht am Ende Ihres Lebens ankommen und immer noch sagen müssen: „I still haven't found what I'm looking for" – um es mit den Worten eines Liedtextes von *U2* zu sagen („Ich habe immer noch nicht gefunden, wonach ich gesucht habe").

Halten Sie manchmal inne und denken darüber nach, wo Sie wohl Ihre letzten Tage auf diesem Planeten verbringen werden? Keiner weiß, wo oder wann er stirbt, aber statistisch gesehen ist die Wahrscheinlichkeit groß, dass es in einem Krankenhausbett sein wird. Es ist recht wahrscheinlich, dass Sie Ihre letzten Stunden auf dem Rücken liegend in einem Krankenbett verbringen werden, umgeben von Monitoren, Infusionsständern und Ähnlichem. Als Pastor war ich schon in Hunderten solcher Räume. Ich ziehe mir dann gewöhnlich einen Stuhl heran und setze mich neben Personen, die kurz vor der Ziellinie sind, manchmal sogar in ihren letzten Stunden oder Augenblicken. Der Ablauf ändert sich kaum.

Aber zuerst will ich Ihnen erzählen, was *niemals* passiert. Bei all den Krankenwachen habe ich nie jemanden sagen hören: „Kannst du mir die Medaille bringen, die ich für meine ehrenamtliche Mitarbeit in unserem Freizeitpark bekommen habe? Sie hängt an der Wand in meinem Fitnessraum. Bring sie mir bitte, damit ich sie ansehen und mich daran erinnern kann, wie mir alle zugejubelt haben."

Es hat mich auch noch niemand gebeten, zur Bank zu gehen, einen Koffer mit seinem schwer verdienten Geld abzuheben und ihm zu bringen. Niemand hat je gesagt: „Leg mir das Geld einfach auf die Brust. Ich möchte es an meinem Herzen tragen, wenn ich gehe."

Niemand hat mich je gebeten, seinen schicken neuen BMW durch die Waschanlage zu fahren und dann vor dem Fenster des Krankenhauszimmers zu parken. Niemand hat je gesagt: „Mach ihn blitzblank. Lass ihn wachsen, und stell ihn dann da draußen hin, damit ich ihn bei meinem letzten Atemzug sehen kann."

Niemand hat mich je gebeten, zum Steuerberater zu gehen und die Bilanzen seiner Firma zu holen. Niemand hat je zu mir gesagt: „Ich habe so hart für dieses Unternehmen gearbeitet. Ich möchte die Bilanzen nur noch ein letztes Mal durchblättern."

Das sind nun mal nicht die Unterhaltungen, die man am Ende seines Lebens führt. Wollen Sie wissen, worüber Menschen sprechen wollen, die dem Tod nah sind? Über zwei Dinge: ob sie mit ihrer Familie versöhnt sind und ob sie bereit sind, vor ihren Schöpfer zu treten. Das sind zu einhundert Prozent die Unterhaltungen, die ich mit Menschen führe, die im Krankenhausbett liegen.

Vor einiger Zeit unterhielt ich mich in einem Restaurant mit einem Geschäftsmann. Er erholte sich gerade vom Kampf gegen eine Krankheit, die ihn für mehr als drei Monate ans Krankenhausbett gefesselt hatte. Er wäre mehrmals beinahe gestorben, hatte sich aber wie durch ein Wunder wieder erholt und noch einmal eine Gnadenfrist bekommen. Er war sehr bewegt, als er mir davon erzählte. „Diese lange Krankheitszeit hatte etwas extrem Beunruhigendes", sagte er.

Niemand hat je zu mir gesagt: „Ich habe so hart für dieses Unternehmen gearbeitet. Ich möchte die Bilanzen nur noch ein letztes Mal durchblättern."

„Außer der Tatsache, dass Sie mehrmals beinahe gestorben wären?", fragte ich.

„Ja", gab er zurück. „Es war mehr als das. Es haben mich nur sehr wenige Menschen besucht. Es kam buchstäblich fast niemand. In *einhundert Tagen* nicht." Ihm standen die Tränen in den Augen.

Mir drehte sich fast der Magen um. „Warum das?", wollte ich wissen.

„Ich habe in meiner Firma viele Menschen reich gemacht, extrem reich sogar", sagte er. (Ich kenne das Unternehmen – es ist sehr erfolgreich und international tätig. Er hat also nicht übertrieben.) „Aber es ist erbärmlich, wie wenige dieser Kollegen kamen, um mich zu besuchen, als ich über drei Monate hilflos dalag. Ich habe dieser Firma mein Leben geopfert, aber für sie war ich wohl nur der CEO, der Chef."

„Was ist mit Ihrer Familie?", fragte ich. Ich wusste, dass er eine Frau und erwachsene Kinder hatte. „Haben sie Sie nicht besucht?"

„Nun, um ehrlich zu sein, habe ich meine Familie ziemlich vernachlässigt, als ich das Unternehmen aufgebaut und all diese anderen Menschen reich gemacht habe", erwiderte er. „Deshalb haben mich nicht alle besucht, als ich im Krankenhaus lag. Ein paar schon, aber nicht alle."

Jetzt standen uns beiden die Tränen in den Augen. Ich wusste nicht, was ich sagen sollte, also gab ich ihm einfach eine ganz ehrliche Antwort. „Ja, mein Lieber, da haben Sie einen Fehler gemacht", sagte ich. „Das tut mir leid." Wir unterhielten uns eine Weile darüber, wie er in der Gnadenzeit, die er bekommen hatte, einige längst überfällige Dinge in Ordnung bringen konnte.

Vergleichen Sie diese Geschichte einmal mit der eines anderen Freundes, der ebenfalls ein Unternehmen besaß und über zwanzig Jahre eine tragende Säule unserer Gemeinde war. Dieser Mann hat sein einziges Leben gut gelebt. Er setzte die richtigen Prioritäten und lebte „aufgeräumt", zielgerichtet, sinnerfüllt und zufrieden. Vor einigen Jahren wurde bei ihm eine schreckliche unheilbare Krankheit festgestellt, und ihm wurde klar, dass seine Tage gezählt waren. Er ließ sich von den besten Ärzten behandeln, die er finden konnte. Aber es war abzusehen, dass die Krankheit ihn das Leben kosten würde.

Gegen Ende, als man alles Mögliche unternommen hatte, um sein Leben zu verlängern, beschloss mein Freund, dass es nun genug war. Seine Beziehung zu Gott war so gefestigt, dass er beschloss: *Ich will nicht im Krankenhaus sterben, sondern zu Hause.*

Ich besuchte ihn dort oft. Als wir wussten, dass es bald zu Ende sein würde, rief er mich an und bat mich: „Könntest du mir einen Gefallen tun? Könntest du ein paar meiner Freunde anrufen – meine guten Kumpels aus der Gemeinde – und sie bitten zu kommen? Meine Familie ist auch da, und ich fände es sehr schön, wenn wir alle zusammen ein paar Lieder singen und Gott anbeten könnten. Kannst du das für mich organisieren?“

Und so versammelte sich eine Gruppe von uns mit seiner Familie – seine Gesangsfreunde, eine Gruppe von Ehrenamtlichen, mit denen er zusammengearbeitet hatte, und ich – bei ihm zu Hause. Wir standen um sein Bett herum und sangen etwa eineinhalb Stunden lang all die Lieder, die wir über zwanzig Jahre lang in der Gemeinde zusammen gesungen hatten. Er lag so friedvoll da, sang so gut er konnte mit uns und sagte: „Danke. Danke. Danke.“ Sie können mir glauben, dass da kein Auge trocken blieb.

Bevor wir gingen, beteten wir für ihn, und ich war schließlich der Letzte, der das Zimmer verließ. Er nahm meine Hand und lächelte. „Bill, als du mich zu Jesus geführt und mich getauft hast“, sagte er, „habe ich gefunden, wonach ich bis dahin gesucht hatte. Ich liebe meine Gemeinde. Und Gott hat mich mein ganzes Leben lang daran erinnert, dass die Familie wichtig ist. Ich habe die beste Familie, die ich mir vorstellen kann.

Heute Abend waren alle da – meine Familie und meine Freunde. Und ich weiß, wohin ich gehe, wenn ich sterbe. Es war ein gutes Leben."

Zwei Tage später ging er heim.

Sein Leben und Sterben unterscheidet sich deutlich von dem des anderen Geschäftsmannes, nicht wahr? Mein Freund war niemand, der versucht hat, den Wind einzufangen. Er verbrachte sein einziges Leben mit den Dingen, die wirklich zählen. Mein Freund hat nicht nur deshalb ein einfaches, befreites Leben geführt, weil er den Dingen aus dem Weg gegangen ist oder sie daraus entfernt hat, die nicht wirklich zufrieden machen. Er hat sein Leben auch mit den Dingen *gefüllt*, die zufrieden machen. Er hatte etwas Wichtiges begriffen, das für mich Tag für Tag eine Herausforderung ist – und im Folgenden will ich Ihnen zeigen, was das ist.

> Mein Freund hat nicht nur deshalb ein einfaches, befreites Leben geführt, weil er den Dingen aus dem Weg gegangen ist, die nicht wirklich zufrieden machen ... er hat sein Leben auch mit den Dingen *gefüllt*, die zufrieden machen.

Das Allerheiligste einrichten

Wenn wir das Durcheinander aus unserem Leben entfernen, entsteht ein Vakuum, das danach verlangt, gefüllt zu werden. Wenn Sie Ihre Seele entrümpelt und sauber ausgekehrt haben, werden Sie schnell merken, dass jede Menge Dinge regelrecht darum betteln, diesen heiligen Ort, den Sie freigeschaufelt haben, wieder füllen zu dürfen. Wie verhindern Sie, dass Ihr Leben wieder zugemüllt wird? Wie sollten Sie sich Ihr neues, einfacheres Inneres einrichten? Kurz gesagt: Wie lebt man dauerhaft ein einfaches, befreites Leben?

Mir ist es noch nie leichtgefallen, zu den unzähligen Gelegenheiten, die an meine Tür klopfen, Nein zu sagen. Um sicherzugehen, dass ich das Heiligtum meiner Seele mit den richtigen Dingen fülle, nehme ich jede Gelegenheit, jede Verpflichtung und jedes Engagement aus drei Blickwinkeln unter die Lupe.

1. Blickwinkel: Zufriedenheit
Grundsatzfrage: Bringt diese Sache echte Zufriedenheit? Weil Salomo uns eine ganz klare Beschreibung der Dinge gegeben hat, die nichts weiter sind als der Versuch, den Wind einzufangen, besteht gar nicht erst die Gefahr, dass ich darauf hereinfalle und zu diesen Dingen Ja sage. Aber wenn so ein windiger Götze daherkommt und meine Aufmerksamkeit auf sich zieht, stelle ich mir die schwierige Frage: *Durch welches unerfüllte Verlangen in mir werde ich hier auf die Probe gestellt?* Wenn ich das tiefere Verlangen meiner Seele verstehe, kann ich besser erkennen, in welcher Weise Gott dieses Verlangen mit etwas füllen möchte, das wahre Zufriedenheit bringt. Wenn die gottgegebenen Sehnsüchte meines Herzens so erfüllt werden, wie dies Gottes Willen entspricht, fällt es mir leicht, die Dinge abzulehnen, von denen ich weiß, dass sie mich nie zufriedenstellen werden.

2. Blickwinkel: Ziel
Grundsatzfrage: Passt diese Sache zu den Zielen, die Gott für diesen Abschnitt meines Lebens hat? Manchmal bin ich versucht, eine Leere in meinem Leben mit etwas Gutem zu füllen – das aber nicht zu Gottes Plan für mein Leben passt, zumindest nicht in dieser Phase. Es fällt mir leichter, etwas abzulehnen, wenn ich zu mir selbst sagen kann: *Nicht jetzt. Vielleicht später, aber nicht zu diesem Zeitpunkt.* Wenn ich zu einem späteren Zeitpunkt den Eindruck habe, dass Gott mich zu einem

anderen Ziel führt, kann ich immer noch zu diesen Dingen zurückkehren, die ich vorher abgelehnt habe.

3. Blickwinkel: Bedeutung

Grundsatzfrage: Hilft mir diese Sache, ein bedeutungsvolles Leben zu führen? Indem ich dafür sorge, dass mein Blick auf den Horizont der Ewigkeit gerichtet ist, kann ich die Dinge herausfiltern, die nur vorübergehend von Bedeutung sind. Das heißt nicht, dass ich nur etwas zusage, das von tiefer geistlicher Bedeutung ist. Ganz im Gegenteil! Wenn es etwas gibt, das nur von vorübergehender Bedeutung ist (Gottes Willen aber durchaus nicht widerspricht), aber meinen Energietank füllt und mein Leben im Gleichgewicht hält, dann bin ich mir dennoch bewusst, dass mir genau das wiederum dabei helfen wird, ein Leben zu führen, das von Bedeutung ist. Manche meinen vielleicht, dass es zum Beispiel keine tiefere geistliche Bedeutung hat, mit meinem Enkel Schildkröten zu suchen. Aber ich weiß es besser. Ich weiß, dass es nur wenig in meinem Leben gibt, das mir so viel Freude bereitet und meine Kraftreserven so auffüllt wie genau das. Und ich weiß, dass es dem Jungen das Gefühl vermittelt, dass er für mich unendlich wertvoll ist – und für Gott.

> Am Ende Ihres Lebens werden Sie sich genau diese beiden Fragen stellen: Bin ich mit meiner Familie im Reinen? Bin ich mit meinem Schöpfer im Reinen?

Zögern Sie also nicht, Ja zu den Dingen zu sagen, die Ihnen – direkt oder indirekt – die Kraft schenken, ein Leben zu führen, das in der Ewigkeit von Bedeutung ist. Sie helfen Ihnen ebenfalls, ein bleibendes Vermächtnis zu hinterlassen. Lassen Sie sich diese Gelegenheiten also nicht entgehen.

Am Ende Ihres Lebens werden Sie sich genau diese beiden Fragen stellen: Bin ich mit meiner Familie im Reinen? Bin ich mit meinem Schöpfer im Reinen?

Es ist eigentlich ganz einfach. Zu guter Letzt läuft alles genau darauf hinaus. Wenn Sie tief in sich wissen, dass Sie beide Fragen mit Ja beantworten können, werden Sie, wenn Sie einmal im Sterbebett liegen, die gleiche Freude, den gleichen Frieden und die gleiche Zufriedenheit erleben, die ich auf dem Gesicht meines Freundes gesehen habe, als wir um sein Bett herumstanden und beteten. Und Sie werden ein Vorbild für andere sein und ein reiches Erbe hinterlassen.

Das Vermächtnis eines einfacheren Lebens

Zurzeit habe ich oft das Vorrecht, mein Leben durch die Augen zweier sehr junger Menschen zu betrachten – meine Enkel Henry und Mac. Meine Tochter Shauna und ihr Mann Aaron wohnen mit ihren beiden Jungs ganz in der Nähe, sodass ich regelmäßig eine Dosis „Henry und Mac" bekomme, die meinem Leben neuen Schwung gibt.

Ich hatte mich schon lange darauf gefreut, Großvater zu werden, aber ich hatte keine Ahnung gehabt, wie sehr diese beiden Goldstücke meine Welt auf den Kopf stellen würden. Die Zeit, die ich mit ihnen verbringe, verändert, wie ich mein eigenes Leben sehe. Sie hilft mir, einfacher, zielgerichteter zu leben.

Wenn ich sehe, wie viel Potenzial im Leben von Henry und Mac steckt, erinnert mich das daran, mein eigenes stärker wertzuschätzen. Verbringe ich es richtig? Lebe ich so, dass sie stolz auf mich sein können? Nutze ich meinen Einfluss als Großvater, um sie zu formen und in ihnen die Leidenschaft zu entzünden, Christus nachzufolgen, so wie ich versucht habe, ihm zu folgen? Gebe ich etwas von der Weisheit an sie weiter, die ich durch die Erfahrungen erworben habe, die Gott mich hat machen lassen? Welches Erbe werde ich in ihrem jungen Leben hinterlassen, wenn ich einmal nicht mehr da bin?

Das sind die harten, aber ehrlichen Fragen, die ich mir stelle, und ich wäre kein guter Pastor, wenn ich Ihnen nicht die gleichen Fragen stellen würde. Welches Vermächtnis hinterlassen Sie? Wenn Sie an Ihrem letzten Tag auf dieser Erde in den Rückspiegel Ihres Lebens schauen, werden Sie dann ein Vermächtnis sehen, das Ihnen ein tiefes Gefühl der Zufriedenheit gibt? Oder werden Sie eine lange Reihe von Tagen sehen, die mit Dingen vollgestopft waren, die letzten Endes nicht wirklich wichtig waren?

Sie haben auf den Seiten dieses Buches Schwerstarbeit geleistet, indem Sie Ihr eigenes Leben unter die Lupe genommen und erkannt haben, welche Kurskorrekturen Sie vornehmen müssen, um einfacher, befreiter zu leben. Ich hoffe, dass dieser Prozess Ihnen geholfen hat. Aber bei diesem einfachen Leben geht es nicht darum, dass das Leben leichter wird – so wie wenn man eine Schublade oder einen Schrank entrümpelt. Wir sollten wegen der Dinge, die in der Ewigkeit zählen, ein einfacheres Leben führen: um die Dinge, auf die es in dieser Welt am meisten ankommt, mit Klarheit, zielgerichtet und kraftvoll anzugehen.

Sie sagen bewusst Nein zu den Dingen, die Ihre Seele vollstopfen wollen – wie zum Beispiel vollgepackte Kalender, außer Kontrolle geratene Finanzen, tiefsitzende Ängste und zerbrochene Beziehungen. Sie wenden sich von Schleichwegen ab, die Sie vom eigentlichen Weg abbringen und Sie von dem ablenken, worum es in Ihrem Leben wirklich geht.

Und Sie sagen Ja zu den Dingen, die wichtig sind, wie zum Beispiel Familie, Freunde, Gemeinschaft mit anderen Christen, befriedigende Tätigkeiten und Aufgaben in der Gemeinde, in denen Sie Ihre Gott gegebenen Gaben am besten einbringen können, um sein Reich auszuweiten.

Salomo bringt es am Ende des Buches Prediger folgendermaßen auf den Punkt:

Zu guter Letzt lasst uns das Wichtigste von allem hören: Begegne Gott mit Ehrfurcht, und halte seine Gebote! Das gilt für jeden Menschen.[19]

Genau darum geht es im Leben. Das füllt die Leere in Ihrer Seele. Tun Sie, was immer Sie tun müssen, um zutiefst „entrümpelt" zu leben. Das ist die einzige Möglichkeit, um am letzten Tag auf dieser Erde sagen zu können: „Ich bin zufrieden."

Wir können dieses Leben nur einmal leben. Entscheiden Sie sich also dafür, ein zielgerichtetes Leben zu führen, in dem Gott an erster Stelle steht, dann werden Sie jetzt und in der Ewigkeit den Lohn dafür erhalten. Entscheiden Sie sich für ein Leben, in dem die Leere, die Gott in unsere Seele gelegt hat, bis zum Überfließen gefüllt wird, dann werden Sie ein Vermächtnis für die hinterlassen, die nach Ihnen kommen. Leben Sie Ihr einziges Leben mit aller Klarheit und so zielorientiert Sie können. Dann ist es einfach, befreit, entrümpelt. Dann ist es ein Leben, das zufrieden macht.

Jetzt wird's praktisch

Finden Sie heraus, wo Sie versuchen, den Wind einzufangen

Wir alle lassen uns von Zeit zu Zeit ablenken. Manche Ablenkungen stellen für mich eine größere Versuchung dar als andere. Welche sind es für Sie? Denken Sie über die sieben Methoden nach, über die wir in diesem Kapitel gesprochen haben:

1. Gesundheit und ein langes Leben
2. Bildung
3. Vergnügen
4. Arbeit
5. Wohlstand
6. Sex
7. Ruhm

Schreiben Sie jetzt in Ihr Tagebuch oder auf ein Blatt Papier die Antworten auf folgende Fragen:

1. Welcher Weg wird mich am wahrscheinlichsten davon ablenken, ein erfülltes Leben zu führen?
2. Wann werde ich in diesem Bereich am leichtesten abgelenkt?
3. Was kann ich tun, um mir selbst auf die Schliche zu kommen, bevor ich in diesem Bereich abgelenkt werde?
4. Bin ich im Moment auf so einem Abweg? Was kann ich heute noch unternehmen, um wieder auf den Weg zu einem befreiten, erfüllten Leben zurückzukehren?

Einfacher leben, um zufriedener zu leben

Welche Dinge sind wichtiger als alles andere? Nehmen Sie sich einen Augenblick Zeit, um in einem Satz zu beschreiben, wie ein Leben aussehen müsste, auf das Sie an Ihrem letzten Tag zufrieden zurückblicken könnten. Wenn es Ihnen hilft, können Sie folgenden Satzbeginn als Anregung nehmen: „Ich bin mit meinem Leben zufrieden, wenn _____."

(Nur als Beispiel hier mein Satz: *Ich bin mit meinem Leben zufrieden, wenn ich meine Gaben einsetze, um die Ortsgemeinde zu bauen und meine Beziehungen zu Lynne, Shauna, Todd, Aaron, Henry und Mac in Ordnung sind.*)

Sorgen Sie dafür, dass Ihr Satz klar und prägnant ist.

Gehen Sie mit diesem Satz im Hinterkopf noch einmal Ihre praktischen Schritte zur Umsetzung aus jedem Kapitel dieses Buches durch. Müssen Sie noch irgendwelche Schritte unternehmen oder Ihren Kurs noch einmal korrigieren, damit Ihre bisherigen Ideen für ein einfacheres, aufgeräumtes Leben auch zu einem *zufriedenen* Leben führen? Wenn ja, schreiben Sie sie auf ein Blatt Papier oder in Ihr Tagebuch. Und bauen Sie sie dann in Ihren Terminkalender aus Kapitel 2 ein, damit es Ihnen leichter fällt, die Prioritäten auch umzusetzen.

Hier noch einmal eine Übersicht über die praktischen Schritte zur Umsetzung:

Kapitel 1: *energiegeladen* statt *erschöpft*: Laden Sie Ihren Akku auf
Eine ehrliche Selbsteinschätzung
Entwerfen Sie Ihren persönlichen Plan zum Auftanken

Kapitel 2: *organisiert* statt *überlastet*: Halten Sie Ihren Kalender im Zaum
Überarbeiten Sie Ihre Termine – und räumen Sie Gott dabei Priorität ein

Kapitel 3: *alles im Griff* statt *außer Kontrolle*: Umgang mit Finanzen
Lassen Sie sich auf die fünf finanziellen Überzeugungen ein

Kapitel 4: *erfüllt* statt *frustriert*: Machen Sie Ihre Arbeitswelt ein Stückchen besser
Nehmen Sie unter die Lupe, in welcher Weise sich die vier Faktoren in Ihrem Berufsleben zeigen

Kapitel 5: *heil* statt *verletzt*: Raum schaffen für Vergebung
Kategorie 1: Kleinere Vergehen abhaken
Kategorie 2: Berechtigte Verletzungen überwinden
Kategorie 3: Himmelschreiende Ungerechtigkeiten vergeben

Kapitel 6: *sorgenfrei* statt *besorgt*: Überwinden Sie Ihre Ängste
Benennen Sie die Angst
Entwerfen Sie einen Plan, wie Sie Ihre Angst überwinden wollen

Kapitel 7: *verbunden* statt *isoliert*: Beziehungen aufbauen und vertiefen
Wer gehört zu Ihrem Freundeskreis?
Stutzen Sie Ihren aktuellen Freundeskreis zurecht
Vergrößern Sie Ihren neuen Freundeskreis und vertiefen Sie die Beziehungen

Kapitel 8: *zielorientiert* statt *ziellos*: Nehmen Sie Gottes Ruf an
Suchen Sie sich einen Leitvers

Kapitel 9: *vorwärtskommen* statt *festgefahren*: Neue Lebensabschnitte annehmen
Erkennen Sie, in welchem Lebensabschnitt Sie sich gerade befinden
Lassen Sie den alten Lebensabschnitt hinter sich

Kapitel 10: *ein Vermächtnis hinterlassen* statt *bedeutungslos leben*: Das Vermächtnis eines aufgeräumten Lebens
Finden Sie heraus, wo Sie versuchen, den Wind einzufangen
Einfacher leben, um zufriedener zu leben

Wie man einen Leitvers auswählt

Worauf es bei einem Leitvers ankommt

Ein Leitvers spiegelt oft die Geschichte und Persönlichkeit desjenigen wider, der ihn gewählt hat. Ich hoffe, dass ich Sie inzwischen davon überzeugt habe, wie wertvoll es sein kann, einen Leitvers zu wählen – egal, ob Sie dies für die Lebensphase tun, in der Sie sich gerade befinden, oder als Motto für den Rest Ihres Lebens. Welche Merkmale sind für einen Leitvers wichtig? Schauen wir uns einige wichtige an.

Aufruf zum Handeln

Ein wirkungsvoller Leitvers ruft dazu auf, aktiv zu werden. Damit meine ich nicht unbedingt, dass er Ihnen genau sagt, was Sie tun sollen. Mein Leitvers hat zufälligerweise belehrenden Charakter – *Bleibt fest* –, aber viele ebenso gute Leitverse sind das nicht. Aber dennoch sollte die Botschaft eines guten Leitverses Sie zum Handeln auffordern. In den Beispielen, die ich in diesem Kapitel erwähnt habe, hat der Leitvers den Betreffenden daran erinnert, alles durch die Kraft zu tun, die Jesus, der Weinstock, gibt, oder trotz tragischer Umstände nach einem Leben „im Überfluss" zu streben. Ein guter Leitvers sollte Sie motivieren, im richtigen Wettlauf mitzulaufen, um den einen unvergänglichen Siegespreis zu erlangen. Suchen Sie sich einen

Vers, bei dem Sie nicht bequem auf dem Hintern sitzen bleiben können, sondern der Sie vielmehr antreibt, *nach dem zu handeln, was am wichtigsten ist.*

Persönlich

Suchen Sie sich einen Leitvers, der einen Bereich Ihres Lebens anspricht, in dem Sie besonders Stärkung brauchen. Wählen Sie keinen Vers, der einfach nur das betont, worin Sie ohnehin schon stark sind; suchen Sie sich einen Vers, der Sie in Ihren Schwächen unterstützt. Jemand, der von Natur aus schon von Gottes Frieden erfüllt ist, braucht nicht „Meinen Frieden gebe ich euch; einen Frieden, den euch niemand auf der Welt geben kann. Seid deshalb ohne Sorge und Furcht!" (Johannes 14,27) als Leitvers. Aber jemand, dessen Leben von Angst bestimmt wird, vielleicht schon! Suchen Sie sich einen Leitvers, der die Lücken in Ihrem Leben schließt und Sie dort bestärkt, wo Sie es am meisten brauchen.

Kurz und bündig

Wenn Ihr Leitvers ein wirksames Motto für jeden Tag sein soll, muss er kurz und bündig sein. Suchen Sie sich keinen, der gleich mehrere Verse lang ist. Wählen Sie vor allem nicht Psalm 119 mit seinen 176 Versen! Suchen Sie nach einem einzelnen Vers – oder maximal einem Abschnitt aus zwei oder drei kurzen Versen. Er sollte prägnant genug sein, dass Sie ihn auswendig lernen und in der Hitze des Gefechts – mitten in der Hektik des Alltags – zitieren können.

Voller Hoffnung

Wählen Sie einen Leitvers, der Sie in bessere Stimmung versetzt. Sie brauchen keine harten Wahrheiten oder strafenden Worte, die Sie sich den ganzen Tag über einhämmern. Wählen

Sie also zum Beispiel nicht Römer 3, Vers 23: „Alle sind Sünder und haben nichts aufzuweisen, was Gott gefallen könnte." Natürlich brauchen wir die Wahrheit dieses Bibelverses; sie ist ungemein wichtig. Aber als Leitvers sollten Sie einen Vers aussuchen, der Gottes Wohlwollen Ihnen gegenüber zum Ausdruck bringt, statt Ihre Defizite zu betonen. Wählen Sie einen Leitvers, der ermutigend, erbaulich und positiv ist; einer, der Sie motiviert und mit Hoffnung erfüllt.

Wo findet man gute Leitverse?

In Anhang B habe ich eine Liste von möglichen Leitversen angefügt. Diese Verse sind nach Themen sortiert, um es Ihnen zu erleichtern, einen Vers zu finden, der zu Ihnen und Ihrem Leben passt. Sie können aber auch in Ihrer Bibel, einer Onlinebibel, einem Buch, in dem Gottes Verheißungen nach Themen sortiert festgehalten sind, oder einer App mit biblischen Verheißungen nach möglichen Leitversen suchen.

Ihre Bibel
Wenn Sie es sich angewöhnt haben, so wie ich Verse zu unterstreichen oder zu markieren, dann blättern Sie doch einmal durch Ihre Bibel, und lesen Sie die Verse, die Sie angestrichen haben. Vielleicht haben Sie ja den Vers, den Sie als Leitvers wählen werden, bereits unterstrichen. Wenn Sie mehrere finden, erstellen Sie einfach eine Liste mit Ihren Favoriten.

Wenn Ihre Bibel eine Konkordanz hat, können Sie darin nach Stichworten suchen, die Ihnen wichtig sind, wie zum Beispiel „Frieden", „Freude", „Treue" usw.

Onlinebibel

Nutzen Sie Websites, auf denen Sie die Onlineversionen unterschiedlicher Bibelübersetzungen finden, wie zum Beispiel bibleserver.com, um nach Stichworten zu suchen. Wenn Sie meinen, ein Vers über Freude wäre gut für Sie, geben Sie „Freude" oder „freuen" in die Suche ein, und blättern Sie dann durch die Verse, die dieses Wort enthalten.

Bücher mit biblischen Verheißungen

Verschiedene Verlage haben Bücher mit Hunderten von biblischen Verheißungen herausgegeben, nach Dutzenden von Themen gegliedert, wie zum Beispiel „Mut", „Zufriedenheit", „ewiges Leben", „Hoffnung", „Gottes Liebe", „Friede", „Erlösung", „Errettung", „Vertrauen", „Sorge" usw. Suchen Sie nach dem Thema, das Sie am meisten anspricht.

Apps mit biblischen Verheißungen

Der gleiche Grundgedanke wie bei den Büchern mit biblischen Verheißungen, nur für mobile Endgeräte. Sie können sich entweder Bibel-Apps herunterladen (es gibt die gängigen Übersetzungen als App fürs Smartphone, z. B. Luther, Hoffnung für alle) oder im App-Store nach den Stichworten „Verheißungen" oder „bible promises" suchen. Es gibt eine Reihe von günstigen oder kostenlosen Apps, die Ihnen dabei helfen, in der Bibel nach Stichworten oder Themen zu suchen.

So wählen Sie einen Leitvers aus

Erstellen Sie mit den eben erwähnten Hilfsmitteln eine Liste mit Versen, die Sie besonders ansprechen, und sprechen Sie mit Gott über jeden davon. Lassen Sie sich so lange Zeit, bis Sie klar erkennen, welchen Vers Sie nehmen sollten.

Wenn Sie einen Leitvers gefunden haben, sollten Sie ihn auswendig lernen und ihn überall dort aufhängen, wo Sie ihn während des Tages sehen. Auf diese Weise behalten Sie ihn immer in Erinnerung.

Einen anderen Leitvers auswählen

Es gibt keine in Stein gemeißelten Regeln für Leitverse. Sie können jederzeit einen anderen Leitvers wählen. Ich habe zwar einen zentralen Leitvers gewählt (1. Korinther 15,58), aber zu verschiedenen anderen Zeiten in meinem Leben habe ich mich auch auf andere Verse gestützt. Versuchen Sie, einen Vers zu finden, der Ihnen langfristig hilft, einer, der ein Leuchtturm auf Ihrer Lebensreise sein kann.

Liste möglicher Leitverse

Wenn nicht anders angegeben, sind die folgenden Verse der Übersetzung „Hoffnung für alle" entnommen. Sie können aber natürlich auch andere Übersetzungen verwenden.

Anbetung

Du bist der Herr, du allein! Du hast den Himmel geschaffen mit all seinen Sternen! Die Erde und das Meer sind dein Werk mit allen Geschöpfen, die es dort gibt. Du hast ihnen das Leben geschenkt, die Mächte im Himmel beten dich an.
Nehemia 9,6

Um eines habe ich den Herrn gebeten; das ist alles, was ich will: Solange ich lebe, möchte ich im Hause des Herrn bleiben. Dort will ich erfahren, wie gut der Herr es mit mir meint, still nachdenken im heiligen Zelt.
Psalm 27,4

Du bist meine Hoffnung, Herr, dir vertraue ich von Kindheit an! Ja, seit meiner Geburt bist du mein Halt. Vom ersten Tag an hast du für mich gesorgt. Darum will ich dich loben mein Leben lang.
Psalm 71,5–6

Ich liebe den Herrn, denn er hat mich erhört, als ich zu ihm um Hilfe schrie. Ja, er hat sich zu mir herabgeneigt; mein Leben lang will ich zu ihm rufen!
Psalm 116,1–2

Herr, von deinen Ruhmestaten habe ich gehört, sie erfüllen mich mit Schrecken und Staunen. Erneuere sie doch, jetzt, in unserer Zeit! Lass uns noch sehen, wie du eingreifst! Auch wenn du zornig bist – hab mit uns Erbarmen!
Habakuk 3,2 (GN)

Freut euch Tag für Tag, dass ihr zum Herrn gehört. Und noch einmal will ich es sagen: Freut euch!
Philipper 4,4

Beharrlichkeit

Aber mein Leben ist mir nicht wichtig. Vielmehr will ich den Auftrag ausführen, den mir Jesus Christus gegeben hat: die rettende Botschaft von Gottes Gnade und Liebe zu verkünden.
Apostelgeschichte 20,24

Ihr kennt das doch: Von allen Läufern, die im Stadion zum Wettlauf starten, gewinnt nur einer den Siegeskranz. Lauft so, dass ihr ihn gewinnt!
1. Korinther 9,24

Meine lieben Brüder und Schwestern, bleibt fest und unerschütterlich in eurem Glauben! Setzt euch mit aller Kraft für den Herrn ein, denn ihr wisst: Nichts ist vergeblich, was ihr für ihn tut.
1. Korinther 15,58

Diesen kostbaren Schatz tragen wir in uns, obwohl wir nur zer-
brechliche Gefäße sind. So wird jeder erkennen, dass die außeror-
dentliche Kraft, die in uns wirkt, von Gott kommt und nicht von
uns selbst. Die Schwierigkeiten bedrängen uns von allen Seiten,
und doch werden wir nicht von ihnen überwältigt. Wir sind oft
ratlos, aber nie verzweifelt. Von Menschen werden wir verfolgt,
aber bei Gott finden wir Zuflucht. Wir werden zu Boden geschla-
gen, aber wir kommen dabei nicht um.

2. Korinther 4,7–9

Werdet nicht müde, Gutes zu tun. Es wird eine Zeit kommen, in
der ihr eine reiche Ernte einbringt. Gebt nur nicht vorher auf!

Galater 6,9

Hört aber nicht nur auf mich, wenn ich bei euch bin, sondern erst
recht während meiner Abwesenheit. Arbeitet mit Furcht und Zit-
tern an eurer Rettung. Und doch ist es Gott allein, der beides in
euch bewirkt: Er schenkt euch den Willen und die Kraft, ihn auch
so auszuführen, wie es ihm gefällt.

Philipper 2,12–13

Mit aller Kraft laufe ich darauf zu, um den Siegespreis zu gewin-
nen, das Leben in Gottes Herrlichkeit. Denn dazu hat uns Gott
durch Jesus Christus berufen.

Philipper 3,14

Da wir nun so viele Zeugen des Glaubens um uns haben, lasst
uns alles ablegen, was uns in dem Wettkampf behindert, den wir
begonnen haben – auch die Sünde, die uns immer wieder fesseln
will. Mit zäher Ausdauer wollen wir auch noch das letzte Stück
bis zum Ziel durchhalten.

Hebräer 12,1

Betrachtet es als Grund zur Freude, wenn euer Glaube immer wieder hart auf die Probe gestellt wird. Denn durch solche Bewährungsproben wird euer Glaube fest und unerschütterlich.

Jakobus 1,2–3

Glücklich ist, wer die Bewährungsproben besteht und im Glauben festbleibt. Gott wird ihn mit dem Siegeskranz, dem ewigen Leben, krönen. Das hat er allen versprochen, die ihn lieben.

Jakobus 1,12

Dankbarkeit

Du hast mich geschaffen – meinen Körper und meine Seele, im Leib meiner Mutter hast du mich gebildet. Herr, ich danke dir dafür, dass du mich so wunderbar und einzigartig gemacht hast! Großartig ist alles, was du geschaffen hast – das erkenne ich!

Psalm 139,13–14

Ich bitte Gott, auf den sich unsere Hoffnung gründet, dass er euch in eurem Glauben mit aller Freude und allem Frieden erfüllt, damit eure Hoffnung durch die Kraft des Heiligen Geistes immer stärker und unerschütterlicher wird.

Römer 15,13 (GN)

Ihr habt Christus Jesus als Herrn angenommen. Darum lebt auch in ihm! Bleibt in ihm verwurzelt und auf ihn gegründet und haltet an dem Glauben fest, in dem ihr unterrichtet wurdet. Hört nicht auf zu danken!

Kolosser 2,6–7 (EÜ)

Freut euch zu jeder Zeit! Hört niemals auf zu beten. Dankt Gott für alles. Denn das erwartet Gott von euch, weil ihr zu Jesus Christus gehört.

1. Thessalonicher 5,16–18

Alles, was Gott uns gibt, ist gut und vollkommen. Er, der Vater des Lichts, ändert sich nicht; niemals wechseln bei ihm Licht und Finsternis.

Jakobus 1,17

Demut

Ich, der Herr, sage: Ein Weiser soll nicht stolz sein auf seine Weisheit, der Starke nicht auf seine Stärke und ein Reicher nicht auf seinen Reichtum. Nein, Grund zum Stolz hat nur, wer mich erkennt und begreift, dass ich der Herr bin. Ich bin barmherzig und sorge auf der Erde für Recht und Gerechtigkeit. Wer dies verstanden hat, an dem habe ich, der Herr, Gefallen.

Jeremia 9,22–23

Aber er hat zu mir gesagt: „Meine Gnade ist alles, was du brauchst! Denn gerade wenn du schwach bist, wirkt meine Kraft ganz besonders an dir." Darum will ich vor allem auf meine Schwachheit stolz sein. Dann nämlich erweist sich die Kraft Christi an mir. Und so trage ich alles, was Christus mir auferlegt hat – alle Misshandlungen und Entbehrungen, alle Verfolgungen und Ängste. Denn ich weiß: Gerade wenn ich schwach bin, bin ich stark.

2. Korinther 12,9–10

Denn nur durch seine unverdiente Güte seid ihr vom Tod errettet worden. Ihr habt sie erfahren, weil ihr an Jesus Christus glaubt. Dies alles ist ein Geschenk Gottes und nicht euer eigenes Werk. Durch eigene Leistungen kann man bei Gott nichts erreichen. Deshalb kann sich niemand etwas auf seine guten Taten einbilden.

Epheser 2,8–9

Weder Eigennutz noch Streben nach Ehre sollen euer Handeln bestimmen. Im Gegenteil, seid bescheiden, und achtet den anderen mehr als euch selbst. Denkt nicht an euren eigenen Vorteil, sondern habt das Wohl des anderen im Auge.

Philipper 2,3–4

Aber seit ich Christus kenne, ist für mich alles wertlos, was ich früher für so wichtig gehalten habe.

Philipper 3,7

Beugt euch tief vor dem Herrn, dann wird er euch hoch erheben!

Jakobus 4,10 (GNB)

Friede

Der Herr antwortete: „Ich selbst werde dir vorangehen und dich in ein Land bringen, in dem du in Frieden leben kannst!"

2. Mose 33,14

In aller Welt bereitet er den Kriegen ein Ende. Die Kampfbogen bricht er entzwei, er zersplittert die Speere und verbrennt die Kriegswagen.

Psalm 46,10

Kommt alle her zu mir, die ihr euch abmüht und unter eurer Last leidet! Ich werde euch Ruhe geben. Lasst euch von mir in den Dienst nehmen, und lernt von mir! Ich meine es gut mit euch und sehe auf niemanden herab. Bei mir findet ihr Ruhe für euer Leben. Mir zu dienen ist keine Bürde für euch, meine Last ist leicht.

Matthäus 11,28–30

Wer nun mit Jesus Christus verbunden ist, wird von Gott nicht mehr verurteilt.

Römer 8,1

Vergeltet niemals Unrecht mit neuem Unrecht. Euer Verhalten soll bei allen Menschen als ehrbar gelten. Soweit es irgend möglich ist und von euch abhängt, lebt mit allen Menschen in Frieden.

Römer 12,17–18

Macht euch keine Sorgen! Ihr dürft Gott um alles bitten. Sagt ihm, was euch fehlt, und dankt ihm! Und Gottes Friede, der all unser Verstehen übersteigt, wird eure Herzen und Gedanken im Glauben an Jesus Christus bewahren.

Philipper 4,6–7

Ladet alle eure Sorgen bei Gott ab, denn er sorgt für euch.

1. Petrus 5,7

Gerechtigkeit

Deine Sache aber ist es, für Recht zu sorgen. Sprich für alle, die sich selbst nicht helfen können. Sprich für die Armen und Schwachen, nimm sie in Schutz und verhilf ihnen zu ihrem Recht!

Sprüche 31,8–9 (GN)

Lernt wieder, Gutes zu tun! Sorgt für Recht und Gerechtigkeit, tretet den Gewalttätern entgegen, und schafft den Waisen und Witwen Recht!

Jesaja 1,17

So spricht der Herr: „Sorgt für Recht und Gerechtigkeit! Helft den Menschen, die beraubt und unterdrückt werden! Den Ausländern, Waisen und Witwen tut keine Gewalt an, und übervorteilt sie nicht! Hört auf, hier vor Gericht unschuldige Menschen hinzurichten!"

Jeremia 22,3

Nein! Der Herr hat euch doch längst gesagt, was gut ist! Er fordert von euch nur eines: Haltet euch an das Recht, begegnet anderen mit Güte, und lebt in Ehrfurcht vor eurem Gott!

Micha 6,8

Fällt gerechte Urteile! Geht liebevoll und barmherzig miteinander um! Die Witwen und Waisen, die Armen und die Ausländer sollt ihr nicht unterdrücken! Schmiedet keine bösen Pläne gegeneinander! Das befehle ich, der Herr, der allmächtige Gott!

Sacharja 7,9–10

Hoffnung

Der Herr ist mein Fels, meine Festung und mein Erretter, mein Gott, meine Zuflucht, mein sicherer Ort. Er ist mein Schild, mein starker Helfer, meine Burg auf unbezwingbarer Höhe.

Psalm 18,3

Herr, zeige mir, welchen Weg ich einschlagen soll, und lass mich erkennen, was du von mir willst! Schritt für Schritt lass mich erfahren, dass du zuverlässig bist. Du bist der Gott, der mir hilft, du warst immer meine einzige Hoffnung.

Psalm 25,4–5

Denn ich allein weiß, was ich mit euch vorhabe: Ich, der Herr, werde euch Frieden schenken und euch aus dem Leid befreien. Ich gebe euch wieder Zukunft und Hoffnung.

Jeremia 29,11

Doch ich verlasse mich auf den Herrn, ich warte auf seine Hilfe. Ja, mein Gott wird mich erhören!

Micha 7,7

Jesus sagte: „Für Menschen ist es unmöglich, aber nicht für Gott. Für ihn ist alles möglich!"

Markus 10,27

Das eine aber wissen wir: Wer Gott liebt, dem dient alles, was geschieht, zum Guten. Dies gilt für alle, die Gott nach seinem Plan und Willen zum neuen Leben erwählt hat.

Römer 8,28

Deshalb bin ich auch ganz sicher, dass Gott sein Werk, das er bei euch begonnen hat, zu Ende führen wird, bis zu dem Tag, an dem Jesus Christus kommt.

Philipper 1,6

Liebe

Ich bin ihnen von ferne erschienen und habe zu ihnen gesagt: „Ich habe euch schon immer geliebt, darum bin ich euch stets mit Güte begegnet."
Jeremia 31,3

„Du sollst den Herrn, deinen Gott, lieben von ganzem Herzen, mit ganzer Hingabe und mit deinem ganzen Verstand!" Das ist das erste und wichtigste Gebot. Ebenso wichtig ist aber das zweite: „Liebe deinen Mitmenschen wie dich selbst!"
Matthäus 22,37–39

Heute gebe ich euch ein neues Gebot: Liebt einander! So wie ich euch geliebt habe, so sollt ihr euch auch untereinander lieben. An eurer Liebe zueinander wird jeder erkennen, dass ihr meine Jünger seid.
Johannes 13,34–35

Eure Liebe soll aufrichtig sein. Und wie ihr das Böse hassen müsst, sollt ihr das Gute lieben.
Römer 12,9

Vergesst nicht, dass ich für den Herrn im Gefängnis bin. Als sein Gefangener bitte ich euch: Lebt so, wie Gott es von denen erwartet, die er zu seinen Kindern berufen hat. Überhebt euch nicht über andere, seid freundlich und geduldig! Geht in Liebe aufeinander ein!
Epheser 4,1–3

Ertragt einander, und seid bereit, einander zu vergeben, selbst wenn ihr glaubt, im Recht zu sein. Denn auch Christus hat euch vergeben.

Kolosser 3,13

Vor allem aber lasst nicht nach, einander zu lieben. Denn „Liebe sieht über Fehler hinweg".

1. Petrus 4,8

Mitgefühl

Verhelft den Wehrlosen und Waisen zu ihrem Recht! Behandelt die Armen und Bedürftigen, wie es ihnen zusteht! Reißt sie aus den Klauen ihrer Unterdrücker!

Psalm 82,3–4

Wer den Armen etwas gibt, gibt es Gott, und Gott wird es reich belohnen.

Sprüche 19,17

Dann werden sie, die nach Gottes Willen gelebt haben, fragen: „Herr, wann bist du denn hungrig gewesen und wir haben dir zu essen gegeben? Oder durstig und wir gaben dir zu trinken? Wann haben wir dir Gastfreundschaft gewährt, und wann bist du nackt gewesen und wir haben dir Kleider gebracht? Wann warst du denn krank oder im Gefängnis und wir haben dich besucht?" Der König wird ihnen dann antworten: „Das will ich euch sagen. Was ihr für einen meiner geringsten Brüder getan habt, das habt ihr für mich getan!"

Matthäus 25,37–40

Witwen und Waisen in ihrer Not zu helfen und sich vom gott-
losen Treiben dieser Welt nicht verführen zu lassen: das ist wirk-
liche Frömmigkeit, mit der man Gott, dem Vater, dient.
Jakobus 1,27

Denn wie kann Gottes Liebe in einem Menschen bleiben, dem die
Not seines Bruders oder seiner Schwester gleichgültig ist, obwohl
er selbst alles im Überfluss besitzt? Deshalb, meine Kinder, lasst
uns einander lieben: nicht mit leeren Worten, sondern mit tat-
kräftiger Liebe und in aller Aufrichtigkeit.
1. Johannes 3,17–18

Mut

Sei mutig und entschlossen! Lass dich nicht einschüchtern, und
hab keine Angst! Denn ich, der Herr, dein Gott, bin bei dir.
Josua 1,9

Der Herr ist mein Licht, er rettet mich. Vor wem sollte ich mich
noch fürchten? Bei ihm bin ich geborgen wie in einer Burg. Vor
wem sollte ich noch zittern und zagen?
Psalm 27,1

Fürchte dich nicht, denn ich bin bei dir; hab keine Angst, denn ich
bin dein Gott! Ich mache dich stark, ich helfe dir, mit meiner sieg-
reichen Hand beschütze ich dich!
Jesaja 41,10

Dies alles habe ich euch gesagt, damit ihr durch mich Frieden
habt. In der Welt habt ihr Angst, aber lasst euch nicht entmuti-
gen: Ich habe die Welt besiegt.
Johannes 16,33

Ich schäme mich nicht für die rettende Botschaft. Sie ist eine Kraft Gottes, die alle befreit, die darauf vertrauen; zuerst die Juden, aber auch alle anderen Menschen.

Römer 1,16

Alles kann ich durch Christus, der mir Kraft und Stärke gibt.

Philipper 4,13

Kämpfe den guten Kampf des Glaubens! Erringe so das ewige Leben. Dazu hat dich Gott berufen, und das hast du vor vielen Zeugen bekannt.

1. Timotheus 6,12

Denn Gott hat uns keinen Geist der Furcht gegeben, sondern sein Geist erfüllt uns mit Kraft, Liebe und Besonnenheit.

2. Timotheus 1,7

Doch ihr, meine geliebten Kinder, gehört zu Gott. Ihr habt diese Lügenpropheten durchschaut und besiegt. Denn der Geist Gottes, der in euch wirkt, ist stärker als der Geist der Lüge, von dem die Welt beherrscht wird.

1. Johannes 4,4

Opferbereitschaft

Danach hörte ich den Herrn fragen: „Wen soll ich als Boten zu meinem Volk senden? Wer ist bereit zu gehen?" Ich antwortete: „Ich bin bereit, sende mich!"

Jesaja 6,8

Wie ich, euer Meister und Herr, euch jetzt die Füße gewaschen habe, so sollt auch ihr euch gegenseitig die Füße waschen. Ich habe euch damit ein Beispiel gegeben, dem ihr folgen sollt. Handelt ebenso!

Johannes 13,14–15

Niemand liebt mehr als einer, der sein Leben für die Freunde hingibt.

Johannes 15,13

Darum lebe nicht mehr ich, sondern Christus lebt in mir! Mein vergängliches Leben auf dieser Erde lebe ich im Glauben an Jesus Christus, den Sohn Gottes, der mich geliebt und sein Leben für mich gegeben hat.

Galater 2,20

Ihr seid Gottes geliebte Kinder, daher sollt ihr in allem seinem Vorbild folgen. Geht liebevoll miteinander um, so wie auch Christus euch seine Liebe erwiesen hat. Aus Liebe hat er sein Leben für uns gegeben. Und Gott hat dieses Opfer angenommen.

Epheser 5,1–2

Denn Christus ist mein Leben und das Sterben für mich nur Gewinn.

Philipper 1,21

Wer nach Gottes Willen leiden muss, der soll sich nicht davon abbringen lassen, Gutes zu tun und seinem treuen Schöpfer sein Leben anzuvertrauen.

1. Petrus 4,19

Reinheit

Erschaffe in mir ein reines Herz, o Gott; erneuere mich und gib mir Beständigkeit!
Psalm 51,12

Durchforsche mich, o Gott, und sieh mir ins Herz, prüfe meine Gedanken und Gefühle! Sieh, ob ich in Gefahr bin, dir untreu zu werden, dann hol mich zurück auf den Weg, der zum ewigen Leben führt!
Psalm 139,23–24

Was ich dir jetzt rate, ist wichtiger als alles andere: Achte auf deine Gedanken und Gefühle, denn sie beeinflussen dein ganzes Leben!
Sprüche 4,23

Ich will euch ein anderes Herz und einen neuen Geist geben. Ich nehme das versteinerte Herz aus eurer Brust und gebe euch ein lebendiges Herz. Mit meinem Geist erfülle ich euch, damit ihr nach meinen Weisungen lebt, meine Gebote achtet und sie befolgt.
Hesekiel 36,26–27

Weil ihr Gottes Barmherzigkeit erfahren habt, fordere ich euch auf, liebe Brüder und Schwestern, mit eurem ganzen Leben für Gott da zu sein. Seid ein lebendiges Opfer, das Gott dargebracht wird und ihm gefällt. Ihm auf diese Weise zu dienen ist die angemessene Antwort auf seine Liebe. Passt euch nicht dieser Welt an, sondern ändert euch, indem ihr euch von Gott völlig neu ausrichten lasst. Nur dann könnt ihr beurteilen, was Gottes Wille ist, was gut und vollkommen ist und was ihm gefällt.
Römer 12,1–2

Schließlich, meine lieben Brüder und Schwestern, orientiert euch an dem, was wahrhaftig, gut und gerecht, was redlich und liebenswert ist und einen guten Ruf hat, an dem, was auch bei euren Mitmenschen als Tugend gilt und Lob verdient.
Philipper 4,8

Treue

Bewahrt die Worte im Herzen, die ich euch heute sage! Prägt sie euren Kindern ein! Redet immer und überall davon, ob ihr zu Hause oder unterwegs seid, ob ihr euch schlafen legt oder aufsteht.
5. Mose 6,6–7

Ich aber und meine Familie, wir wollen dem Herrn dienen.
Josua 24,15

Verlass dich nicht auf deine eigene Urteilskraft, sondern vertraue voll und ganz dem Herrn! Denke bei jedem Schritt an ihn; er zeigt dir den richtigen Weg und krönt dein Handeln mit Erfolg.
Sprüche 3,5–6

Selbst junge Menschen ermüden und werden kraftlos, starke Männer stolpern und brechen zusammen. Aber alle, die ihre Hoffnung auf den Herrn setzen, bekommen neue Kraft. Sie sind wie Adler, denen mächtige Schwingen wachsen. Sie gehen und werden nicht müde, sie laufen und sind nicht erschöpft.
Jesaja 40,30–31

Ich bin der Weinstock, und ihr seid die Reben. Wer bei mir bleibt, so wie ich bei ihm bleibe, der trägt viel Frucht. Denn ohne mich könnt ihr nichts ausrichten.
Johannes 15,5

Was immer ihr tut, was ihr auch esst oder trinkt, alles soll zur Ehre Gottes geschehen.

1. Korinther 10,31

Denkt bei allem daran, dass ihr für den Herrn und nicht für die Menschen arbeitet. Als Lohn dafür wird Gott euch das Erbe geben, das er versprochen hat. Das wisst ihr ja. Denn Jesus Christus ist euer wahrer Herr!

Kolosser 3,23–24

Setz alles daran, dass du in deiner Arbeit zuverlässig bist und dich für nichts schämen musst. Sorg dafür, dass Gottes wahre Botschaft richtig und klar verkündet wird.

2. Timotheus 2,15

Zufriedenheit

Ich will mich nicht mit dem abgeben, was sinnlos und wertlos ist. Hilf mir dabei und schenke mir Freude, deinen Willen zu tun!

Psalm 119,37

Wenn ihr für ihn lebt und das Reich Gottes zu eurem wichtigsten Anliegen macht, wird er euch jeden Tag geben, was ihr braucht.

Matthäus 6,33 (NL)

Deshalb sorgt euch nicht um morgen – der nächste Tag wird für sich selber sorgen! Es ist doch genug, wenn jeder Tag seine eigenen Lasten hat.

Matthäus 6,34

Ob ich nun wenig oder viel habe, beides ist mir durchaus vertraut, und so kann ich mit beidem fertigwerden: Ich kann satt sein und hungern; ich kann Mangel leiden und Überfluss haben. Alles kann ich durch Christus, der mir Kraft und Stärke gibt.
Philipper 4,12–13

Aus seinem Reichtum wird euch Gott, dem ich gehöre, durch Jesus Christus alles geben, was ihr zum Leben braucht.
Philipper 4,19

Seid nicht hinter dem Geld her, sondern seid zufrieden mit dem, was ihr habt. Denn Gott hat uns versprochen: „Ich lasse dich nicht im Stich, nie wende ich mich von dir ab."
Hebräer 13,5

Zusage

Aber du, Herr, nimmst mich in Schutz. Du stellst meine Ehre wieder her und verhilfst mir zu meinem Recht. Ich schreie zum Herrn: „Hilf mir doch!" Er hört mich in seinem Heiligtum und antwortet mir.
Psalm 3,4–5

Die Güte des Herrn hat kein Ende, sein Erbarmen hört niemals auf, es ist jeden Morgen neu! Groß ist deine Treue, o Herr!
Klagelieder 3,22–23

Der Herr, euer Gott, ist in eurer Mitte; er ist stark und hilft euch! Von ganzem Herzen freut er sich über euch. Weil er euch liebt, redet er nicht länger über eure Schuld. Ja, er jubelt, wenn er an euch denkt!
Zefanja 3,17

Meine Schafe erkennen meine Stimme; ich kenne sie, und sie folgen meinem Ruf. Ihnen gebe ich das ewige Leben, und sie werden niemals umkommen. Niemand kann sie aus meiner Hand reißen. Mein Vater hat sie mir gegeben, und er ist stärker als alle anderen Mächte. Deshalb kann sie auch keiner der Hand meines Vaters entreißen.

Johannes 10,27–29

Denn ich bin ganz sicher: Weder Tod noch Leben, weder Engel noch Dämonen, weder Gegenwärtiges noch Zukünftiges, noch irgendwelche Gewalten, weder Hohes noch Tiefes oder sonst irgendetwas können uns von der Liebe Gottes trennen, die er uns in Jesus Christus, unserem Herrn, schenkt.

Römer 8,38–39

Denn jeder, der den Namen des Herrn anruft, der wird von ihm gerettet.

Römer 10,13

Nachdem ihr diese Botschaft im Glauben angenommen habt, gehört ihr nun Gott. Er hat euch sein Siegel aufgedrückt, als er euch den Heiligen Geist schenkte, den er jedem Glaubenden zugesagt hat.

Epheser 1,13

Anmerkungen

Kapitel 1: **energiegeladen** *statt* **erschöpft**

1 Lukas 10,38–42

2 Lukas 10,25–37

3 Jede Footballmannschaft hat einen großen Erzrivalen. Für die Fans der *Chicago Bears*, die in der Nähe meiner Heimatstadt spielen, sind das die *Green Bay Packers*.

4 Gary Thomas: *Neun Wege, Gott zu lieben.* R.Brockhaus Verlag, Wuppertal, 2003.

5 Psalm 127,3; Hfa

6 Prediger 5,17; NL

7 Matthäus 14,13; Hfa

8 Sam Fahmy: „Low-Intensity Exercise Reduces Fatigue Symptoms by 65 Percent, Study Finds" (ein Artikel darüber, dass leichte sportliche Betätigung Erschöpfungssymptome um 65 Prozent verringert). In: *UGA Today*, 28. Februar 2008. http://news.uga.edu/releases/article/low-intensity-exercise-reduces-fatigue-symptoms-by-65-percent-study-finds.

9 Jack Groppel: *The Corporate Athlete.* John Wiley & Sons Inc., New York 2000.

Kapitel 2: **organisiert** *statt* **überlastet**

1 Epheser 5,15–16; GN

2 Alphakurse werden weltweit von den verschiedensten Gemeinden und in unterschiedlichen Lokalitäten angeboten. Mehr als 18 Millionen Menschen haben bereits einen Alphakurs besucht. Mehr über diesen Kurs und wo er in Ihrer Nähe stattfindet, erfahren Sie bei: http://alphakurs.de.

3 Lukas 4,16; Hfa

4 Matthäus 5,37; EÜ

5 Matthäus 6,33; NL

Kapitel 3: alles im Griff *statt* außer Kontrolle

1 Lukas 19,1–10; Hfa

2 Lukas 19,9; NL

3 Apostelgeschichte 16,31; Hfa

4 Jakobus 1,17; NL

5 Nach der Studie des Washingtoner Gallup-Instituts liegt Deutschland als eines der reichsten Länder nur auf Platz 46 von 138 untersuchten Nationen. http://www.faz.net/aktuell/gesellschaft/gesundheit/internationaler-gluecksatlas-deutschland-auf-rang-46-12954816.html.

6 Weissenstein, Michael: „Happiest People on Planet Live in Latin America, Gallup Poll Suggests". In: *Huffington Post*, 19. Dezember 2012.

7 Clifton, Jon: „Latin Americans Most Positive in the World". In: *Gallup World*, 19. Dezember 2012.

8 Philipper 4,11–13; NL

9 Sprüche 3,9–10; NL

10 Maleachi 3,10; Hfa

11 Sprüche 6,6–8; Hfa

12 Nach einer Liedzeile aus Charlotte Elliotts Lied „Just as I am", dt. „So wie ich bin", von P. W. Birkel.

Kapitel 4: erfüllt *statt* frustriert

1 Prediger 5,17–18; NL

2 Psalm 139,14; Hfa

3 Die Beschreibungen des Arbeitsklimas wurden aus Studien des *Best Christian Workplace Institutes* übernommen. Alle Rechte vorbehalten.

4 „State of the Amerikan Workplace", Gallup 2013, www.gallup.com/strategicconsulting/163007/state-american-workplace.aspx.
Eine entsprechende Studie gab es auch in Deutschland: http://www.spiegel.de/wirtschaft/unternehmen/gallup-studie-17-prozent-der-arbeitnehmer-haben-innerlich-gekuendigt-a-961667.html.

5 Crowley, Mark C.: „Gallup's Workplace Jedi on How to Fix Our Employee Engagement Problem". In: *Fast Company*, 4. Juni 2013. www.fastcompany.com/3011032/creative-conversations/gallups-workplace-jedi-on-how-to-fix-our-employee-engagement-problem.

6 Josua 1,9; Hfa

7 Lukas 10,7; EÜ

8 1. Timotheus 5,8; Hfa

Kapitel 5: heil statt verletzt

1 Lukas 23,34

2 Markus 15,39; Hfa

3 Römer 5,8; Hfa

4 Carlson, Richard: *Alles kein Problem!* Droemer Knaur, München 1998.

5 2. Mose 21,24

6 Matthäus 18,15. Bei Luther heißt es: „... zwischen dir und ihm allein."

7 Matthäus 18,15; Hfa

8 Umschreibung des Autors

9 siehe Matthäus 5,23–26

10 Römer 12,18; Hfa

11 Damelin, Robi: „A Chain of Change", *The Parents Circle Families Forum*, 18. November 2005. www.theparentscircle.org/Story.aspx?ID=201. *The Parents Circle* ist eine Organisation von palästinensischen und israelischen Eltern, die ihre Kinder bei Auseinandersetzungen verloren haben und Versöhnung als Alternative zur Vergeltung anstreben.

12 „Bassam Aramin (Palestine)", http://theforgivenessproject.com/stories/bassam-aramin-palestine/ 19. April 2010. *The Forgiveness Project* ist eine britische Organisation, die durch persönliche Zeugnisse Betroffener, Aufklärung und Beratung in Schulen und Gefängnissen Vergebung als Alternative zur Vergeltung aufzeigen will.

13 Waldman, Steven: „Beliefnet's Most Inspiring Person of 2005 – Victoria Ruvolo". www.beliefnet.com/Inspiration/Most-Inspiring-Person-Of-The-Year/2005/Beliefnets-Most-Inspiring-Person-Of-2005-Victoria-Ruvolo.aspx?p=2.

14 Ruvolo, Victoria, Robert Goldman und Lisa Pulitzer: „No Room for Vengeance..." In: *Justice and Healing*. No Vengeance Press, 2011, S. 109.

15 Hamilton, Adam: *Forgiveness: Finding Peace Through Letting Go.* Abingdon Press, Nashville TN 2012.

16 Hamilton, Adam: „The Two Dimensions of Forgiveness", www.adamhamilton.org/blog/view/49/the-two-dimensions-of-forgiveness#.Uss9Z-P2Ects. 1. August 2012.

17 Lukas 7,47; Hfa

18 Lukas 23,34

Kapitel 6: sorgenfrei *statt* besorgt

1 4. Mose 6,24–26; Hfa, Hervorhebung des Autors

2 Johannes 14,27 und 16,33; Hfa, Hervorhebung des Autors

3 Philipper 4,6–7; Hfa, Hervorhebung des Autors

4 1. Johannes 4,18; Hfa, Hervorhebung des Autors

5 Daniel 5,6; Hfa

6 Matthäus 10,28; Hfa

7 2. Timotheus 1,7; Hfa

8 Churchill, Winston: „Miscellaneous Wit & Wisdom", Nationales Churchill Museum, www.nationalchurchillmuseum.org/wit-wisdom-quotes.html.

9 Roosevelt, Eleanor: *You Learn by Living.* Westminster John Knox Press, Louisville, Kentucky 1960, S. 29–30

10 Psalm 34,5; Hfa

11 Josua 1,5.9; Hfa

12 Apostelgeschichte 12,4–5; Hfa

13 Philipper 4,6–7; Hfa

14 Apostelgeschichte 16,31; EÜ

15 Johannes 10,10

Kapitel 7: verbunden *statt* isoliert

1 Sprüche 18,24; Hfa

2 Sprüche 13,20; Hfa

3 Sprüche 6,16–19; NL

4 1. Korinther 15,33; Hfa

5 Jakobus 4,6; LÜ

6 Sprüche 16,18; Hfa

7 Römer 12,3; Hfa

8 Lukas 22,51; Hfa

9 Sprüche 11,13; Hfa

10 Römer 12,18; Hfa

11 Matthäus 5,9; Hfa

12 Lloyd-Davies, Fiona: „Why Eastern DR Congo Is ‚Rape Capital of the World'". Auf: CNN, 25. November 2011. www.cnn.com/2011/11/24/world/Africa/democratic-congo-rape.

13 Ein Zwölf-Schritte-Programm ist ein Programm für Gruppen von Menschen mit Suchtproblemen, deren Therapie auf den 12 Schritten der Anonymen Alkoholiker basiert.

14 Galater 5,22–23; Hfa

15 Sprüche 12,26; Übersetzungsvariante nach den Anmerkungen der Übersetzung *Neues Leben.*

16 Sprüche 13,20; Hfa

Kapitel 8: zielorientiert *statt* ziellos

1 Wikipedia: http://de.wikipedia.org/wiki/Michigansee und http://de.wikipedia.org/wiki/West_Virginia.

2 Psalm 119,105; Hfa

3 1. Korinther 15,58; NL

4 1. Korinther 15,52.53; EÜ

5 1. Korinther 15,13–14; GN

6 1. Korinther 15,32; Hfa

7 1. Korinther 15,20; EÜ

8 1. Korinther 15,58; NGÜ

9 Johannes 9,4; EÜ

10 Lukas 10,2–4; EÜ

11 Johannes 15,8; Hfa, Hervorhebung des Autors

12 Interview von Bill Hybels und Nancy Beach mit Dallas Willard, Juli 2008.

13 Ebd.

14 1. Korinther 9,24–27; Hfa

Kapitel 9: vorwärtskommen *statt* festgefahren

1 nach Prediger 3,1–8: Alles hat seine Zeit …

2 Prediger 3,2–8; ELB

3 Blanchard, Kenneth und Spencer Johnson: *Der Minuten-Manager.* Rowohlt Verlag, Reinbek 2002[15]

4 Hiob 13,15; Hfa

5 2. Korinther 12,9; Hfa

6 Ebd.

7 Philipper 4,8; Hfa

8 Prediger 3,11; ELB

Kapitel 10: ein Vermächtnis hinterlassen *statt* bedeutungslos leben

1 1. Mose 3,1; Hfa

2 Prediger 1,2; Hfa

3 Prediger 1,14; Hfa

4 Prediger 1,4.11; Hfa

5 Prediger 1,13.16–17; Hfa

6 Prediger 1,18; Hfa

7 Prediger 2,2–3; Hfa

8 Prediger 2,4–6; Hfa

9 Prediger 2,7–8; GN

10 Prediger 2,8

11 1. Timotheus 6,17; Hfa

12 Prediger 2,8; Hfa

13 1. Könige 11,3; Hfa

14 1. Könige 11,3; EÜ

15 *The Rolling Stones* „(I Can't Get No) Satisfaction", 1965

16 Prediger 2,9; Hfa

17 Prediger 2,10–11; Hfa

18 Prediger 2,17–23; Hfa

19 Prediger 12,13; Hfa

Danksagung

Drei äußerst fähige Frauen haben dieses Buch ermöglicht:

Jan Long Harris von *Tyndale Momentum*, deren Hartnäckigkeit mich schließlich davon überzeugt hat, dieses Projekt in Angriff zu nehmen. Danke, Jan!

September Vaudrey, eine Freundin der Familie, die so nett war, ihr eigenes Buchprojekt zurückzustellen, um mir dabei zu helfen, diese Seiten zu schreiben. Ihre Begeisterung hat mich immer wieder inspiriert. Vielen Dank, meine Liebe!

Shauna Niequist, Autorin von *Brot und Wein* und zwei weiteren wunderbaren Büchern, die mit ihrem Vater Mitleid hatte und ihm bei der endgültigen Überarbeitung half. Ich kann gar nicht sagen, wie wertvoll ihr Beitrag ist. Danke, Shauna!

Verlagsgruppe Random House FSC® N001967
Das für dieses Buch verwendete FSC®-zertifizierte Papier *Munken Premium Cream*
liefert Arctic Paper Munkedals AB, Schweden.

Der Verlag weist ausdrücklich darauf hin, dass im Text enthaltene externe Links
nur bis zum Zeitpunkt der Buchveröffentlichung eingesehen werden konnten.
Auf spätere Veränderungen hat der Verlag keinerlei Einfluss. Eine Haftung des Verlags
für externe Links ist stets ausgeschlossen.

Die Bibelzitate wurden den folgenden Übersetzungen entnommen:
Hoffnung für alle®, Copyright © 1983, 1996, 2002 by Biblica Inc.®. Verwendet mit
freundlicher Genehmigung von `fontis – Brunnen, Basel. Alle weiteren Rechte weltweit
vorbehalten. (Hfa)
Neues Leben. Die Bibel, © 2002 und 2006 SCM R.Brockhaus im SCM-Verlag
GmbH & Co. KG, Witten. (NL)
Gute Nachricht, © 1997 Deutsche Bibelgesellschaft, Stuttgart. (GN)
Revidierte Elberfelder Bibel, © 1985/1991/2008 SCM R.Brockhaus im SCM-Verlag
GmbH & Co. KG, Witten. (ELB)
Einheitsübersetzung der Heiligen Schrift, © 1980 Katholische Bibelanstalt, Stuttgart. (EÜ)
Luther, revidierte Fassung von 1984, durchgesehene Ausgabe in neuer Rechtschreibung.
© 1984 Deutsche Bibelgesellschaft, Stuttgart. (LÜ)
Neue Genfer Übersetzung – Neues Testament und Psalmen, Copyright © 2011 Genfer
Bibelgesellschaft. (NGÜ)

1. Auflage 2015
Bestell-Nr. 817064
ISBN 978-3-95734-064-1

Umschlaggestaltung: Björn Steffens, Jacqueline L. Nuñez
Umschlagfoto: Shutterstock
Satz: Uhl + Massopust GmbH, Aalen
Druck und Verarbeitung: GGP Media GmbH; Pößneck
Printed in Germany